中公文庫

日本書紀（上）

井上光貞 監訳
川副武胤
佐伯有清 訳

中央公論新社

目次

『日本書紀』の成立と解釈の歴史

井上光貞

『日本書紀』の研究

(一)

昭和十七年（一九四二）五月二十一日、すでに早稲田大学教授の職を辞していた津田《つだ》左《そ》右吉《うきち》（一八七三〜一九六一）は、東京刑事地方裁判所の非公開の法廷で中西要一《なかにしよういち》裁判長から、「或《あるい》ハ崇神《すじん》・垂仁《すいにん》二朝ノ存在ヲ仮定スト謂《い》フガ如キ、又或ハ帝紀《ていき》編纂ノ当時ニ於《おい》テ仲哀《ちゅうあい》天皇以前ノ御歴代ニ付テハ其ノ御系譜ニ関スル材料ノ存シタル形迹《けいせき》ナク、之《これ》ニ関スル歴史的事実モ殆ド全ク伝ヘラレ居ラザリシ旨、畏《かしこ》クモ神武《じんむ》天皇ヨリ仲哀天皇ニ至ル御歴代天皇ノ御存在ニ付《つき》疑惑ヲ抱カシムルノ虞《おそれ》アル講説ヲ敢《あえ》テシ奉リ、以テ皇室ノ尊厳ヲ冒瀆《ぼうとく》スル文書ヲ著作シ、之《これ》ヲ被告人岩波茂雄《いわなみしげお》（一八八一～一九四六）ヲシテ昭和十四年六月頃及ビ同年十月頃各百部、同年十二月頃十部ヲ夫々《それぞれ》発行セシメ」

たという理由で、禁錮《きんこ》三月、執行猶予二年の有罪判決を下された。

津田左右吉の『古事記及日本書紀の研究』『神代史の研究』など四著が、出版法第二十六条（皇室ノ尊厳ヲ冒瀆シ、……文書ヲ出版シタルトキハ著作者、発行者、印刷者ヲ二月以上二年以下ノ軽禁錮ニ処シ二十円以上二百円以下ノ罰金ヲ附加ス）違反の疑いで起訴されたのは、昭和十五年（一九四〇）三月八日である。十月三十日、中村光三《なかむらこうぞう》判事のもとで予審が開始され、翌年二月十八日まで続き、『予審終結決定書』は三月二十七日に送達された。その決定書には、四つの著書にわたって、皇室の尊厳を冒瀆したとされる十九ヵ所について、その理由が詳細に述べられていた。

当時は太平洋戦争開戦の直前で、軍国主義体制のもと、学問・思想に対する弾圧がつぎつぎに行われていた暗い時代であった。第一審の公判は昭和十六年十一月一日から開始され、終始非公開のまま、合計二十一回の公判が行われた。

そのときすでに、わが国は太平洋戦争に突入し、その戦火は遠く南方諸海域に拡がり、緒戦の戦勝に酔っていたころであった。国内では判決のくだった五月二十一日に、内閣総理大臣東条英機《とうじょうひでき》（一八八四～一九四八）が各国務大臣・各委員を集めて、大東亜共栄圏建設のための文教政策と人口政策の答申を審議・決定している。すべて戦争一色に包まれ、自由主義思想などは、魔女狩りのごとくその芽をつみとられていた。津田左右吉に対するこの断罪も、当時の日本社会の狂気を物語るものであろう。『古事記』『日本書紀』についていえば、この二書は、「国家的聖典として神聖不可侵の典籍」とされ、絶対に批判を許されないものであった。

右翼の蓑田胸喜《みのだむねき》は「『古事記及日本書紀の研究』を始め『神代史の研究』『上代日本の社会及び思想』『日本上代史研究』の四巻菊判各六百頁乃至《ないし》七百頁に亘《わた》る総計三千頁に近き著書を岩波書店より続刊せしめた。……著作目的は何であったか？」、それは「日本国体と惟神道《かんながらのみち》とを根本的に滅却すること、即《すなわ》ち是《これ》であった」（蓑田胸喜「津田左右吉氏の神代史上代史抹殺論批判」『原理日本』一五の一一、昭和十四年十二月刊）と、津田の研究を攻撃していた。そして『古事記及日本書紀の研究』の記述は、「日本歴史日本精神に対する複雑怪奇奸悪無比《かんあくむひ》の詭弁詐術《きべんさじゅつ》論理」を弄《ろう》しており、その態度は、「マルキストの間にも容易に見られぬ悪魔的のものである」（同上）と断じていたのである。

わたくしが『古事記』『日本書紀』に対して強い関心を抱いたのは、ちょうどそのころであった。しかもそれには、津田左右吉の著書による影響が決定的であった。昭和十四年のことである。

　当時、旧制の高等学校に在学していたわたくしは、歴史学の藤原音松《ふじわらおとまつ》教授から、この『神代史の研究』および『古事記及日本書紀の研究』をぜひ読むようにとすすめられた。

それを通読しおえたときの感銘は、いまもって鮮明によみがえってくる。

それは一口にいえないが、『古事記』および『日本書紀』の成立や、日本神話が形成されていく過程が、科学的に解明されていることにひかれたばかりでなく、イデオロギー批判的なものに魅せられたからである。こうしてわたくしは、津田の著書をとおして記紀を知ったのである。

㈡

現代の日本人は、『日本書紀』よりも『古事記』のほうに親しんでいるようである。その理由は、『古事記』が文学性豊かな内容であるのに反して、『日本書紀』は一貫性に欠けているからということであろうか。

たしかに、一つの文学作品として、まとまった迫力のあるものを読むという点からいえば、『古事記』は十分なおもしろさを与えてくれる。しかし、『古事記』に記されている物語や伝説が、どうしてできあがったかという問題になると、『古事記』だけでは十分な解答を与えてくれない。『日本書紀』と『古事記』とを関連させて読むことが、どうしても必要なのである。

しかも、『古事記』は、推古《すいこ》朝で記述が終わっているのに対し、『日本書紀』には、それから以後、持統《じとう》朝までの記述がある。すなわち『古事記』が七世紀の前で終わっているのに、『日本書紀』は、七世紀の終りまで叙述がなされている。そうすると、七世紀の歴史を知るためには、どうしても『日本書紀』によらなければならない。

その七世紀は、『古事記』『日本書紀』が編纂されはじめる時期であって、これらの書物がつくられた時の歴史的事情や環境は、『古事記』をとおしてはうかがえないということも忘れてはならない。

また『古事記』の物語などを、ただ一つの文学作品としてのみ見るのでなく、それが、どういうイデオロギー性をもっているのか、あるいはどのように成立したのかを考える場合には、どうしても異本が必要になる。異本があって、はじめてそのもとを知ることができるからである。だから『日本書紀』に記されている話がなければ、およそそのもとを知ることができない。ここに『古事記』『日本書紀』の二書をあわせ読むことの必要性が生ずるのである。

ところで、『古事記』は、推古朝までのことが書いてあると述べたが、内容的にいうと、実際は、大体五世紀の終りぐらいまでである。一つ一つの場面に関するかぎりでは、たしかに『古事記』のほうが、『日本書紀』にくらべるとはるかにまとまりがよく、わかりやすく、文学性も豊かである。

しかし『日本書紀』のもつ重要な点は、『古事記』ではまったくうかがうことのできない、六世紀から七世紀にかけての時代のいろいろなことが書かれていることである。最近、七世紀の都城などの発掘によってかなり材料が豊富になってきたとはいえ、その時代のことを知るには、基本的には『日本書紀』によらなければならないのである。

しかも、その時代は、日本に整然とした国家ができあがる、非常に重要な時期である。具体的にいえば、七世紀初頭の推古朝には、中国の文化や法制を取りいれて国家制度をつくりあげ、あるいは法律を持って、国家というに値するものとなり、また七世紀の中葉には、大化の改新が行われた。その時期から唐の制度にもとづく、単なる理想ではなくて現実的な国家制度を整え、さらに七世紀の終りになると、それが結実して、はじめて律令制度による国家ができあがる。つまり日本のその後の歴史を決定的に方向づけた時期なのである。そういう重要な時期を知るための基本的な文献が『日本書紀』であり、ここに『日本書紀』を読む意義がある。

㈢

『日本書紀』は、養老四年（七二〇）に完成しているが、『日本書紀』という名前が、その当初からあったのだろうか。というのは、『続日本紀《しょくにほんぎ》』養老四年五月癸酉《みずのとのとり》の条に、

「是《これ》より先、一品舎人親王《いっぽんとねりしんのう》、勅《みことのり》を奉《うけたまわ》りて、日本紀を修めたまう。是《ここ》に至りて功成り、紀三十巻・系図一巻を奏上したまう」

とあるように、『日本書紀』ではなく、『日本紀』と書かれているからである。

『続日本紀』が最終的にできあがったのは、延暦《えんりゃく》十六年（七九七）であるが、とにかく、そこには『日本紀』と書いてあって、『日本書紀』とは書いていない。また『日本書紀』をついだ国史の名も『続日本紀』としている。この問題については幾多の論議があるが、わたくしは、『日本紀』がおそらく正しい名前ではないかと思う。

『日本紀』という名前の意味を考えると、一つには、「日本」という名前がついているところに意味があると思う。『古事記』とは文字どおり「フルゴトのフミ」で、古いことを記録したという意味である。これに対して、『日本紀』は、明らかに日本の歴史を記したという意味をもっていると思われる。

そうすると、たとえば両方とも皇室中心になってはいるけれども、『日本書紀』には、皇室の由来を語るというよりも、「日本」という国家の由来を語ろうとする面が強く出ているのではなかろうか。「日本」という言葉が用いられるのは、推古朝ぐらいからであろうが、この「日本」は、国家の名称である。したがって、「日本」という呼称は、天皇という人格を指すものではなく、国家の名称とか、他国と対比しての国号とかいう意味合いがあり、それがその書物の名称にこめられているとみるべきである。

もう一つは、『日本紀』の「紀」という字についてであるが、これは、明らかに中国の史書の名前と関係がある。中国史書には古来編年体と紀伝体の二種類の体裁がある。編年体は、年代を追って書いてあり、紀伝体は、周知のように、「本紀」、つまり皇帝を中心にした事蹟とか、「列伝」、つまり臣下の伝記とか、「書」または「志」のような事項別の記録などからなるものである。

編年体のほうは、たとえば『漢紀』『後漢紀』などのように、大体「紀」という名称をつけているが、『日本書紀』の形をみても、編年体で（ただし、いろいろな事情のために、各天皇ごとに巻別されているところから、純粋な編年体ではない）、書物の名前のつけ方もそれにかなっている。中国の編年体の史書にならおうとして、年代もなにもわからない非常に古い伝えに、無理して年代をつけようとしたことがうかがわれる。

したがって、『日本紀』の「紀」という言葉には、中国の編年体の史書の体裁にならうという意味合いがあることになる。そのことと、書名に「日本」という言葉がつけられていることをあわせ考えてみると、歴代の天皇をめぐる朝廷の、古くから伝わっている伝承という性格でまとめられている『古事記』と、そうでない『日本書紀』とでは、その時代精神において異なるものがあるのではないかと思われる。

『古事記』は、天武《てんむ》朝から編纂が始まって、和銅五年（七一二）にできあがっているが、その中心は、古いものをまとめるところに力点があった。それに対して『日本書紀』には、新しくできた国家体制への自覚と、対外的な意識とが入ってきて、それを代表させるという面がみられる。すなわち八世紀の国家的自覚にのっとった歴史書であるという性格をもっている。

なお『日本書紀』の名前に関して、本来の名称は『日本書』であって、その脇に小さく「紀」と書いてあったのが、のちに『日本書紀』となったのではないかとする説もある。たしかに、「書」とは、たとえば『漢書』とか『後漢書』とかいうように、紀伝体の歴史書の体裁を意味している。すでに述べたように、『日本書紀』は編年体の体裁をとっているから、「紀」というのが正しいが、同時に、純粋の編年体でもなく、天皇ごとに巻別に編成されてもいるところをみると、そこに多少は紀伝体の「紀」の性格をもっているといわなければならない。そういうところに、『漢書』とか『後漢書』とかいう「書」を含む、すなわち紀伝体の史書の名前を示すような面が、考えられるかも知れない。しかし、「紀」の字がいつ挿入されたかとか、もとの名称は『日本書』であったのかとかを断定することはむずかしい。

もし「書」の字を意識的に入れたとすれば、『日本書紀』が、編年体の体裁をもつと同時に、紀伝体における皇帝の本紀にあたる面をももっていることから、そういう曖昧《あいまい》さを考慮に入れて『日本書紀』といったと考えるのが、合理的解釈かも知れない。

いずれにしても、日本という国号がこの書物に付せられたということの意味合いを重視する必要があろう。

記紀の成立をめぐる論争

(一)

ある書物を読むときに、それが文学作品ならば、その書物が、どういうふうにしてできあがったものかなどということを知る必要はない。ところが古典のように、時代を古くさかのぼる昔に書かれたものになると、その材料がどういうふうにできあがり、どういう形でわれわれの手もとに届いているかということを知ることが必要であろう。

そこで『古事記』『日本書紀』についていえば、この二つの書物の編纂がいつから始まったのか、それが結晶する過程はどのようなものであったか、あるいは『古事記』『日本書紀』に共通する史料、つまり帝紀《ていき》や旧辞《きゅうじ》とはどういうものか、性格はなにか、また『日本書紀』だけに固有な史料はなにかなどという問題を、まず考えておかなければならない。

さて、記紀の成立を考えると、かなり長期にわたっていることはいうまでもない。その成立の経過は、非常に紆余曲折《うよきょくせつ》のコースを経ているが、比較的たしかなところからそれを把握するとなると、天武朝(六七二〜六八六)がまずあげられるであろう。

天武朝というのは、壬申《じんしん》の乱(六七二)の終わったあとで、天武天皇が大きな力を持ち、かなり緊張した時代であった。その時期に、記紀を編纂する必要性が生じたということになる。

その場合に問題になるのは、一つは、『古事記』の序文であり、もう一つは、『日本書紀』の天武天皇十年の記事である。この二つを、記紀の成立とどのように関係させて理解するかということが、記紀の理解の仕方の根本になると思われる。

『古事記』の序文から述べると、その序文は、和銅五年に太安万侶《おおのやすまろ》が『古事記』を奏上するときに書いたという形になっている。

それは、立派な漢文で書かれており、何段かにわけることができる。ごく大ざっぱにいえば、はじめの部分は、国のはじめから天武朝に至るまでの歴史を書いており、後半は、『古事記』の成り立ちの具体的な経過、および安万侶が『古事記』を書くときの心がまえ、現在の言葉でいうと凡例のようなものを書いている。とくに後半の部分の文章は、長くはないが、非常に重要な意味をもっている。

そこに書いてあることを、要約していえば、天武天皇が詔を下して、家々が持っている帝紀と旧辞を見ると、いろいろな異本があって、その内容に異同があり、このまま放っておくと、元来の形がなくなってしまうと述べている。そして、帝紀は国の歴史であるから、非常に重要であり、ぜひ帝紀を撰録する必要があるといい、さらにまた旧辞を討覈《とうかく》（諸本を検討し考察を加えるという意味）して、正しいものを決めたいという主旨である。そこで舎人の稗田阿礼《ひえだのあれ》という者が、非常に記憶力がよく、古いことについての学識があったので、天皇が命じて帝紀・旧辞を誦《よ》み習わせたが、そのうちに天武天皇が亡くなって時世がかわり、結局、そのことを行わないでしまったということが記されている。

ついで、八世紀はじめの元明《げんめい》天皇のときになって、天武朝に行われた仕事が放置されては困るというわけで、阿礼が誦するところの「勅語の旧辞」を撰録して奉った。それをもとにして、太安万侶が、わずか一年足らずのうちに、勅命を受けて、『古事記』をつくったというのである。

一方『日本書紀』には、天武天皇十年三月丙戌《ひのえいぬ》の条に、天武天皇が大極殿《だいごくでん》に、川嶋《かわしま》皇子をはじめ十二人の文筆に巧みな皇族や貴族を呼び、それに詔して、帝紀と上古の諸事（旧辞にあたる）を記定させたと書いてある。

㈡

この両者の記事が記紀の成立と密接な関係にあることは明らかであるが、この二つの記事相互の関係、およびそれらと記紀の成立との関係には、非常にわかりにくいところがあって、いろいろな学説がみられる。

たとえば、のちに『古事記』に結晶する仕事の始まりと、『日本書紀』に結晶する仕事の最初との、その前後関係はどうであるかという問題が、まず考えられるであろう。

坂本太郎氏の考えは、『古事記』に結晶する仕事のほうが先であるという。したがって、『古事記』の序文に書かれているものは、その仕事の発端を物語っていることになる。そこで、いわば天皇のプライベートな仕事として、稗田阿礼を使って、帝紀・旧辞の定本を定めるという仕事が始まったけれども、それがあまりうまくいかなかったので、やがて天武天皇の十年になって、同じ精神にもとづいてはいるが、まったく違った方式で仕事が始まった。それが『日本書紀』天武天皇十年の条にみえる仕事で、多くの編纂官が任命されている。そのようにして編纂事業が始まったというのが、坂本太郎氏の大体の考え方である。

坂本氏の説と対立するのは、平田俊春《ひらたとしはる》氏の説である。平田氏は、天武天皇十年（六八一）の編纂事業が、むしろ先にあったとするのである。その編纂事業の目的は、『古事記』を目指すために帝紀・旧辞を検討して、正しいものをつくるというところにあった。それがあまり意に満たなかったので、天皇みずからがその仕事をすることになった。だから『古事記』の序文に書いてあることは、第二段階の仕事であるという。その仕事が、やがて和銅になって、『古事記』の撰定に結実する。『日本書紀』のほうは一時中止され、『古事記』の撰定後再開されたのだという。和銅五年に『古事記』ができ、和銅七年に、『日本書紀』の編纂官の一部任命の記事があるので、そのころから『日本書紀』の編纂が開始されたと考えられる。この坂本氏と平田氏の異なる点は、坂本氏の考えは、『日本書紀』の編纂が天武朝から始まったとする。だからかなり長期にわたって、『日本書紀』の編纂が行われたことになる。ところが平田氏の考えでは、『日本書紀』の編纂は、むしろ奈良朝になって、和銅ごろ、その仕事が本格的に始まったということになる。すなわち読み方の違いから始まって、『日本書紀』の成立という問題について、非常に大きな考えの相違が生じてきているのである。

津田左右吉の解釈は、どちらかというと坂本氏の考えに近いが、微細に分析すれば、その考えはまったく同一とはいえない。津田は、『古事記』の序文には、少なくとも二段階以上のことが書いてあるという。最初の仕事は、天武天皇が諸本の異同を整理して、定本をつくろうとした仕事である。それは、ごく一般的な仕事で、『古事記』にも『日本書紀』にも通ずる仕事であった。ところがその仕事をやりはじめた過程で、その一環として天武天皇が、宮廷に伝わった一組の帝紀・旧辞の確かなものをつくりたいと念願されたのである。つまり、『古事記』の序文後段の部分に書いてあることと『日本書紀』天武天皇十年の条に書いてあることとは、非常に関連が深いと考えた。天武十年の条に書かれている事業の継続中に、『古事記』の序文後段で述べている仕事、つまり阿礼に誦《よ》み習わせるという仕事が始まったと津田は読んでいる。

わたくしは『古事記』の序文に書かれていることを、すべて『古事記』の撰述に関連したものと読むのは少し無理のように思うので、やはり前段と後段があるとしか考えられない。そこで『古事記』が先か『日本書紀』が先かという二者択一の問題ではなくて、やはり津田が考えたように、もっと一般的な編纂事業が先にあったと考え、その段階を経て『古事記』が作られ、また、そのまま『日本書紀』の編纂まで進んだというふうに考えている。

(三)

つぎに問題になるのは、その帝紀・旧辞をもとにして、とにかく記紀の編纂が始まったということである。その点では津田の説も坂本氏の説も、違わない。そこで、帝紀・旧辞とはどういう性質のものであったか。書物であるのか、伝承であるのか。たとえばすぐれた国文学者山田孝雄《やまだよしお》（一八七三〜一九五八）は、『古事記概説』という書物の中で、帝紀も旧辞も、ともに口で伝えた伝承であると考えている。そうすると天武朝までの間は、まだ帝紀や旧辞という書物はなく、それまでの間は語部《かたりべ》が伝えていたことになる。天武天皇は、語部の伝えていた話がいろいろあるので、それに統一をあたえたのだと山田はいう。武田《たけだ》祐吉《ゆうきち》（一八八六〜一九五八）の説は、帝紀は記録として書かれたものであり、旧辞は語部が伝えたものであるとしている。だから旧辞に関するかぎりは、武田の説は山田に近い。

津田は、山田や武田の説とはちがって、帝紀・旧辞はともに書物であると考えている。この点は坂本氏も同じで、帝紀・旧辞は記紀が編纂されたときには書物であったとする。

『古事記』の序文では、諸家が賚《も》っている帝紀・旧辞といっている。「賚」という字は所持しているという意味で、伝えていたというふうにはとりがたい。それに、安万侶が帝紀・旧辞を使って最後に文章を作成したときの『古事記』の序文を見ると、古い文字の用法が読みにくくなっているといっている。したがって帝紀・旧辞とは、伝承ではなくて明らかに記述されたものである。

そこでもう一つの問題は、帝紀・旧辞が書物であったならば、帝紀・旧辞はいつできて、どういう内容のものだったかということである。

この問題については、津田が帝紀と旧辞は同時にできたものであろうといっていることが前提となる。先に述べたごとく、『古事記』も『日本書紀』も、ともに帝紀・旧辞をふまえて作られている。『古事記』は、大体顕宗《けんぞう》天皇・仁賢《にんけん》天皇の意祁《おけ》・袁祁《おけ》二王の物語のところまでは、古い物語である。物語的なものが旧辞である。

そして、武烈《ぶれつ》天皇から以後推古天皇までは、その天皇の生年とか、后妃《こうひ》とかしか書かれていない。一方顕宗天皇・仁賢天皇までの旧辞的なものは、『日本書紀』にもほとんどみな揃っているところから、大体顕宗天皇・仁賢天皇ぐらいの時期からあまりへだたっていないころ、すなわち六世紀の中ごろの継体《けいたい》―欽明《きんめい》朝に両方ともできあがったと津田は考えている。

そこで帝紀・旧辞とはなにかというと、帝紀は皇室系図といった性質のものであり、旧辞は、宮廷に伝わった物語だと考えられている。

帝紀の内容を広くとると、『古事記』『日本書紀』の古いところの記事は、全部帝紀になってしまう。帝紀を一番ていねいに研究した武田祐吉は、帝紀の内容について、第一番目は天皇の続柄、天皇の名前、皇居と治世そしてその年数、それから后妃と皇子女、皇子女の事績、天皇の事績、天皇の年齢・崩御の年月日・陵墓、こういう七つの項目からなる、といっている。

帝紀の内容について一番広く解釈しているのは、山田である。山田は、帝紀は書物ではないと思っているけれども、天皇の事績を非常に広くとっているから、記紀の古い部分は、ほとんど帝紀になってしまう。ところが、それは簡単な事績だというのが、武田の考え方である。わたくしもこの説に賛成である。

皇位継承に関する次第などは、やはり広い意味での事績のなかに入る。たとえば事績のなかで、筑紫《つくし》の国造《くにのみやつこ》の磐井《いわい》の反乱は、『古事記』継体の段では非常に簡単な記述になっている。また、屯倉《みやけ》の設置などについても、帝紀の記載のなかにはいっているけれども、これは大きな歴史的事件である。しかし、なにを大きい事件とするかは、今日のわれわれの基準によって判断されるべきものではなく、当時の人が、どういうものを大きいと考えたかということでなければならない。したがって帝紀は、大体武田のいっているようなもので、それぞれの部分はわりあいに簡単なものであったと考えてよいであろう。

一方旧辞は、朝廷のなかで行われたいろいろな出来事についての、古くからの言い伝えを記録したものであるが、まず神代の物語が、それに全部はいってしまう。そのつぎには、神武から始まって、顕宗・仁賢ぐらいまでの部分で、記紀に共通したものが、全部含まれる。これが大体旧辞の内容で、それが書かれたのは、おおよそ六世紀であると思われる。

ところが先に述べたように、記紀編纂は、天武朝の壬申の乱の直後に行われている。それは、七世紀の七〇年代から八〇年代にかけてであるが、帝紀・旧辞が書かれてから百二、三十年を経ており、その時期に異本がたくさんできている。また歴史編纂上の紆余曲折もあったから、かりに六世紀にできた帝紀・旧辞を、原帝紀・原旧辞と呼称するならば、記紀のなかにはいっている帝紀・旧辞は、けっして原帝紀・原旧辞そのものではなく、さまざまな修飾が加わっていることになろう。したがって、どれが帝紀でどれが旧辞であるかは、個々のケースで考えなければ判断できない。『日本書紀』についていえば、いろいろな材料を加えているから、帝紀・旧辞は部分的な材料にすぎないけれども、神代からはじめて、五世紀の終りぐらいまでの記述は、大体このようにしてできたものと考えられる。

㈣

それでは、記紀に書かれているものは、一体いつごろのイデオロギーにもとづいているのか、あるいはいつごろの内容のものであるのか。かりに六世紀の中ごろという時点、および七世紀の終りから八世紀のはじめという記紀が書かれた時点とを二つの仮説として、どちらの時代の姿をより多く反映しているかというふうに考えてみよう。それには二つの面がある。原帝紀・原旧辞は、のちに非常に文飾・創作の加えられたものとなったが、その部分を見れば、それは明らかに七世紀から八世紀のはじめに完成したものと思われる。しかし、文飾・創作が加えられているにもせよ、そのもとが書物として一応固定していたものと考えれば、基本的には六世紀ごろのものが骨子をなしているといえると思う。

つぎに『日本書紀』に固有な問題をとりあげれば、天武朝の史局の仕事が、断続はあったけれども、天武・持統・文武《もんむ》・元明《げんめい》・元正《げんしょう》と継続していたと考えられる。持統天皇のとき、十八の氏にそれぞれの氏の伝承を奉らせた。それから和銅五年に『古事記』ができ、和銅七年には、紀朝臣清人《きのあそんきよひと》という編纂官の追加任命があった。それで『日本書紀』の編纂になるわけで、それを示す材料は必ずしも多いわけではないが、その間に編纂が継続して行われていたということはできよう。またその事業の内容は、『古事記』のような天皇による小規模な編纂といったものではなくて、いろいろな材料を用いて現代史を書くことであったといえよう。

したがって『日本書紀』の場合は、編纂事業であるというところが『古事記』との大きな違いで、これもまた、史書編纂の目的や方法が、中国のそれを模倣しているところからきているととと思われる。

『古事記』の編纂に関して問題になるのは、舎人《とねり》である稗田阿礼《ひえだのあれ》に帝紀・旧辞を「誦習」、すなわち誦み習わせたとあることである。「誦習」を暗誦させたという意味にとる考え方が古くからある。また、「誦」とは声をあげて読む、節《ふし》をつけてよむというふうにとる場合もある。さらに、誦み習わすというのは、そのできあがった書物の意味を十分理解させると解する説もある。そう解するのは、『古事記』の序文の終りにもあるように、成書として伝わったものの文章が非常に読みにくくなり、しかも異本がたくさんあるから、元来の意味がわからなくなっていた。そこで、それを十分理解させるために編纂されたというわけである。

暗誦ととる説は、おそらく語部《かたりべ》と結びつけた考え方であろう。つまり語部が伝えているものを、天武天皇が聞いて、なにが正しいかを一応定めた。定めたものを稗田阿礼に暗誦させた。阿礼が、あとになってそれを語ったものを太安万侶が筆録した。暗誦説はこういう筋道になるであろう。しかし「誦習」を暗誦ととるのはいささか無理である。だから声をあげて書物を読んだという説がでてくるのであろう。つまり書物はあるけれども、読み方を決めたとするのである。『古事記』の序文の終りに書いてあるように、もとになっている文章が非常に読みにくくなっているので、その読み方を決めたというわけである。

しかし、たとえば序文のなかに、「日下」という字を「玖沙訶《くさか》」と読むとか、「帯」という字を「多羅斯《たらし》」と読むとか、その読み方は、「本《もと》の随《まにま》に改めず」云々とあることからすれば、書物はあるがそのなかの言葉の本来の意味はよくわからない、というような理解の仕方もできると思う。だから、阿礼の行ったしごとは、おそらく半ばは、天武天皇が決めるときのことで、そこに阿礼も参画している。同時に、決めたものの内容や意味も覚えていて、それをいよいよ文章にするときに、正しい知識を伝えたということではないかと思われる。稗田阿礼は、非常に聡明で、もの覚えがよく、書物を「目に度《わた》れば口に誦《よ》み、耳に払《ふ》るれば心に勒《しる》しぬ」というわけで、一見すれば誦み方がわかるということが『古事記』の序文には書いてある。阿礼を語部とする考え方は、その意味ではあたっているかも知れない。

もう一つ、稗田阿礼が男であったのか女であったのかという問題が別にある。女であるという説は、稗田氏が猿女《さるめ》氏の一族であって、猿女氏の伝承を阿礼が伝えているということにもとづく。猿女氏は、天鈿女命《あまのうずめのみこと》の子孫であると伝えられる。天鈿女命は、元来シャーマン的な性格をもつ神であるから、その子孫であるという猿女氏の女性は代々、シャーマン的な伝統をもち、神事にたずさわっていた。そうした猿女氏の語部的な性格が阿礼のしごとに表われているということができる。しかし、阿礼は、猿女氏の一族であるのかもしれないが、舎人は男性の役であるから女性とは考えがたい。より古いことを阿礼がよく知っていて、書物を見てもよく解釈ができ、読みが深いということで、天武天皇が阿礼を重用したのではなかろうか。それにまた『古事記』の序文には「勅語の旧辞」という妙な言葉がある。この解釈はむずかしいけれども、「勅語」というところからみると、天武天皇がどれだけかそこに参与したとみるのが自然である。ただ天武天皇が行うといっても、一人でやるということはやはり考えにくい。手伝った人がいるに違いない。だからかりに、討覈《とうかく》する、つまり検討を加えるという仕事があって、つぎに誦習ということがあったとしたら、阿礼がたずさわったのが誦習だけで、討覈のほうには関係がなかったとは、考えにくい。

ただ本書の訳者の一人川副武胤《かわそえたけたね》氏には特別な説がある。その説は、『古事記』の記事には丸邇《わに》氏に関係したものが非常に多いというのである。丸邇氏が編纂に加わったということは、『古事記』の序文にも、他にも出てこないけれども、『古事記』の成立について丸邇氏に属するある人物の関与が極めて大きかったであろう、という。

ところで、記紀の成立を考える材料には、二つの系統があると思う。一つは記紀そのもの、つまりできあがったものそれ自身が材料で、もう一つは外部からそれを考えるための材料である。ただそれはまことに片々たるもので、たとえば天武朝に十二人の編纂官が担当したというが、その編纂官がその後どうなったかということは、なにも書かれていない。これに反し、記紀そのものについてみると、『日本書紀』のほうは、その編纂にあたって相当の史料を集めたうえ、さらにいろいろな操作がなされていると思う。

周知のように『日本書紀』の神代紀では、「一書に曰く」としてさまざまな異伝を掲げているが、『古事記』は異本を収録せず一本《いっぽん》で通している。だから津田の考えているように、宮廷に伝わった帝紀・旧辞は一本だけだという説もでる。しかし、これは一つの推測で、ほかのものを見ているかもしれないともいえる。ただ、できあがった形としては、一つで通している。これに対して『日本書紀』神代紀は、一つで通さないで、いろいろなものを素材のままで表わしている。だから材料を徹底的に読んだり、あるいはより高次な精神でそれを統一するという考え方は、『日本書紀』の編纂のほうでは、比較的稀薄であったということがいえる。

㈤

主として帝紀・旧辞によって書かれた『古事記』や『日本書紀』の記載、つまり神代から始まって顕宗・仁賢あたりで終わる記載は、これをいくつかのグループにわけて考えることができる。

一つは、神代から神武に続くもので、これが第一のグループをなしている。第二のグループは、綏靖《すいぜい》から開化《かいか》の部分で、ここでは物語的なものがほとんどない。第三のグループは、崇神《すじん》と垂仁《すいにん》である。景行《けいこう》の一部分もそれにつながると考えられ、これらが一つのグループをなしていると思う。第四は景行のもう半分と成務《せいむ》・仲哀《ちゅうあい》、それと神功《じんぐう》紀が一つのグループをなしている。また第五に、応神《おうじん》から始まって顕宗・仁賢までも一グループとなっている。そのなかでもっとも古くできあがったものは、一番最後のグループ、つまり応神からあとのところであると思う。

この部分は六世紀の中ごろに帝紀・旧辞に記録される直前のもので、それまでは口で伝えられていたのであろう。比較的よく事実を伝えていると考えられる。つぎに、第四の景行の後半から神功皇后にかけての部分は、内容的には日本武尊《やまとたけるのみこと》の熊襲《くまそ》・蝦夷《えみし》平定とか神功皇后の新羅《しらぎ》外征というような物語が中心となっている。この第四の部分以前と第五の応神以後とを比べると、応神以後の帝紀的な記載は大体史実であり、天皇の名前も実名で伝わっているし、旧辞的な物語も、素朴な宮廷のなかの出来事が多いのに反し、この第四以前のグループには、じつは国家成立史のような面影がある。神武天皇のときに東征があり、それから崇神天皇のときには、大和《やまと》の神々を祭り、四道《しどう》将軍を派遣する。続いて景行天皇のときになると、諸国に国造《くにのみやつこ》などの地方官を任命する（この記事は成務紀にもあるが、おそらく景行紀に出ているものが元来のものではないかと思われる）。そのつぎに神功皇后の新羅外征の物語がある。これらは全体として国家成立史といってよいであろう。したがってこの部分は、同じ帝紀・旧辞でも比較的あとになってつくられたもので、それよりも第五の応神以後のほうがより古い層であろうと思われる。

つぎに、第三の崇神・垂仁および景行の前半の部分のグループと、第四の景行の後半から仲哀までのグループをとりあげてみると、一番造作性の強いのは、景行の後半から仲哀までの間で、おそらくこれは、歴史事実とか記録とかではなくて、まったくの創作的部分であると考えられる。なぜなら、日本武尊にしても神功皇后にしても、実在の人物とはとうてい考えられないからである。さらに綏靖から開化までの部分は、まったくの帝紀的なものばかりで、物語を欠くが、その帝紀的な部分の天皇の名前などは、かなり後世的なものである。もちろん、すべてが後世的なものだとは断言できない面もあるが、ごくおおまかにいえば、開化以前の八代というのは、やはりおそらく、七世紀に入ってつけ加えられたものとしての性質が濃厚である。

それから第一の神代の巻と神武の部分をみると、記紀は神代と人としての神武天皇を区別しているから、両者を一体とみることは不自然にみえる。しかしそれは、『古事記』や

天皇名（代）	帝紀的記載	旧辞的記載	古事記	日本書紀
（神話）			上巻	巻1 巻2
1 神武				
2 綏靖			中巻	巻3・巻4
3 安寧				
4 懿徳				
5 孝昭				
6 孝安				
7 孝霊				
8 孝元				
9 開化				
10 崇神				巻5～巻10
11 垂仁				
12 景行				
13 成務				
14 仲哀				
（神功）				
15 応神				
16 仁徳			下巻	巻11～巻20
17 履中				
18 反正				
19 允恭				
20 安康				
21 雄略				
22 清寧				
23 顕宗				
24 仁賢				
25 武烈				
26 継体				
27 安閑				
28 宣化				
29 欽明				
30 敏達				
31 用明				巻21～巻30
32 崇峻				
33 推古				
34 舒明				
35 皇極				
37（斉明）				
36 孝徳				
38 天智				
40 天武				
41 持統				

『古事記』『日本書紀』に含まれている帝紀的記載と旧辞的記載

『日本書紀』が編纂される段階ではっきり区別されるようになったものであり、元来の話としては、神代紀のなかで、皇室が九州に下るというのと、その一度九州に下った皇室が大和へ来るいわゆる神武東征とは不可分のもので、両者は本来一体のものであったと考えられる。

『日本書紀』編纂のための史料

(一)

さて『日本書紀』には、いろいろな史料が使われている。第一にあげられるのは、いま述べた帝紀・旧辞的なものの追加部分と思う。帝紀・旧辞はもちろん前の時期にできあがっていたけれども、その後も、それを続けて記述していこうという努力があったはずである。『古事記』の武烈以後、推古に至る物語を欠く部分は、もっぱら帝紀的な、書き継いできた記録であろう。『日本書紀』の場合には、帝紀・旧辞的なものはとくに多いと思う。たとえば継体天皇二十一年、二十二年の条の筑紫《つくし》の磐井《いわい》の反乱の記述は、かなりの造作性があるが、しかしやはり伝えられ方としては、帝紀的なものだということができる。また、帝紀の中心はすでに述べたように、皇位継承に関するものであるから、たとえば崇峻《すしゅん》天皇が殺されたとか、推古天皇のときに聖徳太子が摂政としてさまざまな政治を行ったとかいうたぐいのものはみなその系統のものである。大極殿で蘇我入鹿《そがのいるか》が殺されたという記載のごときも、系統としては、帝紀・旧辞的なものである。

㈡

つぎに記録的なものを考えてみよう。まず第一にあげられるのは、外交記事である。外交記事については、日朝交渉史を研究している津田や、池内宏《いけうちひろし》（一八七九～一九五二）などが、朝鮮側に残っている記録や中国の史書と対比しながら研究した。たとえば欽明《きんめい》朝の終りに高句麗《こうくり》の使人が越《こし》へ来着し、敏達《びだつ》朝のはじめに、高句麗の国書を船史《ふねのふびと》の祖である王辰爾《おうしんじ》が読解している記事は、外交関係からみても、あまり不都合ではない。しかし越に来着したというのは、話の筋からいっても、日本側で造作した疑いが強い。それから欽明紀ぐらいになると、わずかな外交関係記事のなかに、外国史料から出たのではないかと思われる記事がかなりある。推古朝の小野妹子《おののいもこ》のことなどにも明らかにそのようなことが考えられる。なんとなれば外交関係の記事は、帰化人の史などが一番活躍しそうな場面だからである。

坂本太郎氏は、大宰府《だざいふ》に早くから、外国関係の記録があったという推定を下しておられるけれども、『日本書紀』の国内記事・外国関係記事については、もっと広い意味で、おそらく欽明紀ぐらいから以後の部分に、朝廷の記録がとり入れられているのではないかと思われる。国内記事でも、たとえば、磐井の反乱とか、屯倉《みやけ》の設置とかいう記事は、帝紀的な記事の流れではないかと思う。しかし十七条憲法とか、大化の詔とかについては、朝廷の記録それ自身が残っていたのであろう。同じ国内記事でも、天武朝以後は、国内記事の精粗に非常に差があって、天武紀と持統紀を微視的に比較すればずいぶん違うけれども、大体は似ている。そのようなものが『続日本紀《しょくにほんぎ》』へつながっていく。これらは帝紀・旧辞的な、漠然たる記事でもなく、法令でもなく、官庁の日々の記録のようなものということになる。

天智《てんじ》朝に大体の輪郭ができて、天武朝に律令国家がととのってくる。そうするとたくさんの官庁ができ、中務《なかつかさ》省の図書《ずしょ》寮が日々の記録をとることになる。その成立時期は天武・持統朝であるから、国内記事として、日々の記録が蓄積されてくるのは自然のいきおいである。このように、国内記事にもいろいろな種類があり、しだいに発達してくるのである。

憲法十七条は当時のものでない——これは狩谷棭斎《かりやえきさい》(一七七五〜一八三五)がはじめて指摘し、津田左右吉がそれを強調した。また大化の詔については、津田によれば近江令《おうみりょう》を転載したものだという。これらのことを考える場合、見逃してならないのは、国内記事とその保管についてのいま述べたような問題である。

たとえば大化の詔については、三つぐらいの考え方があった。一つは、大化の詔が、ほとんど原文のまま伝わり、それが『日本書紀』に載っているとするものである。第二は、もとの詔が残っていたが、『書紀』編纂のとき、それにかなり修飾を加えたという考え方で、第三は、『書紀』編纂のときまったく架空に作られたとか、近江令《おうみりょう》の転載だとかする考え方である。これには、いろいろな細かい問題があるけれども、史料の保存のあり方や、いつごろから史料の性質がどう変わってきたかということを考えていかないといけない。大化二年の正月の詔については、もっとも論争がさかんであるけれども、大化元年から二年へかけての詔は他にいくつもあって、その詔のなかには、明らかに当時から伝わったと考えるべきものがある。したがって、そういう史料の蓄積状態から離れては、詔の内容を簡単に考えにくいのではないかと思う。

つぎに同じ国内記録であっても、政府の記録ではなくて、多少とも史料採訪を必要としたものがあったと思われる。その中で一番顕著なものは、寺院の縁起であろう。

もっとも有名な例は、元興寺《がんごうじ》の縁起である。いま残っている『元興寺縁起』は、天平十九年（七四七）作という形をとっている。これは『日本書紀』ができあがってからかなりあとのものであるが、『元興寺縁起』と『日本書紀』の仏教伝来の記事とは関係があると思う。『日本書紀』がその話を入れたのは、なにごとにもすべてその起源を語っていこうとする態度からである。たとえば神功皇后の話を入れて、外国との関係の起源をそこに置こうとしたのと同じである。仏教伝来の記事は『元興寺縁起』のもとになったものが根本史料になっていると思われる。

『元興寺縁起』は、どういう形で『日本書紀』を利用したのだろうか。これについては、福山敏男《ふくやまとしお》氏の研究が参考になる。つまり『元興寺縁起』が作られた天平十九年という年は、いま残っている法隆寺や大安寺《だいあんじ》などの縁起がつくられた年である。しかし『元興寺縁起』は、天平十九年のものがそのまま残っているのではなく、平安時代になってまとめられたものが残っているのである。だから、福山氏は、『日本書紀』と『元興寺縁起』は、親子関係でなくて兄弟関係だと主張された。根本史料は『日本書紀』でもないし『元興寺縁起』でもない。豊浦寺《とゆらでら》の縁起というものがあって、その縁起を『日本書紀』は使っているという論証である。

たとえば『日本書紀』に、欽明天皇のときに仏教がはいってきて、一度難波《なにわ》の堀江《ほりえ》に仏像を流してしまい、また敏達天皇のときにも仏像を流したという記事がある。その敏達天皇のときの記事を『元興寺縁起』の系統の記載で見ると、破仏を行ったのは敏達天皇の発意であると書いてある。ところが『日本書紀』のほうは、みな物部弓削守屋《もののべのゆげのもりや》や中臣勝海《なかとみのかつうみ》などの意見によったと記してある。そういうところに、『日本書紀』の材料の扱い方がうかがわれる。そこには、少なくとも天皇が破仏をしたのではないという考えが出ている。こういう寺院の縁起は、元興寺のものばかりではなくて、ほかにもたくさん『日本書紀』

に材料としてとられている。

(三)

それからこれはよくいわれることであるが、当時の文人・貴族、そして文筆に巧みな帰化人および日本人の記録が、『日本書紀』には用いられている。よく知られている例で、一番古いのは、斉明《さいめい》朝に中国に行き、日中関係が切迫して、中国でとらわれの身になった伊吉博徳《いきのはかとこ》という人の『伊吉連《むらじ》博徳書』など、外国に遣わされた人の記事や手記である。それらはあとになって記録されたようであるが、そういう本人のメモが『日本書紀』に採用されている。それから壬申の乱でいうと、天武天皇の側で活躍した舎人の、たとえば安《あ》斗宿禰《とのすくね》智徳《ちとこ》の記録などが使われている。そのように明らかに名前の知られていて、しかも分注などに、その記録によったと記されているもの以外にも、明らかに個人の手記が加味されたという例は、いくらでもあげることができる。

一番顕著なのは、斉明朝の百済《くだら》の役《えき》で、日本が百済を助けるために大量の軍隊を送ったが、唐と新羅の連合軍のために白村江《はくすきのえ》で敗けてしまったときの記録である。一体、百済の役を知る材料は非常に多く、中国の『旧唐書《くとうじょ》』『新唐書』とか朝鮮の『三国史記』などがあるが、それに匹敵するぐらいの内容を『日本書紀』はもっている。だから研究も多く、なかでも池内宏の研究が注目される。

百済における日本関係の記事が、なにによったかというと、一つには高麗《こま》の沙門《しゃもん》の道顕《どうけん》という人の『日本世記』という書物があげられる。ところがそのほかに、天智紀を見ると、当時向うに出かけていった秦田来津《はだのたくつ》（朴市秦造《えちのはだのみやつこ》田来津《たくつ》）という人物が顕著な活躍をしており、彼に関する記事が多く出てくることが注目される。もちろん『秦田来津日記』などというものはないが、天智天皇二年（六六三）八月に田来津が戦死したのち、彼の側近の者が帰国して、田来津の手記などをもとに記録をつくっておいたにちがいない。それには政治的な主張があって、百済の軍が州柔城《つぬさし》から撤退し避城《へさし》に移るべきだという議論があったとき、田来津は「夫《そ》れ飢は後《のち》なり、亡は先なり」といって撤退に反対したが、ついにその主張は認められなかった。もしも撤退しなければ戦いに勝ったかもしれないという意味の主張が非常に強く出ているのは、田来津の手記をもとにした記録を『日本書紀』が採用したためであろう。

また壬申の乱の記事でも、引用されている『安斗宿禰智徳日記』などのほかにも、大伴《おおとも》氏の家記などが、かなり使われていると思う。だから壬申の乱での大伴氏の活躍が、大きく扱われているのである。したがって、たとえば百済の役を考えるときには、『日本書紀』の記事をそのまま読んではならない。百済の材料には『日本世記』などが使われているからである。また壬申の乱でもたしかに大伴氏が活躍しはするが、そのときに、『日本書紀』に書かれている順序のままに乱が進行したわけではなく、大伴氏の家記が意図的に使われたということを考慮しなければならない。このように資料となった書物が明らかにわかっている場合と、わからなくても大体推定できる場合とがある。

斉明紀には蝦夷の征討、阿倍比羅夫《あべのひらふ》の征討の記事がある。これについては数多くの研究があって、比羅夫の征討の記事には四種類か五種類あるといわれている。わたくしの考え方では、二種類の記事があって、その一つは、蝦夷征討に行った者が蝦夷からとったと称するヒグマの皮などを中央に貢献してくることが記録されているものであり、もう一つは、阿倍比羅夫の家が伝えていた伝承である。一方は朝廷に伝わっている記録、もう一つは氏に伝わっている記録で、両者が合成されたようなことだと思われる。

それから『日本書紀』の材料としてあげなければならないのは、氏の伝承である。それはすでに述べたように、持統天皇のときに、十八氏が纂記《さんき》（墓記）を奉ったことに関係がある。十八氏のうちのいくつかの氏、たとえば上毛野《かみつけの》という氏の伝承が、『日本書紀』のなかにあって、それが崇神紀から舒明紀《じょめいき》ぐらいまでの間に散見される。その文章の調子がよく似ているいくつかの例が、坂本太郎氏の研究であげられている。そうすると、同じ物語的な記事のなかにも、朝廷に伝わったもののほかに、氏々がもっていた伝承が、かなりの重要性をもってところどころにはめ込まれていると考えなければならない。

さらにもう一つは、地誌すなわち風土記《ふどき》の類である。『日本書紀』に風土記がとり入れられたということを、完全に立証することは非常にむずかしい。しかし、風土記の撰上が命じられた和銅六年（七一三）は、まさに『日本書紀』の編纂がたけなわのときであったから、材料として用いられたと考えてもよいであろう。『日本書紀』の編纂に風土記が活用されたのではないかとは、かつて倉野憲司《くらのけんじ》氏がいわれたことで、その例としては神武紀の場合が考えられる。神武紀には神武天皇の東征の部分と大和での部分と、二つの部分があるが、そのうちの大和にはいるまでの記事は、吉備《きび》に行ったとか、どこへ行ったとか、ただ筋道だけの話である。ところが熊野をめぐって大和へはいってくる記事になると、かなり詳しい記述となる。たとえば大和の国の風土記のようなものがあって、それを使いながら、神武紀の記事を書いたのではないかと、倉野氏はいわれている。『日本書紀』の全体のつくられかたを考えると、その可能性は、非常に高いと思われる。

それから氏の伝承のなかには、たとえば王仁《わに》の話のように、帰化人の伝承が相当ある。そのなかでもっとも顕著なのは、白猪屯倉《しらいのみやけ》を大和朝廷が吉備に置いたという記事で、その記事は欽明紀から敏達紀へかけて、断続的に七ヵ所ぐらいに分かれて見える。これはおそらく元来は一連のものであろう。白猪屯倉は、新しい経営方針による屯倉であった。普通の屯倉だと、ただ倉を置いて、そこにおのおの租を蓄えておくだけであるが、白猪屯倉はそれと異なり、いわば朝廷の直営で、そこで戸籍をつくって耕作する農民を掌握し、経営する屯倉であった。だから記録の術《すべ》を持っている帰化人を使うことによって、はじめてその経営が可能だったのである。したがって、白猪屯倉に関する記事は、帰化人である白猪氏が屯倉に遣わされたときの伝承がとり入れられたものと考えられるのである。

（四）

最後に、中国や朝鮮の史書が、かなりふんだんに使われていることがあげられる。朝鮮の史書としてよく知られているのは、百済関係のもので、『日本書紀』の神功皇后の条から雄略《ゆうりゃく》天皇の条にかけて『百済記』という記録があげられている。それから『百済新撰』というものもあって、雄略紀や武烈紀で引用されている。また『百済本記』という記録は、清寧《せいねい》紀から継体・欽明紀までの巻々に引用されている。そういう種類の史書からの引用がみられることに、『日本書紀』の編纂意図がよく表われていると思う。つまり史書としての体裁を整えるため、できるだけの材料を集めて編纂するという態度がみられるのである。だから、たとえば神功皇后から応神天皇にかけての時期も、伝わった帝紀とか旧辞などでは、物語だけである。『古事記』はそれを正しく読めばよいという面があるが、『日本書紀』のほうはそうはいかない。少ない史料を補うものを、どこから集めてくるかということが当然問題となってくるのである。さいわい『日本書紀』によって、『百済記』などが、われわれに残されているために、たとえば四世紀後半の対外関係がわかる。しかしそのためには、百済関係の記事それ自身が、どうやってできあがったのか、『百済記』や『百済本記』とはどういう性質のものか、という研究が必要になってくる。

『百済記』には、推古朝から用いられたといわれる天皇という言葉が使ってあるので、『百済記』はそのもとになるものがあって、それを推古朝ぐらいになって、天皇という言葉を用いて書き改めたのだという考えが成立する。それに対して、『百済記』そのものが推古朝ごろのものであるという説もある。推古朝ごろに、百済に提出を命じたということがあるかもしれない。しかしだからといって、『百済記』は推古朝ごろにできたものだからあまり信用できない、ということにはならないであろう。『百済記』を使って四世紀のことを書いている記事にも、かなり伝説的な性格があるのではないかという疑問をもつと、『百済記』の信憑《しんぴょう》性は減ることになる。ただ、百済は、だいたい四世紀の中ごろぐらいに立国し、やがて漢人の根拠地である楽浪《らくろう》・帯方《たいほう》郡を押えて、そこの漢人たちを百済の宮廷に召しかかえたので、日本よりさきに記録術が発達したことは事実である。『百済記』が推古朝ごろに書かれたとしても、それは百済に古くから伝えられた、それぞれの時代の記録を用いて書かれたものであることが考えられるであろう。

もう一つは中国の史書そのもので、周知のように『魏志』倭人《わじん》伝などが『日本書紀』に引用されている。その中で一番貴重なのは、『晋書』である。『魏志』倭人伝には、卑弥呼《ひみこ》が狗奴国《くなのくに》との争いに敗れて死んだあと、その宗女《そうじょ》が王に立ったという記事がある。ところが『日本書紀』には、二六五年にあたる年に、おそらくそれと同じ人物が、晋に朝貢したと書いてある。一連の記事だからこれも『魏志』倭人伝からの引用であるかと思うとそうではなくて、ここは『晋書』の、天子の傍にいる起居舎人《ききょしゃじん》が、記録した起居注と称するものによって『日本書紀』の編者は書き記している。『百済記』なども貴重であるけれども、『晋書』の起居注などは、わずか二十字足らずであるがもっとも貴重である。

『日本書紀』は編年体で叙述する体裁をとっていたが、帝紀・旧辞には年代など記されていないから、年代を決めていく必要が生じた。その際に、『魏志』倭人伝の卑弥呼は神功皇后であると想定し、年代を決める一番の基軸としたらしい。神功皇后を大体三世紀の中ごろぐらいに位置づけて、紀年の大骨格を定めている。ところが『魏志』倭人伝の引用の仕方は、また不思議であって、『日本書紀』の神功皇后紀を見ると、本文ではなく分注で『魏志』に曰く」云々と書いてあり、特殊な扱い方をしている。したがって、この注記はあとからつけたのであるとも考えられる。しかし全体の骨格からいえば、紀年を合わせていることは明瞭で、『日本書紀』の編者が『魏志』を使ったことは事実であろう。こうしてみると、外国史料の使い方は、『日本書紀』の編者にとってきわめて重要な意味をもっていたことになる。

(五)

全体的にいえば、『日本書紀』は中国の史書の体裁にのっとっているということができる。第一、編年体を採用したこと自体、中国の史書を模倣しているのである。周知のように、『古事記』はいわゆる和漢混淆《こんこう》文のようなもので、日本語的な表現を漢文で表わしているのに対し、『日本書紀』は純粋な漢文で表わしている。その場合、必ず『漢書』とか『後漢書』とかの、中国の文献で文章の体裁を整えている。したがって『日本書紀』の研究のうえで大きいウエイトをもつのは、『日本書紀』のこの部分はどういう出典によっているかを研究する、いわゆる出典研究である。そういうことがわかると、事実追求の手がかりになる。とにかく『日本書紀』には、中国の史書に負けないような、中国的な美文をつくろうという態度がうかがわれるが、それは単なる形式的な面だけではなく、出てくる人物のイメージそのものも、中国的な思想で変えてしまうということが考えられる。このように、中国的な思想、すなわち儒教の観念がはいってきていることに注目すると、単なる引用とか文章のつくり方以上に、重要な問題がそこにあると思う。

日本武尊（倭建命）の物語を例にとると、『古事記』の倭建命と『日本書紀』の日本武尊とでは、記事の内容が完全に違っている。『古事記』のほうは、倭建命が九州に行き、熊曾建《くまそたける》と戦う。そのとき倭建命はもちろんのこと、熊曾建も非常な豪傑に描いている。それで負けた熊曾建が、自分は一番えらいと思っていたけれども、倭建命のほうがもっと強かったからといって、名前を献じる。これが『日本書紀』になると、はじめからまつろう者とまつろわぬ者になっていて、熊襲が威光になびいて日本武尊に従う話になっている。これは、帝紀・旧辞のなかの、割合に後出的なものではないかと思われ、同じ素材が印象を変えて創作された典型的なものとしてあげられよう。

さらに一番顕著な例は、仁徳天皇が菟道稚郎子《うじのわきいらつこ》（宇遅能和紀郎子）と、位を譲り合う話である。この話は、『古事記』にも『日本書紀』にも出ているが、『古事記』のほうが非常に素朴で、これもおそらく、帝紀・旧辞に属するものであったろう。『古事記』では、応神天皇がまだ在世中に、幼少の宇遅能和紀郎子を愛してこれに皇位を継がせたいと思い、大雀命《おおさざき》（仁徳天皇）と大山守命《おおやまもり》に、年上の子と年下の子とではどちらが好きかと尋ねる。そうすると大山守命は、年上の子がかわいいものだといい、弟の大雀命は、未成年者のほうがかわいいのだといったので、天皇は大雀命の言に従い、宇遅能和紀郎子を天津日継《あまつひつぎ》（皇位継承者）に決めた。応神天皇が亡くなると、大山守命が自分で皇位を継ごうと思い、宇遅能和紀郎子を殺そうとはかる。それを大雀命が、謀叛者の大山守命を殺し、そのあとで位を譲り合うが、結局、そのうちに宇遅能和紀郎子が死んだので、仁徳天皇が位についたということを記述している。

ところが『日本書紀』では、前半の応神天皇の生きているときの話は同じであるけれども、あとの話になると、一番先に出てくるのは、応神天皇が亡くなったときに、菟道稚郎子が「そもそも天下に君として万民を治める者は、抱き覆うこと天のごとく、受け入れること地のごとくでなければなりません。上によろこぶ心があって、百姓《おおみたから》を使えば、百姓もよろこんで、天下は安らかとなります。いま、私は弟であり、また徴すべき記録と賢者に乏しいので、どうしてあえて皇位をついで、天業《あまつひつぎ》に登ることができるでしょうか。大王（大鷦鷯尊《おおさざき》）は、容姿が御立派で、仁孝が遠くまで聞こえておられ、年齢もまた長じておられます。天下の君となられるのに不足はございません。先帝が私を立てて太子となさったのは、けっして才能があると思ってのことではなく、ただかわいく思われてのことでした。また宗廟社稷《そうびょうしゃしょく》に仕えるのは、重大なことでございます。私は不肖で、適切ではありません。そもそも兄は上に、弟は下に、聖人は君に、愚人は臣になることが、古今の通則でございます。どうか王は、躊躇されないで、帝位におつきください。私は、臣としてお助け申し上げるだけでございます」といって譲り合ったことである。そのつぎに、この大山守命の話が出てきて、大山守命が殺されてしまう。そうして菟道稚郎子は自殺する。そこで仁徳天皇が位についたというのである。

こうしてみると、『日本書紀』は、『古事記』と同じ素材をもとにしているけれども、人物像を全然変えてしまっているということができる。だから『日本書紀』は中国の史書を真似たり、文章を整えたりしたということ以上に、歴史像そのものを置き換えているといえるのではないかと思う。

研究の変遷と課題

(一)

『日本書紀』ができあがってから、その後の時代にどういうふうに読まれ、どういう影響をあたえたかを、時代的にみたいと思う。ごく一般的にいうと、『古事記』のほうは、その編纂の仕事が天皇家のなかで進められたという事情もあって、中世ぐらいまであまり読まれていないし、注目されていない。もちろん奈良時代または平安時代の書物を見ると、まったく無視されているわけではなく、『万葉集』の注に引用されているし、十世紀末の琴歌譜《きんかふ》とか、十一世紀に法律学者の書いた『政事要略』にも見えている。しかしそれは『日本書紀』の場合とは比較にならない。『古事記』の写本で一番古いものは真福寺本《しんぷくじぼん》であるが、これは、応安四年（建徳二年、一三七一）〜五年（文中元年、一三七二）、すなわち南北朝時代に真福寺の僧賢瑜《けんゆ》（一三四四〜？）によって書写されたものである。その奥書には、文永・弘安年中（一二六四〜一二八七）に、卜部兼文《うらべかねぶみ》（生没年不詳）らが校合《きょうごう》・書写したことが見える。卜部兼文は、文永十年（一二七三）に『古事記裏書』を著わしており、これが現存最古の『古事記』の注釈書である。それ以後の写本はあるが、それ以前の写本は今日に伝わっていない。だから、『古事記』は、つくられてから以後、今日われわれが記紀といって対照するような比重で読まれたものではなく、ほとんど無視されていたといえよう。これに対して『日本書紀』は、書物そのものが勅撰で、いわば国家の事業としてできたものであり、『日本書紀』に続いて、『続日本紀』『日本後紀』というように「六国史《りっこくし》」の編纂が平安時代の中期ぐらいまで行われているが、そういう国家的な国史編纂事業として継承されているところに、大きな意義がある。

このように『日本書紀』と『古事記』とは、できあがってから以後の扱われ方に、大きな違いがあった。そういう事情から朝廷も『日本書紀』を重んじ、『日本書紀』が作られるとすぐの時から平安時代中期にかかるころまで、朝廷で講書が行われていた。その事実が記録に残っているばかりではなく、その内容を書きとめたものが若干残っており、それを私記と呼んだ。この講書は『日本書紀』ができた直後から行われているが、頻繁《ひんぱん》に行われるようになるのは、やはり平安時代の初期、弘仁《こうにん》期（八一〇～八二四）ぐらいからで、村上天皇の康保年間（九六四～九六八）までいくたびも行われた。どうして『日本書紀』がそのころ注目されたかというと、やはり学問が非常に盛んであったことによるのである。仏教も、奈良時代にはかなり学問として発達しているけれども、本格的に発達するのは九世紀で、天台宗《てんだいしゅう》や真言宗《しんごんしゅう》などの宗派の成立もこのような事実とかかわっている。それから今日の言葉でいうと法律学者、すなわち明法《みょうぼう》などの学者が活動するのも、やはり平安初期で、漢文学などの発達もこの時代である。当時、歴史といえば、主として中国の歴史をさしたのであるが、日本の歴史ということになれば、やはり『日本書紀』が注目されたのである。

ただ『日本書紀』の私記として残っているものは、ことばの古い読み方や意味などを書きしるした、数種類の記録である。しかし、それを書き残してくれたおかげで、『日本書紀』はのちの時代にどういうふうに読まれていたか、その意味はどういうことかということを、われわれは知ることができる。

『日本書紀』はこのようにずっと重んじられたので、『古事記』の場合とは違って、古い写本が多く残っている。巻一の神代上を写した佐々木旧蔵本ほか三つ、巻十の応神紀をおさめた田中本などは一組のもので、奈良末・平安初期の書写とみられているし、巻二十二（推古）・巻二十四（皇極）の岩崎本に、寛平・延喜（八八九〜九二三）の書写とみなされるヲコト点や万葉仮名による訓もつけられている。そしてその後、室町時代にいたるまでの写本数十種が残っているのである。中世のはじめ鎌倉時代に、卜部兼方《うらべかねかた》（生没年不詳）という人の著わした『釈日本紀』が、まとまった『日本書紀』の注釈書の一番古いものとして今日残っている。卜部家は祭祀を司る神道家で、卜部家にはこれ以前から伝わる写本があり、家学として『日本書紀』の研究が行われていた。兼方の父兼文も、前関白一条実経《さねつね》（一二二三〜一二八四）らに『日本書紀』を講述したことが伝えられているが、兼方はそれにもとづき、平安期の私記を参照し、いまはない古書もたくさん使ってこの本を書いた。言葉の意味とか字句の読み方とかをていねいに記しているが、そこにおのずから、奈良時代・平安時代以来の学問の伝統がうかがわれる。その古い学問の伝統を、中世に伝承された形で伝えている。

しかし『釈日本紀』については、そういう伝統の面とは別に、あとで述べるような中世的な面をもっていることに注意しなければならない。『釈日本紀』の最初にある解題では、『日本書紀』の性質や成立を論じているが、これを読むと、『旧事本紀《くじほんぎ》』という本が『日本書紀』より前にでき、じつは『日本書紀』は『旧事本紀』をもとにしてつくったものだという考え方を打ち出している。『旧事本紀』は大体平安時代、弘仁ごろからあと、延喜ぐらいまでの間につくられたものであるから、とても『日本書紀』のもとになるはずがない。ところが同書には推古朝（五九二〜六二八）につくったという偽りの序文がついているために、『日本書紀』のもとになったという見方も出てくるわけである。このような考え方は、『日本書紀』のつくられたときの古代の現実、あるいは対外意識・国家意識というようなものが、とうの昔に忘れられていることを示している。やはり中世になると時代が変わったということが、ここにもうかがわれるのである。

中世の『日本書紀』の扱い方で最も特徴的なことは、神道との関係である。平安時代、仏教のさかんになったわが国では、仏と神との関係を合理的に説明するために、仏が本位であって仏がかりに神になって現われたのだという、いわゆる本地垂迹《ほんじすいじゃく》説が唱えられ、その理論づけのために、真言宗や天台宗に神道説がおこってきた。また、鎌倉時代以後になると、逆に神本位の、つまり仏が神になって現われるのではなくて、神がもとであるというような神道説（逆本地垂迹説）もあらわれてくる。伊勢の外宮《げくう》では、鎌倉時代を通じてこの考え方が強まり、伊勢神道が成立する。室町時代にはまた卜部家の流れをくむ、京都の吉田神社の吉田兼倶《かねとも》が大成した吉田神道なども出てくる。公家《くげ》などの間でも、これら神道説がさかんに行われたが、神道説は『日本書紀』『旧事本紀』『古事記』の三つを尊び、中でも『日本書紀』を「神書」として最も重んじた。その場合、『日本書紀』のすべてではなく、神々のことを書いている第一巻と第二巻、いわゆる神代史の巻が尊重されたのである。三十巻のうちのごくはじめの部分が一番重んじられるというのは、『日本書紀』の中世的な扱い方の一つの特徴だということができる。

それからもう一つは、神道説は、学者によっていろいろな立場があるけれども、仏教や儒教とは異なる日本固有の宇宙観と道徳説を説いた。たとえば、人間の心は清くなければいけない。その心を清く保っていれば、おのずから宇宙の真理と合体して、人の生活も正しくなり、神々も守ってくれるというような道徳説が説かれている。そうすると『日本書紀』に出てくる神々の物語が、みなそういう神道説を説明するために利用されていく。最も顕著なのは、たとえば、南北朝時代の忌部《いんべ》正通《まさみち》（生没年不詳）の『日本書紀口訣《くけつ》』（貞治六年、一三六七著述)や、応仁の乱のころの博学な公家、一条兼良《かねら》(一四〇二~一四八一)の『日本書紀纂疏《さんそ》』などで、『纂疏』は『日本書紀』の一種の注釈書のようなものであるが、いま述べたような立場がよく表われている。

また、伊勢の外宮では『神道五部書』と呼ばれるものが編纂されている。これは伊勢大神宮の古伝を中心に、『日本書紀』『旧事本紀』などを使い、道家《どうか》の思想や儒教、仏教などを織りなして、神道説を説いたものである。右にあげた忌部正通、一条兼良の書物などは、『日本書紀』そのものを神典として扱っているが、ここでは『神道五部書』という独自の神典を作りあげているわけである。そしてこういう本もまた、後の神道説に大きな影響をあたえた。

㈡

こうした『日本書紀』の扱い方は、近世に及んでいる。近世もその初期は、なお中世的であって、朱子学者の山崎闇斎《やまざきあんさい》(一六一八~一六八二)が晩年に垂加《すいか》神道をたてているが、闇斎は神道的な道徳説を説くために、『日本書紀』を非常に重んじている。

近世全体を通じて、『日本書紀』がどういうふうに扱われたかというと、中世的・宗教的なものからの世俗化ということができる。宗教的なものを排除して、現実的になってくるということができる。それが近世の『日本書紀』に対する態度の一貫した特色であろう。

しかし、中世的な『日本書紀』解釈から脱却するのには時間がかかった。その一つの例に谷川士清《ことすが》（一七〇九〜一七七六）が書いた『日本書紀通証』という注釈書があげられる。この書物は、中世の注釈書とは異なって、『日本書紀』全巻を扱っており、文字に即して『日本書紀』を読もうとしている。しかし、この谷川士清の著書にも中世的なものが多く残っていることは、否定できない。『日本書紀通証』の最初には、序文のようなものがあって、『日本書紀』の全体論が展開されている。そこには『日本書紀』はどのように編纂されたかとか、「日本」とはどういう意味であるとか、「書紀」とはどういうものであるか、あるいは読み方の原則はどうかというようなことが書かれているが、やはりそれまでの伝統的な学問の制約を強くうけている。谷川士清は、『日本書紀』を読むときの基本的なことをいくつかあげてそのうえに自分の説を築いているが、そのなかには『日本書紀纂疏』『日本書紀口訣』などばかりでなく、谷川士清が強い関心を抱いていた垂加流の神道説もあげられている。さらに『神道五部書』のうちの『倭姫命世記《やまとひめのみことせいき》』や『伊勢二所皇太神宮御鎮座伝記』といった中世的なもの、その流れをくむものをたくさん引用し、それに非常に影響されているのである。

それから三、四十年後に、『書紀集解《しっかい》』という書物が出るが、これは尾張《おわり》の国学者の河村秀根《ひでね》（一七二三〜一七九二）が、その子益根《ますね》（一七五六〜一八一九）との親子二代の家学に基づいて著述したものである。この書も『日本書紀』全体の大部な注釈という点で、谷川士清のものと共通しているけれども、その学問態度は非常に違ったものがある。ここではもはや、神道の影響からはほとんど脱却している。やはり序文のようなところを見ると、古代に行われた講書の伝統を受け継ごうとする態度がうかがわれる。現在世に行われているものはみな「いたずらごと」で、自分は古い学問の態度をそのまま生かしていくのだと論じている。

また、日本の国号はなんといったか、『日本書紀』をつくったのはだれかというような、基本的なことが述べられている。そして、中世以来のいろいろな学者の説はとりあげず、『旧事本紀』などからも離れて、『日本書紀』をそのままに読み、『日本書紀』の成立については天武朝に編纂が始まったことから養老期までの過程を書いている。

この書物で著者が一番重んじたのは、総論の終りで、「自分の一番興味を持つのは、『日本書紀』の文章がつくられるときに、中国のどういう書物の文辞に基づいてそれを書いたか、そういうことを調べてみたい」という意味のことを述べているように、いわゆる出典論に非常にウエイトを置いていることである。ここのところはどの文章をもとに書いたかという観点から『日本書紀』を読んでいる。もちろん、個々の注釈の部分を見ると、一条兼良や谷川士清の書物なども使っているけれども、神道説のこじつけは排し、即物的に簡潔に注釈を進めている。今日から見れば当然のことであるが、とにかく『日本書紀』をそのままに読むことを非常にはっきりと打ち出している。だから『日本書紀』の研究も『書紀集解』にいたってはじめて、神代紀だけを重んじた中世の学風・学者たちとまったく違ったものとなったといえるのである。

中世の学問との違い、特に『日本書紀』の読み方に関して、もう一つ別の例をあげてみよう。それは新井白石（一六五七〜一七二五）である。白石は非凡な政治家であるばかりでなくて、学者でもあり、歴史家としてもたいへんにすぐれた人であることはよく知られているところである。白石の学問はじつに広く、経済・政治・言語などに及んでいるが、歴史では『折たく柴の記』『藩翰譜《はんかんふ》』『読史《とくし》余論』などのほかに、古代史を扱った『古史通』『古史通或問《わくもん》』などを残している。この二つの本は、読まれた方も多いと思うが、『日本書紀』だけを扱っているわけではなく、『古事記』などにもみられる日本神話の論である。

白石のこれらの本をみると、中世以来『日本書紀』神代巻を中心に展開されてきた神道的な解釈にとらわれないで、自分の眼で自由に古典を読み、そこから古代の歴史の事実を探ろうとしている。白石はべつに『日本書紀』そのものを論じているわけではないけれども、『日本書紀』の解釈の歴史をたどるうえで、白石を見のがしてならないのは、こういう点できわだっているからである。

白石は河村秀根はもちろん谷川士清より前の人であるが、それなのに中世的な神話観から脱却していることは驚くべきことである。しかし白石を秀根と比べると、秀根の場合には、『日本書紀』を漢文として間違いなく読むことに重点をおいたのに反し、白石は、神話にも合理的な解釈を施すということに重点をおいた。「神は人なり」という有名な言葉も、『日本書紀』『古事記』の神代巻では、神々が活躍するが、それを神とは考えない。これはじつは人なのであるという考えかたを示している。

白石が主張していることの一つは、『日本書紀』は漢字で書かれているが、漢字はある時期からわが国にはいってきたもので、その前には日本人の言葉があって、その日本人の言葉を漢字であらわしているにすぎない。だから漢字の字づらで、意味を読み間違ってはならない。たとえば、「天」という字を「アマ」と読んでいるときに、「アマ」といえば「天地」の「天」のことかと思うとそうではなくて、「アマ」そのものは「海」にも通じるというように、漢字を通してではあるけれども、漢字の意味から離れて読むべきであるということを述べている。

たとえば高天原《たかまがはら》の「高」とは常陸《ひたち》にある「多珂《たか》」郡の地で、高天原とは神の世界のことではなくて、現実の常陸の地を指すという。

また、『日本書紀』や『古事記』の神代の物語は、一般的にいうと、三つの部分からなっている。一つは高天原神話、一つは出雲《いずも》神話、もう一つは南九州の日向《ひゅうが》神話といわれるものである。この最後の日向神話のなかには、海から神がやってきたり、こちらから竜宮に行ったりするというような、海神《わたつみ》との交渉の話がたくさん出てくるけれども、白石はこれを新羅《しらぎ》との交渉のことであると解釈している。

新井白石は、神々の世界のことも、実際は人間の世界での出来事であるという。たとえば記紀を見ると、伊奘諾尊《いざなきのみこと》と伊奘冉尊《いざなみのみこと》が、例の天《あま》の瓊矛《ぬぼこ》でかき回して、磤馭慮嶋《おのごろじま》に行き、そこで天の御柱《みはしら》をめぐって、一つの御殿をつくり、そこで国生みをするという話があるが、これは二柱の神、すなわち朝廷の祖先が、船で西のほうに下って島に到達し、そこで天から賜わった節刀《せっとう》で、その土地を得た。国生みというのは、それをもとにして、軍隊でその周辺を征服したことだという。白石はこのように、元来宗教的なものをそのままには解釈しないで、それを現実的に合理的に解釈しようとし、かえって別の意味でのこじつけに陥ってしまった。それは、秀根にみられたような学問的な方法がまだ確立していなかった時代であったからであろう。

（三）

近世になると、いわゆる国学がおこってくる。それまでの古典の読み方は、古典を古典のままに読むのではなくて、仏教的に読んだり、あるいは神道的に読んだり、中国的に読んだりしてきた。だからなるべくそういうものにわざわいされないで書物を見ていく。これが国学の考え方である。儒学でも、朱子学の影響を離れて経典を読み、孔孟の思想そのものをつかもうとする古学が発達したが、国学はこれと関連しておこったものであり、秀根の学問などもその一環であろう。そうなると、漢文で書かれて、潤色の非常に強い『日本書紀』よりも、文章は和漢混淆《こんこう》文であるけれども、元来そういう漢文的な潤色とか中国的な発想法から非常に遠い『古事記』に対する認識がおこってくる。近世の国学者の間で、だんだんと『古事記』に対する認識が高まってくるのは、そのためであろう。その頂上に立つのが本居宣長《もとおりのりなが》（一七三〇〜一八〇一）で、その著『古事記伝』は有名である。

宣長は、『古事記』を中心にして、古代の世界をのぞいている。記紀のなかで中核的な意味をもっている神話を、白石とはまったく違った立場で読んでいる。書かれていることをそのままにとって、神が不思議な行動を行えば、不思議な行動のまま解釈する。だから高天原といえば、それは天上の国であり、天照大神といえば、それは陽《ひ》の女神のことである、と。それ以上の解釈をけっしてしない。そうすることによって、古代人が、どういうものの考え方をしていたかを、追求しているわけである。

それは、さきほどの河村秀根などと、アプローチの仕方は違うけれども、基本的には同じで、近代の学問に一番近い方法論と思われる。ただ宣長自身は、自分がそうやって発見した古代の世界を、自分の世界の道にしてしまって、日本が世界の中心であり、国学者のいう意味での神の道が宇宙に通用しなければいけないと考え、排外主義的色彩を帯びてしまった。そうした逸脱はあるけれども、しかし記紀に対する接触の仕方は、やがて発達していくべき近代的な学問に通ずる道であった。近世という時代は、中世のものの考え方から脱却してくるわけであるけれども、その脱却がさらに、近代へつながっていくものを求めるならば、それは『日本書紀』における河村秀根と、『古事記』における本居宣長のそれであろう。

ここで少し毛色の変わった、山片蟠桃《やまがたばんとう》（一七四八〜一八二一）の『夢の代《しろ》』をとりあげてみよう。蟠桃は宣長よりまた少し若かったが、その合理的な考え方は、西洋の天文学や蘭学などの素養からくる自由さをもっていた。その神代の扱い方を見ると、大体古い時代のことは、文字というものがなければ伝わらないので、文字あってこそはじめて伝わる。だから、文字が伝わりはじめた時期から歴史は確実にたどられるので、それ以前のことは、事実とまったく縁の遠いものであるということを、繰り返しいっている。「文字ノ出来ルハ国ノ開クルナリ、文字無キハ国ノ開ケザルナリ」という言葉が『夢の代』にある。これは、文字の成立と国家の成立との関係を、端的に把握した例である。

さらに、『日本書紀』や『古事記』は、神代のことをはじめとしていろいろなことを書いているが、「日本へ文字渡リシハ、応神天皇ノ御宇《ぎょう》ニテ、ソノ後ノコトハ事実明白ナリ、ソレマデノコトハ、口授伝説ニシテ実ヲ得ベカラズ」と記しているように、文字伝来以前のことはまったく信用できないのだと、蟠桃ははっきりと述べている。また蟠桃のいっていることで、とくに興味をひくのは、つぎの点である。

「漢土文字ヲ製シテ四千年、日本文字渡リテ千四五百年、ソレヨリ以前ハ知ルベカラズ、然ルニ神代ノ巻ハ舎人親王ノ撰ニシテ、是《これ》ヲ知リ玉ハザルニアラズ、只《ただ》太古ノコト見ルママニ聞ママニ筆シテ、一書ト云《いい》テ博ク伝フルノミ、是ヲ知ラズシテ、サマザマノ註釈回護ノ説ヲナシ、一句一字ニオイテモ、方便教訓ヲ加ヘ、尾鰭《おひれ》ヲ付テ解ヲナスモノハ、後人ヲ惑ハスモノナリ、仏者ノ心ト何ゾ択《えら》マン、……日本紀神代ノ巻ハ取ルベカラズ、願クハ神武已後《いご》トテモ大抵ニ見テ、十四五代ヨリヲ取用《とりもち》ユベシ、然リト雖《いえども》神功皇后ノ三韓退治ハ妄説多シ、応神ヨリハ確実トスベシ」

つまり蟠桃は、文字の伝来もしくは応神紀以前の『日本書紀』の記述は事実ではないとし、これを舎人親王も知らないわけではなかった、といっている。

しかし、宣長にも白石にも、長所・短所があったように、蟠桃の場合でも、矛盾したことをいっている。たとえば、文字伝来以前の昔のことはどのように伝えられたかということになると、これは巫女《みこ》が、なんとなしに語り伝えたことであって、それには妄誕《もうたん》が多いので、それと似たようなことであろうと述べている。この場合も宗教の世界とか、古代的思惟《しい》に対する洞察は、まったくないという欠点をもっている。

以上、近世の『日本書紀』に対する接触の仕方の、いくつかの例をみてきた。それらには共通点もあるが、またそれぞれ違いをもっている。それは必ずしも近世だけのことではなく、日本人の性情のなかに、宣長型とか、白石型とか、蟠桃型のようなものがあって、おそらく現在でも、みんなそれぞれの型で『日本書紀』を読むであろうと思われる。だから、これは近世だけの話ではないかも知れない。

(四)

つぎに、近代は、どういうふうに『日本書紀』『古事記』を見てきたかを、ごく簡単に述べておこう。近代になると、また状況が変わってくる。重要なことは、明治国家がつねに記紀を国体観念の歴史的な根拠としてとり上げ、中心的な原理にしたということである。このことに関して、家永三郎氏は、大日本帝国憲法の第一条に「大日本帝国ハ万世一系ノ天皇之《これ》ヲ統治ス」、それから第三条に「天皇ハ神聖ニシテ侵スヘカラス」とあるが、こういうものが、記紀をはじめとする古典の説話を思想背景として起草されたのだといわれている。それはなにも、いまわれわれがそう解釈するだけではなくて、当時の学者も明らかにそのことを知っていたのである。教育勅語のなかにも、「我カ皇祖皇宗《こうそう》国ヲ肇《はじ》ムルコト宏遠《こうえん》ニ」という一句があるけれども、これもやはり同じような根拠から出ている。しかもそれは、憲法や教育勅語の一部分に出てくる表現というのではなくて、中心的な表現になっていることから見ても、明治国家の国体観念に、記紀が、とくに『日本書紀』が密着していることを知るであろう。だから、明治がはじまって太平洋戦争が終わるまでの間に、いろいろな変化はあったけれども、とりわけ『日本書紀』が、中世におけるのとはまた違った意味で聖典化されたわけである。そして中世の聖典化は宗教的な意味であったけれども、明治国家においては教学上の聖典に化した。だからそれが教育の上にも及ぶ。教育の上に及ぶと、おのずからそれは学問の上にも及んでくる。学問の世界は、戦争の非常に激しいときにも、かなりの自由があったけれども、自由に討議されることがどうしてもできない状態がそこから生まれた。そのことから、『日本書紀』や『古事記』をありのままに読むこと、あるいはありのままに研究することが阻害された。すでに江戸時代にも、河村秀根とか本居宣長の学問の方法論のなかに、近代へ発展していく芽があったわけだが、そこへ西洋の学問がはいってきて、もっともっと研究が進むべきところを、現実にはなかなか進まなかった。これは教学の世界と学問の世界との間に、もちろん一線を画していながら、やはり非常に大きなタブーがあったからであると思われる。

しかしそれでも、記紀研究が続けられ、西洋の学問が媒体になって、多くのことが明らかになり、いくつもの問題点が提出された。

その一つは紀年論である。つまり『日本書紀』と『古事記』とを比べると、『古事記』のほうには年代が書いてない。『日本書紀』のほうは、中国式の編年体の歴史をつくるということであったから、おのずから紀年というものが絶対に必要であったのである。今日の目から見ればその紀年は、あきらかに間違っているけれども、紀元前六六〇年に神武天皇が即位したということから『日本書紀』の年立てができている。それがつくりごとであることは、江戸時代にも注意した学者はあるが、明治になって那珂通世《なかみちよ》（一八五一～一九〇八）などの学者が、『日本書紀』の紀年はあやしいというだけではなくて、どうやってつくられたのかを研究しはじめた。そして神武紀元は、中国の讖緯《しんい》思想の辛酉《しんゆう》革命説によっていることを論証した。その起点についてはいろいろな考え方があるが、一応通説となっているのは、推古朝から逆算して神武天皇の即位の年を定めたという見方である。これは今日から見れば当然なことだけれども、しかし、やはり『日本書紀』を読んでいくときの一番基本になる問題であり、非常に大きな仕事だったといえよう。

それからもう一つ大きなことは、『日本書紀』や『古事記』が、どれだけ事実を語っているのかということである。『日本書紀』や『古事記』の記述を学問的・体系的に捉えたのは津田左右吉であり、その仕事は画期的な意味をもっているといえよう。そういう考え方は、江戸時代にももちろんあったけれども、それを学問的に体系化することが、むずかしかったのである。だから紀年を論じていた津田の先輩にあたる学者も、そういうことに気がついてはいたであろうけれども、紀年論に終わってしまって、あとのところはあまり厳密にやっていなかった。

津田がどういうふうに記紀を分析したかというと、すでに『日本書紀』や『古事記』の成立のところでふれたように、一つの書物がどうやってできあがってくるのかという疑問から出発している。その書物の成立経過をていねいに調べて、それを手がかりにして、史実との関係を明らかにした。そうするとおのずから、神代の話は事実ではないということがはっきりしてくる。このことは江戸時代の学者の指摘にあったけれども、それを学問的な手続きで立証したのである。

津田の研究でいちばん大きな業績は、記紀の神話伝説が、「ホメロス」などのように民間で伝わっていたものが記録されたものでは、不幸にしてないということを指摘したことである。そしてもちろん同じ民族であるから、おのずから民間の伝承もいくらか取り入れられているけれども、話の全体の流れは、ある時期に知識人が、しかも朝廷の知識人が、政治的な目的のためにつくったのだということを論証した点にあると思われる。したがっておのずから明治憲法と対立する結果になったわけで、大正から昭和にかけて、おいおいに発表してきた『神代史の研究』などが発売禁止になったばかりではなくて、皇室の尊厳を冒瀆したという、有罪判決となったのである。

近世の学者の考え方は、近世的な意味の世俗化という傾向をたどるが、それは中世的な解釈からの解放というところにむしろ重点が置かれすぎ、古代的な宗教とか、古代的な思惟そのものに対する感覚が乏しかった。白石のように、「神は人なり」と解釈したり、蟠桃のように、神々のことはなにか巫女《みこ》が口走ったとしか考えない人もいた。いままであげてきた近世の学者の中では宣長だけが、古代の思惟そのものを理解しようとしたといえよう。

そして、それを継承するような形で、主にヨーロッパの学問の影響をうけて、古代宗教そのものを問題にすることが、民俗学者、あるいは比較神話学者のあいだで行われた。柳田国男《やなぎたくにお》（一八七五～一九六二）・折口信夫《おりくちしのぶ》（一八八七～一九五三）などの学者が、それぞれに古代人的思惟をくみとって、その構造を明らかにすることにつとめたことは、研究史上見逃してならないことである。

このようにして『日本書紀』と『古事記』については、近代になって、鋭く、また基礎的な研究が多角的になされた。これは右にあげたようなすぐれた先覚者ばかりでなくて、多くの学者がヨーロッパの学問をふまえながら、総合的に発達させてきた大きい業績である。

この道程で見逃してならないことは、一見間接的なことだが、諸学の発達がある。いうまでもなく『日本書紀』や『古事記』は古代にできたもので、しかも古代の世界を対象にしたものである。たとえば中世の人は、古代については記紀以外にはなにも材料をもっていなかったけれども、近代になって考古学とか人類学とかの学問が発達して、古代の事実そのものが明らかにされてきた。古代の事実そのものを明らかにするということは、必ずしも『日本書紀』や『古事記』を読むこととは関係がないけれども、しかし『日本書紀』や『古事記』のつくられた時代とか、『日本書紀』や『古事記』をつくった人々が描こうとした対象や、その周辺がいっそう明らかになったし、それによって、おのずから記紀の意味するところが広く明らかになってきたわけである。

もう一つ、やはり明治以後の動きのなかで忘れてならない点は、『日本書紀』の全体が関心の対象となったことである。扱っている時代の長さが、『日本書紀』と『古事記』とでは違っていることは前に述べたとおりである。『古事記』は推古朝までしか書かれていないが、『日本書紀』は、七世紀の終りまで書かれている。『日本書紀』全三十巻のうちの、いわば後半の部分は、『日本書紀』を読んできた人々の歴史からいうと、あまり重視されなかった部分である。中世のように神代巻の最初の二巻だけが重んじられて、あとはほとんど顧みられなかったというのは極端にしても、近世でも一般に関心のもたれたのは、やはり、そういう古い時代である。ところがその間に国史学が発達してくると、『日本書紀』のいままで顧みられなかった時代を厳密に考えていくということが、重視されてきた。推古朝から大化の改新、それから壬申の乱へという歴史時代を知るために、中世の人が神代巻をていねいに読んでいたように、『日本書紀』をていねいに読むということがはじまったし、それより前の六世紀の朝鮮諸国との関係などについても、多くの研究が積まれるようになった。こうなると、ひとしく記紀といっても、推古朝で、しかも内容的には六世紀のはじめで終わっている『古事記』は役にたたない。いきおい『日本書紀』の史料価値が、歴史学的に再認識されるようになったのである。

(五)

戦後になると、明治的な国家は一応解体し、それを支えていた国体観念も、敗戦によって消滅した。当然のことながら政治的な教学の世界でも、そこに大きな価値の変化が起こってきた。そういうなかで、記紀はどういう扱いを受けたか。『古事記』や『日本書紀』の古い部分は造作されたものだから、「記紀追放」というようなことが行われ、信用できるのは考古学だけであるとされた。それからもう一つは、七世紀以前には、『魏志』倭人伝や『宋書《そうじょ》』などの中国の文献がある。それらは分量は少ないが、『古事記』や『日本書紀』より早くできたものなので、もっぱらそれによって歴史を構成するという風潮が非常に強まった。これはいきすぎもあったが、どうしてもふまなくてはならない道すじであった。いままで教学の材料にされて、解釈が許されなかった世界からの解放を、徹底的に行った。

この間、終戦後四、五年ぐらいから、建国問題がもちあがってきた。過去に対する郷愁のようなものがあって、神道系の人たちが活動して、明治にはもう常識になっていた紀年論さえ否定し、建国・紀元節問題を提起した。そういうなかで、教育界ばかりでなく、歴史学者の間でも大きな緊張関係が生じた。やがて建国記念の日というかたちで紀元節が復活することになったが、そのとき多くの歴史学者はそれに反対した。戦前にはそれが古代史の研究を阻害し、教育の世界に大きな悪影響をあたえていただけに、紀元節復活に反対する運動は、非常に大きな意味をもっていた。

ところが、いまはまた少し違った段階に来ているように思われる。特徴的なことは、記紀・古代史ブームともいうべきものがあって、記紀に対する関心が高まっていることである。

終戦直後の時期に、記紀の価値が非常に落とされたのに比べると、記紀がもてはやされていることは、非常にいいことだと思う。しかし、反面、科学的でない利用が復活する懸念がないとはいえない情勢もある。戦争直後の時期には、記紀に対してそれを追放するほど厳密だったが、このごろのように、記紀、とくに古い神々の世界に対する関心が高まってくると、一度距離をおいてみるという姿勢がだんだんと稀薄になってきているのではないかと思う。そういうときに、いままで述べてきた記紀研究の歴史、つまり江戸時代における近代的学問の芽生え、すなわち河村秀根とか本居宣長とかの学問の伝統、明治以後では津田左右吉、あるいは柳田国男へと継承されているような厳しい学問的伝統を顧みることは必要である。そうでないと、中世の神道的解釈や、白石の神話論のようないろいろなこじつけが出てくる危険があると思う。

そういう意味で、記紀を今後どのように扱ったらいいかということが考えられなければならない。そのためには、先に述べたような記紀の扱い方の歴史というものを、一度ふまえることが必要であるが、もう一つには、細分化されている学問を有効に生かし、たとえば民俗学、考古学、また歴史学などが寄り集まって、知識の交換をしながら、記紀のなかから古代の社会、心理、宗教、あるいは思惟構造といったものを多角的に探っていくことも必要であろう。また『日本書紀』の後半の部分に相当する、七世紀段階の都城の発掘が近年非常に進んで、七世紀の復元が、違った角度から急速に進められつつあるが、そういうものとの密接な関連で、『日本書紀』、あるいは『古事記』を正しく読んでいくことも、必要になってきているのではないかと思う。

古代史研究と『日本書紀』――最近の研究の動き――

(一)

ここで、『日本書紀』と関連する、最近十五年ほどの間の古代史研究の動きを眺めてみることにしよう。なんといっても著しいのは、この間に日本だけでなく中国・朝鮮などの各地で、古代の遺跡・遺物についての重要な発見があいつぎ、『日本書紀』の背景となる古代東アジア世界のようすが、より具体的な姿で捉えられるようになってきたことである。

一九七一年、韓国忠清南道の公州《コンジュ》（百済の古都熊津）で発見された百済武寧王の陵は、塼《せん》で築いた精緻な墓室の構造や、黄金製の冠飾などの華麗な副葬品によって人々を驚かせたが、さらにその誌石（墓誌銘）には、斯麻《しま》王（武寧王の諱《いみな》）が癸卯年（五二三）五月七日に六十二歳で没したと記されており、武寧王の諱を斯麻王といったという武烈四年条の記事や、継体十七年（癸卯年）五月に武寧王が薨《こう》じたとあることなど、『日本書紀』の記事と一致することでも学者の注目を集めた。韓国ではこのほかにも、一九七九年忠清北道中原《チュンウォン》郡から発見された、五世紀の高句麗長寿王代の拓境碑かと思われる碑など、『日本書紀』の記述とも関係ある金石文があいついで発見されている。

武寧王陵が発見された翌年の一九七二年、こんどは日本の奈良県明日香《あすか》村の高松塚古墳から、七世紀末―八世紀初のものと思われる壁画が発見され、人々を沸かせた。色彩あざやかな人物像や四神図をめぐって、朝鮮の高句麗古墳や、中国の唐代の皇帝陵との関係が議論され、朝鮮の学者も参加して、活潑な討論が行われた。日本古代の文化が、朝鮮や中国の文化と深い関わりをもっていること、日本の古代史を捉えるためには、東アジアの大きな歴史の流れの中にそれを位置づけてみる必要のあることを、この壁画の発見は人々に教えたといえる。

この年にはまた、李進熙《イジニ》氏の『広開土王陵碑の研究』が刊行されている。広開土王碑（好太王碑）は、四世紀における倭と朝鮮との関係を示す史料として古くから重んじられ、かつては日本が当時から朝鮮を支配してきたことの証拠とされたが、戦後、朴時亨《パクシキョン》・金《キム》錫亨《ソッキョン》氏ら朝鮮の学者から、旧来の解釈を否定する主張がなされるようになった。李進熙氏は、明治時代における碑文拓本の日本への将来、その研究に当時の陸軍参謀本部が深く関与していたことを明らかにし、さらに碑文の拓本の研究から、明治時代に軍部の手によって、石灰の塗布と碑文の改竄《かいざん》とが行われたと主張した。軍部が石灰の塗布を行ったという李氏の説には疑問が多いが、近代日本における古代史の研究が、当時の朝鮮・中国に対する植民地支配と密接に結びついていたことについての指摘は、われわれの古代史に対する観方に、深い反省を迫るものがあったといえる。広開土王碑に関しては近年ではまた、王建群氏の『好太王碑研究』（一九八四年）など、中国の学者の発言も行われるようになった。

㈡

八世紀という後代の編纂物である『日本書紀』に記されていることの真否を確かめるためには、記述の対象となった時代のなまの史料が重要なことはいうまでもない。刀剣や鏡の銘、石碑などのいわゆる金石文は、その意味で大切な役割を果たしている。その面での最大の事件は、何といっても、一九七九年の稲荷山《いなりやま》古墳出土鉄剣銘の発見であろう。埼玉《さきたま》古墳群中の稲荷山古墳から出土した鉄剣の保存処理作業中に、金象嵌《きんぞうがん》の百十五字の銘文が発見され、厳密な検討を経て公表されたのである。五―六世紀の金石文としては、石上《いそのかみ》神宮の七支刀、隅田八幡《すだはちまん》神社の人物画象鏡、江田船山古墳出土大刀などの銘が今までにも発見されていたが、辛亥年（四七一年か）の年紀をもつこの鉄剣銘は、百十五字ともっとも字数が多い上に、内容も豊富であり、多くの問題を学界に提起することになった。

銘文によると、銘文の記主ヲワケは、「獲加多支鹵（ワカタケル）大王」に仕えたという。ワカタケル大王は、記紀の雄略天皇（大泊瀬稚武《おおはつせわかたけ》天皇）、すなわち中国の歴史書である『宋書』倭国伝に見える倭王武であるとされ、これに伴って、今まで「蝮□□□歯大王」と読み、多治比瑞歯別《たじひのみずはわけ》天皇＝反正《はんぜい》天皇のこととされてきた熊本県江田船山古墳出土大刀銘の大王名も、「獲加多支鹵大王」と読むのが妥当とされるようになった。そして、同じ雄略天皇の名を記した刀剣が関東と九州とから発見されたことは、当時の大和政権の勢力がこの地域に及んでいたことを示すものであり、『宋書』倭国伝に載せる倭王武の上表文の、「東は毛人を征すること五十五国、西は衆夷《しゅうい》を服すること六十六国」の記述と対応するものであると考えられるようになった。

この銘文のなかには、ヲワケの系譜が、上祖オホヒコ以来八代にわたって記されている。それらの人名のなかには、ヒコ・スクネ・ワケ・オミなどの称呼が含まれており、これらのなかにも、カバネ（姓）の制度や氏族系譜の成立をめぐっての、重要でかつ興味深い問題を解く鍵が秘められている。前にも述べてあるように、記紀のもととなった帝紀と旧辞とが成立したのは、ほぼ六世紀の中頃のことと考えられるが、この銘文によれば、それに先立つ五世紀の後半に、すでに氏族の間にこのような祖先伝承や系譜が成立していたことになる。この銘文は、『古事記』や『日本書紀』などの史書の根源を示しているといってもよい。

稲荷山鉄剣の銘文については、残された問題も数多い。ワカタケル大王を雄略天皇とみること自体異論があり、それと関連して、辛亥年を干支一運くり下げて五三一年とみる考え方もある。記主ヲワケについても、それをこの古墳の被葬者である関東の豪族とみるか、または剣をこの古墳の被葬者に賜与した中央の豪族とみるかで意見が大きく分かれている。「乎獲居臣」の臣（オミ）についても、臣の字ではなく、当時地方の国造《くにのみやつこ》に与えられた姓《かばね》である直（アタヘ）であるとみる佐伯有清氏の説がある。これらの諸問題については、今後さらに研究が進められていくことであろう。それによって、『日本書紀』の記事をより正しく理解する道が開けてくるものと思われる。

稲荷山鉄剣銘の発見で、刀剣の銘文や文様についての関心が高まるなかで、その後も銘文をもつ刀剣が発見された。なかでも一九八三年には、六世紀後半の築造と思われる島根県の岡田山一号墳から出土した大刀の保存処理中に、「額田部臣」の字を含む十二字の銘文が発見された。額田部臣《ぬかたべのおみ》は、額田部という部の集団をひきいる在地の豪族で、八世紀の『出雲国風土記』には、出雲国大原郡の郡司（少領）として出てくる姓である。この銘文の出現は、大和政権が六世紀の段階で出雲地方の豪族を部民集団の長として服属させていたことを示すことになり、やはり貴重な発見であったといえる。

㊂

稲荷山鉄剣などの刀剣銘と並んで、『日本書紀』の記述と密接に関連する史料として注目されるのは、木簡、ことに七世紀の歴史の主要な舞台であった飛鳥《あすか》や藤原宮跡から出土した木簡である。

木片に文字を記した史料が土中に埋まったまま伝えられているとは、かつては想像もされなかった。しかし奈良の平城宮跡で、一九六一年以降、八世紀の木簡が次々に発見されるようになり、やがて一九六六年から始まった藤原宮跡の発掘調査でも、多量の木簡が発見された。藤原京は六九四年から七一〇年までの都で、そこから発見された木簡は、『日本書紀』以外に史料の少ない、七世紀の官制や貢納制度などを知るための貴重な史料となった。

木簡が発見される以前、律令制下の地方制度としての「郡」は、七〇一年の大宝令制定以前には「評」であり、有名な大化二年の「改新の詔」をはじめ、郡や郡司と記している『日本書紀』の文は、大宝令によって修飾されたものであるとする主張をめぐって論争が行われていた。

「郡評論争」とよばれるこの論争は、しかし藤原宮跡から出土する木簡に「評」の字を用いたものがたくさんあり、ことに、「己亥年十月上挟国《かずさ》阿波《あわ》評松里」と記した木簡が、大宝令制定直前の己亥年（六九九＝文武三年）まで評の制度が行われていたことを示していることから、その結着をみた。『日本書紀』の史料批判に、新しい文字史料としての木簡が大きな役割を果たした、典型的な例である。

七世紀代の木簡は、藤原宮跡のほか、飛鳥や、静岡県の伊場《いば》遺跡などからも発見されている。なかでも、一九七六年、飛鳥京跡から発見された「白髪部《しらかべ》五十戸」（五十戸は里＝さと）と記した木簡は、同時に出土した「大花下」という冠位名を記した木簡によって、六四九年（大化五）―六六四年（天智三）のものと推定され、この時期にすでに五十戸一里の制度が成立していた可能性を示すものとして、学界に大きな波紋を投じることになった。

さらに一九八五年には、同じ飛鳥京跡のほど遠からぬ地点から、今度は七世紀後半の天武朝のものと思われる千余点もの木簡が発見された。木簡はいずれも削り屑《くず》で、そこに記されている冠位名や氏姓、年紀等から、辛巳年（六八一＝天武十年）かその直後に一括して投棄されたものと考えられる。書体が端正であることや、記載内容などから、宮廷の内部で使用された木簡ではないかと考えられ、記載されている人名や地名に、『日本書紀』、ことに天武天皇の巻に出てくるものの多いこと、また、この木簡が作られたと思われる天武十年には、『日本書紀』によると三月に帝紀・旧辞記定の事業が開始されていることとなどから、これらの木簡を、史書編纂の原資料としての宮廷中心の記録であるとする考え方も出されている。「大津皇子」「阿直史友足《あちきのふひとともたり》」などの人名の表記のしかたは、『日本書紀』のそれとよく一致しており、このことから、当時すでに皇子・諸王の身分や諸臣の姓などの宮廷の身分秩序がよく整備されていたことが理解される。ミコに「皇子（＝天皇の子）」の字をあてていることは、当時すでに「天皇」の称号が成立していたことの間接的な証拠となるのではなかろうか。

木簡は、このように七―八世紀の歴史を解明するための新しい史料として、大きな注目を浴びることになった。木簡の記載から、大化の改新や天武―持統朝に関する『日本書紀』の記事に新しい解明の手が加えられ、『日本書紀』の史書としての性格が明らかにされることによって、それを史料として利用していく上での、新しい手がかりも得られることになったのである。

㈣

ここまでは、『日本書紀』と関連する古代史研究の新しい動き、ことに遺跡・遺物や史料の発見について見てきたが、最後に『日本書紀』そのものについての研究の動きを見てみよう。『日本書紀』の研究としては、素材や成立過程に関する研究、史料としての性格に関する研究、本文の校訂や写本についての研究などがある。

『日本書紀』は、歴史書としての体裁を整えるため、できる限りの漢文的な修飾を施しているが、その修飾には、中国の『史記』『漢書』『後漢書』などの歴史書や、『文選《もんぜん》』などの文学書の章句が用いられている。前に触れているように、江戸時代の河村秀根・益根父子の『書紀集解』は、このような『日本書紀』の修飾に用いられている漢文の出典に関する研究として注目されるものであるが、『日本書紀』の出典研究をさらにおし進め、大きな成果をあげたのが小島憲之《こじまのりゆき》氏である（『上代日本文学と中国文学』上、一九六二年）。小島氏は、『日本書紀』の編者は、文章をつくるにあたって『史記』や『文選』などを一々参照せず、唐の欧陽詢《おうようじゅん》の撰した『芸文類聚《げいもんるいじゅう》』などのいわゆる「類書」を用い、そこに分類整理されている古典の章句を使っている場合の多いことを明らかにした。天皇の性格についての即位前紀の記事や、漢文体の詔勅のなかに、各種の古典の章句がちりばめられているのは、これに由来するのである。小島氏の研究は、『日本書紀』各巻の編纂担当者や、その成立時期などを考える上にも、大きな示唆を与えるものであった。

このような出典研究とともに、『日本書紀』の各巻について、その構成や用字・文体、あるいは分注の分布状況など、さまざまな要素について綿密な検討を加え、それぞれの巻の特色を明らかにするとともに、『日本書紀』の各巻をその特色に応じていくつかのグループに分ける研究も、第二次世界大戦後、著しくさかんになった。さまざまな分野の成果をまとめると、『日本書紀』の各巻は、ほぼ共通して、①巻一―二（神代）、②巻三―十三

（神武―安康）、③巻十四―二十一（雄略―崇峻）、④巻二十二―三十（推古―持統）の四グループに分けることができ、④の部分はさらに、ⓐ巻二十二―二十三（推古―舒明）、ⓑ巻二十四―二十七（皇極―天智）、ⓒ巻二十八―二十九（天武）、ⓓ巻三十（持統）に区分することもできる（山田英雄『日本書紀』、一九七九年による）。これらは、『日本書紀』の編纂過程や、ひいては各巻に載せる諸伝承の形成について考える上に、大きな示唆を与えるものということができよう。神田喜一郎氏の『日本書紀古訓攷証《こうしょう》』（一九四九年）、大野晋《すすむ》氏の『上代仮名遣の研究―日本書紀の仮名を中心として―』（一九五三年）、太田善麿氏の『日本古代文学思潮論（Ⅲ）』（一九六二年）、西宮一民氏の『日本上代の文章と表記』（一九七〇年）などは、さまざまな分野を代表する業績である。

『日本書紀』の史料としてのなり立ちや、その性質を明らかにしていく研究は、戦前の津田左右吉氏の研究を受けつぎ、戦後も着実に進められた。なかでも坂本太郎氏の『日本古代史の基礎的研究（上）』（一九六四年）をはじめとする諸著書に収められた論文では、『日本書紀』のそれぞれの巻の個々の記事について、その性格、依拠した材料等を分析し、その史料的価値についてきめこまかな考察がなされており、『日本書紀』を史料として用いていく上でのよりどころが明らかにされている。

古代史、ことに七世紀以前の歴史を研究するためには、『日本書紀』をなんらかの形で利用せざるをえない。そのため、古代史の研究者は、それぞれ自分が『日本書紀』を史料としてどのように扱うのか、他の研究者の批判にたえうるだけの方法を自分のものとしなければならなかった。そのようななかで、『日本書紀』を史料として扱う方法は、戦後著しく進歩し、確実なものになってきたといえる。神話・伝承についての研究や、氏姓や部《べ》についての研究など、その分野は多岐にわたり、ここでその一つ一つについて述べることはできない。そのなかで、『日本書紀』の用語や文体、その構成などを直接の手がかりとしたものとしては、川副武胤氏の『古事記及び日本書紀の研究』（一九七六年）、『日本古典の研究』（一九八二年）、横田健一氏の『日本書紀成立論序説』（一九八四年）などを挙げることができる。

『日本書紀』の本文の校訂や写本の研究など、どちらかというと地味な分野の研究も、林勉《つとむ》氏や石塚晴通《はるみち》氏などによって着実に進められている。『日本書紀』の古写本を写真版で複製する作業は、すでに戦前に、『日本書紀古本集影』（一九二〇年）、『秘籍大観日本書紀』（一九二七年）、『北野神社本日本書紀』（一九四一年）などとして世に出ていたが、近年になって、研究の進歩をふまえて、卜部兼右《かねすけ》本（天理図書館善本叢書）、岩崎本（日本古典文学影印叢刊）、図書寮本、神宮文庫本（神宮古典籍影印叢刊）などの影印本や翻刻本があいついで刊行され、研究に多大の利便を与えることになった。諸本を校合した『校本日本書紀』の企ても、国学院大学日本文化研究所の手で行われ、一・二巻（神代）がすでに刊行されている。

『日本書紀』をめぐる研究の成果を結集し、厳密な原文・訓読文に加えて詳細な注解をほどこしたものとして、日本古典文学大系の『日本書紀』上・下（岩波書店）がある。刊行後すでに四十年余の歳月を経ているが、なお今日を代表する注解である。そのほか索引として、『日本書紀』のすべての漢字について検索できる、国学院大学日本文化研究所編の『日本書紀総索引』四巻（角川書店）、人名・官職名・件名・地名・神名等の索引として『日本書紀索引』（『六国史索引』の一、吉川弘文館）があって、研究の進歩に役立っている。

『日本書紀』に記されていることを、すべてそのまま歴史事実とみることはできないが、その性格をよくわきまえ、史料として正しく扱うならば、そこからは日本の古代についての貴重な事実を、なお多くたぐり出すことができる。その意味で、『日本書紀』は今後もなお大切に扱われるべき日本の古典であるといえよう。

（付記）この稿は、一九七一年に中央公論社から刊行された『日本の名著』第一巻『日本書紀』に掲載された、故井上光貞氏の同名の論稿にもとづくものである。一九八七年、同社から井上光貞監訳『日本書紀』上下が刊行されるにあたり、その一部を割愛するとともに「古代史研究と『日本書紀』――最近の研究の動き――」の項を笹山晴生が執筆して補い、笹山の責任で全体の調整をはかった。二〇〇三年の〈中公クラシックス〉への収録にあたっては、再び笹山の手で若干の修正を行った。そのさい内容に大きな補訂を加えることはしなかったが、読みやすくするため、一部、字句や言い回しを改めたところがある。

凡例

一、本書は、中公クラシックス版『日本書紀』ⅠⅡⅢ（井上光貞監訳、二〇〇三年刊）を底本とし、三巻を上下二巻としたものの上巻にあたる。

一、現代語訳の表記は、原則として新字体・現代仮名遣いによるが、歌謡類および漢字を用いて語句の読みを示しているものの振り仮名は歴史的仮名遣いとした。

一、本書の性質にかんがみ、二、三の異体字・訛字を通行の正字に改め統一を図ったほかは、「屎（尿）」、「菖（蒻）」などの特殊なものもすべて底本に従った。

一、原書の分注は〔　〕に入れ、本文より小さい字を用いた。ただし、長文にわたる異説や本文補説は、行を改め、本文と同じ大きさの字を用いたが、本文より一字下げて組み、次項の場合と区別した。

一、分注ではないが、異説を併記したものは、本文の流れを把握しやすくするため、適宜〔　〕に入れた。語句の読みを示すものもこれに準ずる。

一、訳者による簡単な注釈や補足は（　）に入れ、小字を用いた。

一、ゴシック体の小見出しは、内容の要約として訳者が便宜的に付したものである。

一、現代語訳および注釈は、本巻所収部分のうち、巻第一から巻第四までを川副武胤が、巻第五から巻第十六までを佐伯有清が、それぞれ担当した。

日本書紀　（上）

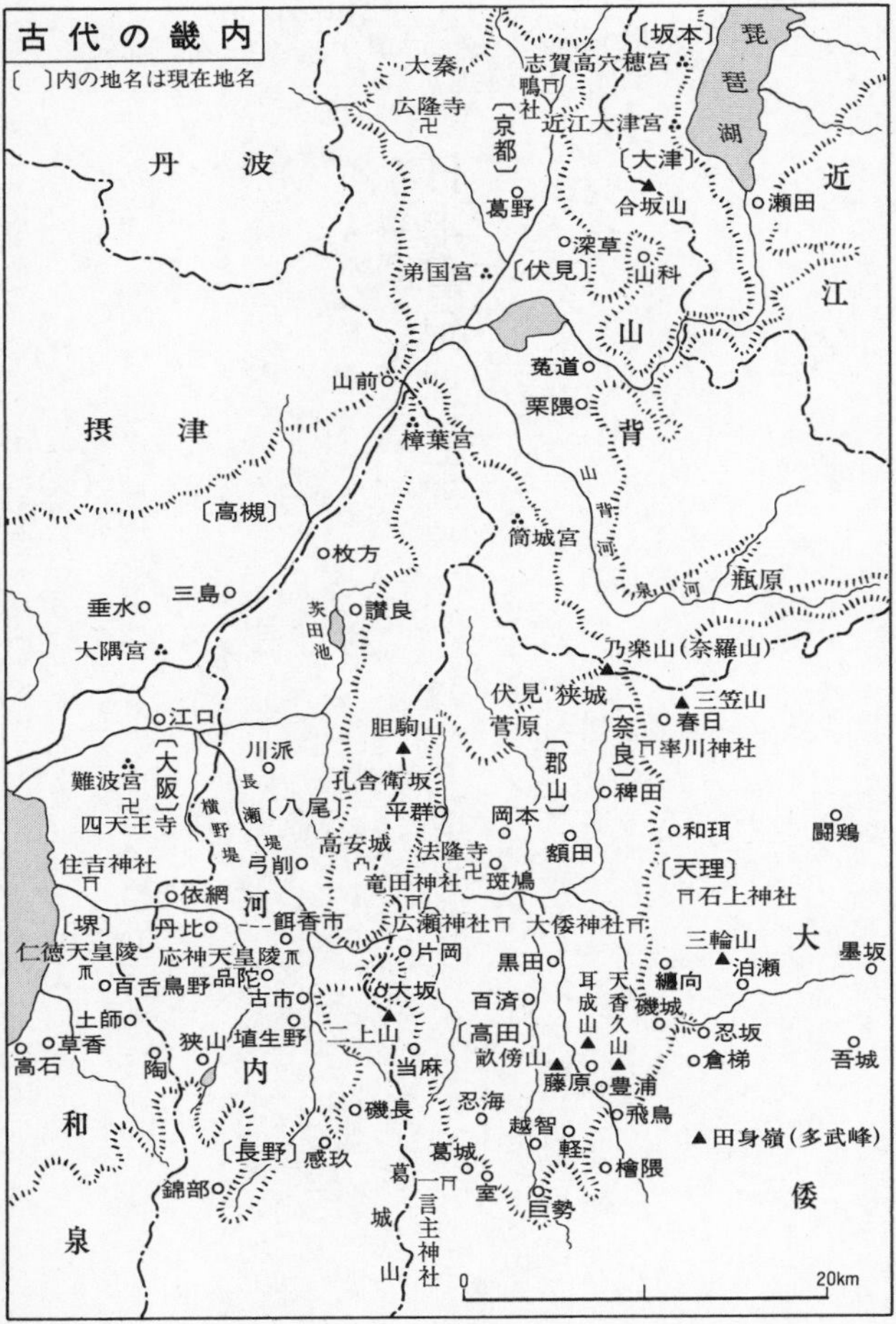
古代の畿内
〔　〕内の地名は現在地名
丹波
摂津
山背
近江
河内
和泉
大倭
琵琶湖
太秦
広隆寺
志賀高穴穂宮
鴨社
〔京都〕
近江大津宮
〔坂本〕
〔大津〕
合坂山
瀬田
葛野
深草
山科
弟国宮
〔伏見〕
山前
菟道
栗隈
樟葉宮
山背河
〔高槻〕
筒城宮
枚方
泉河
瓶原
三島
垂水
茨田池
讃良
大隅宮
乃楽山(奈羅山)
三笠山
伏見
狭城
菅原
〔奈良〕
春日
率川神社
江口
胆駒山
川派
長瀬
〔大阪〕
難波宮
孔舎衛坂
〔郡山〕
稗田
横野堤
〔八尾〕
平群
四天王寺
高安城
岡本
和珥
闘鶏
額田
住吉神社
弓削
法隆寺
〔天理〕
竜田神社
斑鳩
石上神社
依網
〔堺〕
丹比
餌香市
広瀬神社
大倭神社
三輪山
墨坂
仁徳天皇陵
応神天皇陵
片岡
黒田
纏向
泊瀬
品陀
百舌鳥野
古市
大坂
耳成山
天香久山
百済
磯城
土師
二上山
〔高田〕
忍坂
草香
高石
狭山
埴生野
当麻
畝傍山
倉梯
吾城
陶
藤原
豊浦
忍海
飛鳥
磯長
越智
田身嶺(多武峰)
〔長野〕
感玖
葛城
軽
葛城山
檜隈
錦部
室
一言主神社
巨勢
0
20km

日本書紀巻第一

神代　上

天地開闢

むかし、天と地とがまだ分かれず、陰と陽ともまだ分かれていなかったとき、この世界は渾沌《こんとん》として鶏の卵のように形も決まっていなかったし、また、それはほの暗く、広くて、物のきざしはまだその中に含まれたままであった。やがて清く明るい部分はたなびいて天となり、重く濁った部分は滞って地となった。しかし、清らかでこまかいものは群がりやすく、重く濁ったものは固まりにくいものである。だから、天がまずでき上がって、地はのちに定まった。そうしてのちに、神がその中に生まれたもうた。そのありさまは、開《かい》闢《びゃく》のはじめ土壌が浮かび漂うこと、ちょうど魚が水に浮かんでいるようであったが、そのとき、天と地の中間に一つの物が生まれた。その形は葦《あし》の芽のようであって、これが国常立尊《くにのとこたちのみこと》〔もっとも貴い神を尊といい、それ以外は命という。どちらも美挙等《みこと》とよむ。以下みな同じ」という神となったのである。つぎに国狭槌尊《くにのさつちのみこと》、つぎに豊斟渟尊《とよくむぬのみこと》という神が化《な》りいでたもうた。あわせて三はしらの神であるが、この三はしらの神は乾道《あめのみち》すなわち陽の気だけで化《な》りたもうた神である。だから純粋の男神である。

一書《あるふみ》（第一の一書。一書とは、本文と異なった伝承・別伝として採用した史書のこと）にはつぎのように伝えている。

天と地とがはじめて分かれたとき、一つの物が虚空《そら》の中に存在した。その形は言いあらわしようもなかった。やがてその中におのずから化《な》りいでた神がある。これを国常立尊という。またの名を国底立尊《くにのそこたちのみこと》という。つぎに国狭槌尊または国狭立尊《くにのさたちのみこと》という。つぎに豊国主尊《とよくにぬしのみこと》、または豊組野尊《とよくむののみこと》または豊香節野尊《とよかぶののみこと》という。また浮経野豊買尊《うかぶののとよかうのみこと》という。または豊国野尊《とよくにののみこと》という。または豊齧野尊《とよかぶののみこと》という。または葉木国野尊《はこくにののみこと》という。また見野《みのの》尊《みこと》という。

一書（第二の一書）にはつぎのように伝えている。

むかし、国が若くおさなかったときには、それはちょうど膏《あぶら》が水に浮かんだように漂っていた。そのとき、国の中に物が生まれた。その形は葦の芽がもえ出たようであった。これによって化《な》りいでた神がある。この神を可美葦牙彦舅尊《うましあしかびひこじのみこと》という。つぎに国常立尊、つぎに国狭槌尊という神が化《な》りいでた。

〔葉木国、これを播挙矩爾《はこくに》という。可美、これを于麻時《うまし》という。〕

一書（第三の一書）にはつぎのように伝えている。

天地が混沌《こんとん》として未分化であったとき、はじめて神人《かみ》があらわれた。これを可美葦牙彦舅尊という。つぎに国底立尊があらわれた。

〔彦舅、これを比古尼《ひこぢ》という。〕

一書（第四の一書）にはつぎのように伝えている。

天と地とがはじめて分かれたとき、はじめてともに生まれた二はしらの神がある。これを国常立尊、つぎに国狭槌尊という。また別の伝ではつぎのようにいっている。高天原《たかまがはら》に生まれた神の名を天御中主尊《あまのみなかぬしのみこと》、つぎに高皇産霊尊《たかみむすひのみこと》、つぎに神皇産霊尊《かむみむすひのみこと》という。

〔皇産霊、これを美武須毗《みむすひ》という。〕

一書（第五の一書）にはつぎのように伝えている。

天も地もまだ生じないときには、たとえば、海の上に浮かんだ雲が、根をもたずにふわふわとたよりないような状態であった。その中に一つの物が生まれた。それは、ちょうど葦の芽がはじめて泥の中に芽ばえたようであった。これが国常立尊という神人《かみ》と化《な》った。

一書（第六の一書）にはつぎのように伝えている。

天と地とがはじめて分かれたとき、一つの物が葦の芽のようにして空中に生まれた。これによって化《な》りいでた神を天常立尊《あまのとこたちのみこと》といい、つぎに可美葦牙彦舅尊という。また膏が浮かんだようにして空中に生じた物がある。これによって化《な》りいでた神を国常立尊という。

神生み

つぎに神が生まれた。これが泥土煮尊《うひじにのみこと》〔泥土、これを于毗尼《うひぢ》という〕と沙土煮尊《すひじにのみこと》〔沙土、これを須毗尼《すひぢ》という。または泥土根尊《うひじねのみこと》・沙土根尊《すひじねのみこと》と申し上げる〕である。つぎに大戸之道尊《おおとのじのみこと》〔一説に大戸之辺《おおとのべ》という〕と大苫辺尊《おおとまべのみこと》〔または大戸摩彦尊《おおとまひこのみこと》・大戸摩姫尊《おおとまひめのみこと》と申し上げる。または大富道尊《おおとまじのみこと》・大富辺尊《おおとまべのみこと》と申し上げる〕が生まれた。つぎに神が生まれた。これが面足尊《おもたるのみこと》と惶根尊《かしこねのみこと》〔または吾屋惶根尊《あやかしこねのみこと》と申し上げる。または忌橿城尊《いむかしきのみこと》と申し上げる。または青橿城根《あおかしきね》尊《みこと》と申し上げる。または吾屋橿城尊《あやかしきのみこと》と申し上げる〕である。つぎに神が生まれた。これが伊《い》奘諾尊《ざなきのみこと》と伊奘冉尊《いざなみのみこと》である。

一書（第一の一書）にはつぎのように伝えている。

この二はしらの神は青橿城根尊の子である。

一書（第二の一書）にはつぎのように伝えている。

国常立尊が天鏡尊《あまのかがみのみこと》を生み、天鏡尊が天万尊《あまのよろずのみこと》を生んだ。天万尊は沫蕩尊《あわなぎのみこと》を生み、沫蕩尊は伊奘諾尊を生んだ。

〔沫蕩、これを阿和那伎《あわなぎ》という。〕

以上あわせて八はしらの神である。これらの神は、乾坤《あめつち》の道すなわち陰陽の気が相交わって化生した神であるので、男女両性（男神四、女神四）をなしている。そしてさきの国常立尊から、伊奘諾尊・伊奘冉尊まで、これを神世七代《かみのよななよ》(1)というのである。

一書（第一の一書）にはつぎのように伝えている。

男女ならんで生まれた神は、まず埿土煑尊と沙土煑尊である。つぎに角樴尊《つぬぐいのみこと》と活《いく》樴尊《ぐいのみこと》が生まれた。つぎに面足尊と惶根尊が生まれた。つぎに伊奘諾尊と伊奘冉尊が生まれた。

〔樴は橛《くい》の意味である。〕

国生み

伊奘諾尊と伊奘冉尊は、天浮橋《あまのうきはし》の上に立って相談され、

「この下界の一番低いところに国がないはずはない」

と仰せられて、天之瓊矛《あまのぬぼこ》〔瓊は玉のことである。これを努《ぬ》という〕をさし下してかき探りたもうと、青海原《あおうなばら》が得られた。その矛《ほこ》の鋒《さき》から滴《したた》った潮水《しおみず》が凝り固まって、一つの島となった。これを磤馭慮嶋《おのごろじま》という。

この二はしらの神は、そこでこの島にお降《くだ》りになって、夫婦として洲国《くに》を産もうとされた。そこでこの磤馭慮嶋を、国の中のみ柱〔柱、これを美簸旨邏《みはしら》という〕として、陽神《おがみ》、つ

まり伊奘諾尊は左から柱を廻り、陰神《めがみ》、つまり伊奘冉尊は右から廻った。こうして両方に分かれて廻り、み柱の向う側で出会われた。そのとき陰神がまず、

「あなうれしや、美しい少男《おとこ》（若者）に遇《あ》えて！」〔少男、これを烏等孤《をとこ》という〕

と唱えられた。すると陽神は悦ばず、

「余は男だ。だから、余がさきに声をかけなければならん理屈だ。それなのに、どうして女であるおまえがさきに言ったのか。これはよくないことだ。廻りなおそう」

と仰せられた。

そこで二はしらの神はもう一度み柱を廻って、また向う側で出会われた。こんどは陽神がまず、

「あなうれしや、美しい少女《おとめ》に遇えて」〔少女、これを烏等咩《をとめ》という〕

と唱えられた。それから陰神に、

「おまえの身にできたのは何か」

と尋ねられると、陰神は、

「私の身に雌《め》の元《はじめ》というものが一ヵ所そなわりました」

と答えられた。陽神は、

「わが身にも雄《お》の元《はじめ》というものが一ヵ所そなわった。そこでわが身の元のところをもっておまえの身の元のところに合わせようと思う」

と仰せられた。こうして陰神と陽神とははじめてちぎりを交されて夫婦となられた。

やがてお産の時が来て、まず淡路洲《あわじしま》を胎盤《えな》として生まれた。これを二はしらの神は喜ばれなかったので淡路洲（吾恥《あはじ》の意味）というのである。そこでつぎに大日本《おおやまと》（日本、これを耶摩騰《やまと》という。以下みな同じ）豊秋津洲《とよあきつしま》を生まれた。つぎに伊予二名洲《いよのふたなのしま》（四国）を生まれ、つぎに筑紫洲《つくしのしま》（九州）を生まれた。つぎに億岐洲《おきのしま》（隠岐島）と佐度洲《さどのしま》（佐渡島）とをふたごとして生まれた。世の人がときどきふたごを産むことがあるのは、これに象《なら》ってのことである。つぎに越洲《こしのしま》（北陸地方）を生まれた。つぎに大洲《おおしま》（大島は諸方にあるので、これがどの大島を指すのか不明。山口県の屋代島であるという）を生まれた。つぎに吉備子洲《きびのこじま》を生まれた。これによってはじめて大八洲国《おおやしまのくに》の名が起こったのである。そして対馬嶋《つしま》・壱岐嶋《いきのしま》、その他ところどころの小島は、みな潮の沫《あわ》が凝り固まってできたものである。または水の沫が凝り固まってできたのだともいわれている。

一書（第一の一書）にはつぎのように伝えている。

天神《あまつかみ》(2)が伊奘諾尊と伊奘冉尊に仰せ出されるには、「豊葦原《とよあしはら》の千五百秋《ちいほあき》の瑞穂《みずほ》の地《くに》(3)がある。おまえたちは赴いてここを治めよ」とて、天瓊戈《あまのぬぼこ》を賜わった。そこでこの二はしらの神は天上浮橋《あまのうきはし》に立たれて、戈《ほこ》をさし下して地《くに》を求められた。こうして青海原をかきまわして引きあげられたとき、戈の鋒《さき》から滴り落ちた潮水が凝り固まって島となった。これを磤馭慮嶋と名づけた。

さてこの二はしらの神は、その島に降られて八尋之殿《やひろのとの》をたてられ、また天のみ柱をたてられた。

陽神（伊奘諾尊）が陰神（伊奘冉尊）に尋ねられて、

「おまえの身にできたのは何か」

と仰せられると、陰神は、

「私の身に陰の元《めはじめ》というものが一ヵ所そなわりました」

と答えられた。陽神はそこで、

「わが身にも陽の元《おはじめ》というものが一ヵ所そなわった。このわが身の陽の元をもって、おまえの身の陰の元に合わせたいと思うがどうだ」

と仰せられた。そこで二はしらの神は天のみ柱を廻ろうとして、あらかじめ、

「妹《いも》は左から廻れ、余は右から廻ろう」

と約束されて、それぞれに分かれてみ柱を廻り、向う側でばったり遇われた。陰神がまず唱えて、

「妍哉《あなにえや》（なんとまあ）、可愛《え》少男《おとこ》（すばらしい若者）よ」

と仰せられた。陽神はあとから唱和して、

「なんとまあ、すばらしい少女《おとめ》よ」

と仰せられた。

こうして夫婦の交りをして、まず蛭児《ひるこ》（手足のなえた児）を生まれた。そこでこの蛭児を葦船にのせて流してしまわれた。つぎに淡洲《あわしま》(4)を生まれた。これもまた、児の数にはかぞえない。

そこで二はしらの神は、天に帰られて、そのありさまを天神に申し上げられた。そこで天神は太占《ふとまに》（ハハカの木を細く削り、それを焼いて鹿の肩胛《けんこう》骨に当て、その割れ目の形で吉凶を占う法）をもって卜《うらな》われた。天神は教えて、

「女の方がさきにことばをかけたので、そういう結果になったのであろう。もう一度かえってやりなおしなさい」

と仰せ出された。そして天神は、さらにいつがよいかを卜ってから二はしらの神を地上に降《くだ》された。

そこで二はしらの神は、あらためてまたみ柱を廻られた。陽神が左がわに廻り、陰神は右がわに廻って出会われたとき、こんどは陽神がまず唱えて、

「なんとまあ、美しい少女よ」

と仰せられた。陰神はあとから唱和して、

「なんとまあ、美しい若者よ」

と仰せられた。

その後、その宮殿にともに住まわれて児を生まれた。これを大日本豊秋津洲と名づけ

る。つぎに淡路洲、つぎに伊予二名洲、つぎに筑紫洲、つぎに億岐三子洲《おきのみつごのしま》、つぎに佐度洲、つぎに越洲、つぎに吉備子洲が生まれた。これによってこれらを大八洲国という。

〔瑞、これを弥図《みづ》という。妍哉、これを阿那而恵夜《あなにゑや》という。可愛、これを哀《え》という。太占、これを布刀磨爾《ふとまに》という。〕

一書（第二の一書）にはつぎのように伝えている。


伊奘諾尊と伊奘冉尊と二はしらの神は天の霧《さぎり》の中に立たれて、

「余は、国を得よう」

と仰せられて、天瓊矛《あまのぬぼこ》をもってさし下して探られたところ、磤馭慮嶋を得られた。そこで矛を抜きあげて、喜んで、

「よかった、国があったぞ」

と仰せられた。


一書（第三の一書）にはつぎのように伝えている。


伊奘諾・伊奘冉二はしらの神が高天原におられて、

「国があるにちがいない」

と仰せられて、天瓊矛をもってかき探られると、磤馭慮嶋ができ上がった。


一書（第四の一書）にはつぎのように伝えている。

伊奘諾・伊奘冉二はしらの神が相談されて、

「下界に浮いている膏のようなものがある。そのなかにたぶん国があるのだろう」と仰せられて、天瓊矛をもってかき探られたところ、一つの島ができ上がった。これを磤馭慮嶋と名づける。

一書（第五の一書）にはつぎのように伝えている。

陰神がまず唱えて、

「なんとまあ、美しい若者よ」

と仰せられた。そのとき陰神がさきに声をかけたのは不祥であるということで、もう一度廻りなおされた。そこで陽神がさきに唱えられ、

「なんとまあ、美しい少女よ」

と仰せられ、ようやく合交《みあわせ》しようとされたが、二はしらの神はその方法を知らなかった。そのとき、鶺鴒《にわくなぶり》が飛んできてそのかしらと尾を動かした。二はしらの神はその鳥の様子を見て交合の方法をさとられたのである。

一書（第六の一書）にはつぎのように伝えている。

二はしらの神は夫婦の交りをされて、まず淡路洲・淡洲を胎盤《えな》として、大日本豊秋津洲を生まれた。つぎに伊予洲、つぎに筑紫洲、つぎに億岐洲と佐度洲とをふたごとして生まれた。つぎが越洲、つぎが大洲、つぎが子洲である。

一書（第七の一書）にはつぎのように伝えている。

まず淡路洲を生まれた。つぎが大日本豊秋津洲、つぎが伊予二名洲、つぎが億岐洲、つぎが佐度洲、つぎが筑紫洲、つぎが壱岐洲、つぎが対馬《つしま》洲である。

一書（第八の一書）にはつぎのように伝えている。

磤馭慮嶋を胎盤として淡路洲を生まれた。つぎに大日本豊秋津洲、つぎに伊予二名洲、つぎに筑紫洲、つぎに吉備子洲、つぎに億岐洲と佐度洲とをふたごとして生まれた。つぎが越洲である。

一書（第九の一書）にはつぎのように伝えている。

淡路洲を胎盤として、大日本豊秋津洲を生まれた。つぎが淡洲、つぎが伊予二名洲、つぎが億岐三子洲、つぎが佐度洲、つぎが筑紫洲、つぎが吉備子洲、つぎが大洲である。

一書（第十の一書）にはつぎのように伝えている。

陰神がまず唱えて、

「なんとまあすばらしい若者よ」

と仰せられた。そこで陽神の手を握《と》って夫婦の交りをして淡路洲を生まれた。つぎに蛭児が生まれた。

三貴子の誕生

つぎに海を生み、つぎに川を生み、つぎに山を生まれた。つぎに木の祖先である句句廼《くくの》馳《ち》を生み、つぎに草の祖先である草野姫《かやのひめ》、別名野槌《のつち》を生まれた。

さて伊奘諾尊と伊奘冉尊が相談されて、

「余はすでに大八洲国と山川草木を生んだ。こんどは天下に主たるもの（主宰神）を生まなければならない」

と仰せられた。そこでともに日の神を生まれた。これを大日孁貴《おおひるめのむち》〔大日孁貴、これを於保《おほ》比屢咩能武智《ひるめのむち》という。孁の音は力丁の反《かえし》(5)。一書には天照大神《あまてらすおおかみ》という。一書には天照大日孁《あまてらすおおひるめの》尊《みこと》という〕と名づける。この子神は光うるわしくかがやいて上下四方に照りとおった。このため、伊奘諾・伊奘冉二はしらの神は喜ばれて、

「わが子神たちはたくさんいるけれども、まだこんなに霊異な能力をそなえた子はなかった。この子はいつまでもこの国に留めおいてはならない。すみやかに天に送って天界を授け、これを治めるようにするのがよかろう」

と仰せられた。このとき、天と地とは、まだたがいに遠く隔たっていなかったので、二はしらの神は大日孁貴を、天のみ柱をたどって天上に送りのぼらせられた。つぎに月の神〔一書には月弓尊《つくゆみのみこと》・月夜見尊《つくよみのみこと》・月読尊《つくよみのみこと》という〕を生まれた。その光は日についでうるわしかった。そこで二はしらの神は、月の神を、日とならんで天を治めよというわけで、また天上に送られた。つぎに蛭児を生まれた。この子は三歳になっても脚が立たなかったので、天磐櫲樟船《あまのいわくすぶね》にのせて風のままに棄ててしまわれた。つぎに素戔嗚尊《すさのおのみこと》〔一

書には神素戔嗚尊《かむすさのおのみこと》・速素戔嗚尊《はやすさのおのみこと》という」を生まれた。

この神は勇敢でしかも残忍な性格をもっておられた。また、いつも泣きわめくのが仕事であった。このために国内の人民は多く早死にし、また青山は枯山に変わってしまった。そこで両親の神は素戔嗚尊に向かって、

「おまえははなはだ無道である。だからこの宇宙（天の下）を主宰してはならない。かならず遠い根国《ねのくに》に行ってしまえ」

と仰せられて、追放してしまわれた。

一書（第一の一書）にはつぎのように伝えている。

伊奘諾尊が、

「余は天下を治めるにふさわしい珍《うず》の（貴い）子を生もうと思う」

と仰せられて、左の手に白銅鏡《ますみのかがみ》をおとりになったとき、化《な》りいでた神があった。これを大日孁尊《おおひるめのみこと》という。また右の手に白銅鏡をおとりになったとき、化《な》りいでた神があった。これを月弓尊という。また首をめぐらして顧眄之間《みるまさかり》（御覧になったちょうどそのとき）に化《な》りいでた神があった。これを素戔嗚尊という。このうち、大日孁尊と月弓尊とは、両神ともに性質が明るくうるわしいお方であるので、天地を照らし治めさせられた。ところが素戔嗚尊の方は、その性質が残酷で乱暴であった。そこでこの神には地下の根国を治めさせられた。

〔珍、これを于図《うづ》という。顧眄之間、これを美屢摩沙可梨爾《みるまさかりに》という。〕

一書（第二の一書）にはつぎのように伝えている。

日と月とが生まれたあとに、蛭児が生まれた。ところがこの子は三歳になっても脚が立たなかった。これは、はじめ伊奘諾・伊奘冉尊がみ柱を廻られたときに、陰神の方がまず喜びの言葉を発せられたのが陰陽の理にたがったことであったので、そのためにいま蛭児が生まれたのである。

つぎに素戔嗚尊が生まれた。この神は性質が悪くて、いつも好んで泣いたり怒ったりした。そのために多くの国民が死に、また青山は枯山になってしまった。そこで両親の神は、

「もし、おまえがこの国を治めたら、かならず国民を傷つけ害をあたえることが多いにちがいない。だからおまえは遠い遠い根国を治めるがよい」

と仰せられた。

つぎに鳥磐櫲樟船《とりのいわくすぶね》を生まれた。そこでこの船に蛭児をのせて、流れのままに棄ててしまわれた。つぎに火の神軻遇突智《かぐつち》を生まれた。ところが伊奘冉尊はこのとき軻遇突智のためにやけどをして亡くなってしまわれた。その亡くなろうとする瞬間に、臥《ふ》しながら土の神埴山姫《はにやまびめ》と水の神罔象女《みつはのめ》とを生まれた。軻遇突智はこの埴山姫を娶《めと》って稚産霊《わくむすひ》を生んだが、この神の頭の上に蚕と桑《くわ》とが生まれた。またその臍《ほぞ》の中に五穀が生まれた。

〔罔象、これを美都波《みつは》という。〕

一書（第三の一書）にはつぎのように伝えている。

伊奘冉尊が火産霊《ほむすひ》を生まれたときに、その御子のためにやけどをして神退《かむさ》りました——または「神避《かむさ》る」という——。その神さりますときに水の神罔象女と土の神埴山姫とを生まれ、また天吉葛《あまのよさつら》を生まれた。

〔天吉葛は阿摩能与佐図羅《あまのよさつら》というが、ある伝では与曾豆羅《よそつら》という。〕

一書（第四の一書）にはつぎのように伝えている。

伊奘冉尊が火の神軻遇突智を生まれたとき、熱がって苦しまれ、そのために食べ物を吐き出してしまわれた。これがそのまま神になった。この神の名を金山彦《かなやまびこ》と申し上げる。つぎに伊奘冉尊が小便をされたら、これがまた神になった。その名を罔象女と申し上げる。つぎにこんどは大便をされるとこれも神になった。その名を埴山媛と申し上げる。

一書（第五の一書）にはつぎのように伝えている。

伊奘冉尊は火の神を生まれた際やけどをして神さりたもうた。そこで紀伊国《きのくに》の熊野の有馬村に葬り申し上げた。この国の土俗に、この神の魂を祭るには、花の季節には花を供えかざって祭る。また鼓やふえを鳴らし、幡や旗をかざって歌い舞って祭る。

一書（第六の一書）にはつぎのように伝えている。

伊奘諾尊と伊奘冉尊とは、ともに大八洲国を生まれた。その後、伊奘諾尊は、

「余の生んだ国は、朝霧だけ見えて、かおりに満ちているなあ」

と仰せられて、その霧を吹きはらわれたところ、その息が神になった。その神の名を級《し》長戸辺命《なとべのみこと》と申し上げる。または級長津彦命《しなつひこのみこと》と申し上げる。これは風の神である。また二はしらの神が飢えてひもじい思いをしておられたときに生まれた子神を倉稲魂命《うかのみたまのみこと》と名づける。また生まれた海の神たちを少童命《わたつみのみこと》と名づける。山の神たちを山祇《やまつみ》と名づける。水門《みなと》の神たちを速秋津日命《はやあきつひのみこと》と名づける。木の神たちを句句廼馳《くくのち》と名づける。土の神を埴安神《はにやすのかみ》と名づける。その後万物すべてを生まれた。こうして火の神軻遇突智が生まれる段となって、その母神伊奘冉尊はやけどをして亡くなってしまわれた。

このとき、伊奘諾尊は恨まれて、

「たったひとりの児と、わが愛《いと》しい妻とをとりかえてしまうなんて」

と仰せられて、伊奘冉尊の頭辺《まくらべ》（枕もと）にはらばい、脚辺《あとべ》（脚もと）にはらばって涙を流して号泣された。その涙がおちて神になった。これは畝丘《うねおか》の樹下《このもと》(6)（地名）に鎮座する神で、啼沢女命《なきさわのめのみこと》と名づける。


とうとう伊奘諾尊は佩刀の十握剣《とつかのつるぎ》(7)を抜いて軻遇突智の身体を三つに断ってしまわれた。この断られた身体の一つ一つがおのおの神になった。また剣の刃から垂《したた》った血が天安河《あまのやすかわ》の川原《かわら》にある五百箇磐石《いほついわむら》(8)となった。これが経津主神《ふつぬしのかみ》の祖先である。また剣の鐔《つば》から垂った血がそそいで神になった。これを甕速日神《みかはやひのかみ》と申し上げる。つぎに熯速日神《ひのはやひのかみ》が化《な》りいでた。その甕速日神は武甕槌神《たけみかづちのかみ》の祖先である。――別の説では、甕速日命《みかはやひのみこと》が化りいで、つぎに熯速日命《ひのはやひのみこと》、つぎに武甕槌神が化りいでたという。――また剣の鋒《さき》から垂った血がそそいで神になった。これを磐裂神《いわさくのかみ》と申し上げる。つぎに根裂神《ねさくのかみ》、つぎに磐筒男命《いわつつのおのみこと》――一説では、磐筒男命と磐筒女命《いわつつのめのみこと》であるという――が化りいでた。また剣の柄頭《つかがしら》から垂った血がそそいで神になった。名づけて闇龗《くらおかみ》と申し上げる。つぎに闇《くら》山祇《やまつみ》、つぎに闇罔象《くらみつは》が化りいでた。

黄泉国と檍原のみそぎ

その後、伊奘諾尊は伊奘冉尊を追って黄泉国《よもつくに》に入られた。そして伊奘冉尊のもとに着かれてともに語らわれた。そのとき、伊奘冉尊が言われるには、

「吾夫君《あがなせ》（私の夫）の尊よ、どうしてこんなに遅くおいでになったのです。私はもう飡泉之竈《よもつへぐい》（黄泉国の一員となるための正餐）をしてしまいました。しかし私はこれから寝《やす》もうと思いますから、どうか御覧にならないで」

と仰せられた。けれども伊奘諾尊はこの言葉に従われず、そっと湯津爪櫛《ゆつつまぐし》をとってその雄柱《ほとりは》（櫛の端の太い歯の部分）をひきかいて、それに火をつけて秉炬《たひ》（手にもつ火）として御覧になると、伊奘冉尊の身体は化膿してうみが流れ、そこにうじむしがたかっていた。いま、世の人が夜、ひとつ火《び》をともすことを禁忌《タブー》としたり、また夜、なげ櫛をした

りするのを忌むのはこの因縁からである。そこで伊奘諾尊はたいそう驚かれて、

「おれはおもわず不須也凶目《いなしこめ》き汚穢《きたな》き（おろかしくも不吉できたない）国に来てしまった」

と仰せられて、いそいで逃げかえられた。そこで伊奘冉尊は恨んで、

「どうして約束の言葉をお守りにならずに私に恥をかかせたのです」

と仰せられて、泉津醜女《よもつしこめ》八人——一説では泉津日狭女《よもつひさめ》という——を派遣して追いかけてひきとめようとされた。このため伊奘諾尊は剣を抜いて、背《しりえで》に揮《ふ》き（後ろ手に振りはらい）ながら逃げられた。また逃げながら黒い鬘《かずら》を投げたもうと、この鬘が蒲陶《えびかずら》（ぶどう）の実になった。醜女はこれを拾って食べる。食べおわるとまた追いかけて来た。すると伊奘諾尊はまた湯津爪櫛を投げたもうた。こんどはこれが筍《たけのこ》になった。醜女はまたこれを抜いて食べる。食べおわるとまた追いかけて来た。最後に伊奘冉尊はとうとう御自身で追いかけて来られた。このとき、伊奘諾尊はもう泉津平坂《よもつひらさか》に到達しておられた。

〔一説では、伊奘諾尊が大樹に向かって屎《ゆまり》（小便）をされると、これが大きな川になり、泉津日狭女がその川を渡ろうとしている間に伊奘諾尊はもう泉津平坂に着いておられたという。〕

そこで千人所引《ちびき》の磐石《いわ》をもってその坂路を塞《ふさ》いで伊奘冉尊と向かいあって、ついに絶妻之誓《ことど》（離縁の呪言）を宣告された。

そのとき、伊奘冉尊は、

「いとしい夫《せ》の君よ。そんなことをおっしゃるなら、私はあなたの治められる国の民を、一日に千人縊《くび》り殺しますよ」

と仰せられた。すると伊奘諾尊は、

「いとしい妻よ。そんなら余は一日に千五百人産ませよう」

と答えられた。そして、

「そこからこっちへ来てはならんぞ」

とて、杖を投げたもうた。この杖を岐神《ふなとのかみ》(9)という。またその帯を投げたもうた。これを長道磐神《ながちわのかみ》という。またその着物を投げたもうた。これを煩神《わずらいのかみ》という。またその褌《はかま》(10)を投げたもうた。これを開囓神《あきぐいのかみ》(11)という。またその履物《はきもの》を投げたもうた。これを道敷神《ちしきのかみ》(12)という。その泉津平坂で——ある説に、いわゆる泉津平坂というのは、どこか特別の場所があるのではなく、ただ、人の臨終の際のことをいうのであろうか、という——道を塞いだ磐石《いわ》は、泉門塞之大神《よみどをさやりますおおかみ》という。別名を道反大神《ちがえしのおおかみ》という。

伊奘諾尊はほうほうのていで帰りつかれたが、あらためて後悔して仰せられるには、

「さても余はおろかしくも不吉できたない所に行ってきたものだ。どれ、わが身のけがれをすすぎ流すことにしよう」

ということで、お出かけになり、やがて筑紫《つくし》の日向《ひむか》の小戸《おど》の橘《たちばな》の檍原《あわきはら》に着かれてみそぎ祓《はら》えをされた。そして身体についたけがれをすすぎ流そうとして、揚言《ことあげ》して、

「瀬の上流の方は流れがはやすぎる。また下流は弱すぎる」と仰せられて、流れの具合がちょうどよい中流におり立ってすすがれた。これによって生まれた神を名づけて八十枉津日神《やそまがつひのかみ》と申し上げる。つぎにその神の枉《まが》りを矯《なお》そうとして生まれた神を名づけて神直日神《かむなおひのかみ》と申し上げる。つぎが大直日神《おおなおびのかみ》である。また海の底に沈んで身をすすがれた。これによって生まれた神を名づけて底津少童命《そこつわたつみのみこと》と申し上げる。つぎが底筒男命《そこつつのおのみこと》である。また潮の中にもぐって身体をすすがれた。これによって生まれた神を名づけて中津少童命《なかつわたつみのみこと》と申し上げる。つぎが中筒男命《なかつつのおのみこと》である。また潮の上に浮かんで身をすすがれた。これによって生まれた神を名づけて表津少童命《うわつわたつみのみこと》と申し上げる。つぎが表筒男命《うわつつのおのみこと》である。合計九はしらの神である。このうちの、底筒男命・中筒男命・表筒男命が、すなわち住吉大神《すみのえのおおかみ》(13)である。また底津少童命・中津少童命・表津少童命は、阿曇連《あずみのむらじ》(14)たちが祭る神である。

これが終わってから、こんどは左の眼を洗われた。これによって生まれた神を名づけて天照大神と申し上げる。また右の眼を洗われた。これによって生まれた神を名づけて月読命と申し上げる。また鼻を洗われた。これによって生まれた神を名づけて素戔嗚尊と申し上げる。合計三はしらの神である。さて、伊奘諾尊はこの三はしらの御子神に命じて、

「天照大神は高天原《たかまがはら》を治めよ。月読命は青海原の潮之八百重《しおのやおえ》を治めよ。素戔嗚尊は天《あめの》

下《した》（この国土、葦原中国のこと）を治めよ」

と仰せられた。このとき、素戔嗚尊はもう年長に達していて、こぶし八つ分の長さに及ぶひげが生えていた。それなのに天下を治めないでいつも泣きじゃくったり、怒ってばかりいるというありさまであった。そこで伊奘諾尊は、

「おまえはなぜいつもそんなふうに泣いてばかりいるのか」

と尋ねられた。すると素戔嗚尊は答えられて、

「私は母上のおられる根国《ねのくに》に参りたくて泣いているだけです」

と仰せられた。そこで伊奘諾尊はおきらいになって、

「勝手にするがよい」

と仰せられて、追放してしまわれた。

一書（第七の一書）にはつぎのように伝えている。

伊奘諾尊は剣を抜いて軻遇突智《かぐつち》を三つに斬ってしまわれた。その一つは雷神《いかずちのかみ》となった。一つは大山祇神《おおやまつみのかみ》（山の神）となった。一つは高龗《たかおかみ》（水の神）となった。

〔別の説では、軻遇突智を斬られたとき、その血がそそいで、天八十河《あまのやそかわ》の中にある五百箇磐石を赤く染めた。これによって化生した神を名づけて磐裂神と申し上げる。つぎに根裂神とその子の磐筒男神が化生した。つぎに磐筒女神とその子の経津主神が化生した。〕

［倉稲魂、これを宇介能美挖磨《うかのみたま》という。少童、これを和多都美《わたつみ》という。頭辺、これを摩《ま》苦羅陛《くらへ》という。脚辺、これを阿度陛《あとへ》という。熯は火《ひ》である。音は而善の反《かえし》。龗、これを於箇美《おかみ》という。音は力丁の反。吾夫君、これを阿我儺勢《あがなせ》という。湌泉之竈、これを誉母《よも》都俳遇比《つへぐひ》という。秉炬、これを多妃《たひ》という。不須也凶目汚穢、これを伊儺之居梅枳枳多《いなしこめききた》儺枳《なき》という。醜女、これを志許売《しこめ》という。背揮、これを志理幣提爾布倶《しりへでにふく》という。泉津平坂、これを余母都比羅佐可《よもつひらさか》という。尿、これを愈磨理《ゆまり》という。音は乃弔の反。絶妻之誓、これを許等度《ことど》という。岐神、これを布那斗能加微《ふなとのかみ》という。檍、これを阿波岐《あはき》という。］

一書（第八の一書）にはつぎのように伝えている。

伊奘諾尊は軻遇突智命を五つに斬ってしまわれた。これらがそれぞれ五つの山祇《やまつみ》と化《な》った。第一は首の部分で、これが大山祇《おおやまつみ》に化身した。第二は身中《むくろ》の部分で、これが中山《なかやま》祇《つみ》に化身した。第三が手の部分で、麓山祇《はやまつみ》に化身した。第四は腰の部分で、正勝山祇《まさかやまつみ》に化身した。第五は足の部分で、䨄山祇《しぎやまつみ》に化身した。このときに、斬った血がそそいで⑮石や礫《こいし》や樹や草を赤く染めた。これが草や木や砂や石が自然に火をふくんで発火するいわれである。

［「麓」とあるのは山の足を麓というからである。これを簸耶磨《はやま》という。正勝、これを麻娑柯《まさか》という。一説では麻左柯豆《まさかつ》という。䨄、これを之伎《しぎ》という。音は烏含の反である。］

一書（第九の一書）にはつぎのように伝えている。

伊奘諾尊はその愛妻を見たいと思って殯斂《もがり》（屍体を葬るまでの間、安置しておくこと）をする場所に行かれた。するとそこでは伊奘冉尊が生前のような姿で出迎えて、ともに語り合われた。やがて伊奘冉尊は伊奘諾尊に向かって、

「夫《せ》の君よ、どうか私を御覧にならないでください」

と仰せられた。その言葉が終わると、たちまちその姿は見えなくなった。あたりはまっくらやみであったので、伊奘諾尊はひとつ火をともして御覧になると、意外や伊奘冉尊の身体が脹満《ふく》れあがって、その上には八種類の雷公がいる。伊奘諾尊はこれを見て驚いて逃げかえられた。それを見た雷たちはみなたち上がって追いかけて来た。時に、逃げかえる途中の道のほとりに大きな桃の樹があった。そこで伊奘諾尊はこれ幸いとその樹の下に隠れて、その桃の実をとって雷に投げつけたところ、雷どもはみな逃げて行った。これが桃をもって鬼をふせぐ[16]由緒である。そこで伊奘諾尊はそのみ杖を投げつけて、

「ここからこちらには、雷はよう来まい」

と仰せられた。この杖のことを岐神《ふなとのかみ》という。これはもとの名を来名戸《くなと》（「クナ」は来るなの意味）の祖神《さえのかみ》と申し上げたのである。八つ雷というのは、首の部分にいるのを大《おお》雷《いかずち》という。胸の部分にいるのを火雷《ほのいかずち》という。腹の部分にいるのを土雷《つちのいかずち》という。背の部分にいるのを稚雷《わかいかずち》という。尻の部分にいるのを黒雷《くろいかずち》という。手にいるのを山《やま》

雷《いかずち》という。足の上にいるのを野雷《ののいかずち》という。陰《ほと》の上にいるのを裂雷《さくいかずち》という。

一書（第十の一書）にはつぎのように伝えている。

伊奘諾尊は伊奘冉尊を追って黄泉国に行かれ、伊奘冉尊のもとに着かれて、

「おまえをいとしいと思うのでやって来たのだ」

と仰せられた。すると伊奘冉尊が答えられるには、

「どうぞ私を御覧にならないでください」

とのことであったのに、伊奘諾尊はその言葉に従われずに、なおつづいて御覧になった。このため、伊奘冉尊は恥じ恨まれて、

「あなたは私の本当の様子を御覧になってしまった。私もあなたと同じようにいたしますよ」

と仰せられた。伊奘諾尊はその言葉に自分を慙《は》じ、出て行こうとされた。そのとき黙って帰ってしまわれないで盟《ちか》われて、

「もう離縁しようじゃないか」

と仰せられた。

〔別の説では、「不負於族《うがらまけじ》（おまえには負けないぞ）」と仰せられたという。〕

その約束事のために唾《つば》をはかれたとき生まれた神を名づけて速玉之男《はやたまのお》といい、また伊奘冉尊や黄泉国との関係を断つためにはらわれたとき生まれた神を泉津事解之男《よもつことさかのお》と名づ

ける。合計二はしらの神が生まれた。

さて女神と泉平坂《よもつひらさか》で戦うことになって、伊奘諾尊は、

「はじめ妻のことを悲しみ偲《しの》んだことは私が弱かったのだ」

と仰せられた。そのとき、泉守道者《よもつちもりびと》（黄泉国に通う道を守る人）が、

「伊奘冉尊のお言葉に『私はあなたと、もう国を生みおわりましたからには、どうしてもう一度現世に生きる必要がありましょうか。私はこの国（黄泉国）に留まりたく存じます。あなたと御一緒に地上に参ることはできません』とのことでございます」

と申し上げた。このとき、菊理媛神《くくりひめのかみ》も申し上げることがあった。[18] 伊奘諾尊はそれをお聞きになっておほめになった。やがて伊奘諾・伊奘冉二はしらの神は泉平坂を境にたがいに去って行かれた。

伊奘諾尊は、さて黄泉国を見たのは不祥なことであった、というわけで、そのけがれをすすぎはらおうと思われて、粟門《あわのみと》（鳴門海峡）と速吸名門《はやすいなと》（豊予海峡）を御覧になった。ところが、この二つの海峡はたいへん潮がはやい。そこで橘《たちばな》の小門《おど》（日向）に帰られてはらいすすがれた。その際、水に入って磐土命《いわつつのみこと》を吹き生みたもうた。つぎに水を出て大直日神《おおなおびのかみ》を吹き生みたもうた。また水に入って底土命《そこつつのみこと》を吹き生みたもうた。つぎに水を出ては大綾津日神《おおあやつひのかみ》を吹き生みたもうた。また水に入って赤土命《あかつつのみこと》を吹き生みたもうた。つぎに水を出ては大地と海原の諸神を吹き生みたもうた。

〔不負於族、これを宇我邏磨穊茸《うがらまけじ》という。〕

一書（第十一の一書）にはつぎのように伝えている。

伊奘諾尊は三はしらの御子神に命じて、

「天照大神は高天原を治めよ。月夜見尊は日の神とならんで天を治めよ。素戔嗚尊は青海原を治めよ」

と仰せられた。さて天照大神は天上におられて、

「葦原中国に保食神《うけもちのかみ》（食べ物を掌る神）がいると聞いている。月夜見尊、おまえ行って見てまいれ」

と仰せられた。そこで月夜見尊はその勅命をうけて地上に降られ、保食神のもとに到着された。すると保食神が、首をめぐらして国に向かわれたところ、口から飯が出てきた。また海に向かわれると、鰭《はた》の広もの・鰭《はた》の狭《さ》もの（大小の漁獲物）がまた口から出てきた。また山に向かわれると、毛の麁《あら》もの・毛の柔《にこ》もの（粗毛・柔毛の獣、すなわち狩の獲物）がまた口から出てきた。そのくさぐさの物を、すべてそなえて百個もの机に積みあげて御馳走申し上げた。このとき、月夜見尊は怒って顔を真っ赤にして、

「なんとけがらわしい、またいやしいことだ。このおれを馳走するのに、どうして口から吐き出したものなどが使えようか」

と仰せられて、剣を抜いてうち殺してしまわれた。それからそのことをくわしく天照大

神に御報告申し上げた。天照大神はそれを聞いてたいへん立腹されて、

「おまえは悪い神だ。もうおまえには会いたくない」

と仰せられて、月夜見尊と一日一夜、隔て離れて住まわれた。その後、天照大神はまた保食神の様子をみるために天熊人《あまのくまひと》を派遣されたが、彼が到着したときにはもう保食神は死んでいた。そしてその神の頂《いただき》（頭）には牛と馬が化りいでている。顱《ひたい》の上には粟が生まれ、眉の上には蚕が生まれ、眼の中には稗《ひえ》が生まれ、腹の中には稲が生まれ、陰部には麦と大小豆《まめ・あずき》が生まれていた。天熊人は報告に際し、これらのものをことごとくもち帰って天照大神に献上した。

すると、天照大神は喜ばれて、

「これは顕見《うつ》しき蒼生《あおひとくさ》（地上の青人草）が食べて生活するために必要なものである」

と仰せられて、粟・稗・麦・豆を畠の種とし、稲を水田の種とされた。またこれによって天邑君《あまのむらきみ》（村長）を定められた。そこでその稲種をはじめて天狭田《あまのさなだ》と長田《ながた》に植えたところ、その秋の収穫時の垂《た》り穂の長さは八握《やつか》（こぶし八つ分の長さ）に撓《たわ》むほど成長して、まことにこころよい。また大神は口の中に蚕をふくんでそのまま糸を抽《ひ》き出された。これが養蚕のおこりである。

〔保食神、これを宇気母知能加微《うけもちのかみ》という。顕見蒼生、これを宇都志枳阿烏比等久佐《うつしきあをひとくさ》という。〕

うけい

さて、素戔嗚尊は、

「私はいまみことのりを承って根国に赴きたいと存じます。そこでしばらく高天原に参上して姉の天照大神にお目にかかってお暇乞いをし、それから永久に退出したいと存じます」

と申し上げると、伊奘諾尊は、「許そう」とのことで、素戔嗚尊は高天原に昇られた。

こののち、伊奘諾尊は、その事業をすべて終えておかくれになることになった。そこで幽宮《かくれのみや》を淡路洲《あわじしま》に作って静かに長くおかくれになった。〔あるいは伝えられる。伊奘諾尊はその事業を終えられたが、その神徳はまことに偉大であった。ここに天にのぼって報告され、日の少宮《わかみや》に留まられたという〔少宮、これを倭柯美野《わかみや》という〕。〕

はじめ、素戔嗚尊が天に昇られるときに、その影響で大海原はとどろき荒れくるい、山も岳もために鳴り呴《ほ》えた。これはこの神の性質が雄健だからである。天照大神はもちろんその神が暴々《あらあら》しいことを知っておられたが、素戔嗚尊が天に参上する様子をお聞きになるに及んで、たいそうびっくりされて、

「弟がやって来るのは善意ではないにちがいない。きっと国を奪おうとする意志があるの

だろう。だいたい両親の伊奘諾・伊奘冉尊が子供たちに命じておのおのその境を分けて領分を決められた。それなのになぜ自分が赴くべき国を棄てておいて、ここを窺窬《きゆ》しようとするのか」

と仰せられて、戦いの準備にかかられた。その様子は、まず、髪を結んで髻《みずら》になし、裳《スカート》のすそを縛って袴《ズボン》にしたて、八坂瓊《やさかに》の五百箇《いほつ》の御統《みすまる》（大きな玉をたくさん連ねた連珠の飾り）〔御統、これを美須磨屢《みすまる》という〕を髻や鬘（髪飾り）や腕にまきつけ、また背には千箭《ちのり》（たくさんの矢）〔千箭、これを知能梨《ちのり》という〕の靫《ゆき》（矢入れの道具）と五百箭《いほのり》の靫を負い、腕には稜威《いつ》〔稜威、これを伊都《いつ》という〕の高鞆《たかとも》(19)を装着し、弓筈《ゆはず》を振りたて、剣の柄《つか》を握りしぼって、股までめりこむほど力強くしこを踏み、沫雪《あわゆき》をふきとばすように蹴散らかし〔蹴散、これを倶穢簸邏邏箇須《くゑはららかす》という〕、稜威《いつ》の雄誥《おたけび》〔雄誥、これを鳴多稽眉《をたけび》という〕の声をあげ、稜威の嘖譲《ころい》（責めなじること）〔嘖譲、これを挙盧毗《ころひ》という〕の声をあげて、素戔嗚尊を面と向かってなじり問われた。すると素戔嗚尊が答えて、

「私にはもともと邪心はありません。ただ父母の神の厳しい御命令をうけましたので、これから永久に根国に出発するところです。けれども姉上にお目にかかってお暇乞《いとまご》いをしないことには、どうして退《まか》ることができましょう。そんなわけで雲や霧を跋渉《ばっしょう》して遠路はるばる参上した次第です。それなのに姉上は、喜んでくださるどころか、反対に立腹しておられようとは、思いもかけませんでした」

と仰せられた。そこで天照大神はまた、

「もしその言葉が本当なら、お前の潔白な心を何で証明するのか」

と尋ねられた。素戔嗚尊は答えて、

「ではお願いがございます。姉上と一緒に誓約《うけい》（神意をうかがう所作事）をいたしましょう。その方法として誓約の中〔誓約之中、これを宇気譬能美難箇《うけひのみなか》という〕で子を生むことにしたらいかがでしょうか。もし私の生んだ子が女の子ならば、私に邪心があるからだと思し召されて結構です。しかし、反対に男の子だったら、私の心は清浄潔白であると思し召してください」

と仰せられた。そこで天照大神は、素戔嗚尊からその佩《お》びておられた十握剣《とつかのつるぎ》をもとめとって三つに折ると、それを天真名井《あまのまない》でふりすすいで、齰然《さがみ》に咀嚼《か》んで（かりかりとかみ砕き）〔齰然咀嚼、これを佐我弥爾加武《さがみにかむ》という〕、それを口から吹き棄てられた。その吹き棄てる気噴《いぶき》の狭霧《さぎり》〔吹棄気噴之狭霧、これを浮枳于都屢伊浮岐能佐擬理《ふきうつるいふきのさぎり》という〕の中から生まれた神を名づけて田心姫《たごりひめ》(20)と申し上げる。つぎに湍津姫《たぎつひめ》が生まれ、つぎに市杵嶋姫《いつきしまひめ》が生まれた。合計三はしらの女神である。

こんどは素戔嗚尊の番である。尊は天照大神の髻や鬘、および腕にまきつけておられる八坂瓊の五百箇《いほつ》の御統《みすまる》を乞いとって、同じように天真名井にふりすすいで、かりかりとかみ砕いて、それを口から吹き棄てられた。その吹き棄てるいぶきの狭霧から生まれた神を名づけて正哉《まさか》吾勝勝速日《あかつかちはやひ》天忍穂耳尊《あまのおしほみみのみこと》と申し上げる。つぎに天穂日命《あまのほひのみこと》〔これは出雲臣《いずものおみ》(21)・土師連《はじのむらじ》(22)たちの祖先である〕が生まれた。つぎに天津彦根命《あまつひこねのみこと》〔これは凡川内直《おおしこうちのあたい》・山代直《やましろのあたい》たちの祖先である〕が生まれた。つぎに活津彦根命《いくつひこねのみこと》が生まれた。つぎに熊野櫲樟日命《くまののくすびのみこと》が生まれた。合計五はしらの男神である。そこで天照大神が、勅《みことのり》して仰せられるには、

「この子神たちの生まれたもとになった物根《ものざね》をたずねると、八坂瓊の五百箇の御統は私のものである。だから、その五はしらの男神は全部私の子である」

と仰せられて、引きとって養育された。また勅して仰せられるには、

「十握剣は、そもそもおまえの所持品である。だから、それを物根《ものざね》として生まれた三はしらの女神は、すべておまえの子である」

とのことで、この女神たちを素戔嗚尊に授けられた。この女神たちは筑紫の胸肩君《むなかたのきみ》(23)たちの祭る神である。

一書（第一の一書）にはつぎのように伝えている。

日の神はもともと素戔嗚尊が性質がたけだけしくて不逞《ふてい》の心のあることを知っておられた。その素戔嗚尊が天原《あまのはら》（高天原）にやって来ることを聞かれて思われるには、弟が来るわけは決して善意からではあるまい。きっと私の治めている天原を奪おうと思ってのことであろうとて、戦士としての武装をととのえられた。身には十握剣・九握剣・八握剣を佩《お》び、また背には靫《ゆき》を負い、また腕には稜威の高鞆を装着し、手には弓矢をつか

んで、みずから迎え防がれた。そこで素戔嗚尊は申し上げた。

「私はもともと邪心などまったくございません。ただ姉上様にお目にかかりたくてちょっと参上しただけでございます」

と。そこで日の神は、素戔嗚尊とたがいに向かいあって誓約《うけい》をして仰せられるには、

「もしおまえの心が潔白で、私の国を奪い取ろうという邪心がないのなら、おまえの生む子はかならず男神であろう」

と仰せられた。そう言いおわって、まず御自分の佩刀の十握剣をお食べになって生まれた子神を瀛津嶋姫《おきつしまひめ》と名づけた。また九握剣をお食べになって生まれた子神を湍津姫と名づけた。また八握剣をお食べになって生まれた子神を田心姫と名づけた。合計三はしらの女神である。

こんどは素戔嗚尊の番である。尊はその頸《くび》にかけておられた五百箇の御統の瓊《たま》を、天渟名井《あまのぬない》、別名去来之真名井《いざのまない》にふりすすいで食べられた。こうして生まれた子神を正《まさ》哉吾勝勝速日《かあかつかちはやひ》天忍骨尊《あまのおしほねのみこと》(24)と申し上げる。つぎに天津彦根命、つぎに活津彦根命。つぎに天穂日命、つぎに熊野忍蹈命《くまののおしほみのみこと》。合計五はしらの男神である。このように素戔嗚尊は勝った証拠を得られたのである。そこで日の神は、素戔嗚尊にはまったく悪意のないことを知られたので、御自分の生まれた三はしらの女神を筑紫洲にお降らせになった。そして、

「おまえたち三はしらの神は道中《みちのなか》（朝鮮半島への海路の中間）に降って鎮座し、天孫を助け奉って、天孫によって祭られよ」

と仰せ出された。


一書（第二の一書）にはつぎのように伝えている。


素戔嗚尊が天にお昇りになろうとしたとき、一はしらの神がおられた。名は羽明玉《はかるたま》と申し上げる。この神が素戔嗚尊を奉迎して、瑞八坂瓊《みつのやさかに》の曲玉《まがたま》を献じた。そこで素戔嗚尊はその瓊玉《たま》を持って天上に到着された。このとき、天照大神は弟には邪心があろうと疑われ、軍勢を待機させたうえで素戔嗚尊を詰問された。素戔嗚尊はそれに対し、

「私が参上しましたわけはほかでもありません。姉上にお目にかかりたいと存じたからです。また珍宝である瑞八坂瓊の曲玉を献上しようと存じただけで、他意はありません」

と申し上げられた。そこで天照大神は、またお尋ねになって、

「おまえの言うことが本当かうそか、何で証明するのか」

と仰せられると、

「どうか姉上と一緒に誓約《うけい》をさせてください。私が誓約の間に女を生んだら、邪心があると考えてください。反対に男を生んだら潔白であると考えてください」

と答えられた。そこで天真名井を三ヵ所掘り、二はしらの神は向かいあって立たれた。

天照大神は素戔嗚尊に、
「私の佩びている剣をいまおまえにあげよう。だからおまえのもっている八坂瓊の曲玉を私に下さい」
と仰せられた。こうして約束して持ち物を交換された。さて天照大神が八坂瓊の曲玉を天真名井に浮かべて、瓊《たま》のはしをかみ切って、それを口にふくんで吹き出したとき、そのいぶきの中から化生した神を市杵嶋姫命《いつきしまひめのみこと》と名づける。これは沖宮《おきつみや》（宗像の）におられる神である。また瓊の中ほどの所をかみ切って、それを口にふくんで吹き出したとき、そのいぶきの中から化生した神を田心姫命《たごりひめのみこと》と名づける。これは中宮《なかつみや》におられる神である。また瓊の尾の部分をかみ切って、それを口にふくんで吹き出したとき、そのいぶきの中から化生した神を湍津姫命《たぎつひめのみこと》と名づける。これは辺宮《へつみや》におられる神である。合計三はしらの女神である。

そこでこんどは、素戔嗚尊が、持っておられる剣を天真名井に浮かべて、剣の末をかみ切って、それを口にふくんで吹き出したとき、そのいぶきの中から化生した神を天穂日命と名づける。つぎに正哉吾勝勝速日天忍骨尊、つぎに天津彦根命、つぎに活津彦根命、つぎに熊野櫲樟日命。合計五はしらの男神が化生したという。

一書（第三の一書）にはつぎのように伝えている。

日の神は素戔嗚尊と、天安河《あまのやすかわ》を隔てて向かい合って立たれ、誓約《うけい》をして、

「おまえに、もし邪心がないのなら、おまえの生む子はかならず男であろう。そして、もしおまえが男の子を生んだら、私は自分の子として天原を治めさせよう」

と仰せられた。


こうして日の神が、まずその佩刀の十握剣を食べられて化生した子が瀛津嶋姫命《おきつしまひめのみこと》である。別名を市杵嶋姫命という。また九握剣を食べられて化生した子が湍津姫命である。また八握剣を食べられて化生した子が田霧姫命《たきりひめのみこと》である。さて、素戔嗚尊はその左の髻《もとどり》にまきつけた五百箇の御統の瓊《たま》を口にふくまれ、これを左の手の掌《ひら》に置いて男の子を化生した。そこで大よばわりで、

「いまこそ私が勝った」

と仰せられた。そこで、この言葉によって名づけて勝速日天忍穂耳尊《かちはやひあまのおしほみみのみこと》と申し上げる。また右の髻の瓊を口にふくまれ、これを右の手の掌に置いて天穂日命を化生した。また頸《くび》にかけた瓊を口にふくまれ、これを左の腕の中に置いて天津彦根命を化生した。また右の腕の中から活津彦根命を化生した。また左の足の中から熯之速日命《ひのはやひのみこと》を化生した。また右の足の中から熊野忍蹈命、別名熊野忍隅命《くまのおしくまのみこと》を化生した。このように素戔嗚尊の生まれた御子はみな男であった。このため日の神は、素戔嗚尊ははじめから潔白な心をもっておられたことをおさとりになって、その六はしらの男神を迎えて日の神の御子として天原を治めさせたもうた。そして日の神の生まれた三はしらの女神は、葦原中国《あしはらのなかつくに》

の宇佐嶋《うさのしま》(25)に降された。いま海の北の道中《みちのなか》に鎮座しておられる。名づけて道主貴《ちぬしのむち》と申し上げる。これは筑紫の水沼君《みぬまのきみ》らが祭る神である。

〔熯は干の意味で、これを備《ひ》という。〕

天の石窟

これからのち、素戔嗚尊の行状は乱暴をきわめた。まずつぎのようなことがあった。天照大神は天狭田《あまのさなだ》・長田《ながた》を御自身の田としておられた。ところが素戔嗚尊は、春になるとそこに重播種子《しきまき》（一度まいた上にまた種をまくこと）〔重播種子、これを璽枳磨枳《しきまき》という〕をしたり、田の畔《あぜ》を毀《はな》ってしまったりされるし〔毀、これを波那豆《はなつ》という〕、秋になると天斑駒《あまのふちこま》を田の中に放牧したりして田をめちゃめちゃにし、耕作や収穫の妨害をされた。また天照大神が新嘗《にいなめ》をきこしめすときをみはからって、ひそかに新嘗の御殿にくそをまかれた。さらに天照大神が斎服殿《いみはたどの》にましまして神衣《かむみそ》を織っておられるちょうどそのときに、天斑駒を剝《さかは》ぎにしてその御殿の屋根瓦に穴をあけて投げ入れられた。このため天照大神は仰天して機《はた》の梭《ひ》で身体をついてけがをされた。このことがあって、天照大神はたいそう立腹され、天石窟《あまのいわや》にはいって磐戸《いわと》をとざして幽《こも》ってしまわれた。このため世界は常闇《とこやみ》となり昼夜の交代もわからなくなってしまった。そこで八十万《やそよろず》の神は天安河《あまのやすかわ》のほとりに集まってその祈る方法を相談された。このとき思兼神《おもいかねのかみ》は綿密なはかりごとをめぐらされ、そのあげく、常世《とこよ》の長鳴鳥《ながなきどり》(26)を集めてきて、いっせいに長鳴きをさせた。また手力雄神《たぢからおのかみ》をあらかじめ磐戸のわきに中から見えないように立たせておいた。中臣連《なかとみのむらじ》の遠祖である天児屋命《あめのこやねのみこと》と、忌部《いむべ》の遠祖である太玉命《ふとだまのみこと》が天香山《あまのかぐやま》の五百箇《いほつ》の真坂樹《まさかき》を根ごと掘ってきて、その上の枝には八坂瓊の五百箇の御統《みすまる》をかけ、中の枝には八咫鏡《やたのかがみ》〔ある本には真経津鏡《まふつのかがみ》という〕をかけ、下の枝には青和幣《あおにきて》（ぬさ）〔和幣、これを尼枳底《にきて》という〕と白和幣をかけて、一緒に祈禱した。また猨女君《さるめのきみ》の遠祖である天鈿女命《あまのうずめのみこと》は手に茅《ち》を纏《ま》いた矛《ほこ》をもちながら天石窟の戸の前に立って、たくみにしぐさをした。また天香山の真坂樹を鬘《かずら》にし、蘿《ひかげ》（さがりごけ）〔蘿、これを比舸礙《ひかげ》という〕を手繦《たすき》〔手繦、これを多須枳《たすき》という〕にして、たき火をし、覆槽《うけ》〔覆槽、これを于該《うけ》という〕を伏せ、その上にのって足をふみならして顕神明之憑談《かむがかり》〔顕神明之憑談、これを歌牟鵝可梨《かむがかり》という〕しておどられた。これを天照大神はお聞きになって、

「このごろ私が石窟にこもっているから、豊葦原中国はかならず長い長い夜が続いているはずなのに、どうして天鈿女命はこんなに喜び楽しみわらっているのだろう」

と独言を言いながら、御手で細めに磐戸をあけて外をのぞかれた。その瞬間に、隠れていた手力雄神が天照大神の御手をとって引き出し申し上げた。また中臣神（天児屋命）・忌部《いむべの》神《かみ》（太玉命）が端出之縄《しりくめなわ》(27)（しめなわ）〔別伝では左編みの端を出すという。これを斯梨俱梅儺波《しりくめなは》という〕をひきわたした。そして、

「どうぞもう今後は、この中におもどりにならないように」

と申し上げた。

その後、諸神は罪を素戔嗚尊にかぶせて、千座置戸《ちくらおきど》(28)（贖償）を科してきびしく責め懲罰した。また髪を抜いてその罪を贖《あがな》わせた――別の伝では、手足の爪を抜いて贖わせたという――。そのうえでとうとう尊を高天原から追放してしまわれた。

一書（第一の一書）にはつぎのように伝えている。

誓《うけ》いのあとのあるとき、稚日女尊《わかひるめのみこと》が斎服殿《いみはたどの》にましまして神の御服《みそ》を織っておられたところ、素戔嗚尊はこれをみて斑駒を逆はぎにはいでその御殿の中に投げこまれた。稚日女尊は驚かれて機《はた》からおちて持っておられた梭《ひ》で傷つき、そのために神さりました。

そこで天照大神は素戔嗚尊に、

「おまえはやっぱり邪心があるようだ。もうおまえとは会いたくない」

と仰せられて天石窟に入られて磐戸をしめてしまわれた。このため天の下は常闇になって昼夜の別もなくなった。そこで八十万の神を天高市《あめのたけち》に会して、対策を相談された。すると高皇産霊の子の思兼神という知謀に長《た》けた神が、謀《はかりごと》をつぎのように申し上げた。

「天照大神のみかたちを作ってさそい出し奉りましょう」

そこで石凝姥《いしこりどめ》(29)を鍛冶《かじ》として、天香山の金をとってきて日矛《ひほこ》を作らせた。また真名鹿《まなか》の皮を全剝《うつはぎ》（まるはぎ）にして、天羽鞴《あまのはぶき》（ふいご）を作らせた。これを用いて作らせた神は、紀伊国に鎮座しておられる日前神《ひのくまのかみ》(30)である。

〔石凝姥、これを伊之居梨度咩《いしこりどめ》という。全剝、これを宇都播伎《うつはぎ》という。〕

一書（第二の一書）にはつぎのように伝えている。

日神尊《ひのかみのみこと》は天垣田《あまのかきた》を御田としておられた。ところが素戔鳴尊は春は田のみぞを埋め畔《あぜ》をこわして田植ができないようにし、また秋、稲が実ったころに勝手にあぜ縄を御田の中にひきわたしてとり入れを妨げたり、また日神が織殿《はたどの》におられたとき、斑駒を生剝《いけはぎ》にしてその御殿の中に投げ込んだりした。すべてこういう所行は乱暴きわまるものであったが、日神は親身な気持でとがめようとされず、また恨むこともなさらなかった。いつも寛大な心でゆるしておられたのである。ところが、日神が新嘗をきこしめすときになって、素戔鳴尊は新嘗の御殿の御席の下にひそかに送糞（くそをまく）しておいた。日神はそのことを御存じないままに席につかれたため、全身がくさくなってしまった。これにはさすがの日神も立腹されて、とうとう天石窟にこもって磐戸を閉じてしまわれた。そこで神々は成り行きを心配して、鏡作部《かがみつくり》の遠祖である天糠戸者《あまのぬかどのかみ》に命じて鏡を作らせ、忌部の遠祖である太玉には幣《にきて》を作らせた。玉作部《たますり》の遠祖である豊玉には玉を作らせた。また山雷者《やまつち》に五百箇の真坂樹の八十玉籤《やそたまくし》を採集させ、野槌者《やづち》には五百箇の野薦《のすず》（野の小竹）の八十玉籤を採集させた。これらの物がすべて集められ、準備が整うと、中臣の遠祖である天児屋命が神祝《かむほさ》き（神ほぎ）をのべた。かくて日神は磐戸をあけてお出になったのである。この際、例の鏡をその石窟にさし入れたため、戸にふれて小さい瑕《きず》がついた。その瑕はいまもついている。これが伊勢に奉祭する大神である。[31]

さて神々は素戔嗚尊に罪を科して、その祓具《はらえつもの》（贖償）を責め徴《と》った。こうして手端《たなすえ》（手末）の吉棄物《よしきらいもの》として手の爪を、足端《あなすえ》（足末）の凶棄物《あしきらいもの》として足の爪をとった。また唾《つば》を白和幣、洟《よだり》（よだれ）を青和幣とし、これをもってはらえおわって、最後に神やらいのことわりによって逐之《はら》われた。

〔送糞、これを倶蘇摩屡《くそまる》という。玉籤、これを多摩倶之《たまくし》という。祓具、これを波羅閉都《はらへつ》母能《もの》という。手端吉棄、これを多那須衛能余之岐羅毘《たなすゑのよしきらひ》という。神祝、これを加武保佐枳《かむほさき》という。逐之、これを波羅賦《はらふ》という。〕

一書（第三の一書）にはつぎのように伝えている。

こののち、日神の御田は三ヵ所あった。天安田《あまのやすだ》・天平田《あまのひらた》・天邑并田《あまのむらあわせだ》という。これらはみな良田であったので、長雨や旱魃《かんばつ》にあっても損なわれることがなかった。また素戔嗚尊の御田が三ヵ所あった。天樴田《あまのくいた》・天川依田《あまのかわよりだ》・天口鋭田《あまのくちとだ》という。これらはみな磽《やせ》地《どころ》であったので、雨がふれば流れるし、旱《ひで》れば焦《や》けて収穫はなかった。そこで素戔嗚尊はねたんで姉神の田作りを妨害した。春は廃渠槽《ひはがち》（用水路を破壊）し、みぞを埋め、畔をこわし、またいったん種子をまいてあるところにまたまくなどのことをし、秋は田に捶籤《くしさし》して、自分のものだと主張し、せっかく実っている稲田に馬を放牧したりして妨害した。こうした悪事は片時もやまなかったが、日神はお怒りにならずにいつも寛大におゆるしになっておられた。云々。

日神が天石窟にこもってしまわれたので、神々は中臣連の遠祖である興台産霊《こごとむすひ》の子神天児屋命に祈禱をさせることになった。そこで天児屋命は天香山の真坂木を根ごと掘ってきて、上の枝には鏡作の遠祖である天抜戸《あまのぬかと》の子神石凝戸辺《いしこりとべ》の作った八咫鏡《やたのかがみ》をかけ、中の枝には、玉作の遠祖、伊奘諾尊の子神天明玉《あまのあかるたま》の作った八坂瓊の曲玉をかけ、下の枝には、粟国《あわのくに》（阿波国）の忌部の遠祖である天日鷲《あまのひわし》の作った木綿《ゆう》(32)の幣をかけて、忌部《いむべの》首《おびと》(33)の遠祖である太玉命に執行させて、おごそかにのりとをささげた。日神はこれを聞かれて、

「このごろ多くの人がのりとを申すのを聞いたがこんなに美しい言葉は聞いたことがない」

と仰せられて、細めに磐戸をあけて外をのぞかれた。このとき、磐戸のそばに隠れていた天手力雄神が戸をひきあけたので、日神の光が世界にみちみちた。そこで神々はたいそう喜んで、素戔嗚尊に千座置戸《ちくらおきど》の解除《はらえ》（賠償）を科して、手の爪を吉爪棄物《よしきらいもの》とし、足の爪を凶爪棄物《あしきらいもの》としてはぎとった。そこでまた天児屋命にその解除《はらえ》の太諄辞《ふとのりと》（厳粛なのりと）を唱えさせられた。いま、世の人が切った爪を大切にあつかうのはこの因縁によるのである。さて、神々は素戔嗚尊を責めて、

「おまえの所行ははなはだ無道である。もう天上には住まないでくれ。また葦原中国に

もいないでほしい。ただちに底根国《そこつねのくに》に行ってしまえ」

と言って、みんなで追放してしまわれた。尊が追放されたときは、ちょうど霖雨《ながあめ》がふっていた。そのため素戔嗚尊は青草を結って笠と蓑《みの》を作ってかぶり、神々に宿を乞われたが、神々が言われるには、

「おまえは自分の行いがけがらわしくて追放されるというのに、なんでこのうえ宿を私に乞うのだ」

とて、みんなで拒絶された。そこで、風雨が非常に強かったというのに、休むこともできず、辛苦して降って行かれた。それ以来、世の中の人が笠や蓑を着て、他人の家屋の内に入ることを諱《い》むのである。また、たばねた草を背負って他人の家の内に入ることを諱むのである。このタブーを犯す者にかならず賠償を科するのは太古の遺法である。こののち、素戔嗚尊は、

「神々は私を追放した。仕方がない。私は永久にここを去ろう。しかし、どうして姉上にお目にかかることもなく、このまま勝手に出発できよう」

と仰せられて、また天をとよもし、地をとよもして高天原に参上された。これを天《あまの》鈿女《うずめ》が見つけて日神に申し上げた。日神は、

「弟が上《のぼ》って来るのは、善心からではあるまい。かならずわが国を奪おうというのであろう。私は女だとて、どうして逃げかくれしよう。迎え撃ってやろう」

と仰せられ、身に武備を装うこと、云々。そこで素戔嗚尊は誓《うけ》いをされて、

「もし私が邪心をいだいてふたたび上ってきたのなら、私がいま玉を囓《かじ》って生む子はきっと女でしょう。もしそうなりましたら、その女の子を葦原中国に降してください。もし反対に私が潔白なら、かならず男の子が生まれましょう。もしそうなりましたら、その男の子に天上を治めさせてください。また姉上のお生みになる子についても、この誓《うけ》いと同じにしましょう」

と仰せられた。そこで日神がまず十握剣をかみたもうた。云々。素戔嗚尊は、轠轤然《おもくるる》に（くるくると）左の髻《もとどり》にまきつけた五百箇の統《みすまる》の瓊の緒をひもといて、瓊響《ぬなと》も瑲瑲《もゆら》に（じゃらじゃらと）天渟名井《あまのぬない》にすすぎ浮かべた。その瓊のはしをかんで、左の掌に置いて生まれた御子神を、正哉吾勝勝速日天忍穂根尊《まさかあかつかちはやひあめのおしほねのみこと》という。また右の瓊をかんで、右の掌に置いて生まれた御子神を天穂日命《あまのほひのみこと》という。これは出雲臣・武蔵国造《むさしのくにのみやつこ》・土師連《はじのむらじ》たちの遠祖である。つぎに天津彦根命《あまつひこねのみこと》。これは茨城国造《うばらきのくにのみやつこ》・額田部連《ぬかたべのむらじ》たちの遠祖である。つぎに活目津彦根命《いくめつひこねのみこと》。つぎに熯速日命《ひはやひのみこと》。つぎに熊野大角命《くまののおおすみのみこと》。合計六はしらの男神が生まれたわけである。そこで素戔嗚尊が日神に申し上げるには、

「私がこうしてまたやって来ましたのは、神々が私を根国に追放しましたので、これから退去しようとしているところですが、もし姉上にお目にかからなければ、とてもお別れするに忍びません。それで本当に潔白な気持でまた参上したのです。いまはお目にか

かることができましたので、神々の意向どおりに、これから永久に根国に赴きましょう。どうか姉上は高天原を平安にお治めなさいませ。また私の潔白な心をもって生みました子神たちを姉上に献上いたします」

と仰せられた。そしてまた帰り降って行かれた。

〔廃渠槽、これを秘波鵝都《ひはがつ》という。捶籤、これを久斯社志《くしさし》という。興台産霊、これを許《こ》語等武須毗《ごとむすひ》という。太諄辞、これを布斗能理斗《ふとのりと》という。轠轤然、これを乎謀苦留留爾《をもくるるに》という。瑲瑲乎、これを奴儺等母母由羅爾《ぬなとももゆらに》という。〕

八岐大蛇退治

さて素戔嗚尊は高天原から出雲国の簸《ひ》の川の川上に降り着かれた。降り着いて様子をうかがっておられたところ、川上で人の泣き声が聞こえてきた。そこでその声の主をたずねてさがして行くと、とある家に老夫婦が住んでいて、中に一人の少女をすえてその手足をさすりながら慟哭《どうこく》している。素戔嗚尊は、

「おまえたちは誰なのだ。またどうしてそんなに泣いているのか」

と尋ねられると、老夫婦がお答えするには、

「私は国神《くにつかみ》で、名は脚摩乳《あしなずち》(34)と申し、妻の名は手摩乳《てなずち》(35)と申します。この童女は私どもの子でございまして、名を奇稲田姫《くしいなだひめ》と申します。泣いておりますわけを申し上げます。実はも

ともと私どもの子には八人の少女がございましたが、年ごとに一人ずつ八岐大蛇《やまたのおろち》に呑《の》まれてしまいました。今年もまたその大蛇がやってくる時が参りまして、最後にのこったこの娘が呑まれようとしております。この運命をのがれるすべもございませんので、悲しんで泣いているのでございます」

と申し上げた。素戔嗚尊はそこで、

「そんなわけなら、おまえは娘を私にくれるか」

と仰せられたところ、

「それはもう仰せのままに差し上げます」

とお答えした。

そこで素戔嗚尊は、たちどころにその奇稲田姫を湯津《ゆつ》爪櫛《つまぐし》（神霊ある爪櫛）に化身させて御髻《みずら》にお挿しになった。それから脚摩乳・手摩乳に命じて八醞《やしおおり》の酒（八度もかもして純度をよくした神霊ある酒）をかもし、仮庪《さずき》（さじきとだな）〔仮庪、これを佐受枳《さずき》という〕八間《やま》（柱と柱との間が八つ）を作り、おのおの一つの酒船《さかぶね》（桶）をおいて酒を盛らせて大蛇を待ちうけられた。

やがて時到って、はたして大蛇がやって来た。見ると、その大蛇には頭が八つ、尾が八つあって、眼は赤酸醤《あかかがち》（赤いほおずき）〔赤酸醤、これを阿箇箇鵝知《あかかがち》という〕のようである。松や栢《かや》のような常緑の大木が背に生え、八つの丘、八つの谷の間にはいわたるという大きさである。酒を見つけると、頭をおのおの一つの酒船に垂らし込んで飲みはじめた。やがて酔いがまわると眠ってしまった。待ってましたとばかり素戔嗚尊は佩刀の十握剣《とつかのつるぎ》を抜いてずたずたにその大蛇を斬り殺された。大蛇の尾の部分を斬られたとき、尊の剣がすこし刃こぼれした。そこでその尾を切り割《さ》いて御覧になると、中に一つの剣があった。これがいわゆる草薙剣《くさなぎのつるぎ》〔草薙剣、これを倶娑那伎能都留伎《くさなぎのつるぎ》という。一書には、もとの名を天叢雲《あまのむらくもの》剣《つるぎ》といったと伝えている。それは大蛇のいる上につねに雲がたゆたっていたのでそう名づけたのであろうか。日本武皇子《やまとたけるのみこ》にいたって名を改めて草薙剣というようになったという〕である。素戔嗚尊は、

「これはどうやら霊剣のようだ。どうして私物にできよう」

と仰せられて、天神（天照大神）に献上された。

この後、素戔嗚尊は結婚の場所を求めて旅をされ、出雲の清地《すが》〔清地、これを素鵝《すが》という〕に着かれた。そこで、

「わが心清々《すがすが》し」〔このため、いまこの地名を清《すが》というのである〕

と仰せられ、そこに宮を建てられた。〔ある説には、そのとき武素戔嗚尊《たけすさのおのみこと》はつぎの歌を歌われたと伝える。「八雲たつ　出雲八重垣　妻ごめに　八重垣つくる　その八重垣を（さかんに雲が立つ出雲の八重垣よ。妻を隠《こも》らせる八重垣を作る、その八重垣よ）」〕

そして両神は夫婦の交りをされて、大己貴神《おおあなむちのかみ》を生まれた。そこで命令を下されて、

「わが子の宮の首《つかさ》（支配人）は、脚摩乳・手摩乳にしよう」と仰せられた。だから、この二はしらの神を稲田宮主神《いなだのみやぬしのかみ》と申し上げる。それから素戔嗚尊はとうとう根国においでになられた。

一書（第一の一書）にはつぎのように伝えている。

素戔嗚尊は高天原から出雲の国の簸《ひ》の川の川上に降り着かれた。そこで稲田宮主簀狭之八箇耳《いなだのみやぬしすさのやつみみ》の娘の稲田媛《いなだひめ》を御覧になって、妻屋をたてて夫婦の交りをされて生まれた子神を、清《すが》の湯山主三名狭漏彦八嶋篠《ゆやまぬしみなさるひこやしましの》[36]と名づける。――一説では清《すが》の繫名坂軽彦八嶋手命《ゆいなさかかるひこやしまでのみこと》という。別の説では清《すが》の湯山主三名狭漏彦八嶋野《ゆやまぬしみなさるひこやしまの》という。――この神の五世の孫が大国主神《おおくにぬしのかみ》である。

〔篠は小竹のことで、これを斯奴《しの》という。〕

一書（第二の一書）にはつぎのように伝えている。

この時、素戔嗚尊は安芸国《あきのくに》の可愛《え》[37]の川上に下られた。そこに神がいて、名を脚摩手摩《あしなずてなず》と申した。その妻の名を稲田宮主簀狭之八箇耳と申した。この女神はちょうど妊娠しておられたが、この夫婦の神は悲しんで素戔嗚尊にうったえて、

「私どもの生んだ子はたくさんございますが、生まれるたびごとに、八岐大蛇がやって来て呑んでしまいます。このため一人も生き残ることができません。いま私はまたお産をしようとしておりますが、こんど生まれる子もまた呑まれてしまうかと思うと悲しく

てなりません」

と申し上げた。素戔嗚尊はそこでこの二はしらの神に教えて、

「おまえは木の実をいろいろ集めて甕《かめ》八つ分の酒をかもせ。そうしたら私がおまえのために蛇を殺してやろう」

と仰せられた。二はしらの神はそこで尊の教えのとおりに酒を準備した。

やがてお産の時が来ると、案の定《じょう》その大蛇が家の戸口までやって来て生まれた子を呑もうとした。素戔嗚尊は大蛇に向かって、

「汝は畏《かしこ》い神である。ぜひ御馳走したい」

と仰せられて、八つの甕の酒を口ごとにつぎこまれた。するとその蛇は酒を飲んで睡《ねむ》ってしまった。そこで素戔嗚尊は剣を抜いて斬り殺された。大蛇の尾を斬られたとき、剣がすこし刃こぼれしたので、切り割《さ》いて御覧になると、尾の中に一ふりの剣が見つかった。これを草薙剣と名づける。この剣はいま尾張国の吾湯市村《あゆちのむら》(38)にある。つまり熱田の祝部《はふり》が掌《つかさど》りまつる神である。その蛇を斬った剣を蛇《おろち》の麁正《あらまさ》と名づける。これはいま石上《いそのかみ》（石上神宮）にある。こののち、稲田宮主簀狭之八箇耳が生んだ子神の真髪触奇稲田媛《まかみふるくしいなだひめ》を出雲国の簸《ひ》の川上にうつし住まわせて養育された。そうしてのち、素戔嗚尊はこの媛を妃《みめ》とされて、生ませたもうた子の六世の孫を大己貴命《おおあなむちのみこと》と申し上げる。

〔大己貴、これを於保婀娜武智《おほあなむち》という。〕

一書（第三の一書）にはつぎのように伝えている。

素戔鳴尊が奇稲田媛を妃にしようと思われて乞われると、脚摩乳・手摩乳がお答えして、

「どうかまずあの蛇を殺してくださいませ。そののちにお召しになるのなら結構でございます。ところであの大蛇には、頭ごとにおのおの石松《いわまつ》が生えております。また両脇には山がありましてたいへん恐ろしゅうございますが、いったいどうやってやっつけるのでございますか」

と申し上げた。素戔鳴尊は、そこで一計を案じて、毒酒をかもして飲ませた。このため蛇は酔って眠ってしまった。素戔鳴尊は、そこで蛇《おろち》の韓鋤《からさい》(39)の剣で蛇の頭や腹を斬りつけられたが、その尾の部分を斬られたとき、尊の剣がすこし刃こぼれしたので、尾を切り割《さ》いて御覧になると、尾の中に別に一つの剣が見つかった。これを草薙剣と名づける。この剣はむかしは素戔鳴尊のもとにあったが、いまは尾張国にある。一方、素戔鳴尊が蛇を断ち斬られた剣は、いま吉備《きび》の神部《かむとものお》(40)のもとに安置されている。尊が大蛇を斬られた地は出雲の簸の川上の山である。

一書（第四の一書）にはつぎのように伝えている。

素戔鳴尊の行状は乱暴をきわめた。そこで神々は罰として千座置戸《ちくらおきど》を科して、尊を高天原から追放された。そこで素戔鳴尊は、その子の五十《い》猛神《たけるのかみ》をひきいて新羅国《しらきのくに》に天降

られて曽戸茂梨《そしもり》という所におられた。そして揚言《ことあげ》されて、

「おれはこの地《くに》にはいたくない」

と仰せられて、とうとう埴土《はに》（つち）で舟を作り、その舟にのって東に航海されて、出雲国の簸の川上にある鳥上峯《とりかみのたけ》(41)に到着された。

そのころ、その地に人を呑む大蛇がいた。素戔嗚尊は天蠅斫剣《あまのははきりのつるぎ》(42)をもってその大蛇を斬り伏せられた。その蛇の尾の部分を斬ったときに刃こぼれがした。そこで尾を割いて御覧になると、尾の中に一ふりの霊剣がある。そこで素戔嗚尊は、

「これは私物にしてはならない」

と仰せられて、尊の五世の孫である天之葺根神《あまのふきねのかみ》を遣わして天（高天原におられる天照大神）に献上した。これがいまの草薙剣である。

はじめ五十猛神《いたけるのかみ》が天降られたとき、多くの樹の種子をもって下られた。しかし韓《から》の地にはうえないで、全部もって帰られた。そして筑紫からはじめて、大八洲国全体にまきふやしていってとうとう国全体を青山にしてしまわれた。だから五十猛命《いたけるのみこと》を有功《いさおし》の神というのである。これが紀伊国に鎮座しておられる大神(43)である。

一書（第五の一書）にはつぎのように伝えている。

素戔嗚尊は、

「韓郷《からくに》の島には、金銀が満ちている。わが子の治める国からそこに渡ろうにも、浮宝《うくたから》

（船）がなくては渡ることができまい」と仰せられて、お顔のひげを抜いてまかれた。すると杉になった。また胸の毛を抜いてまかれた。これが檜《ひのき》になった。尻の毛は柀《まき》になった。眉の毛は櫲樟《くすのき》になった。そこでこれらの木のそれぞれの用途をきめて、つぎのように仰せられた。「杉と櫲樟、このふたつの樹は浮宝とせよ。檜は瑞宮《みつのみや》（めでたい宮）を作る材料にせよ。柀は青人草の奥津棄戸《おきつすたへ》（墓所）の棺を作る材料にせよ。また食料としての木の実をたくさんまき植えよ」と。この素戔嗚尊の御子神を名づけて五十猛命と申し上げる。この神の妹には大屋津《おおやつ》姫命《ひめのみこと》、つぎに枛津《つまつ》姫命《ひめのみこと》がある。この三はしらの神もまた樹木の種子をまかれた。そこで紀伊国にわたし奉った。この後、素戔嗚尊は熊成峯《くまなりのたけ》にましまして最後に根国に入られた。

〔棄戸、これを須多杯《すたへ》という。柀、これを磨紀《まき》という。〕

一書（第六の一書）にはつぎのように伝えている。

大国主神は、別名を大物主神《おおものぬしのかみ》、または国作大己貴命《くにつくりのおおあなむちのみこと》と名づける。または葦原醜男《あしはらのしこお》と申し上げる。または八千戈神《やちほこのかみ》と申し上げる。または大国玉神《おおくにたまのかみ》と申し上げる。または顕国玉神《うつしくにたまのかみ》と申し上げる。この神の子は合計百八十一神もおられた。

大己貴神の国作り

さて、大己貴命と少彦名命《すくなびこなのみこと》とは力をあわせ、心を一つにして天下を経営された。またこの世の青人草と家畜のためには療病の方法を定められ、鳥獣や昆虫の災異を除くために、まじないはらう方法を定められた。だから百姓《おおみたから》（人民）は今に至るまでみなこの神の恩をうけているのである。むかし、大己貴神が少彦名命に向かって、

「おれたちのつくった国は、はたしてよくできたといえるだろうか」

と語られると、少彦名命は答えて、

「できたところもあるし、できていないところもある」

と仰せられた。この二はしらの神の相談には深い意味があるらしい。その後、少彦名命は、熊野の御碕《みさき》(44)に行かれて、そこからとうとう常世郷《とこよのくに》に去られた。

〔別伝では淡嶋《あわしま》に行かれてそこで粟茎《あわがら》にのぼられたところ、はじかれて常世郷に渡り着かれたという。〕

この後、国の中のまだでき上がっていないところを大己貴神がひとりで廻って作り上げられた。とうとう出雲国にいたって揚言《ことあげ》されるには、

「そもそも葦原中国はもともと荒れて広い国である。磐石《いわ》や草木にいたるまで、すべて凶暴である。しかしこの私が、これらを摧《くだ》き伏せて、ことごとく従順にした」

と仰せられた。ついにまた、

「いまこの国を作ったのは私ひとりである。私と一緒にこの天下を作ることのできる者がいるだろうか」

と仰せられた。

するとそのとき、神々《こうごう》しい光が海を照らし、やがてその中から忽然《こつぜん》と浮かび上がってくる神がある。その神が、

「もし私がいなかったら、どうしておまえひとりでこの国を平定することができただろうか。私がいたからこそ、おまえはその国を平定するという大功をあげることができたのだ」

と仰せられた。そこで大己貴神は尋ねられた。

「では、そう言うおまえは何者だ」

その神は答えて、

「私はおまえの幸魂奇魂《さきみたまくしみたま》（瑞祥と神霊の魂）である」

と仰せられた。大己貴神は、

「たしかにそのとおりだ。たしかにおまえは私の幸魂奇魂である。いまどこに住みたいか」

と尋ねられた。その神は答えて、

「私は日本国《やまとのくに》の三諸山《みもろのやま》(45)に住みたいと思っている」

と仰せられた。そこで大己貴神は神宮を三諸に造営して、住まわせられた。これが大三《おおみ》輪《わ》の神である。この神の御子は甘茂君《かものきみ》(46)たち、大三輪君《おおみわのきみ》(47)たち、また姫蹈鞴《ひめたたら》五十《い》鈴姫命《すずひめのみこと》である。〔別の説では、事代主神《ことしろぬしのかみ》が八尋熊鰐《やひろわに》に化身して三嶋の溝樴姫《みぞくいひめ》――ある説では玉櫛《たまくし》姫《ひめ》のもとに通われて御子の姫蹈鞴五十鈴姫命を生まれたという。〕これが神日本磐余彦《かむやまといわれびこ》火火出見天皇《ほほでみのすめらみこと》(48)の后《きさき》である。


はじめ大己貴神が国を平定されたとき、出雲国の五十狭狭《いささ》の小汀《おばま》(49)にお着きになって食事しようとされた。そのとき、海上に突如として人の声がする。そこで驚いてその声の主をさがされたが何も見えない。しばらくすると、一人の小男が白蘞《かがみ》(やまかがみ。薬草の一種)の皮で舟を作り、鷦鷯《みそさざい》の羽を着物にして、潮の流れのままに浮かんでやって来た。大己貴神はそれを拾いあげて、掌に置いてもてあそんでおられたところ、ぴょんとはねて大己貴神の頬にかみついた。そこでこの小男の様子を不思議に思われて、使を派遣して天神に報告された。すると高皇産霊尊《たかみむすひのみこと》はそれをお聞きになって、

「私の産んだ子神は、全部で千五百はしらあるが、その中に一はしらだけ非常に悪い子で教えに順《したが》わない子がいた。おまえの指の間からこぼれ落ちたのはきっと彼だろう。可愛がって育ててくれ」

と仰せられた。これが少彦名命である。

〔顕、これを于都斯《うつし》という。蹈鞴、これを多多羅《たたら》という。幸魂、これを佐枳弥多摩《さきみたま》という。奇魂、これを倶斯美挖磨《くしみたま》という。鷦鷯、これを娑娑岐《ささき》という。〕

（1）①国常立尊②国狭槌尊③豊斟渟尊④埿土煑尊・沙土煑尊⑤大戸之道尊・大苫辺尊⑥面足尊・惶根尊⑦伊奘諾尊・伊奘冉尊（二〇三ページ参照）

（2）中国では天そのものを神格化して帝王が祭祀する対象で、地祇《ちぎ》に対する概念であるが、『日本書紀』では高天原の神の意であったり高皇産霊尊をさしたりする。この場合何をさすのか、正確にはわからない。

（3）豊はゆたか、千五百秋の千・五百は瑞祥の観念をふくむ多い数、千五百秋で永久というほどの意味、瑞穂は瑞祥に満ちた稲穂の意味。

（4）アハはアハム（軽蔑する）に通ずる。

（5）「孁」は巫女《みこ》の意味でもちいた文字で、ミコまたはカンナギを意味する「靈（霊）」の字の「巫」を「女」にかえることによって、巫女であることを、『日本書紀』の筆者が意図的に示そうとしたものらしい。また「力丁の反」は、「孁」の音が「力」の頭子音 l- と「丁」の頭子音以外の音 -äŋ とを合わせた läŋ であることを示す。これによって「孁」という難しい字の音が、「力」と「丁」というやさしい字の音の組み合せであらわせるのである。このような方式を反切《はんせつ》の法という。

（6）現在の橿原市木之本町。泣沢神社がある。『万葉集』に「哭沢のもりに神酒《みき》すゑいのれども」とある。

(7) 一握はこぶしの幅であるから十握は数十センチ以上の長さになるが、これは実際の数値ではない。『古事記』にも十拳剣とあり、『日本書紀』のこの段の第六の一書はこれとほぼ同内容である。『古事記』のそれについての説は川副『古事記の研究』を参照されたい。

(8) 五百は、注(3)参照。

(9) 道の分岐点を守る神。クナドが原形で(来[ク]勿[ナ])と邪悪なものを禁止する意味をもつ。トは通路の意味。

(10) 穿《は》く裳《も》の意味。現今のももひきのようなもの。

(11) 開囓の意味不明。

(12) チは道、シキは敷く。一面に力を及ぼす意味がある。『古事記』では、この神名は、伊邪那岐命を追いかけて黄泉比良坂までやって来た伊邪那美命の別名とし、「其の追ひしきしをもて道敷大神と号す」とある。

(13) 現在の大阪市住吉区にある住吉大社の祭神。『古事記』には墨江之三前大神とある。仲哀紀・神功紀にも登場し、海上交通の守護神である。

(14) 全国各地の海部《あまべ》を、中央政府部内で管理する氏族。

(15) そそいだ血が草や木や石について火のもととなるという認識による。古代には燐(鬼火)は人や畜類の血が化したものであるという考えがある(『和名抄』)。

(16) 桃が邪鬼をはらう呪力をもつという思想は中国古代のもので、これが日本に輸入され、朝廷の追儺《ついな》の式に桃の弓・葦の矢・桃の杖をもって宮城四門でやらうということが『延喜式』に見えている。

(17) 先住民の間で、血や爪と同じく唾を交換することによって契約の誠実の保証とする例があるという。

(18) 菊理媛神の言葉が何であったかは不明である。

(19) イツは神霊のもつ清浄な威力があること。鞆は弓を射る際、左の腕にはめる革の道具。矢を発した直後、反動で弦が左の腕にふれるのを防ぐ。

(20) 『古事記』や『日本書紀』この段の第三の一書の多紀理毗売命・田霧姫命にあたる。

(21) 出雲国意宇郡（現在の島根県松江市・安来市）の豪族、出雲郡杵築郷の出雲大社の宮司となり、出雲国造を兼ねる。

(22) 朝廷の葬儀や土器製作を管掌する氏族。天武天皇十三年宿禰の姓《かばね》を賜わる。居地により菅原、秋篠などを称する。延暦九年いずれも朝臣《あそん》となる。

(23) 胸形・宗形・宗像とも記す。筑前国宗像郡の豪族、宗像神社宮司の家。天武十三年朝臣の姓を賜わる。

(24) 『古事記』や『日本書紀』主文では正哉吾勝勝速日天忍穂耳《おしほみみ》命（尊）とあるが、これをオシホニと訓《よ》み、さらにホニが訛るとホネとなる。

(25) ここに降った神を豊前国宇佐郡宇佐の宇佐八幡とすると前後の記述と矛盾する。宇佐は島嶼《とうしょ》ではない。これはやはり宗像神社の神とみて沖の島の誤りとみるのが正しい。

(26) 『古事記』にも見える。日食という天然現象は世界共通であるので、隠れた太陽（神）を、鶏を鳴かせるとか、その他の手段でさそい出すというモチーフは、東南アジア・中国南方からカリフォルニアまで太平洋沿岸一帯に分布していることは早くから指摘されている。したがって、この長鳴鳥を鶏と速断しがちであるが、もし鶏なら、「鶏」と書くはずで、とくに「常世之長鳴鳥」として鶏としないのは、これが鶏ではなく、架空の想像上の鳥名とみなければならない。そして

「常」とか「長」とかいう瑞祥性の豊かな語彙は、高天原の物語にふさわしいといってよい。一体に神話を読む際は、その説根を提供した原話（群）と、記紀によってそれぞれ変容をうけた話柄《ストーリー》や固有名詞との差異に留意しなければならない。（川副『古事記の研究』参照）

(27) しめ縄。シリは縄の末尾をさし、クメは組ませの意味。尻を編んだまま切らないでおく。

(28) 祓物《はらえもの》を差し出す高台で千座はその数の多いこと。

(29) イシコリは石を打ってけずるという意味。

(30) 日前神宮の祭神。和歌山市秋月にあり、同じ境内の西半が日前神宮、東半が国懸《くにかかす》神宮で、ともに本殿は南面する。『延喜式』の神名帳によれば、両神社とも名神大社である。

(31) 伊勢の神鏡は記録がないが、容器についての記録があり、これが「径二尺、内一尺六寸三分」とあるので、だいたいの寸法がわかる。円形の銅鏡と推定されている。

(32) 楮《こうぞ》の木の皮を蒸して水に浸し、細く割いたもので白い。幣に用いる。

(33) 忌部は朝廷の祭祀に用いる物資を貢納する品部《ともべ》で、忌部首はその伴造氏。天武十三年宿禰となり、のち斎部と字をかえた。この氏の神話上の主張が『古語拾遺』である。

(34)(35) 少女の手足をなでていることからこの名がある。

(36) 『古事記』に八嶋士奴美とあるものにあたる。清の湯山は『出雲国風土記』に「須我小川之湯淵村、川中湯泉」とある。現雲南市大東町の海潮温泉という。

(37) 神武紀、甲寅《きのえとら》の年十二月の条に「安芸国に至りまして埃《え》の宮に居《ま》します」とある埃《え》と同地であろう。広島県安芸郡府中町という。

(38) 尾張国愛知郡（古くは年魚市郡、阿育知郡とも）にある。

(39) 蛇の麁正と同義。サヒは日本語で小刀、刀のこと。鋤は本来はスキであるが、原語の意味が誤られて刀となったのであろう。
(40) 令制神祇官に三十人の神部がいるが、ここでは神主の意味。
(41) 島根県仁多郡船通山の古名かという。
(42) 蠅《（ハヘ）》はハハ＝蛇であろう。『古語拾遺』に「天十握剣、その名は天羽羽斬《あめのははきり》、いま石上《いそのかみ》神宮にあり、古《いにしへ》は大蛇を語《い》ひて、羽羽《はは》といふ」とある。
(43)『古事記』の大穴牟遅神が根国に行く条に木国之大屋毗古神という神が見える。これはその名からみて大屋津姫に対するものであるから、紀伊国所坐大神である伊太祁曽《いたきそ》神・大屋都比売神・都麻都比売神の三神のうちの伊太祁曽神すなわち、この一書の五十《い》猛《たける》命と同神であろう。この三神はもと一社に祭っていたのを、大宝二年二月にそれぞれ遷祀した。しかし貞観元年の授位は三神同時であるし、三神とも名神大社、いま和歌山市伊太祁曽に伊太祁曽神社（祭神大屋毗古命）、同市宇田森に大屋津比売神社、同市平尾に抓津比売神社がある。
(44)『出雲国風土記』意宇郡の条に「熊野山……所謂熊野大神之社坐」とある。現在の島根県松江市八雲町熊野である。
(45) 大和国の三諸山。現在の奈良県桜井市三輪にある。
(46) 賀茂・加茂・鴨とも書く。葛城の鴨地方（現在の奈良県御所市）の土豪で、天武十三年朝臣の姓を賜わる。
(47) 三輪は美和・神《みわ》とも書く。三輪地方の土豪で、賀茂氏とともに壬申《じんしん》の乱に活躍した。『古事記』は、ともに大物主神の子孫である大田田根子の子孫とする。
(48) 神代紀末の鸕鷀草葺不合尊の段の一書（第二・第三）や神武紀の冒頭に諱《いみな》として彦火火出見の名が見える。彦火火出見尊は日向三代の第二代の名であるから、神武天皇の名にこれがあるのは重出の感がある。津田左右吉のいうように、これははじめ瓊瓊杵尊の子彦火火出見尊が東征の主人公だったなごりで、のちにその間に二代をおくことになったため、その当初の名が神日本磐余彦の下について諱とされたということは、目下のところ一番考えられることである。

(49)『日本書紀』には五十田狹の小汀とも。『古事記』には伊邪佐之小浜とある。現在は島根県出雲市大社町、稲佐の浜。

日本書紀巻第二

神代　下

葦原中国の平定

天照大神の御子、正哉吾勝勝速日《まさかあかつかちはやひ》天忍穂耳尊《あめのおしほみみのみこと》は、高皇産霊尊《たかみむすひのみこと》の女《むすめ》の栲幡千千姫《たくはたちぢひめ》を娶《めと》って、天津彦彦火瓊瓊杵尊《あまつひこひこほのににぎのみこと》を生まれた。そこで皇祖の高皇産霊尊は格別に可愛がられ、ついにこの皇孫天津彦彦火瓊瓊杵尊を立てて葦原中国《あしはらのなかつくに》の君主としようと思われた。だが、その地には蛍火《ほたるび》がかがやくように、また蠅のようにこうるさい邪神たちがいるし、また草も木もことごとく霊をもち、ものを言って人をおびやかすありさまである。そこで高皇産霊尊は八十諸神《やそもろかみ》（神々）を召集して尋ねられるには、

「私は葦原中国のよこしまな鬼どもを平らげさせようと思うのだが、誰を派遣したらよいだろうか。おまえたちもろもろの神たちよ。その知るところを隠さず申せ」

と仰せられた。そこで神々が申し上げるには、

「天穂日命《あまのほひのみこと》は傑物ですから、この神をためしに派遣してごらんになるのがよろしゅうございましょう」

ということであった。そこで高皇産霊尊は、その神々の言葉に従って天穂日命を中国《なかつくに》平定のために派遣された。しかし、この神は、大己貴神《おおあなむちのかみ》におもねりこびて、三年たっても復命しなかった。そこでその子の大背飯三熊之大人《おおそびのみくまのうし》(1)〔大人、これを于志《うし》という〕、別名武三《たけみ》熊之大人《くまのうし》を派遣した。しかし、この神もまた父に従って、とうとう復命しなかった。

そこで高皇産霊尊はさらに神々を召集して、誰を派遣したらよいかを諮問された。すると神々は、

「天国玉神《あまつくにたまのかみ》の子の天稚彦《あめわかひこ》が勇士でございます。この神を派遣されておためしになってはいかがでございましょう」

と申し上げた。そこで高皇産霊尊は、天稚彦に、天鹿児弓《あまのかごゆみ》(2)と天羽羽矢《あまのははや》(3)を下賜されて、地上に派遣された。しかし、この神もまた忠誠心を欠いていた。というのは、地上に到着すると、顕国玉神《うつしくにたまのかみ》（大国主神の別名）の女《むすめ》の下照姫《したてるひめ》〔別名は高姫、また稚国玉《わかくにたま》〕を娶って、そのまま住みついてしまって、

「おれも葦原中国を支配しようと思う」

と言って、とうとう復命しなかった。

さて高皇産霊尊は、天稚彦がさっぱり報告に参上しないのを怪しまれて、名無し雉《きぎし》を遣

わして様子を探らせられた。その雉は天から飛びおりて、天稚彦の門の前に植《た》っている〔植、これを多底屢《たてる》という〕湯津杜木《ゆつかつら》〔杜木、これを可豆邏《かつら》という〕の梢にとまった。するとそれを天探女《あまのさぐめ》〔天探女、これを阿麻能左愚謎《あまのさぐめ》という〕が見つけて、天稚彦に、「かわった鳥が来て杜《かつら》の梢にとまっています」と告げた。そこで天稚彦は高皇産霊尊の下賜された天鹿児弓と天羽羽矢とを手にとって、雉を射殺してしまった。その矢は雉の胸を射通して高天原に飛んで行き、高皇産霊尊の御座所までとどいた。高皇産霊尊はその矢を御覧になって、「この矢は、むかし余が天稚彦に賜うた矢である。見ると血がついている。思うに、これは天稚彦が国神《くにつかみ》と戦って、その血がついたのだろう」と仰せられ、矢を取って投げかえされた。その矢は地上に向かって落下して行き、天稚彦の胸に命中した。ちょうどそのとき天稚彦は新嘗《にいなめ》の行事のあと仰臥しているところであったが、この矢に中《あた》ってたちまち死んでしまった。これが世の人のいわゆる「反《かえ》し矢《や》おそるべし」ということの由緒である。

天稚彦の妻の下照姫は、号泣して悲しみ、その声は天に達した。このとき、天国玉神はその号泣する声を聞いて、天稚彦が死んでしまったことを知り、疾風《はやち》を派遣してその死体を天にもって来させた。そして喪屋《もや》を作って殯《もがり》(4)の式をした。その式には、川鴈《かわがり》を持傾頭者《きさりもち》(死者の食物を奉持する者)および持帚者《ははきもち》(喪屋をはく箒《ほうき》をもつ者)とし〔一説では、鶏を持傾頭者《きさりもち》とし、川鴈を持帚者とするという〕、また雀を舂女《つきめ》（殯の式の食用の米を舂く者）とした〔一説では、川鴈を持傾頭者とし、また持帚者とした。鵄《そび》(5)を尸者《ものまさ》（神霊の代りに立って祭りをうける者。形代《かたしろ》）とし、雀を舂女とし、鷦鷯《さざき》を哭者《なきめ》とし、鵄《とび》を造綿者《わたつくり》（死者の衣料を作る者、または綿を水にひたして死者を沐浴させる者のどちらかを意味するか）とし、烏《からす》を宍人者《ししびと》（死者に食を供える役）とした〕。すべてもろもろの鳥を殯の式に従事させた〕。そして八日八夜、号泣し、しのび歌った。

これより以前、天稚彦が葦原中国にいたとき、味耜高彦根神《あじすきたかひこねのかみ》と仲がよかった〔味耜、これを阿膩須岐《あぢすき》という〕。このため、味耜高彦根神は天にのぼって天稚彦の喪を弔《とむら》われた。ところが、この神の顔かたちは天稚彦の生前のそれとそっくりであった。そこで天稚彦の親兄弟妻子はみな、

「わが君はなくなっておられたのではなかったのだ」

と言って、着物にとりすがって泣いて喜んだ。間違えられた味耜高彦根神は真っ赤になって怒って、

「親友なら弔ってやるのが道理というものだ。だからこそ私は、死体のけがらわしいのもはばからずに、遠くから哀悼の意を表しにやって来たのだ。それを事もあろうに、何だって私を死人と間違えるのだ」

と言って、その佩刀の大葉刈《おおはがり》(6)〔刈、これを我里《がり》という。別名は神戸剣《かむどのつるぎ》〕を抜いて喪屋を切

り倒された。この喪屋が地上に落ちて山になった。これはいま美濃国の藍見川《あいみがわ》の川上にある喪山《もやま》である。世の人が生きている人を死人ととりちがえることをきらうのは、この由緒によるのである。

　こののち、高皇産霊尊はまた神々を召集して葦原中国に遣わすべき者を選ばれた。神々は、

「磐裂《いわさく》〔磐裂、これを以簸娑窶《いはさく》という〕根裂神《ねさくのかみ》(7)の子神の磐筒男《いわつつのお》・磐筒女《いわつつのめ》が生んだ子神の経津《ふつ》〔経津、これを賦都《ふつ》という〕主神《ぬしのかみ》がよろしゅうございましょう」

と申し上げた。

　時に、天石窟《あまのいわや》に住む神で、稜威《いつ》の雄走神《おばしりのかみ》の子神の甕速日神《みかのはやひのかみ》、甕速日神の子神の熯速日《ひのはやひの》神《かみ》、熯速日神の子神の武甕槌神《たけみかづちのかみ》がおられた。この神が進み出て、

「経津主神だけが丈夫《ますらお》で、この私は丈夫ではないのでしょうか」

と語気もはげしく申し上げられた。そこで高皇産霊尊はこの神を経津主神にそえて、葦原中国を平定するために派遣された。

　さてこの二はしらの神は、出雲国の五十田狭《いたさ》の小汀《おばま》に天降られた。そして十握剣《とつかのつるぎ》を抜いてさかさまに地上につきたて、その切っ先の上にあぐらをかいて坐り、大己貴神に尋ねられた。

「いま、高皇産霊尊が皇孫を地上に降されて葦原中国を統治させようとされている。そこ

でまずわれわれ二はしらの神を邪神をはらい平定させるために派遣されたのだ。おまえはこれについてどう考えるか。国を譲るか、どうだ」

　これに対し、大己貴神は、

「私の子に尋ねてからお答えいたします」

と答えられた。このとき、その子神の事代主神《ことしろぬしのかみ》は、出雲国の三穂《みほ》〔三穂、これを美保《みほ》という〕の碕《さき》に出かけて釣を楽しんでおられた。――ある説では鳥猟を楽しんでおられたという。――そこで熊野の諸手船《もろたふね》〔別名を天鴿船《あまのはとふね》という〕に使者の稲背脛《いなせはぎ》を載せて派遣し、高皇産霊尊の御命令を事代主神に伝え、またその返事を尋ねさせられた。そこで事代主神が使者に、

「いま天神《あまつかみ》のお尋ねのお言葉をうけたまわりました。父神よ。どうぞこの国を献上なさいませ。私ももちろんそれに従います」

と仰せられた。そして海中に八重の蒼柴《あおふし》〔柴、これを府璽《ふし》という〕籬《がき》を作り、船枻《ふなのへ》〔船だな〕〔船枻、これを浮那能倍《ふなのへ》という〕をふんで退去してしまわれた。使者の稲背脛は帰還して事の次第を復命した。

　そこで大己貴神は、その子の言葉どおり二はしらの神に申し上げて、

「私がたよりにしていた子の事代主神さえ、国をお譲り申し上げるよう申して退去いたしましたので、私もお譲りして同様に退去いたします。もし私が天神の御使に抵抗して戦っ

たら、国内の諸神はかならず同様に抵抗いたすことでしょうが、いま私がお譲りいたしましたからには、ほかに従わない者がありましょうか」と仰せられた。そして大己貴神はかつて国を平定したときに杖とされた広矛《ひろほこ》（統治権の象徴である）を二はしらの神に授けて言われた。

「私はこの矛でもってこの国を平らげるという功業をなしとげました。天孫がもしこの矛で国を治められれば、かならず無事にお治めになることができましょう。私の方は、これから百足《ももた》らず八十隈《やそくまで》(8)に隠れてしまいましょう」〔隈、これを矩磨泥《くまで》という〕と仰せられ、言いおわってついにお隠れになってしまわれた。

ここに二はしらの神はもろもろの服従しない神々を誅殺《ちゅうさつ》して〔一説では、二はしらの神はついによこしまな神々と、草・木・石のたぐいを誅伐して、みな平定してしまわれたが、そのとき服従しないのは星の神の香香背男《かかせお》だけになった。そこでまた倭文神《しとりがみ》(9)の建葉槌命《たけはつちのみこと》を派遣したところ、彼もまた服従した。そこで二はしらの神は天にのぼったという。倭文神、これを斯図利《しとり》俄未《がみ》という〕、復命された。

天孫降臨と木花之開耶姫

さて、高皇産霊尊は、真床追衾《まとこおうふすま》(10)（神聖なふとん）で皇孫天津彦彦火瓊瓊杵尊を覆いかぶせて地上に降らせられた。皇孫は、そこで天磐座《あまのいわくら》〔天磐座、これを阿麻能以簸矩羅《あまのいはくら》という〕

を離れ、また天八重雲《あめのやえたなぐも》をおし分けて、その威厳によって道をおし分けおし分けて、やがて日向《ひむか》の襲《そ》の高千穂峯《たかちほのたけ》(11)に天降られた。皇孫はここに降られてから、槵日《くしひ》の二上《ふたがみ》(12)の天浮橋《あまのうきはし》から浮渚在平処《うきじまりたいら》（なぎさのある平地）に降り立たれ〔立於浮渚在平処、これを羽企爾磨梨陀毗《うきじまりたひ》羅而陀陀志《らにたたし》という〕、膂宍《そしし》の空国《むなくに》（荒れてやせた国）を、頓丘《ひたお》（丘つづき）のところを行去《とお》り国覓《くにま》ぎ（国を求めること）のために歩かれて〔頓丘、これを毗陀烏《ひたを》という。覓国、これを矩弐《くに》磨儀《まぎ》という。行去、これを騰褒屢《とほる》という〕、吾田《あた》の長屋の笠狭碕《かささのみさき》(13)に到達された。

その地に一人の人がいて、自分から事勝国勝長狭《ことかつくにかつながさ》と名のった。そこで皇孫が、

「国があるかないか」

と尋ねられると、

「ここに国がございます。どうかごゆっくりお遊びくださいませ」

とお答え申し上げた。それで皇孫はここに御滞在なされたのである。

さて、その国に一人の美人がいた。名を鹿葦津姫《かしつひめ》〔別名、神吾田津姫《かむあたつひめ》、また別の名を木花《このはな》之開耶姫《のさくやひめ》という〕と申し上げる。皇孫はこの美人に尋ねられて、

「おまえは誰の子だ」

と仰せられると、

「私は天神が大山祇神《おおやまつみのかみ》の女《むすめ》を娶られて生まれた子でございます」

とお答え申し上げた。そこで皇孫がこの姫を幸《め》されたところ、姫は一晩で妊娠された。皇

孫はそれをお信じにならず、

「いくら天神でも一夜で人に妊娠させせられるわけはない。おまえがみごもったのはきっと私の子ではないにちがいない」

と仰せられた。そのため鹿葦津姫は怒りかつ恨んで、戸のない産室を作り、中にこもって、誓《うけ》いをされて、

「もし私のみごもった子が天孫の胤《たね》でなかったら、かならずその子は焼け死んでしまうでしょう。反対にもし本当に天孫の胤であったら、火も害《そこ》なうことはできないでしょう」

と申され、その産室に火をつけて焼いてしまわれた。この火災のはじめに立ちのぼる煙のさきから生まれた御子を火闌降命《ほのすそりのみこと》と申し上げる〔これは隼人《はやと》らの始祖である。火闌降、これを褒能須素里《ほのすそり》という〕。つぎに熱を避けておられたときに生まれ出た御子を彦火火出見尊《ひこほほでみのみこと》と申し上げる。つぎに生まれ出た御子を火明命《ほのあかりのみこと》と申し上げる〔これは尾張連《おはりのむらじ》たちの始祖である〕。合計三はしらの御子が生まれた。それから久しくして天津彦彦火瓊瓊杵尊が崩ぜられた。そこで筑紫の日向の可愛《え》〔これを埃《え》という〕の山陵に葬りまつった。


一書（第一の一書）にはつぎのように伝えている。

天照大神は天稚彦《あめわかひこ》に命ぜられて、

「豊葦原中国はわが御子が君主たるべき国である。しかし暴悪な邪神たちがいる様子だから、おまえがまず行って平定せよ」

と仰せ出された。そこで天鹿児弓《あまのかごゆみ》と天真鹿児矢《あまのまかごや》とを下賜されて、この神を派遣された。天稚彦は命をうけて中国《なかつくに》に降り、国神《くにつかみ》の女子《むすめ》をたくさん娶って住みつき、八年たっても復命しなかった。そこで天照大神は思兼神《おもいかねのかみ》を召されて、天稚彦の帰って来ない様子をお尋ねになった。思兼神が熟考して奏上されるには、

「雉を派遣して問責されるのがよかろうかと存じます」

ということであった。そこで思兼神の計略に従って雉を派遣して様子をうかがわせた。その雉が地上に飛び降って、天稚彦の家の門前の湯津杜樹《ゆつかつら》の梢にとまって鳴いて言うには、

「天稚彦よ。なぜ八年もの歳月がたっているのに復命しないのだ」

と問うと、そこに国神で天探女《あまのさぐめ》という者がいて、その雉を見つけて、

「鳴き声のにくらしい鳥がこの木の上にとまっております。射殺しておしまいになるのがよろしゅうございましょう」

と言った。天稚彦はそこで天神から賜わった天鹿児弓・天真鹿児矢をとって射殺してしまった。ところがその矢は雉の胸を貫いてついに天神のみもとに達した。天神はその矢を御覧になって、

「これは、むかし、余が天稚彦に下賜した矢ではないか。どうしていまごろこんなものが飛んで来たのだろう」

と仰せられて、その矢をとって呪言されて、
「もしこれが邪心によって射たものなら、天稚彦はかならずこれにあたって死ぬだろう
し、もし反対に彼に邪心がなかったのなら、無事にまぬがれるだろう」
と仰せられて地上に投げかえされた。するとその矢は落下して天稚彦の高胸《たかむなさか》（胸）に
命中し、天稚彦はたちまち死んでしまった。これが世人のいわゆる「返し矢おそるべ
し」ということばの由緒である。
さて天稚彦の妻子は天上から降って来て、ひつぎをもって天に帰って行き、天上に喪
屋を作って殯《もがり》をして号泣した。ところで天稚彦はずっとまえから味耜高彦根神とは親友
の間柄であった。このため、味耜高彦根神は天にのぼって喪を弔って号泣された。とこ
ろがこの神のお顔や姿は天稚彦とそっくりであったため、天稚彦の妻子たちはこの神を
見て喜び、
「わが君さまは生きていらっしゃったのだ」
と言い、着物にとりすがってはなそうとしない。この様子に味耜高彦根神は立腹されて、
「親友が死んだからおれは弔いにやって来たというのに、なんだっておれを死人と間違
えるのだ」
と仰せられて、十握剣《とつかのつるぎ》を抜いて喪屋を切り倒された。するとその喪屋は地上に落ちて
山になった。これが美濃国の喪山である。世の人が、自分を死人に間違えられることを

忌みきらうのは、この由緒によるのである。

時に、味耜高彦根神のすがたが光りかがやいて、二つの丘、二つの谷にわたって照り映えた。(14)そこで天稚彦の喪に集まった人々はつぎのような歌を歌った。〔ある説では、味耜高彦根神の妹の下照媛が、この丘々や谷々に照り映えるのは味耜高彦根神のお姿であることを、人々に知らせようと思われた。そこでつぎの歌を歌われたと伝える。〕

天《あめ》なるや　弟織女《おとたなばた》の　頸《うな》がせる　玉の御統《みすまる》の　穴玉《あなたま》はや　み谷　二《ふた》渡らす　味耜高彦根(15)（天に輝く織女星の、み頸にかけた首飾りの連珠〔すばる星〕の美しい穴玉よ。そのようにみ谷二つにわたって飛び行きつつ、美しく輝く味耜高彦根神よ）

また人々は歌った。

天離《あまさか》る　夷《ひな》つ女《め》の　い渡らす迫門《せと》　石川片淵《かたふち》　片淵に　網張り渡し　目《め》ろ寄《よ》しに　寄し寄り来《こ》ね　石川片淵（天ざかる夷つ女〔田舎女《いなか》〕が、瀬戸を渡って魚をとるために石川の片淵に網を張り渡すが、その田舎女が網目を引き寄せるようにこちらに寄っておいで、石川の片淵よ）

この二首の歌はいま夷曲《ひなぶり》(16)と名づける。

さて、天照大神は、思兼神の妹の万幡豊秋津《よろずはたとよあきつ》媛命《ひめのみこと》を、正哉吾勝勝速日天忍穂耳尊にめあわせて妃《みめ》として、葦原中国に降された。そこで勝速日天忍穂耳尊は天浮橋に立たれて、じっと見おろされて、

「あの国はまだ乱れている。なんとも不須也頗傾凶目杵《いなかぶしこめき》（頑迷な）国のようだ」

と仰せられて、天上に還りのぼられて、降られなかった状況をくわしく報告された。このため、天照大神はまた武甕槌神《たけみかづちのかみ》と経津主神《ふつぬしのかみ》とを派遣して、まず悪神たちを駆除された。そこでこの二はしらの神は、出雲に降り着かれて大己貴神に、

「おまえはこの国を天神に献上するか、どうだ」

と問いただされると、大己貴神は答えて、

「私の子の事代主が、いま鳥猟に行って三津の碕[17]におりますので、これに尋ねてから御返事申し上げます」

と申された。そして大己貴神は使者を遣わして事代主神にはかると、事代主神が答えて申し上げられるには、

「天神のお求めに対して、どうしてそむきましょうか」

とのことである。そこで大己貴神はその子の言葉どおりに二はしらの神に報告した。二はしらの神は、そこで天にのぼってこれを復命し、

「葦原中国は、みな平定し終えました」

と奏上した。天照大神は勅《みことのり》を下して、

「それでは、これからわが子を降そう」

と仰せ出された。ところが御子（天忍穂耳尊）を降そうとされたときに、皇孫が生まれ

た。名を天津彦彦火瓊瓊杵尊《あまつひこひこほのににぎのみこと》と申し上げる。このため天忍穂耳尊の奏上によって、大神は、

「この皇孫をもって、忍穂耳尊に代えて降そうと思う」

と仰せられた。

こうして、天照大神は、天津彦彦火瓊瓊杵尊に、八坂瓊曲玉《やさかにのまがたま》と八咫鏡《やたのかがみ》・草薙剣《くさなぎのつるぎ》の三種の宝物（三種の神器）を下賜された。また、中臣《なかとみ》の祖先神である天児屋命《あめのこやねのみこと》、忌部《いむべ》の祖先神である太玉命《ふとだまのみこと》、猨女君《さるめのきみ》の祖先神である天鈿女命《あまのうずめのみこと》、鏡作《かがみつくり》の祖先神である石凝姥《いしこりどめの》命《みこと》、玉作《たますり》の祖先神である玉屋命《たまやのみこと》（玉祖命《たまのおやのみこと》）のあわせて五部《いつとものお》[18]の神をお伴として配された。そして皇孫瓊瓊杵尊に勅命を下されて、

「葦原の千五百秋の瑞穂国はわが子孫が君主となるべき国である。爾《なんじ》皇孫よ、これから行ってこの国を治めなさい。行きなさい。天つ日嗣《ひつぎ》がさかえるであろうことは、天地とともに永久につづき、窮《きわ》まることはないであろう」

と仰せられた。

こうして、瓊瓊杵尊が降られようとしていると、先駆の者がかえって来て報告して、

「ひとりの神が天八達之衢《あまのやちまた》にいます。その神は、鼻の長さが七咫《あた》[19]、背の長さが七尺余り、七尋《ひろ》といった方がよろしゅうございましょう。また口のわきが光りかがやいています。眼は八咫鏡のように赫々《かくかく》とかがやいて、ちょうど赤いほおずきのようでございま

す」

と申し上げた。そこでお伴の神を派遣して、その神が何のために来ているのかを問わせようとされた。そのとき八十万《やそよろず》の神がおられたが、ひとりとして衢《ちまた》の神の眼の威力にうちかって問いただすことのできる者がいない。そこでとくに天鈿女に命ぜられて、

「おまえは、人よりも眼の威力がすぐれているから、おまえが行って尋ねてまいれ」

と仰せられた。そこで天鈿女が出かけて行って、その胸乳《むなぢ》を露出させ、裳《も》のひもを臍の下におし垂れて、あざわらいながらその神に向かって立った。すると衢の神は尋ねて、

「天鈿女よ。おまえはなぜそんなことをしてみせるのか」

と申された。鈿女は、それには答えないで、

「天照大神の御子がいまお通りになられようとする道に、こうして立ちふさがっているおまえはいったい何者だ。尋ねたい」

と言われた。衢の神は、

「天照大神の御子神がいま降臨されるとうかがったのでお迎えするためにこうしてお待ちしているのだ。私の名は猨田彦大神《さるたひこのおおかみ》という」

とお答えした。そこで天鈿女は、また尋ねて、

「おまえが私を先導してくれるのか、それとも私がおまえに先行しようか」

と言われると、

「私が先導申し上げる」

と言う。天鈿女はまた尋ねて、

「ではおまえはどこに向かって行こうというのか。おまえについて行くと、皇孫はどこにお着きになることになるのか」

と言われると、

「天神の御子は筑紫の日向の高千穂の槵触峯《くしふるのたけ》にお着きになろう。私の方は伊勢の狭長《さな》田《だ》の五十《い》鈴《すず》の川上に行く」

と答えられた。そして、

「私をこの世に顕《あら》わし出したのはほかならぬおまえである。だからおまえは私を送りとどけよ」

と申された。そこで天鈿女は帰還して事の次第を報告した。

皇孫はここではじめて、天磐座《あまのいわくら》を離れて、天八重雲をおし分け、その威厳によって道をおし分けおし分けて、天降って行かれた。そして、さきに約束されたとおり、皇孫は筑紫の日向の高千穂の槵触峯に到着され、猨田彦神は、伊勢の狭長田の五十鈴の川上に到着した。そこで天鈿女命は、猨田彦神の乞うとおりにこの神をお送りした。そのとき皇孫は天鈿女命に命ぜられて、

「おまえは、おまえが顕わし申した神の名を姓氏とせよ」

と仰せられて猨女君の名を賜わった。だから現在、猨女君らの男女をみな君とよぶのは、この由緒によるのである。

〔高胸、これを多歌武娜娑歌《たかむなさか》という。頗傾、これを歌矛志《かぶし》という。〕

一書（第二の一書）にはつぎのように伝えている。

天神は、経津主神と武甕槌神を派遣されて葦原中国を平定させられた。時にこの二はしらの神は、

「天に悪神がおります。名を天津甕星《あまつみかほし》、別名天香香背男《あまのかかせお》と申します。まずこの神を誅伐してそれから地上に下って葦原中国を平定しようと存じます。どうかお許しください」

と申し上げた。このとき、戦いのための斎主《いわい》の神[20]があり、斎《いわい》の大人《うし》と申し上げたが、この神はいま東国の檝取《かとり》の地に鎮座しておられる。

さてこの二はしらの神は出雲国の五十田狭《いたさ》の小汀《おばま》に天降って大己貴神に、

「おまえはこの国を天神に献上するか、どうだ」

と問われた。大己貴神は答えて、

「おまえたち二はしらの神は、私に従うために私のもとに来るのが目的ではなかったのか。そんなことでは許すことはできない」

と仰せられた。そこで経津主神は天に帰ってそのとおり報告された。高皇産霊尊はそこ

でまた二はしらの神を出雲にかえし遣わされて、大己貴神に勅して、「いまおまえが言うところを聞くともっともである。だから筋道を立ててあらためて命じよう。まず、おまえがいま治めていることのうち、顕露《あらわ》（現世の地上の政治）のことは、わが子孫に治めさせよう。これに対しておまえは幽界の神事をつかさどれ。またおまえが今後住まうべき天日隅宮《あまのひすみのみや》は、いま余が作ってやろう。その敷地の規模は千尋《ちひろ》の長さの栲縄《たくなわ》（楮《こうぞ》の繊維で編んだ丈夫な縄）を百八十結びにしっかりと結んで設定しよう。その宮殿建築の制式は、柱を高く太く、板を広く厚くしよう。また御料田を供しよう。またおまえが海への往来に通行するための道具として高橋・浮橋と天鳥船《あまのとりぶね》を作ってやろう。また天安河《あまのやすかわ》にも橋をかけてやろう。また百八十縫の（何べんも縫って丈夫にした）白楯を作ってやろう。またおまえの祭祀をつかさどるのは天穂日命《あまのほひのみこと》である」

と仰せられた。そこで大己貴神はお答えして、

「天神の仰せはまことにねんごろでございますれば、どうしてその勅命にそむき申すことでございましょう。私のいま治めております現世の地上のことは、今後皇孫がお治めなさいますように。私はしりぞいて幽界の神事をつかさどります」

と申し上げられた。そして岐神《ふなとのかみ》（猨田彦神）を二はしらの神にすすめて、

「この神が私に代わって皇孫に随従いたしますれば、私はこれでおいとまさせていただきます」

と申し上げて、身に瑞《みつ》の八坂瓊の玉をつけて永久にお隠れになってしまわれた。そこで経津主神は、岐神を先導として、国内をめぐりめぐって平定された。命に逆らう者があるとみな斬り伏せられた。反対に帰順する者にはみな褒美をあたえた。このとき帰順した首魁《しゅかい》は大物主神《おおものぬしのかみ》と事代主神《ことしろぬしのかみ》とである。二はしらの神は八十万の神を天高市《あまのたけち》に集めて、この神々をひきいて天にのぼり、彼らの忠誠を申し述べられた。時に高皇産霊尊は大物主神に、

「もしおまえが国神《くにつかみ》を妻としたら、余はおまえにはなお余を疎んずる心があると思うだろう。そこで、いま余は余の女《むすめ》の三穂津姫《みほつひめ》をおまえにめあわせよう。だからおまえは八十万の神をひきいて永久に皇孫をまもり奉るがよいぞ」

と仰せられて、地上に還り降らせられた。そして紀国《きのくに》（紀伊国）の忌部の祖先神である手置帆負神《たおきほおいのかみ》を作笠者《かさぬい》と定め、彦狭知神《ひこさちのかみ》を作盾者《たてぬい》と定め、天目一箇神《あめまひとつのかみ》を作金者《かなだくみ》とし、天《あまの》日鷲神《ひわしのかみ》を作木綿者《ゆうつくり》とし、櫛明玉神《くしあかるたまのかみ》を作玉者《たますり》とされた。また太玉命に、その弱肩《よわかいな》に太《ふと》手繦《たすき》をかけ、天孫に代わって大己貴神を祭らせることはこのときからはじまったし、また天児屋命は神事の根本をつかさどる者であるので太占《ふとまに》の占法をもって仕えさせた。高皇産霊尊は、そこで命を下して、

「余は天津神籬《ひもろぎ》（神の降臨する場所）と天津磐境《いわさか》（その神をまつる司祭者の座所）を設けつくって、余の子孫のために浄《きよ》め斎《いわ》おう。おまえたち、天児屋命と太玉命とは、この天津

神籬を奉持して、葦原中国に降り、余の子孫のために設斎して奉仕せよ」

と仰せられて、この二はしらの神を派遣して天忍穂耳尊のお伴として地上に降下させられた。


このとき、天照大神は、御手に宝鏡（八咫鏡）をお持ちになって、天忍穂耳尊に授けて祝禱され、

「わが子よ、この鏡を視《み》るのは、私を視るのと同じに考えよ。この鏡と殿を同じくし、床を同じくして、みずからを浄め斎《いわ》う鏡とせよ」

と仰せられた。また天児屋命と太玉命に命ぜられて、

「おまえたち二はしらの神もまた、一緒に殿内に奉仕して、守護し奉れ」

と仰せられた。またつぎのようにも命ぜられた。

「わが高天原に作っている斎庭《ゆにわ》（神にささげる稲をそだてる田）の稲穂をわが子に下そう」

と仰せられた。かくて高皇産霊尊の女《むすめ》の万幡姫《よろずはたひめ》（栲幡千千姫）を天忍穂耳尊にめあわせて妃として、地上に天降らせられた。ところで天から降る途中の虚天《おおぞら》におられたときに天忍穂耳尊と万幡姫との間に御子が生まれたが、これを天津彦火瓊瓊杵尊《あまつひこほのににぎのみこと》と申し上げる。このため天照大神はこの皇孫を、その親の天忍穂耳尊に代えて地上に降そうと思われた。そこで天児屋命と太玉命とそのほかのお伴の神々を全部この皇孫瓊瓊杵尊に授けられた。またお召しものなども、天忍穂耳尊に授けられたと同じように皇孫に授けられ

た。こののち天忍穂耳尊は天上に帰って行かれた。

さて、天津彦火瓊瓊杵尊は、日向の槵日《くしひ》の高千穂峯《たかちほのたけ》に降下されて、膂宍《そしし》の胸副国《むなそうくに》（空《むな》国《くに》と同義か）を、ずっと丘続きのところを、国を求めながら通過して、なぎさに接した平地に降り立たれて、そこでその国の首長事勝国勝長狭《ことかつくにかつながさ》を召しよせて尋ねられた。すると彼は、

「ここに国がございます。勅《おおみこと》のままに、どうぞよろしいようにお取り計らいくださいますように」

と申し上げた。そこで皇孫は宮殿を建てて、ここに御滞在になった。その後海浜においでになったとき、一人の美人を見かけられた。皇孫が、

「おまえは誰の子か」

と尋ねられると、お答えして、

「私は大山祇神の子で神吾田鹿葦津姫《かむあたかしつひめ》、別名木花開耶姫《このはなのさくやびめ》と申す者でございます」

と申し上げた。また、

「また私の姉に磐長姫《いわながひめ》がおります」

と申し上げた。皇孫が、

「余はおまえを妻にしようと思うが、どうか」

と仰せられると、

「私の父大山祇神がおります。どうか父に御下問くださいますように」
と答えられた。皇孫はそこでこんどは大山祇神に向かって、
「余はおまえの女子《むすめ》に会ったところだ。余の妻にしようと思うが、どうか」
と仰せられた。そこで大山祇神は二人の女に百机《ももとりのつくえ》の飲食物をもたせてたてまつった。
ところが皇孫は、姉の磐長姫を醜いと思われて、お召しにならずに返してしまわれた。
他方、妹の木花開耶姫は一番の美人と思し召されて、お召しになって幸《みとあたわ》されたのだが、
その結果姫は一夜にして妊娠された。ところで磐長姫は、皇孫がお召しにならなかった
ことを非常に恥じて皇孫にのろいをかけられ、
「もしも天孫が私をお退けにならないで、お召しになっておられたら、生まれる御子は
寿命が長くて、磐石のようにいつまでもこの世に長らえることがおできになったであろ
うに、いま、そうなさらないでただ妹だけをお召しになった。だから妹の生む御子の
生命《いのち》はかならず木の花のように散り落ちることだろう」
と申された。
〔一説では、磐長姫が恥じ恨んで、唾をはき、泣いて申されるには、
「この世の青人草《あおひとくさ》は、木の花のようにうつろいやすく、生命おとろえよう」
と言った。これが世の人の短命の由緒であると伝えている。〕
このの ち、神吾田鹿葦津姫は皇孫にお目にかかって、

「私はいま天孫の御子をみごもっておりますが、勝手に生みまつってはならないと思い、おうかがいいたします」

と申し上げた。皇孫は、

「いくら天神の子でも、どうして一晩で妊娠させることができようか。それは私の子ではないのではないか」

と仰せられた。そこで木花開耶姫はいたく恥じ恨んで、出入口のない部屋（産室）を作って誓《うけ》いをして言うには、

「私のみごもった御子が、もし他の神様の子であったら、かならず死産になりましょう。もし本当に天孫の御子であったら、かならず丈夫にお生まれになりましょう」

と言って、その産室の中に入って火をつけて産室を焼いてしまわれた。その炎の出はじめのときに生まれた御子を火酢芹命《ほのすせりのみこと》と申し上げる。つぎに火の盛んなときに生まれた御子を火明命《ほのあかりのみこと》と申し上げる。つぎに生まれた御子を彦火火出見尊《ひこほほでみのみこと》、別名火折尊《ほおりのみこと》と申し上げる。

〔斎主、これを伊播毗《いはひ》という。顕露、これを阿羅播弐《あらはに》という。斎庭、これを踰弐波《ゆには》という。〕

一書（第三の一書）にはつぎのように伝えている。

炎がはじめに燃えあがったときに生まれた御子が火明命、つぎに炎の盛んなときに生

まれた御子が火進命《ほすすみのみこと》、――別の説では火酢芹命――つぎに炎が静まるころ生まれた御子が火折彦火火出見尊《ほおりひこほほでみのみこと》である。この三はしらの御子はすべて、火も害《そこ》なうことができなかった。母神もまた、すこしもけがをしなかった。ところで竹の刀でその生まれた子の臍《へそ》の緒《お》を切ったのだが、その棄てた竹の刀がついに竹やぶになった。それでその地を竹屋《たかや》というのである。また神吾田鹿葦津姫は卜定田《うらへだ》（神に供える稲を作るために吉凶を卜して決められた田）を作られたが、この田の名を狭名田《さなだ》(21)といった。この田の稲で天甜《あめのたむ》酒《さけ》(22)をかもしておあがりになり、また渟浪田《ぬなた》(23)の稲で御飯をたいておあがりになった。

一書（第四の一書）にはつぎのように伝えている。

高皇産霊尊《たかみむすひのみこと》は真床覆衾《まとこおうふすま》を天津彦国光彦火瓊瓊杵尊《あまつひこくにてるひこほのににぎのみこと》に着せまつって天磐戸《あまのいわと》を引きあけ、天八重雲をおし分けて地上に降らせられた。時に大伴連の祖先神の天忍日命《あまのおしひのみこと》は、来目《くめ》部《べ》の祖先神の天槵津大来目《あめくしつおおくめ》をひきいて、背に天磐靫《あまのいわゆき》を負い、腕に稜威《いつ》の高鞆《たかとも》を着け、手に天梔弓《あまのはじゆみ》と天羽羽矢をもち、八目鳴鏑《やつめのなりかぶら》の矢をそえ持ち、また頭槌剣《かぶつちのつるぎ》(24)をおびて天孫の先導をされた。やがて天孫の一行は道行き降って日向の襲《そ》の高千穂の槵日《くしひ》の二上峯の天浮橋に着き、なぎさに近い平地に降り立たれて、こんどは膂宍《そしし》の空国《むなくに》（荒れ地）を丘から丘へつたって国を求めて通過され、ついに吾田の長屋の笠狭《かささ》の御碕《みさき》（岬）にお着きになった。時に、その地に一はしらの神がおられた。名を事勝国勝長狭《ことかつくにかつながさ》と申し上げる。そこで天孫はその神に、

「国があるか」

と尋ねられると、

「ございます。勅《みことのり》のままに献上いたします」

と答えた。そこで天孫はその地に滞在された。その事勝国勝神は、伊奘諾尊《いざなきのみこと》の御子である。別名を塩土老翁《しおつつのおじ》と申し上げる。

一書（第五の一書）にはつぎのように伝えている。

天孫は大山祇神の女《むすめ》の吾田鹿葦津姫を幸《め》された。すると姫はわずか一晩で妊娠された。そしてつぎつぎに四はしらの御子を生まれた。そこで吾田鹿葦津姫は御子を抱いて瓊瓊杵尊の御前に進み出て、

「天神の御子をどうして勝手に養育申し上げてよいものでしょうか。そこで御報告いたします」

と申し上げられた。すると天孫は、その御子たちを御覧になりながら嘲笑されて、

「なんとまあ、本当に私の御子たちが生まれたのならうれしいがね」

と仰せられた。このため吾田鹿葦津姫は立腹されて、

「どうして私を嘲笑されるのですか」

と申された。天孫が仰せられるには、

「疑わしいから笑うのだ。なぜなら、いくら天神の子でも、わずか一晩で女を妊娠させ

ることができるわけがない。その子たちはきっとわたしの子ではあるまい」と仰せられた。そこで吾田鹿葦津姫はますます恨まれて、とうとう出入口のない部屋（産室）を作って中にこもってしまわれ、誓《うけ》いをされて、

「もしも私のみごもった御子が天神の胤《たね》でなかったら、かならず焼けうせるでしょう。もし天神の胤ならば火に害なわれることはないでしょう」

と申された。そして火をかけて産室を焼いてしまわれた。その炎がはじめに燃えあがったときに、足をふみならし、声をあげながら出てきた御子が、自分から名のって、

「私は天神の御子の火明命という者です。私のお父様はどこにおいでですか」

と仰せられた。つぎに炎が盛んなときに、足をふみならし、声をあげながら出てきた御子も同じように名のりをあげて、

「私は天神の御子の火進命という者です。私のお父様や兄様はどこにおいでですか」

と仰せられた。つぎに炎が衰えたときに、足をふみならし、声をあげながら出てきた御子も、

「私は天神の御子の火折尊という者です。私のお父様や兄様たちはどこにおいでですか」

と仰せられた。つぎに火がおさまって、ほとぼりがさめたときに、足をふみならし、声をあげながら出てきた御子も、

「私は天神の御子の彦火火出見尊という者です。私のお父様や兄様たちはどこにおいでですか」

と仰せられた。そののち母の吾田鹿葦津姫が灰燼《かいじん》の中から出てきてことあげして、

「私が生みました子供たちも私自身も火難にあってもけがもいたしませんでした。天孫よ、御覧いただけましたでしょうか」

と仰せられた。すると天孫は答えて、

「私はもともとわが子と知っていた。しかしたった一晩で妊娠したので、もしや疑う者もあろうと思って、人々みんなに、この子たちが私の子であり、かつ、天神は一晩で身ごもらせることができるのだということを知らせようと思ったのだ。またおまえにも霊能があるし、また子供たちもひとよりすぐれた資質があることを明らかにしようと思ったのだ。このために、先日は嘲笑してみせたのだ」

と仰せられた。

〔梔、これを波茸《はじ》という。音は之移の反《かえし》。頭槌、これを箇歩豆智《かぶつち》という。老翁、これを烏膩《をぢ》という。〕

一書（第六の一書）にはつぎのように伝えている。

天忍穂根尊《あまのおしほねのみこと》は高皇産霊尊の女《むすめ》である栲幡千千姫万幡姫命《たくはたちぢひめよろずはたひめのみこと》――別の説では高皇産霊尊の女の火之戸幡姫《ほのとはたひめ》の女、千千姫命という――を娶られて、天火明命《あまのほのあかりのみこと》をお生みにな

った。つぎに天津彦根火瓊瓊杵根尊《あまつひこねほのににぎねのみこと》をお生みになった。その天火明命の御子である天香山《あまのかぐやま》は尾張連たちの祖先である。さて、皇孫火瓊瓊杵尊を葦原中国に降したてまつるときになって、高皇産霊尊は神々に勅して、

「葦原中国は磐《いわ》の根、木の根、草の葉もものを言うし、夜は熛火《ほほ》（火の子）がとぶように喧響《おとな》い（うるさく）、昼は五月蠅《さばえ》のようにわきあがる野蛮な国である」

と仰せられた。云々。

　さて、高皇産霊尊は勅して、

「むかし、天稚彦《あめわかひこ》を葦原中国に派遣したが、いまになっても久しく復命しないわけは、国神で強く抵抗する者があるからだろうか」

と仰せられた。そこで名無しの雄雉《おのきぎし》を遣わして様子をうかがわせられた。この雉は粟田、豆田を見て、これはいいえさを見つけたとばかり逗留《とうりゅう》してしまって帰ろうとしなかった。これが世にいわゆる雉の頓使《ひたつかい》（行ったきり帰ってこない使）という言葉の由緒である。そこでまた名無しの雌雉《めのきぎし》を派遣された。この鳥が地上におりてきて、天稚彦に射られてその矢にあたり、天にのぼって報告した。云々。

　話かわって、高皇産霊尊は、皇孫である天津彦根火瓊瓊杵根尊に真床覆衾を着せ申して、天八重雲をおし分けて降しまつらせられた。この神を天国饒石彦火瓊瓊杵尊《あめくににぎしひこほのににぎのみこと》と申し上げる。そのとき降臨されたところを日向の襲《そ》の高千穂の添山峯《そほりのやまのたけ》という。この瓊

瓊杵尊がそこから出歩かれて、云々。

瓊瓊杵尊は吾田の笠狭の御碕に着かれた。そしてついに長屋の竹嶋にのぼられた。[25] そこを巡幸しておられると一人の人に出会った。名を事勝国勝長狭と申し上げる。天孫はそこで、

「この国は誰の国か」

と尋ねられると、お答えして、

「これは、私、長狭が住んでおります国でございます。しかしいま天孫に献上いたします」

と申し上げた。天孫はまた、

「あの秀起《さきた》っている波頭の上に八尋殿《やひろどの》をたてて手玉もさらさらと織《はたお》る少女は誰の女《むすめ》か」

と尋ねられると、

「あれは大山祇神の女たちで、姉を磐長姫《いわながひめ》、妹を木花開耶姫《このはなのさくやびめ》、別名豊吾田津姫《とよあたつひめ》という者です」

と申し上げた。云々。そこで皇孫はこのうちの豊吾田津姫を幸《め》された。すると姫は一晩で妊娠された。このため皇孫は疑われた。云々。ついに火酢芹命を生まれた。つぎに火折尊、別名彦火火出見尊を生まれた。母の誓いは霊験あらたかであったわけである。これではっきり皇孫の胤であることが判明したのである。しかし豊吾田津姫は皇孫を恨ん

でことばを交そうともされなかった。皇孫は心に憂えてつぎの歌をうたわれた。

沖つ藻《も》は　辺《へ》には寄れども　さ寝床も　与《あた》はぬかもよ　浜つ千鳥よ（沖の藻は浜辺にうち寄せてくるけれども、わが妻は寝床をともにしようともしない。浜千鳥よ、いつもつがいで仲むつまじいおまえたちがうらやましい）

〔熛火、これを裒倍《ほほ》という。喧響、これを淤等娜比《おとなひ》という。五月蠅、これを左麼倍《さばへ》という。添山、これを曽褒里能耶麻《そほりのやま》という。秀起、これを左岐陀豆屢《さきたつる》という。〕

一書（第七の一書）にはつぎのように伝えている。

高皇産霊尊の女の天万栲幡千幡姫《あまよろずたくはたちはたひめ》――一説では、高皇産霊尊の御子万幡姫の御子玉《たま》依姫命《よりびめのみこと》であるという――が天忍骨命《あまのおしほねのみこと》の妃となられて、御子の天之杵火火置瀬尊《あまのきほほおきせのみこと》（瓊瓊杵尊の異名か）を生まれた。

〔一説では勝速日命《かちはやひのみこと》の御子の天火耳尊《あまのほみみのみこと》(26)が丹舄姫《にくつひめ》を娶られて、御子の火瓊瓊杵尊《ほのににぎのみこと》を生まれたという。一説では神皇産霊尊の女、栲幡千幡姫が御子の火瓊瓊杵尊を生まれたという。また一説では、天杵瀬命《あまのきせのみこと》(27)が吾田津姫を娶られて御子の火明命、つぎに火夜織命《ほよりのみこと》、つぎに彦火火出見尊を生まれたという。〕

一書（第八の一書）にはつぎのように伝えている。

正哉吾勝勝速日天忍穂耳尊《まさかあかつかちはやひあまのおしほみみのみこと》は高皇産霊尊の女の天万栲幡千幡姫を娶られ、これを妃として生まれた御子を天照国照彦火明命《あめてるくにてるひこほのあかりのみこと》と名づける。これは尾張連たちの祖先神である。つぎに天饒石国饒石天津彦火瓊瓊杵尊《あめにぎしくににぎしあまつひこほのににぎのみこと》を生まれた。この瓊瓊杵尊が大山祇神の女の木花開耶姫命を娶り、これを妃とされて御子を生まれた。火酢芹命、つぎに彦火火出見尊である。

海幸・山幸と豊玉姫の物語

兄の火闌降命《ほのすそりのみこと》はもともと海幸《うみさち》[28]〔幸、これを左知《さち》という〕をもっておられ、弟の彦火火出見尊はもともと山幸《やまさち》[29]をもっておられた。事のはじまりは、この兄弟二はしらの神があるとき相談されて、

「ためしに幸《さち》（霊能）をとりかえてみよう」

と仰せられて、海幸の火闌降命が山に狩猟に、山幸の彦火火出見尊が海の魚釣にというように、道具・持場を交換してごらんになったが、両方とも何の獲物もなかった。このため兄の火闌降命は後悔して、弟の弓矢を返してそのかわり自分の釣鉤《つりばり》を返してくれと要求された。ところが弟の彦火火出見尊は、そのときすでに兄神の釣鉤をなくしてしまっていて、いくらさがしても見つからない。そのため、やむなく別に新しい釣鉤を作って、兄神に渡そうとしたが、兄神は承知しないで、もとの自分の鉤《はり》を返せと責めた。弟神は困ってしまって、自分の佩《お》びている横刀《たち》をつぶして、新しい鉤を鍛え上げて、箕《み》一杯に盛って渡すと、兄神は怒って、

「わしのもとの鉤でなければ、どんなにたくさんくれたってだめなんだ」

と言って、ますます催促するばかりである。そこで彦火火出見尊は困りはてて憂苦に沈んで、海辺をさまよっておられた。すると、そこで塩土老翁《しおつつのおじ》(30)に出会われた。老翁は、

「なぜこんなところで悲しんでおられるのか」

とお尋ねした。彦火火出見尊はそこで、事の次第をお話しになった。老翁は、

「御心配なさるな、私がとりはからって進ぜましょう」

と申されて、まず目のない籠を作り、この中に彦火火出見尊を入れまつって海に沈めた。するとその籠は自然に可怜小汀《うましおはま》（美しい浜辺）〔可怜、これを于麻師《うまし》という。汀、これを波麻《はま》という〕に着いた。そこで尊は籠を棄ててぶらぶら歩いて行かれると、すぐに海神《わたつみ》の宮に着かれた。この宮には高垣・ひめ垣がきちんと備わっていて御殿は玉のようにかがやいている。門の前には井戸が一つあって、井戸の傍に湯津杜《ゆつかつら》の木があって、枝葉がしげってこんもりしている。そこで尊はその木かげに立ち寄ってたたずんでおられた。しばらくすると一人の美人が門の扉を開いて現われた。そしてたずさえてきた玉の鋺《わん》で井戸から水を汲もうとした。そして見上げるとそこに人がいるので、驚いて、宮の中にもどられて、その父母の神に、

「めずらしいお客さまが門の前の樹の下にいらっしゃいます」

と申し上げた。そこで海神は八重の席薦《たたみ》をしいて、宮のうちに尊を請《しょう》じ入れた。尊がその

座におすわりになったところで、いったいどうしてこんなところへおいでになったのかとお尋ねした。そこで彦火火出見尊はありのままにお語りになった。海神は大小の魚を召し集めてきつく尋ねられると、みな、

「そのことは存じませんが、ただ赤女《あかめ》〔赤女は鯛《たい》魚の名である〕がこのごろ口の中の病気のためにやって来ません」

と申し上げた。そこで赤女を召しつれてきて口の中を探ったところ、はたしてなくした釣鉤が出てきた。

さて彦火火出見尊は、そこで海神の女《むすめ》の豊玉姫《とよたまびめ》を娶られた。そして海神の宮に三年も滞留してしまわれた。しかし、尊にとってこの海神の国は安楽ではあったけれども、やはり望郷の念はやまなかった。それでときどき大きな歎息《ためいき》をもらされた。豊玉姫はこれを聞かれて、父神に、

「天孫はこのごろしばしば歎息なさってお気の毒でございます。おおかた郷里をなつかしんで悲しまれるのでしょう」

と申し上げた。海神はそこで彦火火出見尊をお呼びして、しずかに、

「あなたがもし郷里にお帰りになりたいのでしたら、お送りいたしましょう」

と申し出られた。そして例の釣鉤をお授けになり、お教えになって、

「この釣鉤を兄上にお渡しになるとき、そっとこの釣鉤に『貧鉤《まじち》〔貧乏になるつりばり〕』

と言っておあげなさい」

と申された。また潮満瓊《しおみつたま》と潮涸瓊《しおひるたま》をお授けになってつぎのように教えられた。

「潮満瓊を水の中にお漬《つ》けになれば、潮がたちまち満ちてまいりましょう。これで兄神をおぼれさせなさい。もし兄神が後悔して謝られたら、反対に潮涸瓊を水に漬ければ潮は自然に干上がるでしょうから、これで助けてやりなさい。こんなふうにしてせめ悩ましてやったら、兄神も自然、降伏するようになるでしょう」

と仰せられた。尊が帰還される段になって、豊玉姫は天孫に、

「私はいま身ごもっております。やがてもう生まれる時分でございます。そこで私は風や波のつよい日をえらんで、海辺に出てまいりますから、どうか私のために産室を作ってお待ちになってください」と申し上げられた。

彦火火出見尊は地上の宮に帰還されて海神の教えられたとおりにされた。このため兄の火闌降命は困りはてて、とうとう降参して、

「今後は、私はおまえの家来となって俳優《わざおき》の民（芸人）として仕えるから、かんべんしてくれ」

と言った。そこでその願いのとおりに許してやられた。この火闌降命は吾田君小橋《あたのきみおばし》たちの祖先である。

さて、のちに豊玉姫は、はたしてさきの約束のとおりに、その妹の玉依姫《たまよりびめ》をつれて、ま

っすぐに風波をおかして海辺にやって来られた。お産の時になって、「私がお産をするとき、どうかお願いですからおのぞきにならないで」と申し上げた。ところが天孫（彦火火出見尊）は結局我慢できなくて、そっとのぞいてしまわれた。すると豊玉姫はお産をされるとき竜に化身しておられた。豊玉姫はその姿をのぞかれたことをたいそう恥じて、

「もし私をこんどのようにはずかしめたりなさらなかったなら、今後も海と陸の間を通って、永久にお別れするようなこともなかったでしょうに。いまはずかしめをうけましたので、その道も絶たれました。もはや、どうして睦《むつま》じくしていただくことができましょう」

と言って、生まれた御子を草《かや》でつつんで海辺に棄てて、海の道を閉じて、すぐに帰ってしまわれた。そこでその御子を彦波瀲武鸕鷀草葺不合尊《ひこなぎさたけうがやふきあえずのみこと》と申し上げる。その後久しくたって彦火火出見尊が崩ぜられた。よって尊を日向の高屋山上陵《たかやのやまのうえのみささぎ》に葬りまつった。

一書（第一の一書）にはつぎのように伝えている。

兄の火酢芹命は海の幸を得、弟の彦火火出見尊は山の幸を得て暮らしておられた。あるとき、この兄弟の神はたがいにその幸を交換しようと考え出された。そこで兄神は弟の幸弓《さちゆみ》をもって山に入って獣の狩をしてみられたが、ついに獣の足あとさえ見つからない。弟神の方は兄の幸鉤《さちばり》をもって海に行って魚を釣られたが、これまたさっぱり収穫がない。おまけにその釣鉤をなくしてしまった。さんざんな目にあった兄弟の神は幸をも

とに返そうとし、兄神は弟の弓矢を返して自分の釣鉤を返せと責めた。弟神は困りはて、自分が佩《お》びていた横刀《たち》をつぶして釣鉤を作って箕一杯に盛って兄神に差し上げられたが、兄神はこれを受け取らないで、

「やっぱり私の幸鉤がほしいんだ」

と言われる。そこで弟の彦火火出見尊はどこを探してよいかもわからず、ただ悲しみに沈んでさまよっておられた。そしてとうとうある浜辺にしょんぼり立って歎いておられた。

するとそこに一人の老翁が忽然として出現した。この老翁はみずから塩土老翁であると名のり、

「あなたはどなたであられる。どうしてこんなところで歎いておられるのか」

と尋ねられた。そこで彦火火出見尊はくわしく事の次第を告げられた。するとその老翁は、たずさえていたふくろの中の黒櫛をとって大地に投げつけたところ、五百箇竹林《いほつたかむら》になった。そこでその竹で大きな大目麁籠《おおまあらこ》（目の粗い籠）を作り、火火出見尊をその籠の中に入れまつって海に投げこまれた。

〔一説には無目堅間《めなしかたま》（目のない籠）で筏《いかだ》を作って、細縄で火火出見尊を結びつけて沈めた。堅間というのは、いまの竹の籠のことだという。〕

時に海の底に美しいなぎさがあったので、尊はそのなぎさにそって進まれると、たち

まち海神豊玉彦《とよたまびこ》の宮に着かれた。その宮殿は城門を高くかざり、楼台は壮麗をきわめている。その門の外に井戸が一つあって、その傍に杜《かつら》の木がしげっている。そこでその木の下にたたずんでおられた。しばらくすると、門の中から一人の乙女がお供の侍女を多勢つれて現われたが、絶世の美人である。この乙女が玉の壺《つぼ》で、井戸の水を汲もうとして、ふと上に火火出見尊を見つけられた。乙女は驚いて門の中にはいり、御殿に帰って父神に、

「門の前の井戸のそばの木かげに貴いお客さまがおられます。様子をお見受けするとただのお人ではございません。もし天から降られたのなら、天人らしいくもりがあるはずですし、地から来られたのなら地のくもりがあるはずです。とにかく実にお美しいお方です。あるいはこの方が虚空彦《そらつひこ》というお方でしょうか」

と申し上げた。

〔一説では、豊玉姫の侍女が玉のつるべで水を汲もうとするが、どうしても水を一杯に満たすことができないので、不思議に思って井戸の中をのぞきこんでみると、人の笑っている顔がさかさまに映っている。そこでふり仰いでみると、一人の美しい神が、杜の木によりかかっておられた。そこで宮殿に帰ってその王《きみ》に申し上げたという。〕

そこで豊玉彦は人を遣わして、

「あなたはどなたです。どうしてここに来られたのですか」

と尋ねた。すると火火出見尊は、

「私は天神の孫である」

と答えられて、ここにやって来られたわけをお告げになった。そこで海神は、親しく迎えに出てあいさつし、宮に案内して丁重にもてなすことになった。そして女《むすめ》の豊玉姫をめあわせた。こんなわけで尊は海神の宮に滞在すること三年になってしまった。このののち火火出見尊はしばしば歎息《ためいき》をつかれる日がつづいたので、ある日豊玉姫が、

「天孫よ、あなたはもしやおくににお帰りになりたいのではございませんか」

と尋ねると、

「実はそうなんだ」

と答えられた。豊玉姫は父神に、

「御滞在中のお客さまは、上国《うわつくに》に帰りたいと望んでおられます」

と告げた。海神はそこで、海の魚たちを全部集めて、その釣鉤はないかと尋ねられると、ある魚が答えて、

「赤女が以前からずっと口の中をいためているようでございます。――ある説では赤鯛であるという。――これがその釣鉤をのんでいるかもしれません」

と申し上げた。そこで赤女を召されてその口を見ると、釣鉤がのこっていた。そこでこれをとって彦火火出見尊に差し上げられた。そして海神が教えられるには、

「この釣鉤を兄神にあげられるとき、のろいごとをして『貧窮《まじ》の本、飢饉《うえ》の始め、困苦《くるしみ》の根《もと》』と言ってからあげてください。また兄神が海を渡ろうとされたら、私がかならずはやて大波をたてておぼれさせ、苦しめてあげましょう」

と申された。こうして火火出見尊を大鰐《わに》にのせて故郷にお帰し申し上げた。

これより先、お別れのとき、豊玉姫はしずかな様子で、

「私は実はもう身ごもっております。風や波のつよい日に海岸に出てまいりますから、どうぞ私のために産屋《うぶや》をたてておまちになっていてくださいませ」

と申し上げられた。こののち、豊玉姫は、はたしてそのことばのとおりにやって来られた。そして火火出見尊に、

「私は今夜お産をいたしますが、どうかおのぞきにならないでくださいませ」

と申し上げられた。火火出見尊はその言葉に従わず、櫛の歯に火をともしてのぞいてしまわれた。すると豊玉姫は八尋もある大熊鰐《わに》に化身してはいまわっていた。豊玉姫は、こうして姿をのぞき見されて、はずかしめられたことを恨んで、すぐに海の故郷に帰ってしまわれた。しかしその妹の玉依姫を陸にとどめて、その生まれた御子を養育させられた。その御子の名を彦波瀲武鸕鷀草葺不合尊と申し上げるわけは、浜辺の産屋を全部鸕《う》鷀の羽をもって葺《ふ》こうとして、屋根を葺き終えないうちに御子が生まれてしまったので、それに因《ちな》んで名づけ申したのである。

〔上国、これを羽播豆矩儞《うはつくに》という。〕

一書（第二の一書）にはつぎのように伝えている。

海神の宮の門前に一つの井戸があった。その井戸のそばに枝のよくしげった杜の木があった。そこで彦火火出見尊は、とびあがってその木にのぼって立っておられた。すると海神の女の豊玉姫が、手に玉の鋺を持ってやって来て、井戸の水を汲もうとされた。ところが井戸の水に人影が映っているのを見て、ふり仰ぎ、彦火火出見尊を見つけて驚いて鋺をとり落とされた。鋺がわれてしまったのもかまわず、すぐ宮にかけこんで、両親に、

「私はいま井戸の傍の木の上に一人の方がおられるのを見ました。お顔がたいへん美しく、お姿もみやびやかな方です。きっとただのお人ではないと存じます」

と申し上げられた。これを聞かれた父神は、不思議に思われて、宮の中に八重の席《たたみ》を敷いて御座所として、彦火火出見尊を迎え入れた。尊がその席に落ちつかれると、海神は、どうしてここまでおいでになったのかと尋ねられた。尊はそこでありのままに答えられた。海神はお気の毒に思われて、鰭《はた》の広もの、鰭の狭《さ》ものを全部召し集めて鈎鉤のありかをお尋ねになると、みなのものは、

「存じませぬ。ただ赤女《あかめ》だけは口にけがをしたとかでここに参上いたしておりません」

と申し上げた。また、口にけがをしていたのは口女《くちめ》であるともいう。そこで海神が急ぎ

召し出してその口の中を探られると、なくなった釣鉤がすぐに見つかった。ここに海神は禁令を出されて、

「口女よ、おまえは、今後、釣の餌に食いついてはならぬ。また天孫への御馳走に加わってはならない」

と仰せられた。これが口女の魚を天皇の御膳にすすめない由緒である。

やがて彦火火出見尊が、地上に帰ろうとされるときになって、海神は、

「いま、あなたには天神の孫として、私のところにおいでになりましたことは身にあまる光栄でございます。このよろこびは永久に忘れるものではございません」

と申された。そして、「思えば潮が満ちる玉（潮溢瓊）」と「思えば潮が干《ひ》る玉（潮涸瓊）」を、その釣鉤にそえて献上して、

「皇孫よ、今後、幾重にも隈路《くまじ》（曲がりくねった道）をへだてて遠くなることでしょうが、どうかときどき思い出してくださいまして、お見捨てなきよう」

と申し上げた。そしてつぎのように教えられた。

「この鉤をあなたの兄神に差し上げるとき、『貧鉤《まじち》、滅鉤《ほろびち》、落薄鉤《おとろえち》』ととなえなさい。言いおわりましたら、手を後ろにまわして、後ろ向きに投げ捨ててあげなさい。前向きにおあげになってはいけませんよ。もし兄神が怒って、危害を加えようと思われるようでしたら、潮溢瓊を出しておぼれさせてしまいなさい。もしそのために兄神が苦しまれ

て、助けてくれと哀訴されたら、こんどは潮涸瓊を出して助けておあげなさい。こうやってせめ悩ましておあげになったら、自然に降参して家来になられましょう」

と申し上げた。

さて、彦火火出見尊は、その瓊と釣鉤とをもらい受けて、地上の宮に帰ってこられた。そして海神の教えのとおりに、まずその釣鉤を兄神に差し上げられた。しかし兄神は怒って受け取ろうとされない。そこで弟神が潮溢瓊を出されたところ、潮がいっぱいに満ちてきて、兄神はおぼれた。このため、

「私はこれからあなたに仕えて奴隷になろう。たのむからたすけてください」

とたのんだ。弟神がこんどは潮涸瓊を出すと、潮は自然にひいて、兄神はやっと平常にもどった。これですっかりこりたはずなのに、兄神は、いま言ったばかりの言葉をひるがえして、

「私はおまえの兄だ。どうして兄が弟の家来になんかなるものか」

と言う。そこでまた潮溢瓊を出される。兄神はそれを見て高い山に逃げのぼった。すると潮はまた山もひたしてしまった。兄神は高い木によじのぼって逃れようとするが、潮はまた木もひたしてしまった。兄神はもうきわまって逃げるところがない。とうとう降参して、

「私がまちがっていた。これから先は私の子々孫々まで末長く、つねにあなたの俳優

ださい」

――一説には狗《いぬ》のまねをする者という――として仕えます。だからどうかあわれんでくと申した。そこで弟神が潮涸瓊を出されると、潮は自然にひいた。こうして兄神は、弟神が霊能・神徳をもっておられることを知って、ついに弟に臣従するようになった。このことが火酢芹命の子孫である隼人《はやと》たちが、現在にいたるまで天皇の宮墻《みかき》のそばを離れずに、天皇の御代御代に、狗の吠《ほ》えるまねをして奉仕する由緒である。(31)また、世の人がなくした針の返却をせまらないのは、この由緒からである。

一書（第三の一書）にはつぎのように伝えている。

兄神の火酢芹命は、海の幸を得ることができたので、海幸彦と名づける。弟神の彦火火出見尊は、山の幸を得ることができたので、山幸彦と名づける。兄神は風がふき、雨がふるたびに、獲物がなかったのに、弟神の方は風の日も雨の日もいつでも獲物がある。そこであるとき、兄神は弟神に相談をもちかけて、

「ためしにおまえと幸を交換したいと思うんだが」

と言われた。弟神は承諾して、弓矢と釣鉤とをとりかえ、兄神は弟神の弓矢をもって山に入って獣を狩り、弟神は兄神の釣鉤をもって海に行って魚を釣られた。しかしどちらも獲物が得られず、手ぶらで帰ってきた。兄神は弟神の弓矢を返して、自分の釣鉤を返してくれと責めた。ところが弟神の方は、釣鉤を海でなくしてしまって、探す手だてが

ない。そこで、別に新しい釣鉤を数千本つくって差し上げられた。しかし兄神は怒って受け取らず、もとの釣鉤を返せと矢の催促である。云々。

困りはてた弟神は、海辺に出て、しょんぼりうなだれてさまよっておられた。すると一羽の川鴈《かわがり》がわなにかかって苦しんでいた。彦火火出見尊はかわいそうに思ってわなから解き放してやられた。しばらくすると塩土老翁が現われて、目のない籠で小船を作って彦火火出見尊をそれにおのせして海の中におし放した。その船は自然に沈んでいった。すると、忽然として美しい路に出たので、その路にしたがって行かれると、おのずと海神の宮にお着きになった。ここで海神は親しく出迎えて、宮の中に御案内され、海驢《みち》（海獣の名。アシカか）の皮を八重に敷いて、その上にすわっていただいた。そしてたくさんの机にいっぱい御馳走を盛って、主人としての礼をつくしてもてなされた。さてしずかにお尋ねなさるには、

「天神の御孫として、おいでいただいたことを光栄に存じますが、しかしなぜこんなところまでお出かけになったのですか」――一説では、「このごろ、私の子がやって来て、『天孫が海辺で悲しんでおられる』と申しましたが、真偽のほどは存じません。本当でしょうか」――と申された。そこで彦火火出見尊はくわしく事の次第をお話しになった。そしてこの海神の宮に滞在された。海神はそこでその女《むすめ》の豊玉姫をお妃に差し上げ、愛情こまやかにすごされ、三年になってしまった。

尊が帰ろうとされるときになって、海神は鯛女《たい》を召され、この口の中を探られたところ、釣鉤が見つかった。そこでこの鉤をとって彦火火出見尊に献上された。そして尊につぎのように教えられた。

「この釣鉤をあなたの兄神に差し上げられるとき、『大鉤《おおぢ》（大はぼんやりの意味であろう）、踉䠙鉤《すすのみぢ》（あわてものの鉤）、貧鉤《まぢち》（まずしい鉤）、痴騃鉤《うるけぢ》（おろか者の鉤）』ととなえてください。言いおわったら手を後ろにまわして後ろ向きに投げあたえてください」

と申された。それから鰐魚《わに》を召し集めて、

「天神の御孫がいま地上へお帰りになろうとしている。おまえたちは尊をお送りするのに幾日かかるか言ってみよ」

と尋ねられたので、鰐魚たちは、その身体の大小に従ってその日数をきめて報告した。この鰐魚の中に一尋鰐《ひとひろわに》がいて、

「私なら一日のうちにお送りいたします」

と申し上げた。そこで一尋鰐魚を遣わしてお送りさせなされた。また別に潮満瓊・潮涸瓊の二種の宝物をたてまつって、その瓊の使用法を教えて、

「兄神が高田を作ったら、あなたは反対に洿田《くぼた》（くぼ地の田）をお作りなさい。兄神が洿田を作ったら、反対にあなたは高田をお作りなさい」

と申された。海神が誠心誠意尊をおたすけになったありさまはこんなふうであった。さ

て彦火火出見尊は帰ってこられて、海神の教えられたとおりにされた。その後、火酢芹命は日に日にやつれ、悲しんで、

「私はすっかり貧しくなった」

と申されて弟神に降参した。それは弟神があるときには潮満瓊を出すと、兄神は手を挙げておぼれ苦しみ、反対に潮涸瓊を出すと、潮がひいてもとにもどるということをくりかえされたからである。

これより前、彦火火出見尊が地上に帰ろうとされたとき、豊玉姫は、天孫に、

「私はいま身ごもっております。天孫の御子を海の中で産んではなりませんから、お産はかならずあなたのみもとにまいっていたしたく存じます。もし私のために産屋を海辺に作ってお待ちいただければ幸せでございます」

と申し上げた。そこで彦火火出見尊は、くにに帰られるとすぐ、鸕鷀《う》の羽で屋根を葺いて産屋を作られた。その屋根がまだ葺き終えないうちに、豊玉姫は、自分で大亀にまたがって、妹の玉依姫をつれて、海をてらしてやってこられた。さて臨月になってお産の日がせまった。このため、屋根が葺き終えるのを待たずに、すぐに中におはいりになった。そしてしずかに天孫に申し上げて、

「私がお産をいたしますときには、どうか御覧にならないでくださいませ」

と申し上げた。天孫はなぜこんなことを言うのだろうとあやしんで、そっとのぞいて御

覧になったところ、豊玉姫は八尋の大鰐に化身しておられた。そして天孫がのぞき見されたことを知って、深く恥じ恨まれた。さて御子が誕生されてのち、天孫は、

「子供の名前は何とつけたらよかろうか」

と尋ねられた。豊玉姫はそれに答えて、

「彦波瀲武鸕鷀草葺不合尊と名づけるのがよろしゅうございましょう」

と申し上げた。言いおわるとそのまま海を渡って行ってしまわれた。そのとき、彦火火出見尊はつぎのように歌われた。

沖つ鳥　鴨着《かもづ》く嶋に　我が率寝《ゐね》し　妹《いも》は忘らじ　世の尽《ことごと》も（沖にいる鴨の寄るあの島で一緒に寝た、いとしいおまえのことは、この世のかぎり忘れることはできないだろう）

〔別の説では、彦火火出見尊は婦人《おみな》をやとって、乳母《ちおも》（乳を飲ませる役）、湯母《ゆおも》（湯を飲ませる役）、飯嚼《いいかみ》（乾飯をかんで食べさせる役）、湯坐《ゆえ》（湯をつかわせる役）とされた。またこの御子を養育するためのいろいろの部民をもうけて養われた。このように御母の代りにかりに他の婦人の乳で御子を養われたのであるが、これがいまの世に乳母をやとって子供を育てる由緒となった。〕

こののち、豊玉姫はその御子が端正な美しいお方であると聞き伝えて、心中たいへんいとしく思われ、地上にもどってお育てしたいと思ったが、義理でそうはできない。このため妹の玉依姫を地上に送って養育させ申した。その際、豊玉姫命は、玉依姫に託し

てつぎの答歌を献上された。

赤玉の　光はありと　人は言へど　君が装《よそひ》し　貴くありけり（赤玉は光がすばらしいと人は言うけれど、あなたのお装いは、そんなものよりもはるかに貴く御立派でございます）

この二首の贈答歌を挙歌《あげうた》と名づける。

〔海驢、これを美知《みち》という。踉䠙鉤、これを須須能美膩《すすのみぢ》という。痴騃鉤、これを于楼該《うるけ》膩《ぢ》という。〕

一書（第四の一書）にはつぎのように伝えている。

兄神の火酢芹命は山の幸利《さち》を得、弟神の火折尊は海の幸利を得て暮らしておられた。云々。弟神は憂悶にしずんで海辺をさまよっておられたところ、塩筒老翁《しおつつのおじ》に出遇われた。老翁は火折尊に、

「どうしてしずんでおられるのですか」

と尋ねられると、火折尊は答えて、これこれしかじかと仰せられた。老翁は、

「心配なさるな。わしがよいようにして進ぜましょう」

と申し上げ、尊のためにはからわれて、

「海神の乗る駿馬は八尋鰐でございます。この八尋鰐が、そのせびれをたてて日向の橘《たちばな》の小戸《おど》におりますから、わしがその八尋鰐といっしょに策をたてましょう」

と申し上げて、火折尊をおつれしていっしょに八尋鰐にお会いになった。

そこで鰐魚が申すには、

「私は八日ののちに天孫を海神の宮までおつれ申すことができます。けれども私どもの王様（海神）の駿馬は、一尋鰐魚です。この鰐魚は一日のうちにかならずおつれいたすことができるでしょう。ですから、いま私が帰りまして彼をお迎えに上がらせますから、彼に乗って海にお入りなさいませ。海の中にお入りになったら、自然に可怜小汀《うましおはま》（美しい浜）がございましょう。その浜にそって進んで行かれればかならずわがきみの宮にお着きになります。この宮の門のそばの井戸のほとりに湯津杜《ゆつかつら》の木があるはずですから、その木の上にのぼってお待ちください」

と申し上げた。言いおわると海に入って行ってしまった。そこで天孫は鰐が言ったとおりに八日ほど待っておられると、久しくして一尋鰐がやって来た。そこでそれに乗って海の中に入られた。あとはすべて八尋鰐の教えてくれたとおりにされた。

するとすると豊玉姫の侍女がやって来て玉の鋺をもって井戸の水を汲もうとすると、人影が水の底に映っているのが見えて、水が汲めない。不思議に思ってふり仰いで天孫を見つけたので、すぐに宮の中に入って王に報告して、

「私はこれまで王様が一番御立派で美しいお方だとばかり思っておりましたが、あそこにおいでのお客様はもっともっとお美しいお方です」

と申し上げた。そこで海神は、

「そんなに美しいお方か。そんならためしに見てみよう」

と言って、三つ床《ゆか》を設けて請じ入れた。すると天孫は一番外に設けられた辺《ほとり》の床では両足をふかれ、中の床では両手をおさえられ、内の床では真床覆衾の上にあぐらをかいてすわられた。その様子を見て、海神は、これは天神の御孫であると知られた。そこでますます崇敬された。云々。海神は赤女・口女を召して尋ねられると、口女はその口の中から釣鉤を出して奉った。赤女は赤鯛のこと、口女は鯔魚《なよし》のことである。

時に海神はその釣鉤を彦火火出見尊におわたしになりながら、つぎのように教えられた。

「兄神に釣鉤をお返しになる際、あなたは『あなたの生みの子の八十連属《やそつづき》の末裔にいたるまで、貧鉤《まじち》、狭狭貧鉤《ささまじち》（小さく狭く貧しくなる鉤）』とおっしゃりなさい。言いおわったら、唾を三回はいてから鉤をお与えなさい。また兄神が海に行って釣をするときに、あなたは、海辺に出ておられて、風招《かざお》ぎ（風をまねくしぐさ）をなさい。――風招ぎというのは嘯《うそぶ》き（口をすぼめて声を吹き出すこと。口笛）のことである。――そうされれば、私が沖つ風、辺《へ》つ風をおこして、奔流のようなはや波をたてて、おぼれさせ苦しませてあげます」

と申し上げた。火折尊は地上に帰られると海神の教えのとおりにされた。兄神が釣をされた日、弟神は、浜辺におられて嘯かれたところ、にわかにはやてがおこって兄神はお

ぼれ苦しまれた。もはや生きている心地もしなくなって、はるかに地上の弟神に哀訴して、

「おまえは長いあいだ海原《うなはら》にいたから、かならずこういう場合に助ける方法を知っているだろう。どうか私を助けてくれ。もし私を助けてくれたら、私の子々孫々八十連属まで、おまえの宮のまわりの垣のそばに侍《はべ》って俳優《わざおき》の民となって仕えよう」

と言った。そこで弟神が嘯くことをやめると、風もまたやんだ。このため兄神は弟神に霊能のあることを知って降参しようとした。しかし弟神は怒って相手にされない。そこで兄神はふんどしをして赤土を掌《てのひら》や顔に塗って、弟神に、

「私はもうこのとおり身を汚してあやまる。永久におまえの俳優として仕えるから堪忍してくれ」

と言う。そして足を挙げて踏みならしてその苦しんだ様子のまねをしてみせた。はじめ潮が足をひたしたときには足占《あしうら》（つまさき立ち）をし、潮が膝まで及んだときは足を挙げ、股《もも》まで来たときは走りまわり、腰まで来たときは腰をなで、腋《わき》まで来たときは手を胸に置き、頸《くび》まで来たときは手を挙げて飄掌《たひろか》し（ひらひら振る）た。それ以来いまにいたるまで、この子孫である隼人たちは、一度もやまずにこの所作をくりかえしている。

これより前、豊玉姫は、海の中から地上に出てこられて、お産をなさろうとするときに、皇孫にお願いした。云々。それなのに皇孫はその言葉に従われなかった。このため、

豊玉姫はたいへん恨まれて、

「あなたは私の願いを無視して侮辱されました。ですから、もうこれからさきは、私の奴婢があなたのみもとにまいりましたら、お返しなさいますな。そのかわり、あなたの奴婢が私のもとにまいりましてもお返しいたしません」

と申された。そしてとうとう真床覆衾と草《かや》とでもって、その御子をつつんで波瀲《なぎさ》（波打ち際）に置いて、自分は海中に没して行ってしまわれた。これが、海と陸とが相通うことができなくなった由緒である。

〔一説では、御子を波打ちぎわに置いておくのはよくないとて豊玉姫命がみずから抱いて海中に去られたが、だいぶたってから、

「天孫の御子を、この海の中に置き申してはならない」

と申されて、玉依姫に御子を抱かせて送り出されたのであるという。〕

はじめ豊玉姫は天孫とお別れする際、切々と恨み言をのべておられた。そこで火折尊は、ふたたび会うことができないことをおさとりになって、この機会に歌を贈られた。

〔この歌は上（一九三ページ）にかかげてある。〕

〔八十連属《やそつづき》、これを野素豆豆企という。飄掌、これを陀毗盧箇須《たひろかす》という。〕

神日本磐余彦尊の誕生

彦波瀲武鸕鶿草葺不合尊は、その姨《おば》の玉依姫を妃とされ、彦五瀬命《ひこいつせのみこと》をお生みになった。つぎに稲飯命《いなひのみこと》、つぎに三毛入野命《みけいりののみこと》、つぎに神日本磐余彦尊《かむやまといわれびこのみこと》である。あわせて四はしらの男子をお生みになった。久しくたって、彦波瀲武鸕鶿草葺不合尊は、西の国の宮で崩ぜられた。そこで日向の吾平山上陵《あひらのやまのうえのみささぎ》に葬りまつった。

一書（第一の一書）にはつぎのように伝えている。

まず彦五瀬命をお生みになった。つぎに稲飯命、つぎに三毛入野命、つぎに狭野尊《さののみこと》、または神日本磐余彦尊という。狭野というのは、年少の御時の御名である。のちに天下を平定して、八洲《やしま》を治めたもうた。そこで、また御名を加えて、神日本磐余彦尊と申し上げるのである。

一書（第二の一書）にはつぎのように伝えている。

まず五瀬命をお生みになった。つぎに三毛野命、つぎに稲飯命、つぎに磐余彦尊――または神日本磐余彦火火出見尊という――をお生みになった。

一書（第三の一書）にはつぎのように伝えている。

まず彦五瀬命をお生みになった。つぎに稲飯命、つぎに神日本磐余彦火火出見尊、つぎに稚三毛野命《わかみけののみこと》をお生みになった。

一書（第四の一書）にはつぎのように伝えている。

まず彦五瀬命をお生みになった。つぎに磐余彦火火出見尊、つぎに彦稲飯命、つぎに三毛入野命をお生みになった[32]。

（1）天穂日命の子。ソビは鳥名、鳥は天と地を結ぶ使者としてふさわしいのでこの名がある。
（2）鹿児を射る弓の意味か。
（3）羽羽は大蛇。大蛇のように威力あるの意味か。
（4）人が死んでから葬式までの間に行なう儀式。
（5）ショウビン。『古事記』には翠鳥《そに》とある。
（6）ハは刃。カリは朝鮮語で刀のことをkalというので、刀のことであろう。
（7）伊奘諾尊が軻遇突智《かぐつち》を斬った際、その血の化成した神。
（8）「百足らず」は八十の枕詞。クマデのクマはかくれた所。テは方向を示す。
（9）倭文はシツオリの約。文様を織るの意。
（10）床を覆う衾。真は美称。真床追衾（真床覆衾）は、この段の第四の一書、第六の一書、海幸・山幸の段の第四の一書（彦火火出見尊が海神の宮で真床覆衾の上に寛坐したので、海神はこの御子が天神の孫であることを知ったという）、同じ一書の、豊玉姫が産んだ御子（鸕鶿草葺不合尊）を真床覆衾と草《かや》で包んでなぎさに置いて、自身は海中に帰っていったとある箇所に見える。朝鮮古代のことを記した『三国遺事』に見える首露王の神話にも、降臨した神の子の六耶は、紅幅に包まれて首長の家にもち帰られ、榻《しとみ》の上に納められたというし、突厥《とっくつ》の新王の推戴式にもフェルトが重要な役割を演ずる。日本の大嘗祭（即位後一代一度だけ行なわれる）に天皇の臥される衾もマトコオウフスマとよばれるという。これらによって真床追衾の意味がわかる。

(11)(12) 第一の一書には、日向の高千穂の槵触峯。第四の一書には日向の襲の高千穂の槵日の二上峯とある。第六の一書には日向の襲の高千穂の添山峯とあり、『古事記』には日向の高千穂の久士布流多気とある。このうち「日」「高」「千」「穂」「槵」はいずれも瑞祥の語彙。「襲」はクマソの「ソ」で地名である。現在、高千穂の伝をもつのは、霧島山と臼杵郡高千穂とがある。なお、クシフル、クシヒについては首露王神話に亀旨《クシ》峯に天降ったとあるものが近似するが、この神話の文献上の初見は記紀よりもはるかにおくれる。この神の子の垂直降下の観念は、神の水平訪問と対立し、北アジアのアルタイ諸族のそれであるという。

(13) 現在の鹿児島県南さつま市笠沙町の野間岬をあてる。

(14)『古事記』およびこの第一の一書に「天なるや……」の歌が掲げられており、この中に「みたにふたわたらす」という句がある。『日本書紀』の一書はこの句を「御谷二亙《わた》らす」の意にとって二丘二谷と解したのであろう。

(15) この歌は、「み谷二渡らす」を「三谷二渡らす」の意に解すれば、神名はアジ（アジは鴨の一種。鴨地方＝葛城川の峡谷）・シキ（磯城地方＝初瀬川の峡谷）・タカ（高市地方＝飛鳥川の峡谷）の意味で、三つの谷をわたるとなり、彦根は『古事記』のように日子根で、尊称・美称であるから、この歌はこの神名の構成の説明となっている。「玉の御統の穴玉はや」は「連珠の穴玉のように三つの谷の名をつらねた」の意味を仮寓しているものととれる。こうして妹の下照媛が「衆人をして、丘谷に映《てりかがや》く者は是《これ》味耜高彦根神なりといふことを知らしめむと欲《おも》ふ。故《かれ》歌ひて曰《いは》く」という文が活きてくる。『古事記』は「其の（神の）御名を顕《あら》はさんと思ほしき。故歌ひけらく」とある。（川副『古事記の研究』）

(16) 前の歌に「夷つ女」ということばがあるので名づけた曲の名。中国の楽府《がふ》の命名法を学んだもの。

(17)『出雲国風土記』の島根郡の条に御津の浜がある。本文には三穂之碕。

(18) 本文には天石窟の段に天児屋命以下五神の名が見える。『古事記』には五伴緒と見える。百済や高句麗の政治組織の五部に示唆されて成立した概念であろう。

(19) 咫は『説文』に「中婦人手長八寸、謂㆓之咫㆒」とあり、いまの十六センチ弱という。

(20) 神を斎祭するものを斎主という。神名として『続《しょく》日本後紀』承和三年条に「下総国香取郡従三位伊波比主命」とあり、「常陸国鹿嶋郡従二位勲一等建御賀豆智命」とともに正二位を授けられている（承和六年両神とも従一位に昇る）。

(21) サナダのサはサ苗、サ少女《おとめ》、サ月などのサで神稲を意味するとの説がある。ナは助詞＝「の」。

(22) タムはタメの音転で美味を意味するかという。

(23) ヌは沼、ナは「の」であるから水田をいうとの説もあるが、ヌは瓊＝玉の意味があるから、美称とみてもよい。

(24) カブッチ、神武紀・記の歌謡ではクブツツイとよませる。カブ・クブはコブと同じく塊状を意味する。古墳から出土する剣にこれらしき柄頭《つかがしら》のものがある。

(25) 不明。長屋は阿多（吾田）地方の名。

(26) 本によって天大耳《おおしみみ》尊とあるが、天火耳尊をとりたい。天忍穂耳命（『古事記』）あるいは天忍骨命の異名であろう。

(27) 天之杵火火置瀬尊の「天」「杵」「瀬」をとったものか。

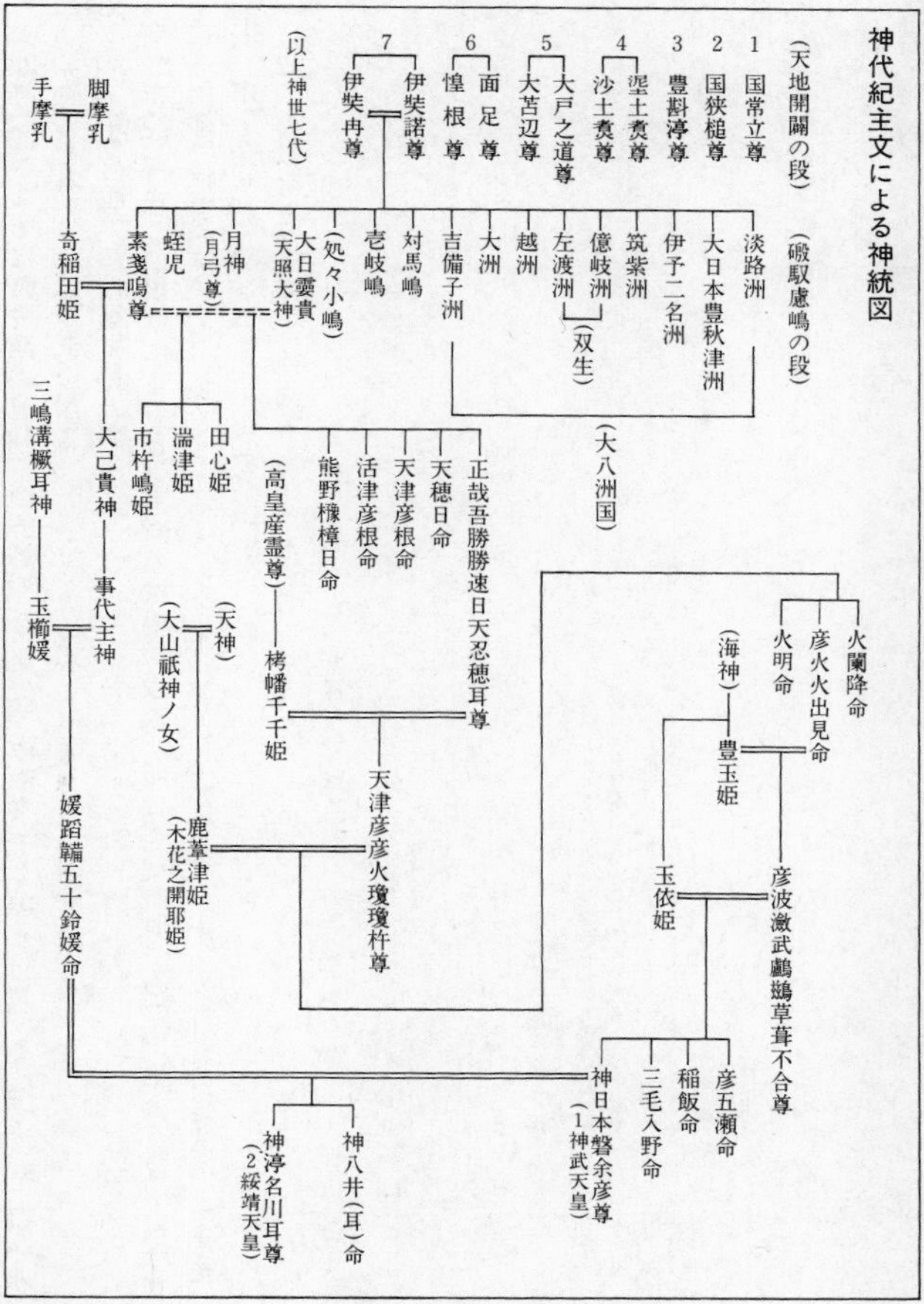
神代紀主文による神統図
（天地開闢の段）
1 国常立尊
2 国狭槌尊
3 豊斟渟尊
4 埿土煑尊 沙土煑尊
5 大戸之道尊 大苫辺尊
6 面足尊 惶根尊
7 伊奘諾尊 伊奘冉尊
（以上神世七代）
（磤馭慮嶋の段）
淡路洲
大日本豊秋津洲
伊予二名洲
筑紫洲
億岐洲
佐渡洲
（双生）
越洲
大洲
吉備子洲
（大八洲国）
対馬嶋
壱岐嶋
（処々小嶋）
大日孁貴（天照大神）
月神（月弓尊）
蛭児
素戔嗚尊
脚摩乳
手摩乳
奇稲田姫
田心姫
湍津姫
市杵嶋姫
大己貴神
事代主神
三嶋溝橛耳神
玉櫛媛
媛蹈鞴五十鈴媛命
正哉吾勝勝速日天忍穂耳尊
天穂日命
天津彦根命
活津彦根命
熊野櫲樟日命
（高皇産霊尊）
栲幡千千姫
天津彦彦火瓊瓊杵尊
（天神）
（大山祇神ノ女）
鹿葦津姫（木花之開耶姫）
火闌降命
彦火火出見命
火明命
（海神）
豊玉姫
彦波瀲武鸕鷀草葺不合尊
玉依姫
彦五瀬命
稲飯命
三毛入野命
神日本磐余彦尊（1神武天皇）
神八井（耳）命
神渟名川耳尊（2綏靖天皇）

(28)(29) サチは狩や漁の道具。朝鮮語の sal（矢）に由来するかという。またそれによって獲《う》る獲物。それを獲る霊能をさす。

(30)『古事記』には塩椎神とある。

(31)『延喜式』の規定によると、宮廷の重要な儀式（元日、その他）の際、隼人百数十人は官人の指揮で応天門の左右に陣し、このうち今来《いまき》の隼人とよばれる二十人が群官の参入のとき犬の吠え声を発するなどのことが記されている。

(32) 神代紀主文による神統図（前ページ）。

日本書紀巻第三

神日本磐余彦天皇《かむやまといわれびこのすめらみこと》　神武《じんむ》天皇

東征

神日本磐余彦天皇(1)は諱《ただのみな》を彦火火出見《ひこほほでみ》といい、彦波瀲武鸕鷀草葺不合尊《ひこなぎさたけうがやふきあえずのみこと》の第四子である。母は玉依姫《たまよりびめ》と申し上げ、海童《わたつみ》（海神）の女《むすめ》のうち妹の方にあたられる。天皇は生まれつき賢明で、意志も強固な方であった。御年十五のとき、皇太子になられた。成長されてのち、日向国《ひむかのくに》の吾田邑《あたのむら》の吾平津媛《あひらつひめ》を娶《めと》られて、手研耳命《たぎしみみのみこと》をお生みになった。四十五歳になられたとき、兄命たちと御子たちに、つぎのような相談をされた。

「むかし、わが天神《あまつかみ》の高皇産霊尊《たかみむすひのみこと》と大日孁尊《おおひるめのみこと》は、この豊葦原瑞穂国《とよあしはらのみつほのくに》をすべてわが天祖の彦火瓊瓊杵尊《ひこほのににぎのみこと》に授けられた。そこで火瓊瓊杵尊は天のいわくらを開き、雲路をおしわけて、先ばらいをたてて地上に降臨された。このとき、この世はまだ野蕃《やばん》で草昧《そうまい》であった。そこで、その蒙昧《もうまい》の中にありながら、みずから正しい道を養って、この西のはずれの日向を治めておられた。その後、わが祖と父の尊は、神ひじりのように徳高く、善政をかさね、恩沢も行きとどき、かくして年月が経過した。天祖（瓊瓊杵尊）が降臨されてからこのかた、今までに百七十九万二千四百七十余歳経っている。しかるに、残念なことに、はるかに遠い地方はなおまだ王化にうるおっていないで、村々にはそれぞれ首長がいて、おのおの境界をわけ、相たたかい、しのぎあっているのが現状である。さてまた、塩土老翁《しおつつのおじ》に聞いたところによると、『東の方に美しい国がございます。そこは青山が四周をめぐっていて、その中に天磐船《あまのいわふね》に乗って飛び降《くだ》ってきたものがございます』とのことである。余が考えるに、その地方は、きっと国家統治（あまつひつぎ）の大業をひろめるために、天下に君臨するのに好都合なよいところで、たぶん国の中心に位置するところであろう。その、天から飛び降ったというのは、あるいは饒速日《にぎはやひ》であろうか。そこに行って都を営もうと思うがどうだろう」

と仰せられた。諸皇子は、

「たいそう理にかなったお話です。私たちもいつもそう思っておりました。さっそく実行なさいませ」

と申し上げた。これは太歳(2)甲寅《きのえとら》の年のことである。

その年の冬十月の丁巳《ひのとのみ》の朔《ついたち》辛酉《かのとのとり》（五日）に、天皇はみずから諸皇子と舟軍をひきいて東征の途にのぼられた。まず速吸《はやすい》の門《と》(3)（豊予海峡）を通られたとき、一人の漁師が

いて、小舟に乗ってやって来た。天皇はこれを召し寄せて、

「おまえは誰か」

と尋ねられると、答えて、

「私は国神《くにつかみ》で、名は珍彦《うずひこ》と申します。曲《わだの》浦《うら》で釣魚《つり》をしておりましたところ、天神《あまつかみ》の御子がおいでになるとうけたまわりましたので、わざわざお迎えにまいったのです」

と申し上げた。そこでまた問われて、

「おまえは私を先導することができるか」

と尋ねられると、答えて、

「御先導申し上げまする」

と申し上げた。そこで天皇は勅《みことのり》して、その漁師に椎《しい》のさおをさしわたして、そのはしにつかまらせ、御舟にひき入れて水先案内とされた。そこでとくに椎根津彦《しいねつひこ》〔椎、

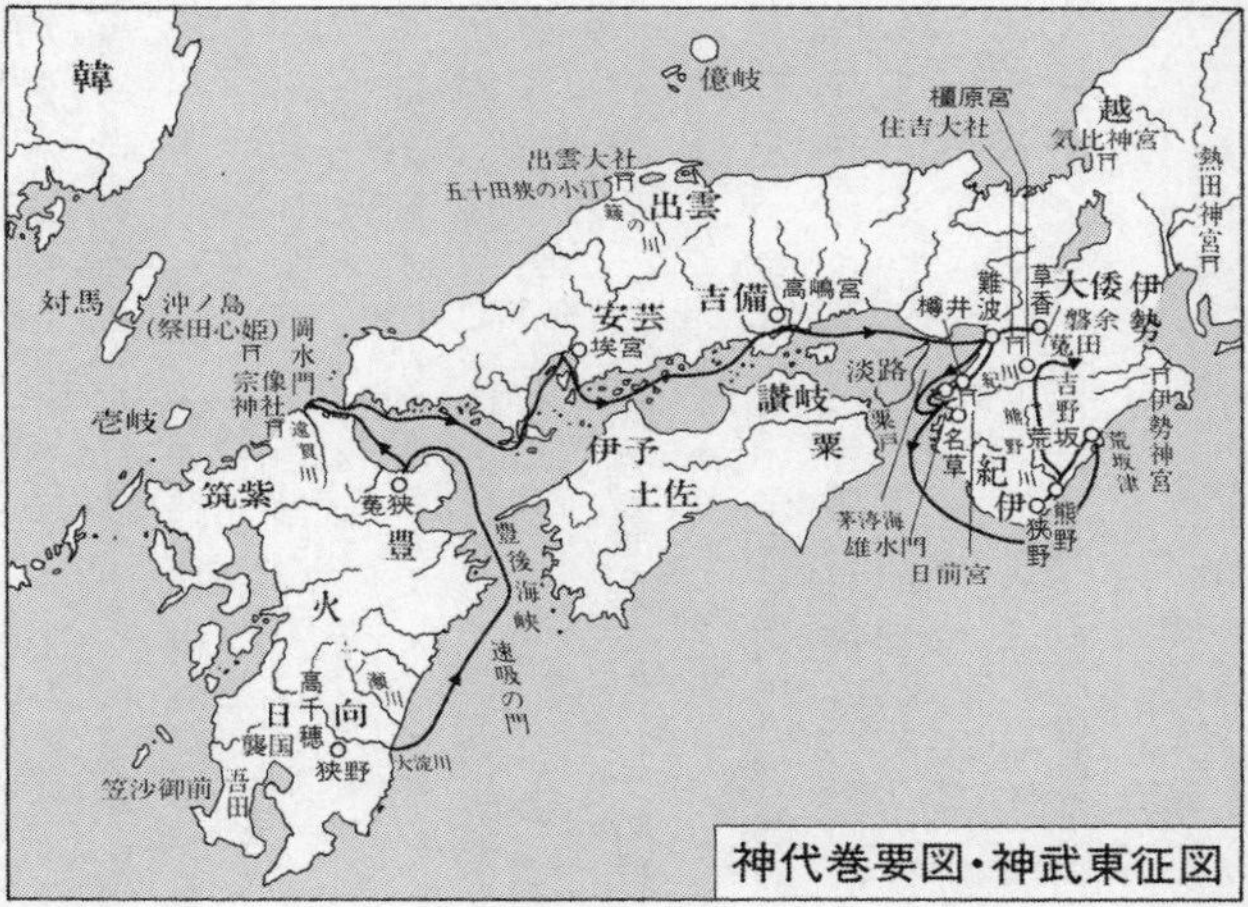

神代巻要図・神武東征図

これを辞毗《しひ》という」という名を賜わった。これが倭直部《やまとのあたいら》の始祖である。それから進まれて筑紫国の菟狭《うさ》〔菟狭は地名である。これを宇佐《うさ》という〕に着かれた。するとそこに菟狭国《うさのくにの》造《みやつこ》の祖先の菟狭津彦《うさつひこ》と菟狭津媛《うさつひめ》がいて、菟狭の川上に一柱騰宮《あしひとつあがりのみや》(4)を造って御馳走申し上げた〔一柱騰宮、これを阿斯毗苔徒鞅餓離能宮《あしひとつあがりのみや》という〕。このとき、勅命によって、この菟狭津媛を従者の天種子命《あまのたねのみこと》にめあわせられた。この天種子命は中臣氏《なかとみのうじ》の遠祖である。

十一月の丙戌《ひのえいぬ》の朔甲午《きのえうま》(九日)に、天皇は筑紫国の岡水門《おかのみなと》(5)に到着された。

十二月の丙辰《ひのえたつ》の朔壬午《みずのえうま》(二十七日)に、安芸国《あきのくに》に到着して、埃宮《えのみや》(6)においでになられた。

乙卯《きのとのう》の年の春三月の甲寅《きのえとら》の朔己未《つちのとのひつじ》(六日)には、吉備国《きびのくに》に移られて、ここに行館《かりみや》を作って滞在されたが、これを高嶋宮《たかしまのみや》と申し上げる。ここで三年過ごされたが、その間に、舟を準備し、兵器や食糧を蓄えて、一挙に天下を平定しようと考えられた。

戊午《つちのえうま》の年の春二月の丁酉《ひのとのとり》の朔丁未《ひのとのひつじ》(十一日)に、皇軍はついに東に向かい、舳艫《じくろ》相接して進んだ。ちょうど皇軍の船団が難波碕《なにわのみさき》に着かれるころ、急潮の非常に速いのに出会った。そこでそこを名づけて浪速国《なみはやのくに》といい、また浪花《なみはな》ともいう。いま難波《なにわ》というのは、それが訛《よこなま》ったものである〔訛、これを与許奈磨慮《よこなまる》という〕。

三月の丁卯《ひのとのう》の朔丙子《ひのえね》(十日)に、皇軍は川をさかのぼって河内国の草香邑《くさかのむら》の青雲《あおくも》の白《しら》肩之津《かたのつ》(7)に到着した。

皇軍の苦戦

夏四月の丙申《ひのえさる》の朔甲辰《きのえたつ》（九日）に、皇軍は兵器を整え、徒歩で竜田《たつた》に向かって進んだ。ところがその路は狭くけわしくて、軍勢は列をつくって行くことができなかった。そこでいったん引き返して、さらに東の方の胆駒山《いこまのやま》をこえて内国《うちつくに》に進入しようと考えられた。そのとき長髄彦《ながすねびこ》(8)がこれを聞いて、

「この天神の御子たちがやって来たのは、きっと私の国を奪い取ろうとしてのことだろう」

と言って、全兵力を動員して孔舎衛坂《くさえのさか》(9)に防衛線を張ったので、ここで会戦となった。この戦いは激戦となり、流れ矢が五瀬命《いつせのみこと》の肱《ひじ》にあたるという非運に見舞われ、皇軍はこれ以上進撃できなくなった。天皇はこの状況を憂え、心中秘策をめぐらされて、

「いま私は日の神の子孫であるのに、日に向かって賊を討つことは天の道にそむいていた。いったん退却して弱そうにみせかけ、あらためて天地の神々に対して祭祀を行ない、日の神の稜威《みいつ》を背に負うようにして、その光に照らされた影をふみながら敵におそいかかるのがよい。こうすれば、かならずや刃《やいば》に血ぬらずして敵はおのずと敗退するだろう」

と仰せられた。これに対して、一同は、

「そのとおりです」

と賛成申し上げた。ここに天皇は軍中に命令を下して、

「いったん停止せよ。これ以上進むな」

と仰せられ、軍を引いてもどられた。賊軍もあえて追いすがらなかった。そこで草香津《くさかのつ》まで来て、盾《たて》をたてて雄誥《おたけび》（ときの声）をあげられた〔雄誥、これを烏多鶏糜《をたけび》という〕。このためあらためてその津に名づけて盾津《たてつ》という。いま蓼津《たでつ》といっているのは、これが訛ったのである。はじめ孔舎衛の戦いのとき、ある人が大きな樹に隠れて難を免れることができた。そこでその樹をさして、

「この木の恩恵はまるで母親《おも》のようだ」

と言った。時の人は、そこでその地を母木邑《おものきのむら》と名づけた。いま飫悶廼奇《おものき》というのは訛っているのである。

五月の丙寅《ひのえとら》の朔 癸酉《みずのとのとり》（八日）に、皇軍は茅渟《ちぬ》(10)の山城水門《やまきのみなと》〔別名、山井水門《やまのいのみなと》。茅渟、これを智怒《ちぬ》という〕に到達した。このころ五瀬命の流れ矢の傷が非常に痛むようになった。そこで命は剣《つるぎ》のたかみを撫《とりしば》って（剣の柄頭を握りしめて）雄たけびして〔撫剣、これを都《つ》盧耆能多伽弥屠利辞魔屢《るぎのたかみとりしばる》という〕、

「慨哉《うれたきかや》（残念だ）、大丈夫《ますらお》でありながら〔慨哉、これを宇黎多棄伽夜《うれたきかや》という〕、いやしい賊の手にかかって傷を負い、復讐もできずに死ぬとは」

と仰せられた。時の人は、このためそこを名づけて雄水門《おのみなと》といった。さらに皇軍が進んで

紀国《きのくに》（紀伊国）の竈山《かまやま》に着いたとき、五瀬命は軍中に薨《こう》ぜられた。よって命の遺体を竈山に埋葬した。(11)

六月の乙未《きのとのひつじ》の朔丁巳《ひのとのみ》（二十三日）に、皇軍は名草邑《なくさのむら》(12)に着いた。そして名草戸畔《なくさとべ》という女賊を誅殺《ちゅうさつ》した〔戸畔、これを妬鼙《とべ》という〕。それから狭野《さぬ》(13)をこえて熊野の神邑《みわのむら》(14)に着き、天磐盾《あまのいわたて》(15)に登った。そこから軍をひきいて徐々に進んだ。海の中で突然暴風雨にあって、船団は漂流した。そのとき、稲飯命《いなひのみこと》はなげかれて、

「ああ、何としたことだ。わが祖先は天神、母は海神であるというのに、どうして私を陸で苦しめ、また海で苦しめるのだろうか」

と仰せられ、言いおわると、そのまま剣を抜いて海に入って鋤持神《さいもちのかみ》となられた。三毛入《みけいり》野命《ののみこと》もまた恨んで、

「母と姨《おば》とは、二はしらとも海神である。それなのにどうして、波をたてて私をおぼれさせるのか」

と仰せられて、浪の穂をふんで常世郷《とこよのくに》に行ってしまわれた。

ふつのみたまとやたがらす

こうして天皇はただ一人、皇子手研耳命と、軍をひきいて進み、熊野の荒坂津《あらさかのつ》〔別名、丹敷浦《にしきのうら》〕に到着された。ここで丹敷戸畔《にしきとべ》という女賊を誅殺した。ところがこのとき、神が

いて、毒気を吐いて、人々はすべて病み伏してしまった。このため、皇軍は起き上がることができなかった。するとここに熊野の高倉下《たかくらじ》という人物がいた。この人物のその夜の夢に、天照大神《あまてらすおおかみ》が武甕雷神《たけみかづちのかみ》に、

「葦原中国《あしはらのなかつくに》はいまなお聞喧擾之響焉《さやげりなり》（さわがしいようだ）〔聞喧擾之響焉、これを左椰霓利《さやげり》奈離《なり》という〕。おまえがまた行って征伐してまいれ」

と仰せられると、武甕雷神はお答えして、

「私がまいりませんでも、私が国を平らげた剣（国譲りの交渉に、この神が出雲にたずさえられた剣のこと）を下せば、国は自然に平らぐことと存じます」

と申し上げた。天照大神は、

「諾《うべ》なり（よかろう）」〔諾、これを宇毎那利《うべなり》という〕

と仰せられた。そこで武甕雷神は、こんどは高倉《たかくらじ》（下）に、

「私の剣を、韴霊《ふつのみたま》というが〔韴霊、これを赴屠能瀰哆磨《ふつのみたま》という〕、いまこれをおまえの庫《くら》のなかに置こう。この剣をもって天孫に献上せよ」

と仰せられた。高倉（下）は、

「はいはい」

とお答えしたと思ったら、眼がさめた。朝はやく起きて、夢の中の神の教えのとおりに庫をあけてみると、はたして天から落とされた一ふりの剣がさかさまに庫の底板に立ってい

た。そこでこれを天皇に献上した。そのとき、天皇はよくねむっておられたが、たちまちめざめて、

「余はなぜこんなに長寝していたのだろう」

と仰せられた。ついで毒気にあてられていた士卒はすべてめざめて起き出した。

さて皇軍は内国に進んで行こうとしたが、山中がけわしくて、軍の通れる道がなく、そのため進むことも退くこともできないでさまよっていた。そんなある夜、天皇が夢みたもうには、天照大神が天皇に教えられて、

「私がいま頭八《や》咫《た》烏《がらす》を遣わすから、これを先導者とするがよかろう」

ということであった。はたして頭八咫烏が空から飛び降ってきた。天皇はこれを御覧になって、

「この鳥が来たのは瑞夢《ずいむ》のとおりである。大きくもまたさかんな皇祖天照大神の御徳よ。神はこうして天つ日つぎの大業を助けてくださるのであろうか」

と仰せられた。このとき、大伴氏の遠祖である日臣命《ひのおみのみこと》が、大来目《おおくめ》をひきいてこの大軍の指揮官として、山をふみひらいて、烏の向かうままに、これを仰ぎ見ながら追跡していった。そして皇軍はついに菟田下県《うだのしもつこおり》に到着したのである。この到着されたところを菟田の穿邑《うかちのむら》〔穿邑、これを于介知能務羅《うかちのむら》という〕という。そこで指揮官の日臣命をほめられて、

「おまえは忠誠と勇武をかね、またよく先導の功をたてた。よっておまえの名を改めて

道臣《みちのおみ》としよう」

と仰せられた。

兄猾・弟猾

秋八月の甲午《きのえうま》の朔乙未《きのとのひつじ》（二日）に、天皇は兄猾《えうかし》と弟猾《おとうかし》をめされた〔猾、これを宇介志《うかし》という〕。この両人は、菟田県《うだのあがた》の魁帥《ひとごのかみ》（首長）であった〔魁帥、これを比鄧誤廼伽瀰《ひとごのかみ》という〕。ところが兄猾の方は来ず、弟猾が帰順し参上した。弟猾が軍門を拝して申し上げるには、

「私の兄、兄猾は反逆を企てております。天孫がお着きになるとうけたまわって、兵を起こして襲撃しようとしたのですが、皇軍の威風を望み見て、とても正面から戦ったのでは勝てないとおそれ、ひそかに伏兵をおいて、かりの新宮《にいみや》を作り、その御殿の内にからくり（おとしあな）を設け、饗宴にお招きして、構えて陥れようと考えております。どうかこの詐計《さけい》のあることをお忘れなく準備されますように」

とのことであった。そこで天皇は道臣命を派遣してその謀反の状況を査察させられた。道臣命はくわしくその逆心を知って大いに怒り、大音声に責めるには、

「いやしき奴よ！　おまえが造った建物に、爾《おれ》（おまえ）自身で入ったらよかろう」〔爾、これを飫例《おれ》という〕

と言われた。そして剣の柄《つか》を握りしめ、弓を引きしぼっておどしながら追い込んだ。兄猾

は、自業自得で言いのがれようもない。とうとう自分で作ったからくりをふんで圧死してしまった。道臣命がその屍《かばね》をひき出して斬ったところ、その血は流れて踝《くるぶし》をひたした。そこでその地を菟田の血原《ちはら》という。さて、弟猾は牛肉と酒とで、皇軍の慰労のために饗宴を設けた。天皇はその肉や酒を軍卒に分け与えられた。そしてつぎの謡《うた》をよまれた〔謡、これを宇哆預瀰《うたよみ》という〕。

菟田の　高城《たかき》に　鴫羂《しぎわな》張る　我《わ》が待つや　鴫は障《さや》らず　いすくはし　鯨《くぢら》障り　前妻《こなみ》が　肴乞《なこ》はさば　立稜麦《たちそば》の　実の無けくを　幾多聶《こきしひ》ゑね　後妻《うはなり》が　肴乞はさば　斎賢木《いちさかき》　実の多けくを　幾多聶《こきだひ》ゑね（菟田の高城に鴫とりのわなを設けておれが待っていると、鴫はかからず鷹がかかった。これは獲物だ。古女房がおかずにくれと言ったら、やせたそばの木のような、中身のないところをうんと削ってやれ。若女房がおかずにくれと言ったら、さかきの実の多いように、中身の多いところをたくさん削ってやれ）

これを来目歌《くめうた》という。いま宮中の楽府《おおうたどころ》でこの歌を奏するときには、舞うときの手の拡げ方の大小、音声の強弱の規定があるが、これは古式が残っているのである。

その後、天皇は吉野の地の様子を見るために、菟田の穿邑からみずから軽装兵をひきいて巡幸された。吉野に到着されると、井戸の中から人があらわれた。この人は光りかがやき、また尻尾があった。天皇が、

「おまえは誰だ」

と尋ねられると、

「私は国神の井光《いひか》と申す者です」

とお答えした。これが吉野首部《よしののおびとら》の始祖である。

それからすこし進まれると、また尻尾のはえた人が磐石《いわ》を押しわけてあらわれた。天皇が、

「おまえは誰だ」

と尋ねられると、

「私は磐排別《いわおしわく》の子でございます」〔排別、これを飫時和句《おしわく》という〕

とお答えした。これが吉野の国樔部《くずら》の始祖である。

今度は川にそって西に行かれたところ、また梁《やな》を作って魚をとっている人があった〔梁、これを揶奈《やな》という〕。天皇が尋ねられると、

「私は苞苴担《にえもつ》⑯の子でございます」〔苞苴担、これを珥倍毛菟《にへもつ》という〕

とお答えした。これが阿太の養鸕部《うかいら》⑰の始祖である。

九月の甲子《きのえね》の朔戊辰《つちのえたつ》（五日）に、天皇は菟田の高倉山（現在宇陀市の山）の山頂に登られて、国の中を展望したもうた。そのころ、国見丘《くにみのおか》⑱の上に八十梟帥《やそたける》〔梟帥、これを多稽《たけ》屢《る》という〕が盤踞《ばんきょ》していて、女坂《めさか》には女軍《めいくさ》を配置し、男坂《おさか》には男軍《おいくさ》を配置し、墨坂《すみさか》⑲には炭火をおこして待ちうけている。女坂・男坂・墨坂の名は、これによって起こった。また

兄磯城《えしき》の軍が磐余邑《いわれのむら》（桜井市中部から橿原市南東部にかけての古地名）に充満していた〔磯、これを志《し》という〕。これら賊軍の拠点はみな要害の地である。そのために、道路は絶えふさがって、通りようもない。天皇は激しい敵愾心《てきがいしん》にもえられた。この夜、みずから祈請《うけい》をしてやすまれた。すると夢に天神があらわれて、つぎのように教えられた。

「天香山《あまのかぐやま》の社《やしろ》の中の土をとって〔香山、これを介遇夜摩《かぐやま》という〕、天平瓮《あまのひらか》（平らなかわらけ）八十枚を作り〔平瓮、これを毗邏介《ひらか》という〕、あわせて厳瓮《いつへ》（神酒を入れる神聖な瓶）を作って天神地祇を敬い祭れ〔厳瓮、これを怡途背《いつへ》という〕。また厳呪詛《いつのかしり》をせよ（潔斎して呪言をとなえよ）。こうすれば賊は自然に平らぐであろう」〔厳呪詛、これを怡途能伽辞離《いつのかしり》という〕と仰せられた。天皇はつつしんでその夢の訓《おしえ》を承って、そのとおりに実行しようとされた。

そのとき、また弟猾が奏上して、

「倭国《やまとのくに》の磯城邑《しきのむら》に磯城の八十梟師がおります。また高尾張邑《たかおはりのむら》〔ある説では葛城邑《かずらきのむら》という〕に赤銅《あかがね》の八十梟師がおります。この連中はみな、天皇にさからって戦おうとしておりますので、私はひそかに心配しております。そこで、天香山の埴土《はにつち》を取って、天平瓮を作って天社《あまつやしろ》、国社《くにつやしろ》の神々をお祭りになるのがよろしゅうございましょう。そのあとで賊を征伐されれば平定しやすうございましょう」

と申し上げた。天皇は夢の教えを吉兆であると思っておられたが、この弟猾のことばを聞いてますます心の中に喜ばれた。そして、椎根津彦《しいねつひこ》にいやしい衣装と蓑笠《みのかさ》を着せて、老翁

の姿につくらせて、また弟猾に箕《み》を着せて老女の姿をつくらせ、二人に命じて、

「おまえたち二人は天香山に行って、こっそりその頂上の土を取って帰ってまいれ。国家統治の大業の成否は、おまえたちの仕事にかかっているぞ。慎重に頼むぞ」

と仰せられた。このとき、賊軍は道いっぱいに駐屯していて、通ることができない。そこで椎根津彦は祈請《うけい》をして、

「天皇がほんとうにこの国を統一することがおできになるものならば、行く道が自然に通れるだろう。反対に、もし天皇の御平定の事業が不可能なものならは、賊軍にさまたげられよう」

と言い、言いおわるとすぐに出かけた。賊兵たちは二人を見て、大笑いをして、

「大醜《あなみにく》（なんてきたならしい）〔大醜、これを鞅奈瀰爾句《あなみにく》という〕じじい、ばばあだ」

と言って、みんな道をあけて二人を通した。二人は無事に山に着き、土を取って持ちかえった。そこで天皇は非常によろこばれて、この埴土で、八十枚の平瓮と八十枚の手抉《たくじり》（手で土をえぐって作った器）〔手抉、これを多衢餌離《たくじり》という〕と厳瓮《いつへ》を作って、丹生《にう》の川上（吉野川上流、丹生川上神社中社の辺、または宇陀郡丹生神社の辺）にのぼって、天神地祇を祭られた。すると、その菟田川の朝原（現在の宇陀市榛原雨師字朝原、丹生神社がある）に、ちょうど水の泡のようにして呪《かし》り着くところがあった（この意味不明）。天皇はこのためまた祈請をされて、

「私はいま、八十平瓮をもって水なしに飴《たがね》を作ろう。もし飴ができたら、私はかならず武器の威をからずに坐《い》ながらにして天下を平定することができよう」

と仰せられた。そして飴を作られたところ、飴は自然にでき上がった。また祈請をして仰せられるには、

「私はいま厳瓮を丹生の川に沈めよう。もし魚が大小となく、すべて酔って流れる様子が、ちょうど柀《まき》の葉が浮かんで流れるようになったら〔柀、これを磨紀《まき》という〕、私はかならずこの国を平定することができよう。もしそうでなかったら成就しないであろう」

と仰せられて、瓮《へ》を川に沈められたところ、その瓮の口は下を向いた。しばらくすると、魚はみな浮き出して、水面に出て口をぱくぱくしている。それを椎根津彦が見て奏上した。天皇は非常に喜ばれて、丹生の川上の五百箇《いほつ》の真坂樹《まさかき》を根こじに抜いて、神々を祭りたもうた。これから神祭のときの厳瓮の置きものがはじまったのである。そのとき天皇は道臣命に勅せられて、

「これから私自身が高皇産霊尊の顕斎《うつしいわい》〔神武天皇自身が高皇産霊尊の憑代《よりしろ》となって行なう祭り〕〔顕斎、これを于図詩怡破毗《うつしいはひ》という〕をしたい。そこでおまえを斎主として、厳媛《いつひめ》の名を与えよう。祭りのために置いた埴瓮《はにへ》を厳瓮と名づけよう。また火の名を厳香来雷《いつのかぐつち》としよう。水の名を厳罔象女《いつのみつはのめ》〔罔象女、これを瀰菟破迺迷《みつはのめ》という〕としよう。粮《くらいもの》〔神饌〕の名を厳稲魂女《いつのうかのめ》〔稲魂女、これを于伽能迷《うかのめ》という〕としよう。薪の名を厳山雷《いつのやまつち》としよう。草の

名を厳野椎《いつののづち》としよう」

と仰せ出された。

冬十月の癸巳《みずのとのみ》の朔に、その厳瓮の粮《おもの》を召し上がり（厳瓮に供した神饌を召し上がることにより神の加護をうけ）て、武器を整えて出撃された。まず国見丘の八十梟帥を撃破された。この戦いに天皇は必勝を期しておられた。そして、つぎの歌をうたわれた。

神風《かむかぜ》の　伊勢の海の　大石にや　い這《は》ひ廻《もとほ》る　細螺《したたみ》の　細螺の　吾子《あご》よ　吾子よ　細螺の　い這ひ廻り　撃ちてし止《や》まむ　撃ちてし止まむ（神風の伊勢の海の、大石にはいまわる細螺《きしゃご》のように、わが軍よ、あの細螺のように丘をはいまわって、かならず敵をうち負かそう）

歌の意《こころ》は、大石をもってその国見丘にたとえたものである。しかしまだ、敵の残党は多勢で、その動向はわからなかった。そこで天皇は道臣命を顧みて命ぜられて、

「おまえは大来目部《おおくめら》をひきいて大きな地室《じむろ》を忍坂邑《おしさかのむら》に作って、さかんに饗宴を行なって賊を誘い殺せ」

と仰せられた。道臣命は、その密命をうけて忍坂にむろを掘って、そこにわが軍の強兵を選んで賊と雑居させておいた。そして内密に計画を打ち合わせて、

「酒宴が真っ盛りになったら、私が起《た》ち上がって歌うから、おまえたちはその歌を聞いて、一斉に賊を殺せ」

と命じた。人々は座について、宴はたけなわになった。賊たちははかりごとのあることも

知らずに、すっかり油断して酔っぱらった。このとき、道臣命はつと起ち上がって歌った。
忍坂《おさか》の　大室屋《おほむろや》に　人多《さは》に　入り居りとも　人多に　来入り居りとも　みつみつし　来目の子等が　頭椎《くぶつつ》い　石椎《いしつつ》い持ち　撃ちてし止まむ（忍坂の大きい室屋に、敵軍が多勢はいっているが、はいっていてもかまいはしない。御稜威《みいつ》を負った来目の子らの、頭椎の剣、石椎の剣でうち負かしてしまおう）
この歌を合図に、兵士たちは、一斉にその頭椎の剣を抜いて、一時《どき》に賊兵を斬り殺した。賊兵は全滅してしまった。そこで皇軍は大いによろこんで、天をふり仰いで大笑いをした。そしてつぎの歌をうたった。
今はよ　今はよ　ああしやを　今だにも　吾子《あご》よ　今だにも　吾子よ（今はもう、今はもう、ああしやを、敵を全滅させてしまった。今だけでも、わが兵よ、今だけでも、わが兵よ、敵を全滅させてうれしい）
いま来目部が歌ったあとに大いに笑うのはこの由緒による。またつぎの歌をうたった。
夷《えみし》を　一人《ひだり》　百《もも》な人　人は言へども　抵抗《たむかひ》もせず（えみしは一人で百人に当たるほど強いと人は言うが、来目の軍に対しては抵抗さえしないではないか）
これはみな、密旨をうけて歌ったので、自分勝手に歌ったのではない。そのとき天皇は、「戦いに勝っておごることのないのは、良将のふるまいである。いま首魁《しゅかい》格の賊はほろびてしまったが、まだ同じような賊軍が十数軍もおそれおののきながらのこっている。この連中の動向も知りがたい。だからいつまでも一ヵ所にいて、変事を未然にふせぐ手だてをしないでよかろうか。まず場所をかえよう」

とて、移動して別のところに営をかまえられた。

兄磯城・弟磯城

十一月の癸亥《みずのとのい》の朔己巳《つちのとのみ》（七日）に、皇軍は大挙して磯城彦《しきひこ》を攻めようとした。そこでまず使者を派遣して、兄磯城《えしき》を召されたが兄磯城はその命に従わなかった。そこでさらに頭八咫烏を派遣して召された。頭八咫烏は兄磯城の軍営に着いて、鳴いて言うには、

「天神の御子がおまえを召されている。率過《いざわ》、率過（さあ、さあ）」〔過の音は倭《わ》である〕と言った。兄磯城はそれを聞いて怒って、

「天圧神《あめおすのかみ》（威徳のある神）が来られたと聞いてうるさく思っているところに、そこにまた烏がいやな声で鳴きおる」〔圧、これを飫蒭《おす》という〕

と言って、弓を引きしぼって頭八咫烏を射た。烏はすぐに飛び去った。ついで今度は、弟《おと》磯城《しき》の家にやって来て鳴いて言うには、

「天神の御子がおまえを召されている。いざわ、いざわ」

と言った。すると弟磯城は恐懼《きょうく》してかしこまり、

「私は天圧神がおいでになったと聞いて、朝から晩まで畏《おそ》れ懼《かしこま》っています。烏よ、よく

ぞ鳴いてくれた」

と言って、葉盤《ひらで》（平皿）八枚を作って御馳走をした〔葉盤、これを毗羅耐《ひらで》という〕。そして烏について天皇の本営に伺候《しこう》して、

「私の兄の兄磯城は天神の御子が来られたと聞いて、八十梟帥（諸部将）を集めて、武器を準備して抵抗しようとしておりますから、急いで征討の御計画をなさいますように」

と申し上げた。天皇は、そこで、諸将を会して下問された。

「はたして兄磯城は抵抗するつもりでいるようだ。召したのに来ない。どうしたらよいだろうか」

　これに対して諸将は、

「兄磯城は腹黒い賊です。まず弟磯城を遣わして教えさとさせ、あわせて、兄倉下《えくらじ》、弟倉《おとくら》下《じ》に説得させられて、もしそれでも帰順しないようでしたら、それから武力を行使されても遅くはないと存じます」

と申し上げた〔倉下、これを衢羅餌《くらじ》という〕。そこで天皇は弟磯城を遣わして、利害得失を示してさとさせられたが、兄磯城たちは、なお依然として愚かなはかりごとを墨守して承服しようとしない。するとこんどは椎根津彦が、計画を言上して、

「まず、わが女軍《めいくさ》を派遣して、忍坂《おしさか》の道から出撃させましょう。賊軍はこれを見てかならず精兵をあげて迎え撃つことと存じます。そこでわが軍は強力な兵を急派して、墨坂方

面に直進し、菟田川《うだがわ》の水をとって、敵軍がおこした炭の火にそそぎ、火を消して、不意をつけば、かならず破ることができましょう」

と申し上げた。天皇はその計略をおほめになり、女軍を出撃させて敵に向かわせられた。賊軍は、これを大兵力が向かってきたと考えて、全力をあげて抵抗した。これより先、皇軍は攻めればかならずとり、戦えばかならず勝った。しかし兵士たちが疲れないというわけではなかった。そこで天皇は歌を作って将兵を慰められた。その歌は、

楯《たた》並めて　伊那瑳《いなさ》の山の　木《こ》の間《ま》ゆも　い行き瞻《まも》らひ　戦へば　我はや飢《ゑ》ぬ　嶋つ鳥　鵜飼《うかひ》が徒《とも》　今助《す》けに来《こ》ね（楯をつらね、伊那瑳の山の木の間から相手を見守って戦ったので、われらは空腹になってしまった。鵜飼の仲間よ、たったいま助けに来てくれ）

はたして男軍《おいくさ》が墨坂をこえて、後からはさみ撃ちにして敵を破り、その首魁の兄磯城を斬り殺した。

長髄彦

十二月の癸巳《みずのとのみ》の朔丙申《ひのえさる》（四日）に、皇軍はついに長髄彦と交戦した。しかし連戦してまだ決定的勝利を得ることができないでいた。すると突然天が暗くなって雹《ひょう》が降ってきた。不思議に思って見ていると、そこに金色の霊鵄《とび》が飛んできて、天皇の弓の弭《はず》にとまった。その鵄《とび》の光がかがやいて、稲妻のようであったので、長髄彦の兵は、みな目がくらん

で戦うことができなくなってしまった。長髄はもともと邑《むら》の名で、それが人の名となったものであるが、ここで皇軍が鵄の瑞兆を得たので、時の人はこれを鵄邑《とびのむら》と名づけた。いま鳥見《とみ》というのはこれが訛ったものである。むかし孔舎衛《くさえ》の戦いで、五瀬命《いつせのみこと》は矢にあたって薨《こう》ぜられた。天皇はこのことを忘れず、いつも心の中で痛憤しておられた。そのためこの戦いにいたって、かならず仇の長髄彦をせめ殺してやろうと期しておられた。そこでつぎの歌をうたわれた。

みつみつし　来目の子等《こら》が　垣本《かきもと》に　粟生《あはふ》には　韮一本《かみらひともと》　其根《その》が本　其ね芽繋《つな》ぎて　撃ちてし止《や》まむ（御稜威《みいつ》を負って威力に満ちた来目の若者たちの、家の垣根のもとに粟が生えている。その粟生には、香のつよいにらが一本まじって生えている。そのにらの根もとから芽まで、切らないで抜きとるように、敵軍を根こそぎやっつけてしまおう）

また歌って仰せられるには、

みつみつし　来目の子等が　垣本に　植ゑし山椒《はじかみ》　口疼《くちびひ》く　我は忘れず　撃ちてし止まむ（御稜威を負って威力に満ちた来目の若者たちが、家の垣根のもとに植えた山椒《はじかみ》は、口に入れるとひりひりするが、それと同じように、やつらと戦った苦戦のことを忘れないが、こんどこそは撃ちやぶってやろう）

そこでまた軍兵に突撃を命じて敵を急襲されるのであった。すべてこれらの歌を来目歌という。これは歌った人をさして名づけたのである。

さて、長髄彦は、使者を遣わして、天皇に言上して、

「むかし、天神《あまつかみ》の子が天磐船《あまのいわふね》に乗って、天から降ってこられました。これを櫛玉饒速日《くしたまにぎはやひの》命《みこと》〔饒速日、これを儞芸波椰卑《にぎはやひ》という〕と申し上げます。この方が私の妹の三炊屋媛《みかしきやひめ》〔別名長髄媛《ながすねびめ》、別名鳥見屋媛《とみやびめ》〕を娶って、児をお生みになりました。この児を可美真手命《うましまでのみこと》〔可美真手、これを于魔詩莽耐《うましまで》という〕と申します。それで私は、この饒速日命を君として、お仕えいたしております。いったい天神の子が二はしらおられるはずはありません。それなのに、どうしてさらに天神の子と名のって、人の土地を奪おうとされるのか。私の考えではこれはきっとにせものにちがいない」

と申し上げた。天皇は、

「天神の子といってもたくさんいるのだ。おまえが君として仕えているものがほんとうに天神の子なら、かならず徴表《しるし》のものがあるはずだ。それを見せよ」

と仰せられた。そこで長髄彦は、饒速日命の天羽羽矢《あまのははや》一本と歩靫《かちゆき》（やなぐい）を見せたてまつった。天皇は御覧になって、

「これはつくりごとではなかった」

と仰せられて、今度は、御自身の天羽羽矢一本と歩靫とを長髄彦にお示しになった。長髄彦はその天表《あまつしるし》を見て畏敬の念を懐《いだ》いた。しかし戦争の準備は完了して、その勢いは途中でやめるわけにはゆかず、まだ血迷った計画を墨守して、依然として改心する意志はなか

った。一方、饒速日命の方は、もともと天神がたいせつに思っておられるのは天孫だけであることを知っておられた。また長髄彦の性質がまがっていて、天と人とは本来はまったく異なり、それぞれの分際というものがあるのだということを教えても無益であるということをみてとり、殺害してしまわれた。そしてその軍勢をひきいて帰順された。天皇は、もともと饒速日命が天から地上に降られた方であることを聞いておられたし、いまはたして彼が忠誠を示したので、これを褒賞して恩寵《おんちょう》を加えられた。これが物部氏《もののべのうじ》(20)の遠祖である。

己未《つちのとのひつじ》の年の春二月の壬辰《みずのえたつ》の朔辛亥《かのとのい》（二十日）に、諸将に命じて士卒を訓練された。このとき、層富県《そほのあがた》(21)の波哆丘岬《はたのおかさき》に新城戸畔《にいきとべ》という者がいた〔丘岬、これを塢介佐棄《をかさき》という〕。また和珥《わに》(22)の坂下《さかもと》に居勢祝《こせのはふり》(23)という者がいた〔坂下、これを瑳伽梅苔《さかもと》という〕。さらに臍見《ほそみ》の長《なが》柄丘岬《らのおかさき》(24)に猪祝《いのはふり》という者がいた。この三ヵ所の土蜘蛛《つちぐも》(25)は、みなその武力をたのんで帰順しなかった。天皇は、そこで、一部の軍隊を分遣して、みな誅殺された。また高尾張邑《たかおはりのむら》にも土蜘蛛がいた。その人となり（風貌）は、身長が低く、手足が長くて侏儒《ひきびと》と似ている、皇軍は葛《かずら》のつるで網をつくり、これを覆いかぶせて捕えて殺した。よってこの邑を葛城《かずらき》というのである。そもそも磐余《いわれ》の地のもとの名は片居《かたい》〔片居、これを伽哆韋《かたゐ》という〕または片立《かたたち》〔片立、これを伽哆哆知《かたたち》という〕といった。皇軍が賊をやぶるにいたって、大軍が集まってその地に満《いわ》み（充満して）いた。そこで名を改めて磐余とした。〔ある人の説では、

「天皇がむかし厳瓮《いつへ》の粮《おもの》を召し上がって、軍を出して西方を征せられた。このとき磯城の八十梟帥がそこに屯聚み居《いわ》た〔屯聚居、これを怡波瀰萎《いはみゐ》という〕。はたして天皇と大いに戦って、皇軍のために滅ぼされた。だから磐余邑というのだ」とする。」また皇軍が雄たけびのときの声をあげたというところを猛田《たけだ》(26)という。城をつくったところを城田《きた》、また賊軍が戦って死に伏した屍が、ひじを枕にしたところを頬枕田《つらまきだ》という。天皇は前年の秋九月に、ひそかに天香山の埴土をとって、八十平瓮をつくり、みずから斎戒して諸神をまつられた。そしてついに天下を平定することを得られたのである。そこで土を取った場所を埴安《はにやす》(27)という。

宮殿の造営

三月の辛酉《かのとのとり》の朔丁卯《ひのとのう》(七日)に、命令を下して、

「余が東方を征討してから、六年を経過した。その間、天神の神威をかりて、凶徒を誅《ちゅう》戮《りく》することができた。辺境の方はまだ鎮定されておらぬし、残敵はまだ強力であるけれども、国の中央部については、もう風塵もおこらぬほど平定された。よっていまここに都をひらいて、宮殿を造営しようと思う。しかもいま世はまだ若くくらくて、民心は素朴である。彼らは巣や穴に住むという状態のままで変わっていない。そもそも聖人がある制《のり》を立てる場合には、かならず時勢に適合した道理にもとづくものである。だからかりにも人民

に有利なことであるなら、どんなことでも聖人の行なうわざとして妨げはないはずである。そこでこれから山林をひらきはらい、宮室を経営し、つつしんで皇位について人民を治めよう。そして上《かみ》は天神の国を授けたもうた恩徳にこたえ、下《しも》は皇孫（瓊瓊杵尊）の徳治の精神をひろめよう。そうしてのちに国の中を一つにして都をひらき、八紘《あめのした》をおおって宇《いえ》とすることはよいことではないか。ここから一望すると、あの畝《うね》傍《び》山《やま》〔畝傍山、これを宇《う》禰《ね》縻《び》夜《や》摩《ま》という〕の東南の橿原《かしはら》の地は、けだし国の真ん中にあたるようだ。ここに都をつくろう(28)」

と仰せ出された。

この月に、すぐ有司に命じて、宮殿をつくりはじめられた。

庚申《かのえさる》の年の秋八月の癸丑《みずのとのうし》の朔戊辰《つちのえたつ》（十六日）に、天皇は正妃を立てようと考えられて、ひろく貴族たちの女子を求められた。時に、つぎのように奏上する者があった。

「事代主神《ことしろぬしのかみ》が、三嶋溝橛耳神《みしまのみぞくいみみのかみ》の女《むすめ》の玉櫛媛《たまくしひめ》と結婚されて生まれた児を、媛蹈鞴《ひめたたら》五十《い》鈴《すず》媛命《ひめのみこと》と申し上げますが、このお方はたいへんな美人でございます」

天皇は非常によろこばれた。

九月壬午《みずのえうま》の朔乙巳《きのとのみ》（二十四日）に、媛蹈鞴五十鈴媛命をめし入れて正妃とされた。

即位と立后

辛酉《かのとのとり》[29]の年の春正月の庚辰《かのえたつ》の朔に、天皇は橿原宮に即位された。この年を天皇の元年とする。つぎに正妃を尊んで皇后とされた。この皇后から皇子の神八井命《かむやいのみこと》、神渟名川耳《かむぬなかわみみの》尊《みこと》が生まれた。このため古語にこの天皇をたたえて、

「畝傍の橿原に、宮柱《みやばしら》を底磐根《したついわね》に太《ふと》しき立て、高天原に搏風峻峙《ちぎたかし》りて（千木を高くあげて）始馭天下之天皇《はつくにしらすすめらみこと》」

と申し、名づけて神日本磐余彦火火出見天皇《かむやまといわれびこほほでみのすめらみこと》と申し上げる。

はじめて天皇が、国の政を創《はじ》めたもうた日に、大伴氏の遠祖である道臣命《みちのおみのみこと》が、大来目《おおくめ》部《ら》をひきいて、密計をうけたまわって、諷歌《そえうた》（他のことに擬《なぞら》えてさとすために表立たずついてうたう歌）、倒語《さかしまごと》（相手にわからせず、味方にだけ通じるように定めて使う言葉）で、妖気をはらい平らげた。倒語が用いられるようになったのは、これから始まったのである。

二年の春二月の甲辰《きのえたつ》の朔乙巳《きのとのみ》（二日）に、天皇は論功行賞を行なわれた。まず道臣命に宅地を賜わって、築坂邑《つきさかのむら》[30]に居所を与え、とくに恩寵を加えられた。また大来目には畝傍山の西の川（久米川）のほとりに居所を賜わった。いま来目邑[31]というのは、この由緒があるからである。つぎに珍彦《うずひこ》を倭国造《やまとのくにのみやつこ》に任ぜられた〔珍彦、これを于砮毗故《うづひこ》という〕。つぎに弟猾には猛田邑を賜わって、猛田県主《たけだのあがたぬし》に任ぜられた。これが菟田の主水部《もいとりら》[32]の遠祖

である。また弟磯城、名を黒速《くろはや》という者が、これを磯城県主《しきのあがたぬし》に任ぜられた。また剣根《つるぎね》という者を葛城国造《かずらきのくにのみやつこ》(33)に任ぜられた。また頭八咫烏に対しても行賞された。その子孫は葛野《かずのの》主殿県主部《とのもりのあがたぬしら》(34)である。

四年の春二月の壬戌《みずのえいぬ》の朔甲申《きのえさる》（二十三日）に、詔を下して、

「わが皇祖の神霊は、天より降りみそなわして、私の身体をてらし助けたもうた。いまもろもろの賊どもを平定して、海内《くにのうち》は事件とてないほどよく治まっている。そこで天神を祭って大孝の志を告げ申し、お礼をいたしたい」

と仰せ出され、斎場を鳥見山の中に立てて、そこを上小野《かみつおの》の榛原《はりはら》、下小野《しもつおの》の榛原(35)という。そして皇祖の天神を祭られた。

三十一年の夏四月の乙酉《きのとのとり》の朔に、天皇は国中を巡幸された。そして腋上《わきのかみ》(36)の嗛間丘《ほほまのおか》にのぼられて、国のありさまを観望されて、

「妍哉《あなにや》（なんとすばらしいことだ）、国を得たことは〔妍哉、これを鞅奈珥夜《あなにや》という〕。内木綿《うつゆう》の真迮き《まさき》（狭い）国ではあるが、ちょうど蜻蛉《あきつ》（とんぼ）がつがった形のようだ」

と仰せられた。このことから、はじめて秋津洲《あきつしま》の名ができたのである。むかし、伊奘諾《いざなきの》尊《みこと》がこの国を名づけて、

「日本《やまと》は浦安《うらやす》の（平安な）国、細戈《くわしほこ》（精兵）の千足る《ちた》（具備した）国、磯輪上《しわかみ》の秀真国《ほつまくに》(37)〔秀真国、これを袍図莽句儞《ほつまくに》という〕である」

と仰せられた。また大己貴大神《おおあなむちのおおかみ》は、この国を、

「玉牆《たまかき》（美しい山々）の内国《うちつくに》」

と仰せられた。さらに饒速日命は、天磐船に乗って、大空をとびめぐって、この国に目ぼしをつけて天降られたわけであるが、これによって名づけて、「虚空見《そらみ》つ日本《やまと》の国」というのである。

四十二年の春正月の壬子《みずのえね》の朔甲寅《きのえとら》（三日）に、皇子の神渟名川耳尊を立てて、皇太子とされた。

七十六年の春三月の甲午《きのえうま》の朔甲辰《きのえたつ》（十一日）に、天皇は、橿原宮で崩御せられた。時に御年百二十七歳(38)であった。

翌年の秋九月の乙卯《きのとのう》の朔丙寅《ひのえとら》（十二日）に、畝傍山の東北陵《うしとらのみささぎ》(39)に葬りまつった。

(1)『古事記』には神倭伊波礼毘古命《みこと》とある。これを諡号《しごう》（おくりな）というが、諡号にはこの天皇の名や第二代の神渟名川耳《かむぬなかわみみ》天皇のような国風の諡号と、「神武《じんむ》」「綏靖《すいぜい》」のような漢風の諡号とがある。右の「カムヤマトイハレビコノスメラミコト（ミコト）」のうち、「カム」＝神と「ヤマト」＝日本（倭）は神霊性・瑞祥性をもつ美称。「イハレ」＝磐余（伊波礼）は大和の地名で、現在の奈良県桜井市の中部から橿原市東南部にかけての地域の古名。ここに現在磐余山という山がある。この地域は神功皇后の磐余稚桜宮、履中天皇の右と同名の宮居、清寧天皇の磐余甕栗宮、継体天皇の磐余玉穂宮、用明天皇の右と同名の宮居など、しばしば皇居の所在地とされたという

伝承がある。「ヒコ」＝彦（毘古）は男子の尊称、「スメラミコト（ミコト）」＝天皇（命）は身分称号である。持統紀にいたるまでの歴代四十天皇の国風謚号（神功皇后をいれれば四十一人）を通観すると、『古事記』（推古天皇記まで）とほぼ同訓異字であるから、両書同一とみて、その中に地名を含むものは少なく、僅かに磐余、磯城、息長、誉田、朝津間、泊瀬などがあるに過ぎない。その地名でさえ、ある理由に基づく特定の説話創作との関連によって採用されたものと考えることも可能であるが、まして他の語彙は若干の未詳の語を除けば、美称ないし神霊・瑞祥の語彙から選ばれたと思われるものばかりである。右の「カム」「ヤマト」にしても、「カム＝カミ」は二天皇に、「ヤマト」は六天皇に使用され、「ヒコ」も語源的にはともかく、「日子」＝日の神の御子と同義になるから、神霊・瑞祥の意味をこめた尊称である。その意味の「ヒコ」が十三天皇に及んでいる。さらにその四十天皇の配列について分布・配置をみると、「カム」＝神は第一・二代に、「ヤマト」＝日本（倭）は第一・四・六・七・八・九・二十二代に、「ヒコ」＝彦（比古・毘古）は第一・三・四・五・六・七・八・九・十・十一・十二・十三・十四代各天皇名に使用されているから、この「カムヤマトイハレビコ天皇」の号中に使用されている神霊・瑞祥の語彙は全四十代中の古層に集中し、そこに一定の方針によって配置された模様を観取することができる。例えば「カム＝カミ」が第一・二代にだけ使用されるのは、それが〝神世〟に最も近接している天皇の名だからであるし、「ヤマト」が一・四・六・七・八・九代に使用されるのは、この名が「カム＝カミ」につぐ神霊性をあらわすものとして、ほぼ「カム＝カミ」の次の世代に使用する方針であったことを示している。これらの天皇号が、その個々につき、または全体につき、いつ採用されたかは未詳であるが、天皇号によっては、中に古名（諱、実名）のまま、または古名を含むものがあるとしても、総体としては或るかなり新しい時期に、とくに『古事記』の巻末にあたる推古天皇、あるいは『古事記』著述の天武朝に先立つ一代前の天智天皇のそれまでを、一括して大幅に撰定し、また創作したと推定することも可能である。

次に漢風諡号については、『釈日本紀』述義五に「私記曰、師説、神武等謚名者淡海御船奉勅撰也」とある。この『釈日本紀』の中の私記というのは、元慶の私記か、または延喜・承平の公望私記と推定されるので、淡海御船（延暦四年薨）の在世時に比較的近く、信頼できるとみられている。その御船の諡号撰進の時期は、恵美押勝の主導した制度・文物の唐風化時代にあたる天平宝字年間にちょうど文部少輔であった（宝字六・七年）ので、その時ではないかと考えられる。なお御船（三船とも）はこの後宝亀三年には大学頭と文章博士とを兼ね、後しばしば大学頭となった人で、景雲元年の勅には「稟性聡恵ニシテ兼ネテ文史ニ明ナリ」と讃えられているし、天応元年の石上宅嗣の薨伝の中に、宅嗣と共に「文人之首」と記されている。右の事情によってみるに、神武天皇以下持統天皇に至るまで漢風諡号は本来の『日本書紀』（撰進当時の原本）には記載されていなかった。

（2）古代中国の暦法で、木星のことを歳星といい、木星は十二年の周期をもって巡行するところから、十二支と結びつけて太歳干支をもって年を記すようになった。神武紀で東征元年にこれをかかげ、かつ甲寅としたのは「十干先ㇾ甲、十二支先ㇾ寅」（『爾雅《じが》』）という思想から干支運行の初年をあてたのであろうという。

（3）地理的に見て、ここでは豊予海峡が考えられるが、『古事記』では吉備の高嶋宮から浪速に向かうところに速吸門があったように記載してあるから、その方は明石海峡となる。

（4）『古事記』は足一騰宮と記す。意味は不明である。『古事記伝』（本居宣長）は川岸の山へ片かけて宮を構え、一方は流れの中に柱を立てて作った宮かという。

(5)『古事記』には竺紫の岡田宮とある。福岡県遠賀郡芦屋町遠賀川河口付近かという。
(6)『古事記』には阿岐国の多祁理宮とある。タケリはタキ（丈）アリの約でエ（兄）と同義になるから同じ宮名の異名（あるいは同字異訓）とみられる。
(7)『古事記』も同じ。架空の地名である。「青」「白」に意味があり、いずれも神霊・瑞祥の色名であるから、神武天皇の軍の最初の到着点を瑞祥語を使って造作したのである。（川副『古事記の研究』）
(8)『古事記』は登美能那賀須泥毗古と記す。『日本書紀』は戊午年十二月条に「長髄は是邑《むら》の本の号《なづ》なり。因《よ》りて亦以《またもっ》て人の名とす。皇軍の、鵄《とび》の瑞《みつ》を得るに及びて、時人仍《よ》りて鵄邑と号く。今鳥見《とみ》と云ふは、是訛れるなり」とある。
(9)孔舎衛は孔舎衙の誤りであろう。現在の大阪府東大阪市日下町（もと中河内郡孔舎衙村大字日下《くさか》）。この孔舎衙村の名は近年のものであるが、日下の地名は古い。
(10)和泉の海の名。山城水門・山井水門・雄水門は、『古事記』では紀国男之水門とある。大阪府泉南市樽井に山井の遺跡というものがあり、泉南市に男里という地名もある。上古の着船場かという。
(11)『古事記』に「陵は紀国の竈山にあり」とある。『延喜式』にこの墓の記載があり、彦五瀬命の墓であるとする。
(12)現在の和歌山市西南の名草山付近。名草山は『万葉集』に見える。
(13)現在の和歌山県新宮市佐野。『万葉集』に見える。
(14)現在の和歌山県新宮市のあたり。三輪崎という地名があり、「神之埼」は『万葉集』に見える。
(15)新宮市新宮の熊野速玉神社の摂社神倉神社の境内の神倉山をさすかという。

(16)『古事記』は贄《にえ》持之子とある。
(17)阿太は現在の奈良県五條市東部をさし、東阿太・西阿太などの地名がある。古くは宇智郡阿陀郷。うかいは太古以来の漁法、来目歌にも見える。
(18)この地名は現在存しない。奈良県宇陀市と桜井市との間にある経ガ塚山は地理的に合うという。
(19)現在の奈良県宇陀市の西にある坂の名。記紀崇神巻に墨坂の神を祭ることが見える。
(20)『古事記』では邇《に》芸《ぎ》速日命《はやびのみこと》の子宇麻志麻遅命の子孫とする。五、六世紀の有力氏族。用明朝に守屋が滅ぼされるが、のち、また顕われ、天武十三年朝臣、その朝の末に石上氏と改める。
(21)『和名抄』に見える大和国添上・添下郡。大和六県（「祈年祭祝詞」）の一つに曽布御県がある。
(22)古くは春日から櫟本あたりをいったらしいが、現在の天理市に和珥という地名をとどめる。
(23)祝《はふり》は祭祀権をもつ小豪族の意味であろう。
(24)臍見は不明。長柄は現御所市名柄かという。
(25)土蜘蛛は蝦夷＝えみしという名づけ方と同じく土着の蕃賊を卑しんでいう。神話的《ミティカル》な発想によってできたもので、『古事記』に一ヵ所、『日本書紀』は神武紀以外に景行紀・神功紀に見える。現存『風土記』や『風土記』逸文にも盛んに使われている。
(26)現在の橿原市東竹田ともいうが、地理的にみて宇陀郡の地とする説もある。
(27)『万葉集』に埴安堤・埴安池が見える。天香久山付近であろう。地名説話。
(28)この章句は『文選』魏都賦などの文を模倣している。
(29)『日本書紀』は神武天皇の即位元年を西暦紀元前六六〇年にあたる辛酉の年として、これを起点として紀年をたてる。那珂通世によれば、これは中国古代の讖《しん》緯《い》の説によるもので、その辛酉革命の思想は、一元を六十年とし、二十一元千二百六十年を一蔀《ぼう》とし、その始めの年を辛酉としてここで天命が革《あらた》まると考えた。この思想により推古天皇九年辛酉より逆算して二十一元をさかのぼって神武天皇の即位の年とした。これによって『日本書紀』の紀年が実際のそれより大幅に延長され、百済との交渉など実在の歴史の散見する神功・応神紀を見ると、その年紀は百二十年古く記されている。もちろんそれ以前の天皇の不自然な長寿などは、この延長によって生じた矛盾で、虚構が多いことはいうまでもない。

(30) 現在の橿原市鳥屋町のあたりという。宣化天皇陵・身狭桃花鳥坂《つきさか》がある。

(31) 現在の橿原市久米町のあたり、『延喜式』に高市郡久米県神社がある。

(32) 『古事記』には宇陀の水取とある。朝廷に主水司があり、「樽水饘粥及氷室事を掌《つかさど》る」とある。

(33) 剣根命の後裔という。天武十四年忌寸《いみき》姓を賜わる。

(34) 葛野は『和名抄』に山城国葛野郡葛野郷の地名を伝える。主殿は朝廷に主殿寮というものがあり、天皇の供御・輿輦のことから殿庭の清掃、宮殿の灯火・暖房のことまで掌る職であった。山城の鴨氏は主殿の職を世襲する氏族の一つで、ここに見える葛野県主のことと考えられる。

(35) 鳥見山のあたり（桜井市外山にある鳥見山）にはこの地名がない。しかし鳥見という地名の地域がひろく榛原あたりまでふくんでいたかもしれない。

(36) 孝昭紀に掖上の池心宮、孝安紀に掖上博多山陵、推古紀に掖上池がある。掖上は現在の御所市掖上。

(37) 磯輪上の意味不明。秀真はすぐれて整っていること。

(38) 『古事記』には百三十七歳とあり、『日本書紀』には百二十七歳とあることについて、宣長は廿と卅の一画の誤りによるか、または伝えの異なるためか定めがたいといっている（『古事記伝』）。

(39) 『古事記』には「御陵は畝火山の北方の白檮尾の上《ほとり》に在り」とある。『延喜式』に「畝傍山東北陵」として「畝傍橿原宮御宇神武天皇、大和国高市郡にあり、兆域は東西一町、南北二町」云々とある。

日本書紀巻第四

神渟名川耳天皇① 綏靖天皇
磯城津彦玉手看天皇 安寧天皇
大日本彦耜友天皇 懿徳天皇
観松彦香殖稲天皇 孝昭天皇
日本足彦国押人天皇 孝安天皇
大日本根子彦太瓊天皇 孝霊天皇
大日本根子彦国牽天皇 孝元天皇
稚日本根子彦大日日天皇 開化天皇

神渟名川耳天皇《かむぬなかわみみのすめらみこと》　綏靖天皇《すいぜい》

綏靖天皇の即位

神渟名川耳天皇(2)は、神日本磐余彦天皇の第三の皇子である。母は媛蹈鞴五十鈴媛命《ひめたたらいすずひめのみこと》(3)と申し上げ、事代主神《ことしろぬしのかみ》の女《むすめ》のうち姉の方にあたられる。天皇の容姿は、まことに御立派で、幼少の頃から雄々しい気性の持ち主であられた。成人されてからは、容貌も目立ってすぐれておられた。また武芸の道にも誰よりもまさり、それに御志も嶷然《ぎぜん》として深くあられた。天皇が四十八歳の時に、神日本磐余彦天皇が崩ぜられた。神渟名川耳尊は、仁孝の御心厚く、非常に悲しみ慕われて、父君の喪葬に対しては御心を配られた。

庶兄の手研耳命《たぎしみみのみこと》(4)は年上であったので、政治には経験もあり、親しく国務にたずさわっておられた。しかしこの皇子は、以前から御心が仁義の情にうとく、遂に天子の喪に服す間にも自分の勢威をほしいままにし、よこしまな心を起こして、二人の皇子を亡きものにしようと考えた。時に太歳己卯《つちのとのう》であった。

冬十一月、神渟名川耳尊と兄の神八井耳命《かむやいみみのみこと》はその密計を察知され、先帝を山陵に葬るのが終わるのを機会に、弓部稚彦《ゆげのわかひこ》に弓を造らせ、倭鍛部天津真浦《やまとのかぬちあまつまうら》に命じて真麛鏃《まかごのやじり》（鹿などを射る優れた矢じり）を作らせ、また矢部《やはぎべ》に箭《や》を作らせた。やがてその弓矢が完成したので、神渟名川耳尊は手研耳命を射殺そうと考えられた。たまたま手研耳命は片丘《かたおか》(5)の地下室に独りお寝みになっていた。時に神渟名川耳尊は、兄の神八井耳命にむかい、

「今がちょうどよい時です。このことは誰にも知らせずに事を運びましょう。だからまだこのことは誰にも相談していません。今日のことは、あなたと私だけで行動しましょう。そこで私が先に地下室の戸を開けますから、あなたはすぐ矢を射入れてください」

と仰せになり、相随って進まれた。そこで神渟名川耳尊が地下室の戸を突き開き、神八井耳命が矢を射ようとしたが、恐ろしくて手足がふるえて矢を射ることができなかった。それを見た神渟名川耳尊は、兄の手から弓矢をもぎとって手研耳命を射た。はじめの矢は胸に命中し、第二の矢は背中に中《あた》り、遂に手研耳命を射殺した。それを見た神八井耳命は、自分をひどく恥じて、神渟名川耳尊にへり下って、

「わたしは、あなたの兄であるけれども、臆病で矢を射ることができなかった。あなたは特に雄々しくてみずから悪人を亡ぼした。だからあなたが天皇の位について皇祖の御業を承けつぐのが当然です。わたしはあなたをお助けして神祇を奉斎いたしたいと存じます」

と仰せられた。この命が多臣《おおのおみ》(6)の始祖である。

元年の春正月の壬申《みずのえさる》の朔己卯《つちのとのう》(八日)に、神渟名川耳尊は天皇の位につかれた。葛城《かずらき》(7)に都を定められたが、これを高丘宮《たかおかのみや》という。母の皇后を尊ばれて皇太后と申し上げ

た。この年は太歳庚辰《かのえたつ》である。

二年の春正月、五十鈴依媛《いすずよりひめ》を皇后に立てられた〔一書には磯城県主《しきのあがたぬし》の女川派媛《かわまたひめ》(8)という。また一書には春日《かすが》県主(9)大日諸《おおひもろ》の女糸織媛《いとりひめ》という〕。天皇の姨《みおば》にあたる。(10)皇后は磯城津彦玉手看《しきつひこたまてみ》天皇をお生みになった。

四年の夏四月、神八井耳命が薨去《こうきょ》された。そこで畝傍《うねび》山の北に葬った。

二十五年の春正月の壬午《みずのえうま》の朔戊子《つちのえね》（七日）に皇子磯城津彦玉手看尊を皇太子に立てられた。

三十三年の夏五月、天皇は御病気になられ、癸酉《みずのとのとり》(11)に崩ぜられた。御年は八十四歳(12)であった。

（1）神渟名川耳天皇から稚日本根子彦大日日天皇までの国風諡号につき、『古事記』との対照表を掲げる。

神渟名川耳天皇	神沼河耳命
磯城津彦玉手看天皇	師木津日子玉手見命
大日本彦耜友天皇	大倭日子鉏友命
観松彦香殖稲天皇	御真津日子訶恵志泥命
日本足彦国押人天皇	大倭帯日子国押人命
大日本根子彦太瓊天皇	大倭根子日子賦斗邇命

大日本根子彦国牽天皇　　大倭根子日子国玖琉命
稚日本根子彦大日日天皇――若倭根子日子大毘々命

右のうち、「神《カム》」「日本《ヤマト》」「彦《ヒコ》」と同様にして「耳《ミミ》」「大《オホ》」「足《タラシ》」「国《クニ》」「押《オシ》」「根子《ネコ》」「稚《ワカ》」「日《ヒ》」は尊称・美称で、神霊性・瑞祥性をあらわす語彙である。このうちヤマト・ヒコ・ミミは『魏志』東夷伝倭人の条にみえる邪馬台（ヤマト）、卑狗（ヒコ）、弥々（ミミ）という国名・官名にあたると推定されるところから、やがて尊称・美称に転じた伝統的な語彙であるし、「オホ」「ワカ」はこれにそれぞれ「意冨」「獲加」の文字を充てれば、後出の景行天皇号中（履中天皇・反正天皇名にもある）の別＝ワケ＝「獲居」や、同じく後出の允恭天皇号中の宿禰＝スクネ＝「足尼」と共に、埼玉県稲荷山古墳出土鉄剣の銘文の語彙まで遡ることのできる、人名に付する尊称・美称として注目され、これらがやはり瑞祥語としての伝統的な語彙に属することがわかる。ただし、そのことはもちろん、これらの天皇号の撰定がそれぞれ上記の国や古墳の成立時代まで遡るというわけではない。

（2）皇室系図（『日本書紀』本文による）（次ページ）

（3）『古事記』は美和の大物主神が三嶋湟咋《みしまのみぞくい》の女勢夜陀多良比売《せやだたらひめ》を娶って生んだのが富登多多良伊《ほとたたらい》須須岐比売《すすきひめ》命別名伊須気余理比売《いすけよりひめ》であるという。

（4）手研耳命の母は、日向国の吾田邑《あたのむら》の吾平津媛《あひらつひめ》である。『古事記』には「日向国に坐しし時、阿《あ》多之小椅君《たのおはしぎみ》の妹、名は阿比良比売《あひらひめ》を娶りて生める子多芸志美美《たぎしみみ》命、次に岐須美美《きすみみ》命二柱坐せり」とある。当芸志美美（命）とも記す。

（5）現在の奈良県北葛城郡上牧町のあたり。

（6）多臣《おおのおみ》は大和国十市郡飫富《おお》（奈良県磯城郡田原本町多のあたり）を本拠とする氏族で、太安万侶はこの氏に属する。彼は高級官人（民部卿）として平城京に住み、その住所が左京四条四坊であったことがその墓誌銘にみえる。『古事記』には多臣のほか子孫氏族として小子部連《ちいさこべのむらじ》以下十八氏をあげている。

（7）現在の奈良県御所《ごせ》市一円から葛城市、香芝市、王寺町にかけて、古く葛城または鴨《かも》といい、葛城県《かずらきのあがた》の名が知られる。のち葛上《かずらきのかみ》郡、葛下《かずらきのしも》郡がおかれた。

（8）『古事記』では皇后の名を「師木《しき》県主之祖河俣毗売《かわまたびめ》」とする。川派は地名で、河内国若江郡川俣郷（現大阪府東大阪市川俣）の地がこれにあたる。

（9）春日県主は、綏靖紀にみえるだけである。その本拠地は大和国添上郡春日郷の地であろうが、大和の六の御県（添《そう》・葛木《かずらき》・志貴《しき》・高市《たけち》・十市《とおち》・山辺《やまのべ》）のうちにないところをみると、はやく消滅したものかともいう。

皇室系図（『日本書紀』本文による）

I　（神武天皇〜崇神天皇）

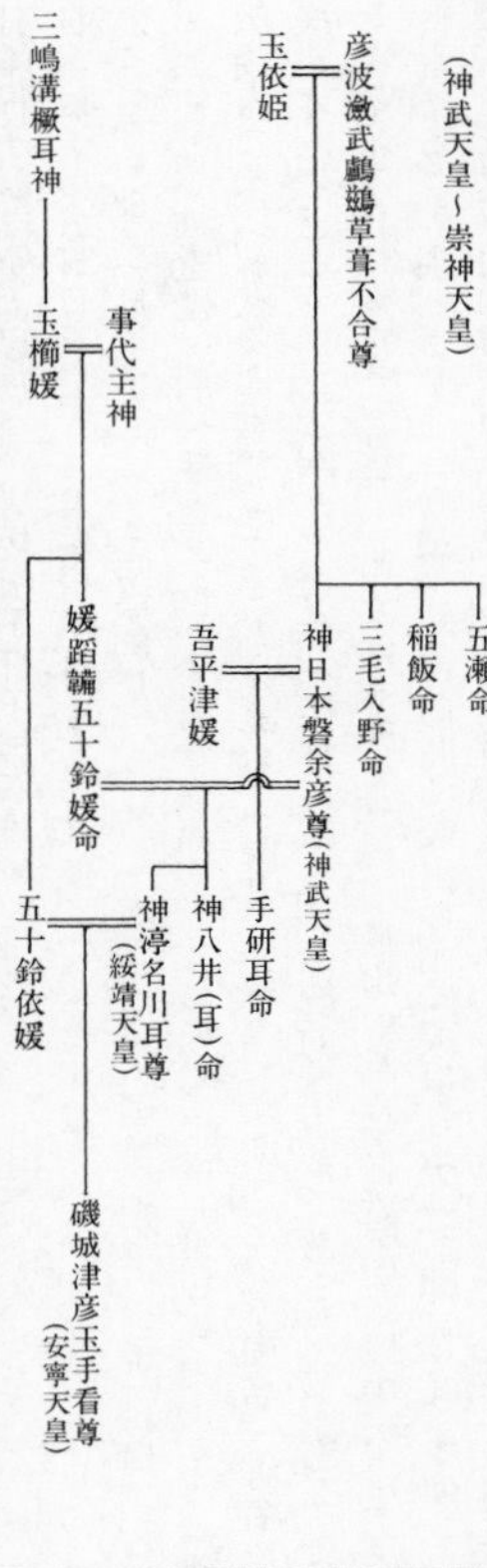

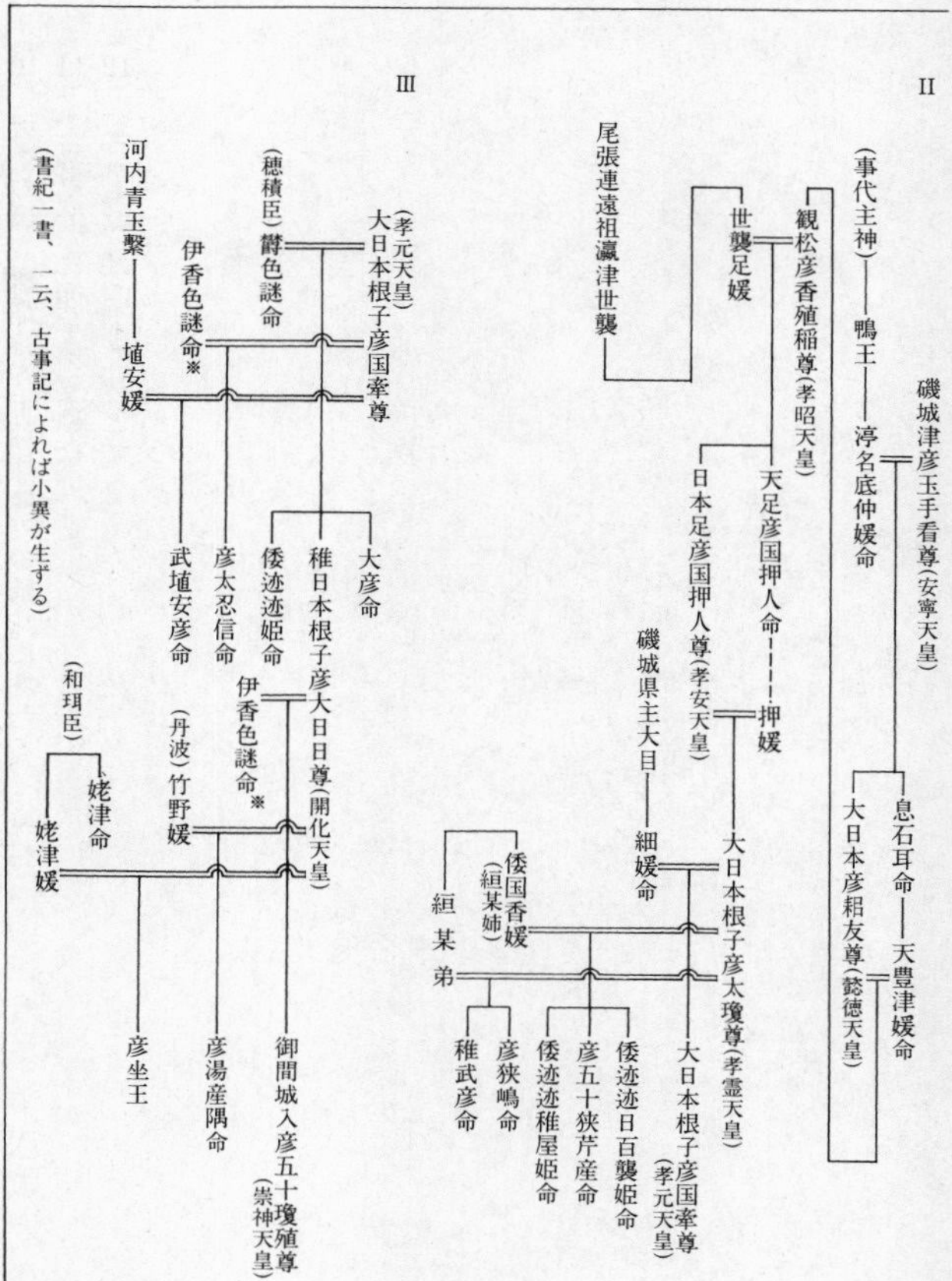
II
（事代主神）
鴨王
渟名底仲媛命
磯城津彦玉手看尊（安寧天皇）
息石耳命
天豊津媛命
大日本彦耜友尊（懿徳天皇）
観松彦香殖稲尊（孝昭天皇）
世襲足媛
尾張連遠祖瀛津世襲
天足彦国押人命
押媛
日本足彦国押人尊（孝安天皇）
大日本根子彦太瓊尊（孝霊天皇）
磯城県主大目
細媛命
大日本根子彦国牽尊（孝元天皇）
倭迹迹日百襲姫命
彦五十狭芹産命
倭迹迹稚屋姫命
倭国香媛（絙某姉）
絙某弟
彦狭嶋命
稚武彦命
III
（孝元天皇）
大日本根子彦国牽尊
（穂積臣）
欝色謎命
伊香色謎命※
大彦命
稚日本根子彦大日日尊（開化天皇）
倭迹迹姫命
彦太忍信命
河内青玉繋
埴安媛
武埴安彦命
伊香色謎命※
（丹波）竹野媛
（和珥臣）
姥津命
姥津媛
御間城入彦五十瓊殖尊（崇神天皇）
彦湯産隅命
彦坐王
（書紀一書、一云、古事記によれば小異が生ずる）

(10) 天皇の母（媛蹈鞴五十鈴媛命）の姉妹にあたる。
(11)『古事記』に崩年干支はない。
(12)『古事記』は四十五歳とする。

磯城津彦玉手看天皇《しきつひこたまてみのすめらみこと》　安寧天皇《あんねい》

安寧天皇の即位

磯城津彦玉手看天皇は、神渟名川耳天皇の皇子である。母は五十鈴依媛命と申し上げ、事代主神《ことしろぬしのかみ》の女《むすめ》のうち妹の方にあたる。(1) 天皇は、神渟名川耳天皇の二十五年に皇太子に立たれた。その時御年二十一歳であった。三十三年の夏五月に神渟名川耳天皇が崩ぜられた。その年の七月の癸亥《みずのとのい》の朔乙丑《きのとのうし》（三日）に皇太子は天皇の位につかれた。

元年の冬十月の丙戌《ひのえいぬ》の朔丙申《ひのえさる》（十一日）に、神渟名川耳天皇を倭の桃花鳥《つき》田丘上《だのおかのうえの》陵《みささぎ》(2)に葬りまつった。皇后（神渟名川耳天皇の皇后、五十鈴依媛命）を尊んで皇太后と申し上げる。この年は太歳癸丑《みずのとのうし》である。

二年に都を片塩に遷《うつ》され、これを浮孔宮《うきあなのみや》(3)という。

三年の春正月の戊寅《つちのえとら》の朔壬午《みずのえうま》（五日）に渟名底仲媛命《ぬなそこなかつひめのみこと》(4)〔または渟名襲媛《ぬなそひめ》という〕を皇后に立てられた〔一書には磯城県主葉江《はえ》の女川津媛《かわつひめ》という。また一書には大間宿禰《おおまのすくね》の女糸《いと》井媛《いひめ》という〕。これより先、皇后は二人の皇子をお生みになった。第一の皇子を息石耳《おきそみみの》命《みこと》(5)と申し上げ、第二の皇子を大日本彦耜友《おおやまとひこすきとも》(6)天皇と申し上げる〔一説によると三人の皇子が生まれた。第一の皇子は常津彦某兄《とこつひこいろね》と申し上げ、第二の皇子を大日本彦耜友天皇と申し上げ、第三の皇子を磯城津《しきつ》彦命《ひこのみこと》と申し上げた」。

十一年の春正月の壬戌《みずのえいぬ》の朔に大日本彦耜友尊を皇太子に立てられた。弟の磯城津彦命は猪使連《いつかいのむらじ》(7)の始祖である。

三十八年の冬十二月の庚戌《かのえいぬ》の朔乙卯《きのとのう》(8)（六日）に天皇は崩ぜられた。時に御年五十七歳であった。

(1) 媛蹈鞴五十鈴媛命と姉妹である。少女は大女（エムスメ）に対し、オトムスメとよむ。
(2)『古事記』には衝田崗《つきだのおか》とある。『延喜式』諸陵式には「桃花鳥田丘上陵《つきだのおかのへ》」とあり、陵墓要覧によると所在地は奈良県橿原市大字四条字田井ノ坪とある。
(3)『古事記』にも片塩浮穴宮《かたしおのうきあなのみや》とあり、奈良県大和高田市三倉堂の地に比定されている。

(4) 懿徳天皇即位前紀に、事代主神の孫、鴨王の女とある。また『古事記』には「河俣毘売の兄県主波延《はえ》の女阿久斗《あくと》比売」とある。
(5)『古事記』に「常根《とこね》津《つ》日子《ひこ》伊呂泥《いろね》命」とあり、下文一云の常津彦某兄にあたると考えられる。孝昭天皇即位前紀に懿徳天皇の皇后天豊津媛命は息石耳《おきしみみ》命の女とある。
(6)『古事記』に大倭《おおやまと》日子《ひこ》鉏友《すきとも》命とあり、後の懿徳天皇である。
(7) 猪使連は天武天皇十三年十二月に宿禰の姓を賜わり、猪飼《いかい》部を管する伴造《とものみやつこ》である。『姓氏録』右京皇別に猪使宿禰を「安寧天皇皇子、志紀都比古《しきつひこ》命之後也」とする。
(8)『古事記』には崩年干支はなし、四十九歳とある。

大日本彦耜友天皇《おおやまとひこすきとものすめらみこと》　懿徳《いとく》天皇

懿徳天皇の即位

大日本彦耜友天皇は磯城津彦玉手看天皇の第二皇子である。母は渟名底仲媛命と申し上げ、事代主神の孫にあたる鴨王《かものきみ》の女《むすめ》である。磯城津彦玉手看天皇の十一年の春正月の壬《みずのえ》戌《いぬ》（一日）に皇太子に立たれた。時に御年十六歳であった。三十八年の冬十二月に磯城津彦玉手看天皇が崩ぜられた。

元年の春二月の己酉《つちのとのとり》の朔壬子《みずのえね》（四日）に皇太子は天皇の位につかれた。秋八月丙《ひのえ》午《うま》の朔に、磯城津彦玉手看天皇を畝傍山の南の御陰井上陵《みほといのへのみささぎ》(1)に葬りまつった。九月の丙《ひのえ》子《ね》の朔乙丑《きのとのうし》に皇后（渟名底仲媛命）を尊んで皇太后と申し上げた。この年は太歳辛卯《かのとのう》である。

二年の春正月の甲戌《きのえいぬ》の朔戊寅《つちのえとら》（五日）に都を軽《かる》の地に遷された。これを曲峡宮《まがりおのみや》(2)という。二月の癸卯《みずのとのう》の朔癸丑《みずのとのうし》（十一日）に天豊津媛命《あまとよつひめのみこと》を皇后に立てられた〔一説には磯城県主葉江《はえ》の男弟猪手《いろどいで》の女泉媛《いずみひめ》(3)という。また一説には磯城県主太真稚彦《ふとまわかひこ》の女飯日媛《いいひひめ》という〕。皇后は観松彦香殖稲《みまつひこかえしね》天皇をお生みになった〔一説には天皇の母弟武石彦奇友背命《たけしひこくしともせのみこと》(4)という〕。

二十二年の春二月の丁未《ひのとのひつじ》の朔戊午《つちのえうま》（十二日）に観松彦香殖稲尊を皇太子に立てられた。時に御年十八歳であった。

三十四年の秋九月の甲子《きのえね》の朔辛未《かのとのひつじ》(5)（八日）に天皇は崩ぜられた。

（1）『古事記』は「畝火山之美富登《みほと》」とする。ホトは女陰をいうから、凹んだ所と解される。『日本書紀』の「御陰井上」はミホトノキノウヘかミホトキノヘと訓《よ》むかで意味が変わる。「御陰《みほと》井《い》の上の陵」とすると、井の形貌による命名となる。所在地は奈良県橿原市吉田町である。

（2）『古事記』には「軽の境崗宮」とある。軽《かる》は古代に知られた地名で現奈良県橿原市大軽町付近をいう。

（3）磯城県主一族（葉江《はえ》―『古事記』では波延と書く―・弟猪手・太目稚彦・大目）には、皇后や妃が多い。『延喜式』神名帳にみえる城上郡志貴御県坐《しきのみあがたにいます》神社（現奈良県桜井市金屋にある）の鎮座地付近を中心として、磯城郡域地方に勢力をもっていた豪族か。

（4）『古事記』には孝昭天皇の同母弟として多芸志比古《たぎしひこ》命をあげている。

（5）『古事記』には崩年干支はなく、四十五歳とあるが、『日本書紀』では即位前紀に、安寧天皇十一年、十六歳で立太子とあるから七十七歳にあたる。

観《み》松《まつ》彦《ひこ》香《か》殖《え》稲《しね》天皇《のすめらみこと》　孝昭《こうしょう》天皇

孝昭天皇の即位

観松彦香殖稲天皇は、大日本彦耜友天皇の皇子である。母の皇后天豊津媛命は、息石《おきそ》耳命《みみのみこと》の女《むすめ》である。天皇は大日本彦耜友天皇の二十二年の春二月の丁未《ひのとのひつじ》の朔戊午《つちのえうま》（十二日）に皇太子に立たれた。三十四年の秋九月に大日本彦耜友天皇が崩ぜられた。翌年の冬十月の戊午《つちのえうま》の朔庚午《かのえうま》（十三日）に、大日本彦耜友天皇を畝傍山の南の繊沙《まなごの》谿《たにの》上《かみの》陵《みささぎ》(1)に葬りまつった。

元年の春正月の丙戌《ひのえいぬ》の朔甲午《きのえうま》（九日）に、皇太子は天皇の位につかれた。夏四月の乙卯《きのとのう》の朔己未《つちのとのひつじ》（五日）に、皇后（天豊津媛命）を尊んで皇太后と申し上げた。秋七月に、天皇は都を掖上《わきのかみ》(2)の地に遷された。これを池心宮《いけごころのみや》(3)という。この年は太歳丙寅《ひのえとら》である。

二十九年の春正月の甲辰《きのえたつ》の朔丙午《ひのえうま》（三日）に世襲足媛《よそたらしひめ》(4)を皇后に立てられた〔一説には磯城県主葉江《はえ》の女渟名城津媛《ぬなきつひめ》という。また一説には倭国《やまとのくに》の豊秋狭太媛《とよあきさだひめ》の女大井媛《おおいひめ》という〕。皇后は天足彦国押人命《あまたらしひこくにおしひとのみこと》と日本足彦国押人天皇《やまとたらしひこくにおしひと》をお生みになった。

六十八年の春正月の丁亥《ひのとのい》の朔庚子《かのえね》（十四日）に日本足彦国押人尊を皇太子に立てられ

た。時に御年二十歳であった。天足彦国押人命は、和珥臣《わにのおみ》(5)らの始祖である。

八十三年の秋八月の丁巳《ひのとのみ》の朔辛酉《かのとのとり》(6)(五日)に、天皇は崩ぜられた。

(1)『古事記』に「畝火山の真名子谷の上」とある。『陵墓要覧』に所在地を奈良県橿原市大字池尻字丸山とする。

(2)『古事記』には葛城掖上宮《わきかみ》とする。掖上の地はもとの南葛城郡掖上村であり、いま奈良県御所市池之内付近である。

(3)池心宮の池は、推古天皇二十一年の冬十一月に掖上池を作ったとあるものがこれにあたる。

(4)『古事記』には「尾張連の祖、奥津余曽《おきつよそ》の妹、名は余曽多本毘売命《よそたほびめ》」とある。孝安天皇即位前紀によると、尾張連の遠祖瀛津世襲《おきつよそ》の妹とある。尾張連は『姓氏録』によると、火明命の後《のち》と称し、『旧事紀《くじき》』天孫本紀に系譜がみえる。

(5)和珥臣(和邇臣)は大和朝廷の雄族で、記紀によると代々天皇の后妃が多くこの氏を出自としている。ただし、これらが史実であるかどうかはその一々について検討が必要である。『古事記』は天皇の兄の天押帯日子命が春日臣等和珥《わに》(『古事記』では「丸邇」と書く)氏一族の祖とする。いま奈良県天理市に和爾の地名があり、このあたりが本拠地か。

(6)『古事記』には崩年干支はなく、九十三歳と記すが、『日本書紀』では懿徳天皇二十二年条に十八歳で立太子とあるので百十三歳にあたる。

日本足彦国押人天皇《やまとたらしひこくにおしひとのすめらみこと》　孝安《こうあん》天皇

孝安天皇の即位

日本足彦国押人天皇は、観松彦香殖稲天皇の第二皇子である。母は世襲《よそ》足媛《たらしひめ》と申し上げ、尾張連《おはりのむらじ》の遠祖瀛《おき》津《つ》世襲《よそ》の妹である。天皇は観松彦香殖稲天皇の六十八年の春正月に皇太子に立たれた。八十三年の秋八月に観松彦香殖稲天皇が崩ぜられた。

元年の春正月の乙酉《きのとのとり》の朔辛亥《かのとのい》（二十七日）に、皇太子は天皇の位につかれた。秋八月の辛巳《かのとのみ》の朔に皇后（世襲足媛）を尊んで皇太后と申し上げた。この年は太歳己丑《つちのとのうし》である。

二年の冬十月に都を室《むろ》の地に遷された。これを秋津《あきづ》嶋宮《しまのみや》(1)という。

二十六年の春二月の己丑《つちのとのうし》の朔壬寅《みずのえとら》（十四日）に姪の押媛《おしひめ》を皇后に立てられた〔一説には磯城県主葉江《はえ》の女長媛《ながひめ》という。また一説には十市《とおち》県主五十《い》坂彦《さかひこ》の女五十坂媛という〕。皇后は大日本根《おおやまとね》子《こ》彦太瓊《ひこふとに》天皇をお生みになった。

三十八年の秋八月の丙子《ひのえね》の朔己丑《つちのとのうし》（十四日）に観松彦香殖稲天皇を掖上《わきのかみ》の博多山《はかたのやまの》上陵《うえのみささぎ》(2)に葬り申し上げた。

七十六年の春正月の己巳《つちのとのみ》の朔癸酉《みずのとのとり》（五日）に、大日本根子彦太瓊尊を皇太子に立てられた。時に御年二十六歳であった。

百二年の春正月の戊戌《つちのえいぬ》の朔丙午《ひのえうま》〔(3)〕（九日）に天皇は崩ぜられた。

(1)『古事記』にも「葛城室《むろ》の秋津嶋宮」とある。

(2)『古事記』にも「掖上の博多山の上」とある。『陵墓要覧』には所在地を奈良県南葛城郡大正村大字三室字博多山（いま御所市三室）とする。

(3)『古事記』には崩年干支はなく、百二十三歳とするが、『日本書紀』では孝昭紀六十八年条に二十歳で立太子とあるから百三十七歳にあたる。

大日本根子彦太瓊天皇《おおやまとねこひこふとにのすめらみこと》　孝霊《こうれい》天皇

孝霊天皇の即位

大日本根子彦太瓊天皇は日本足彦国押人天皇の皇子である。母は押媛《おしひめ》(1)と申し上げる。思うに天足彦国押人命の女《みむすめ》であろうか。日本足彦国押人天皇の七十六年の春正月に、皇太子に立たれた。百二年の春正月に日本足彦国押人天皇が崩ぜられた。秋九月の甲午《きのえうま》の朔丙午《ひのえうま》（十三日）に、日本足彦国押人天皇を玉手丘上陵《たまてのおかのうえのみささぎ》(2)に葬り申し上げた。冬十二月の癸亥《みずのとのい》の朔丙寅《ひのえとら》（四日）に皇太子は都を黒田に遷された。これを廬戸宮《いおりどのみや》(3)という。

元年の春正月の壬辰《みずのえたつ》の朔癸卯《みずのとのう》（十二日）に、皇太子は天皇の位につかれた。皇后（押媛）を尊んで皇太后と申し上げた。この年は太歳辛未《かのとのひつじ》である。

二年の春二月の丙辰《ひのえたつ》の朔丙寅《ひのえとら》（十一日）に、細媛命《くわしひめのみこと》(4)を皇后に立てられた〔一説には春日千乳早山香媛《かすがのちぢはやまかひめ》(5)という。また一説には十市県主らの祖の女真舌媛《ましたひめ》という〕。皇后は大日本根子《おおやまとねこ》彦国牽《ひこくにくる》天皇をお生みになった。妃の倭国香媛《やまとのくにかひめ》(6)〔別名は絙某姉《はえいろね》〕は、倭迹迹日百襲姫命《やまとととひももそひめのみこと》(7)と彦五十狭芹彦命《ひこいさせりひこのみこと》(8)〔別名は吉備津彦《きびつひこ》命〕と、倭迹迹稚屋姫命《やまとととわかやひめのみこと》を生み、次の妃である絙某弟《はえいろど》(9)は彦狭嶋命《ひこさしまのみこと》と稚武彦命《わかたけひこのみこと》を生んだ。弟稚武彦命は吉備臣《きびのおみ》の始祖である。

三十六年の春正月の己亥《つちのとのい》の朔に彦国牽尊を皇太子に立てられた。

七十六年の春二月の丙午《ひのえうま》の朔癸丑《みずのとのうし》(10)（八日）に、天皇は崩ぜられた。

(1)『古事記』には「姪忍鹿比売《おしかひめ》命」とある。孝安天皇の兄天押帯日子命の女である。

(2)『古事記』にも「玉手岡の上」とある。『陵墓要覧』には所在地を奈良県南葛城郡御所町玉手字宮山（御所市）とする。

(3)『古事記』にも黒田廬戸《いおりど》宮とある。黒田は、『和名抄』に大和国城下郡黒田郷（奈良県磯城郡田原本町黒田）としている。

(4)『古事記』には「十市県主の祖、大目の女、名は細比売《くわしひめ》命」とある。孝元天皇即位前紀に磯城県主大目の女とある。

(5)『古事記』では細比売命と並んで、春日千千速真若比売《ちぢはやまわかひめ》を娶り、千千速比売命を生んだと記されている。

(6)『古事記』には意富夜麻登玖邇阿礼比売《おおやまとくにあれひめ》命とある。

(7)『古事記』には夜麻登登母母曽毘売《やまとともももそびめ》命とある。崇神紀十年条に「倭迹迹百襲《やまとととももそ》姫命、大物主神の妻と為《な》る」とあり、三輪山伝説が掲げられている。三輪山の麓にある箸墓はこの姫の墓と伝える。

(8)『古事記』には「比古伊佐勢理毘古《ひこいさせりびこ》命亦の名は大吉備津日子命」とある。崇神紀十年九月条に四道将軍派遣の記事があり、この吉備津彦を西道に派遣したとある。

(9)『古事記』には阿礼比売《あれひめ》命の弟とある。

(10)『古事記』には崩年干支はなく、百六歳とみえるが、『日本書紀』では孝安紀七十六年条に二十六歳で立太子とみえるので百二十八歳となる。

大日本根子《おおやまとねこ》彦国牽天皇《ひこくにくるのすめらみこと》　孝元《こうげん》天皇

孝元天皇の即位

大日本根子彦国牽天皇は、大日本根子彦太瓊天皇の皇子である。母は細媛命と申し上げ、磯城県主の大目《おおめ》の女《むすめ》である。大日本根子彦太瓊天皇の三十六年の春正月に皇太子に立たれた。時に御年十九歳であった。七十六年の春二月に大日本根子彦太瓊天皇が崩ぜられた。

元年の春正月の辛未《かのとのひつじ》の朔甲申《きのえさる》（十四日）に皇太子は天皇の位につかれた。皇后（細媛命）を尊んで皇太后と申し上げた。この年は太歳丁亥《ひのとのい》である。

四年の春三月の甲申《きのえさる》の朔甲午《きのえうま》（十一日）に、都を軽《かる》の地に遷された。これを境原宮《さかいはらのみや》(1)と申し上げる。

六年の秋九月の戊戌《つちのえいぬ》の朔癸卯《みずのとのう》（六日）に、大日本根子彦太瓊天皇を片丘の馬坂陵《うまさかのみささぎ》(2)に葬りまつった。

七年の春二月の丙寅《ひのえとら》の朔丁卯《ひのとのう》（二日）に、欝色謎命《うつしこめのみこと》を皇后に立てられた。皇后は二人の皇子と一人の皇女をお生みになった。第一の皇子を大彦命《おおびこのみこと》と申し上げ、第二の皇子を稚日本根子彦大日日《わかやまとねこひこおおびび》天皇と申し上げ、第三の皇女を倭迹迹姫命《やまとととひめのみこと》(3)と申し上げる〔一説には天皇の母弟少彦男心命《すくなひこおごころのみこと》という(4)。妃の伊香色謎命《いかがしこめのみこと》は、彦太忍信命《ひこふとおしのまことのみこと》を生み、次の妃である河内の青玉繫《あおたまかけ》の女の埴安媛《はにやすひめ》は、武埴安彦命《たけはにやすびこのみこと》(5)を生んだ。第一の皇子大彦命は阿倍臣《あへのおみ》、膳《かしわで》臣、阿閉《あへ》臣、狭狭城山君《ささきのやまのきみ》、筑紫国造《つくしのくにのみやつこ》、越《こし》国造、伊賀《いが》臣らあわせて七族の始祖である。彦太忍信命は武内宿禰《たけしうちのすくね》の祖父である。

二十二年の春正月の己巳《つちのとのみ》の朔壬午《みずのえうま》（十四日）に稚日本根子彦大日日尊を皇太子に立てられた。時に御年十六歳であった。

五十七年の秋九月の壬申《みずのえさる》の朔癸酉《みずのとのとり》(6)（三日）に、大日本根子彦国牽天皇が崩ぜられた。

（1）懿徳天皇の宮「軽の曲峡宮《まがりお》」とほぼ同所か。
（2）『古事記』にも片岡の馬坂の上とする。『陵墓要覧』には所在地を奈良県北葛城郡王寺町大字王寺字小路口とする。
（3）宣長は、孝霊天皇の皇女倭迹迹日百襲姫命と同一人で、父について二説があったという（『古事記伝』）。
（4）『古事記』は大毗古命の次に少名毘古建猪心《すくなびこたけいごころ》命の名をあげ、若倭根子日子大毘々《わかやまとねこひこおおびび》命（稚日本根子大日日天皇）として、倭迹迹姫命の名はみえない。
（5）『古事記』にも建波邇夜須毗古《たけはにやすびこ》命とある。崇神紀十年九月条に、この命が謀反をはかって殺されたことがみえる。

（6）『古事記』には崩年干支はなく五十七歳とあるが、『日本書紀』では即位前紀の孝霊天皇三十六年条に十九歳で立太子とみえるので百十六歳にあたる。

稚日本根子彦大日日天皇《わかやまとねこひこおおびびのすめらみこと》　開化天皇《かいか》

開化天皇の即位

稚日本根子彦大日日天皇は大日本根子彦国牽天皇の第二皇子である。母は欝色謎命《うつしこめのみこと》と申し上げ、穂積臣《ほづみのおみ》の遠祖欝色雄命《うつしこおのみこと》の妹である。天皇は大日本根子彦国牽天皇の二十二年の春正月に皇太子に立たれた。時に御年十六歳であった。五十七年の秋九月に大日本根子彦国牽天皇が崩ぜられた。冬十一月の辛未《かのとのひつじ》の朔壬午《みずのえうま》（十二日）に皇太子は天皇の位につかれた。

元年の春正月の庚午《かのえうま》の朔癸酉《みずのとのとり》（四日）に、皇后（欝色謎命）を尊んで皇太后と申し上げた。冬十月の丙申《ひのえさる》の朔戊申《つちのえさる》（十三日）に、都を春日《かすが》の地に遷された〔春日、これを箇酒鵝《かすが》という〕。これを率川宮《いざかわのみや》という〔率川、これを伊社箇波《いざかは》という〕。この年は太歳甲申《きのえさる》である。

五年の春二月の丁未《ひのとのひつじ》の朔壬子《みずのえね》（六日）に、大日本根子彦国牽天皇を剣池嶋上陵《つるぎのいけのしまのうえのみささぎ》(1)に葬りまつった。

六年の春正月の辛丑《かのとのうし》の朔甲寅《きのえとら》（十四日）に伊香色謎命《いかがしこめのみこと》を皇后に立てられた〔これは庶

母である」。皇后は御間城《みまき》入彦《いりびこ》五十《い》瓊殖《にえ》天皇をお生みになった。これより前、天皇は丹波の竹野媛《たかのひめ》を妃とされた。竹野媛は彦《ひこ》湯産隅《ゆむすみ》命〔別名は彦《ひこ》蒋簀《もすの》命〕を生み、次の妃の和珥臣《わにのおみ》の遠祖姥津《ははつ》命の妹姥津媛《ははつひめ》は彦坐王《ひこいますのみこ》(2)を生んだ。

二十八年の春正月の癸巳《みずのとのみ》の朔丁酉《ひのとのとり》（五日）に御間城入彦尊を皇太子に立てられた。時に御年十九歳であった。

六十年の夏四月の丙辰《ひのえたつ》の朔甲子《きのえね》（九日）に、天皇は崩ぜられた。冬十月癸丑《みずのとのうし》の朔乙卯《きのとのう》（三日）に、春日の率川坂本陵《いざかわのさかもとのみささぎ》(3)に葬りまつった〔一説には坂上陵という。時に御年は百十五歳という〕(4)。

（1）『古事記』には「劔池の中崗上」とある。『陵墓要覧』には所在地を奈良県橿原市大字石川字剣池上とする。

（2）『古事記』には日子坐王とあり、妃四、子十五が掲げられている。その子孫に息長《おきなが》帯《たらし》比売《ひめ》命（神功皇后）がみえる。

（3）『古事記』には「伊《い》邪《さ》河《かわ》の坂の上」とある。『陵墓要覧』には所在地を奈良県奈良市油阪町とする。

（4）『古事記』には崩年干支はなく、六十三歳とあるが、『日本書紀』では即位前紀の孝元天皇二十二年条に十六歳で立太子とあるので、百十一歳にあたる。

日本書紀巻第五

御間城入彦《みまきいりびこ》五十《い》瓊殖天皇《にえのすめらみこと》　崇神《すじん》天皇

崇神天皇の即位

御間城入彦五十瓊殖天皇は、稚日本根子彦大日日天皇《わかやまとねこひこおおびびのすめらみこと》（開化天皇）の第二子であり、母を伊香色謎命《いかがしこめのみこと》といい、物部氏《もののべのうじ》の遠祖の大綜麻杵《おおへそき》の女《むすめ》である。天皇は、十九歳で皇太子となられた。是非善悪を判断する能力をおもちになり、聡敏で、幼少から大きなはかりごとを好まれた。壮年になられてからは、ひろやかな心をもたれ、身を謹んで、天神地祇《てんじんちぎ》を尊び、つねに帝王の事業を治めようとする心をいだかれていた。六十年の夏四月に、稚日本根子彦大日日天皇がお崩《かく》れになった。

元年の春正月の壬午《みずのえうま》の朔甲午《きのえうま》（十三日）に、皇太子（崇神天皇）は、天皇の位につかれた。皇后（開化天皇の皇后伊香色謎命《いかがしこめのみこと》）を尊んで皇太后と申し上げた。

二月の辛亥《かのとのい》の朔丙寅《ひのえとら》（十六日）に御間城姫《みまきひめ》（孝元天皇の皇子大彦命《おおびこのみこと》の女《むすめ》）を皇后とさ

れた。これより先に、皇后は、活目入彦《いくめいりびこ》五十《い》狭茅《さち》天皇《すめらみこと》（垂仁天皇）・彦《ひこ》五十《い》狭茅命《さちのみこと》・国方《くにかた》姫命《ひめのみこと》・千千《ちち》衝倭姫命《つくやまとひめのみこと》・倭彦命《やまとひこのみこと》・五十《い》日鶴彦命《かつるひこのみこと》をお生みになった。又《また》の妃《みめ》である紀《き》伊国《のくに》の荒河戸畔《あらかわとべ》の女、遠津年魚眼眼妙媛《とおつあゆめまくわしひめ》〔一説によれば、大海宿禰《おおしあまのすくね》の女、八坂振天某辺《やさかふるあまいろべ》という〕(1)は、豊城入彦命《とよきいりびこのみこと》（毛野氏系諸氏の祖とされる）・豊鍬入姫命《とよすきいりびめのみこと》を生んだ。次《つぎ》の妃《みめ》である尾張大海媛《おはりのおおしあまひめ》は、八坂入彦命《やさかのいりびこのみこと》・渟名城入姫命《ぬなきのいりびめのみこと》・十市瓊入姫命《とおちにいりびめのみこと》を生んだ。この年は、太《たい》歳甲申《さいきのえさる》である。

三年の秋九月に、都を磯城《しき》（大和国城上《しきのかみ》・城下《しきのしも》郡の地）に遷した。これを瑞籬宮《みずかきのみや》（奈良県桜井市金屋付近）という。

四年の冬十月の庚申《かのえさる》の朔壬午《みずのえうま》（二十三日）に、詔して、

「そもそもわが皇祖の諸天皇たちが、天子の位についてきたのは、ただ一身のためではない。けだし人神《ひと》を治め、天下を整えるためである。それゆえに、世々《よよ》、よく奥深い功業をあらわし、時に至徳を施してきたのである。いま私は、天運を承って、人民をめぐみ養うこととなった。どのように皇祖の跡にしたがい、ながく無窮の天子の位を保ったらよいのであろうか。それには、おまえたち群卿百僚が、忠貞をつくし、ともに天下を安く平らかに治めることが、やはり大切であろう」

と仰せられた。

疾疫の流行

五年に、国内に疾疫が多く、人民で死亡する者があって、その数は人口の半ばをこえようとした。

六年に、百姓が流亡した。あるいは背く者も出て、その勢いは、徳をもって治めることを困難にした。そこで、天皇は朝早く起きられ、夜遅くまで、謹んで天神地祇をお祭りになって謝罪された。これより先、天照大神と倭大国魂《やまとのおおくにたま》の二はしらの神を、天皇の居所の中にお祭りしていたのであるが、神々は、それぞれの威勢を遠慮されて、ともに住みたもうことを心地よく思われなかった。そこで、天照大神には、豊鍬入姫命《とよすきいりびめのみこと》をお付けになって、倭《やまと》の笠縫邑《かさぬいのむら》(2)に祭られた。そして磯堅城《しかたき》の神籬《ひもろき》〔神籬、これを比莽呂岐《ひもろき》という〕を立てた。また、日本大国魂神《やまとのおおくにたまのかみ》には、渟名城入姫命《ぬなきのいりびめのみこと》をお付けになって、お祭りをさせた。しかし渟名城入姫は、髪がぬけ落ち、身体が痩せ細って大国魂神をお祭りすることができなかった。

七年の春二月の丁丑《ひのとのうし》の朔辛卯《かのとのう》(十五日)に、詔して、

「むかし、わが皇祖は、大いに天《あま》つ日嗣《ひつぎ》をお啓《ひら》きになった。その後に、天子の事業は、いよいよ栄え、天皇の教化は、ますます盛んとなった。ところが、いま私の世になって、しばしば災害に見舞われるとは、思ってもみないことであった。朝廷に善政がないために、

天神地祇の咎《とが》を受けるのではないかと恐れる。どうして亀卜《きぼく》をして、災害の起こる原因を究めずにいられようか」

と仰せられた。そこで、天皇は、ただちに神浅茅原《かむあさぢはら》（奈良県桜井市笠の浅茅原、同市茅原などの地という）に行幸されて、八十万《やそよろず》の神たちを集められ、占いをなさった。このときに、神明《かみ》倭《やまと》迹迹《とと》日《び》百《もも》襲《そ》姫命《ひめのみこと》に神が乗り移って、

「天皇よ、どうして国が治まらないのを心配するのか。もしよく私を敬い祀《まつ》れば、かならず平穏になるはずである」

と仰せられた。天皇は、

「このように仰せられるのは、何という神なのでしょうか」

と尋ねられた。神が答えられて、

「私は、倭国《やまとのくに》の境域内にいる神で、名を大物主神《おおものぬしのかみ》というのだ」

と言われた。こうして神のお言葉を得て、教えのとおりに祭祀をした。しかし、なおいっこうに効きめがなかった。そこで天皇は、沐浴斎戒《もくよくさいかい》をされて、殿内を清浄にし、お祈りをされて、

「私が神を敬うことが、まだ十分ではないのであろうか。神が私の献ずるものを享受されないことが何とはなはだしいのだろうか。願わくは、また夢の中でお教えくださって、神様の愛をお示しください」

と申された。その夜の夢に、ひとりの貴い方が現われて、殿のほとりに向かい立って、自分から大物主神と名乗り、

「天皇よ、もう心配することはない。国が治まらないのは、私の意《こころ》によるものなのだ。もし私の子の大田田根子《おおたたねこ》に、私を祀らせれば、たちどころに平穏になるはずである。また海外の国も、自然に帰伏するにちがいない」

と仰せられた。

秋八月の癸卯《みずのとのう》の朔己酉《つちのとのとり》（七日）に、倭迹速神浅茅原目妙姫《やまとととはやかむあさぢはらまくわしひめ》・穂積臣《ほづみのおみ》の遠祖大水口宿禰《おおみくちのすくね》・伊勢の麻績君《おみのきみ》の三人は、同じ夢を見て、

「昨夜、夢を見ましたが、一人の貴い方が現われて、大田田根子命を、大物主大神を祭る神主とし、また市磯長尾市《いちしのながおち》を、倭大国魂神《やまとのおおくにたまのかみ》を祭る神主とすれば、かならず天下は太平になろうと言われた」

と申し上げた。天皇は、夢のお告げを得て、ますます喜ばれた。ひろく天下に布告して、大田田根子を探されたところ、すぐに茅渟県《ちぬのあがた》（和泉国一帯の古称）の陶邑《すえのむら》で大田田根子を見つけだされてたてまつられた。天皇は、ただちに親しく神浅茅原に臨御なさって、諸王・卿および八十諸部《やそもろとものお》（朝廷の各種のトモの首長）を集められ、大田田根子に、

「あなたは、いったい誰の子なのか」

とお尋ねになった。大田田根子はそれにお答えして、

「父は大物主大神と申し、母は活玉依媛《いくたまよりびめ》と申します。陶津耳《すえつみみ》の女《むすめ》です——別の説では、奇《くし》日方天日方武茅渟祇《ひかたあまひかたたけちぬつみ》の女ともいわれている——」

と言われた。天皇は、

「私は、栄えようとしているのだなあ」

と仰せられた。そこで物部連《もののべのむらじ》の祖先である伊香色雄《いかがしこお》を、神班物者《かみのものあかつひと》（神に捧げる物を割り当てる人）としたいと占ったところ、

「吉《よ》し」

と出た。またついでに他の神をお祭りしたいと占ったところ、

「吉《よ》からず」

ということであった。

十一月の丁卯《ひのとのう》の朔己卯《つちのとのう》（十三日）に、伊香色雄に命じて、物部の八十平瓮《やそひらか》を、祭神の物とさせた。すなわち大田田根子を、大物主大神を祭る神主とし、また長尾市を、倭大国魂神を祭る神主とした。そうして後に、他の神を祭りたいと占ったところ、

「吉《よ》し」

と卜《ぼく》に出た。そこで特に八十万《やそよろず》の神々を祭り、そして天社《あまつやしろ》・国社《くにつやしろ》および神地《かんどころ》・神戸《かんべ》を定めた。こうして疫病ははじめて消滅し、国内はしだいに平穏になった。五穀も、すっかり稔《みの》って、百姓は富み栄えたのである。

八年の夏四月の庚子《かのえね》の朔乙卯《きのとのう》（十六日）に、高橋邑《たかはしのむら》（奈良市杏町高橋とも天理市櫟本町付近ともいう）の人である活日《いくひ》を大神《おおみわ》（大物主大神）の掌酒《さかびと》〔掌酒、これを佐介弭苔《さかびと》という〕とした。

冬十二月の丙申《ひのえさる》の朔乙卯《きのとのう》（二十日）に、天皇は、大田田根子に大神を祭らせた。この日、活日はみずから神酒をささげて、天皇に献じた。そこで歌をよんで、

此《こ》の神酒《みき》は　我が神酒ならず　倭成《やまとな》す　大物主の　醸《か》みし神酒　幾久《いくひさ》　幾久（この神酒は私の神酒ではない。倭の国を造られた大物主大神がお作りになった神酒である。幾世までも久しく栄えよ栄えよ）

と言った。このように歌をよんで、神宮《かみのみや》で宴会をした。そうして宴会が終わると、諸大夫たちが歌をよんで、

味酒《うまさけ》　三輪《みわ》の殿《との》の　朝門《あさと》にも　出《い》でて行かな　三輪の殿門《とのと》を（一晩中酒宴をして、三輪の社殿の朝開く戸口を通って帰って行こう）

と言った。ここに、天皇も歌をよまれて、

味酒　三輪の殿の　朝門にも　押し開かね　三輪の殿門を（三輪の社殿の戸を、朝になってから押し開いてお帰りなさい）

とお歌いになった。そうして神宮の門を開いてお帰りになった。いわゆる大田田根子は、いまの三輪君《みわのきみ》たちの始祖である。

九年の春三月の甲子《きのえね》の朔戊寅《つちのえとら》（十五日）に、天皇の夢に神人《かみ》が現われて、教えて、

「赤盾《あかたて》八枚・赤矛《ほこ》八竿《さお》をもって、墨坂神《すみさかのかみ》を祠《まつ》りなさい。また黒盾八枚・黒矛八竿をもって、大坂神《おおさかのかみ》を祠《まつ》りなさい」

と仰せられた。


四月の甲午《きのえうま》の朔己酉《つちのとのとり》（十六日）に、夢の教えのとおりに、墨坂神・大坂神をお祭りになった。


十年の秋七月の丙戌《ひのえいぬ》の朔己酉《つちのとのとり》（二十四日）に、群卿に詔して、

「人民を導く根本は、教化することである。いま、すでに天神地祇を敬って、災害はみな消えうせてしまった。しかし、遠方の国の人どもは、なお臣民となっていない。これは、まだ王化に慣れていないためであろう。そこで群卿を選んで、四方に遣わして、私の教えを知らしめよう」

と仰せられた。

四道将軍

九月の丙戌《ひのえいぬ》の朔甲午《きのえうま》（九日）に、大彦命《おおびこのみこと》を北陸に遣わし、武渟川別《たけぬなかわわけ》を東海に遣わし、吉備津彦《きびつひこ》を西道に遣わし、丹波道主命《たにはのちぬしのみこと》を丹波に遣わした。そして詔して、

「もし教えを受けいれない者があれば、ただちに戦争を起こして討伐せよ」

と仰せられた。こうして、ともに印綬を賜わって将軍に任命した。壬子《みずのえね》（二十七日）に、大彦命が和珥坂《わにのさか》（奈良県天理市和珥）の上に至ったとき、少女がいて歌をうたった〔一説では、大彦命が山背《やましろ》の平坂《ひらさか》に至ったとき、道の側に童女がいて歌をよんだという〕。

御間城入彦《みまきいりびこ》はや　己《おの》が命《を》を　弑《し》せむと　窃《ぬす》まく知《し》らに　姫遊《ひめなそび》すも（御間城入彦〔崇神天皇〕よ。自分の命を殺そうと、時をうかがっていることを知らずに、若い娘と遊んでいて）〔一説では、「大き戸より窺ひて　殺さむと　すらくを知らに　姫遊すも（大きな戸口より、うかがって殺そうとしているのを知らずに、若い娘と遊んでいて）」ともいう〕

さて、大彦命は、これを怪しんで、少女に、

「おまえが言っていることは、どういうことなのか」

と尋ねた。その少女は答えて、

「別に意味はないのです。ただ歌っただけのことです」

と言った。そして再び前の歌を歌って、たちまち見えなくなってしまった。大彦命は、とって返して、その模様をつぶさに天皇に奏上した。さて、天皇の姑《おば》で、聡明で叡智《えいち》があり、よく行く末のことを知っていた倭迹迹日百襲姫命《やまとととびももそひめのみこと》は、即座にその歌の不吉な前兆を知って、天皇に、

「これは、武埴安彦《たけはにやすびこ》が謀反を起こそうとしている表《しるし》です。わたくしは、武埴安彦の妻吾田《あた》媛《ひめ》がひそかにやって来て、倭の香山《かぐやま》の土を取り、領巾《ひれ》の端につつんで呪言をして、『これ

は、倭国《やまとのくに》の物実《ものしろ》です』と申して、すぐに帰っていったのを知っています〔物実、これを望能志呂《ものしろ》という〕。これによって、事件が起こることを察したのです。早く対策を講じなければ、きっと手後《ておく》れになるでしょう」

と申し上げた。

そこで、改めて諸将軍を引き留めて、協議させた。まもなく、武埴安彦と妻の吾田媛とは、朝廷を倒そうとして、軍を起こして急遽《きゅうきょ》攻め寄せてきた。それぞれ別の道を通り、夫は山背から、妻は大坂（奈良県香芝市逢坂付近）から、同時に侵入して、帝都を襲撃しようとした。

そのとき、天皇は、五十狭芹彦命《いさせりびこのみこと》を遣わして、吾田媛の軍を攻撃させた。すなわち、五十狭芹彦命は大坂で遮って、全軍を大いに打ち破り、吾田媛を殺し、残らずその兵士を斬り捨てた。また大彦と和珥臣《わにのおみ》の遠祖である彦国葺《ひこくにぶく》とを遣わして、山背に向かわせ、埴安彦を攻撃させた。そこで忌瓮《いわいべ》(3)を、和珥の武鐰坂《たけすきのさか》の上にすえ、精兵を率い、進んで那羅山《ならやま》（奈良市北郊、奈良坂付近の丘陵）に登って出陣した。そのときに、官軍が多く集まって、草木を蹢跙《ふみなら》したので、その山を名づけて、那羅山といった〔蹢跙は、布瀰那羅須《ふみならす》という〕。ついで那羅山を去って進軍し、輪韓河《わからがわ》に到達し、埴安彦と、河をはさんで対峙《たいじ》し、それぞれ戦いを挑んだ。そこで、時の人は、改めてその河を名づけて、挑河《いどみがわ》といった。いま泉河《いずみがわ》（木津川）というのは、それが訛ったものである。

埴安彦は、遠くから望み見て、彦国葺に、

「どうしておまえは軍を起こして来たのだ」

と尋ねた。これに答えた彦国葺は、

「おまえは、天に逆らって、勝手な振舞をし、朝廷を傾けようとしている。だから正義の兵を起こして、おまえの叛逆を討伐しようとしているのだ。これは、天皇の命令である」

と言った。こうして、それぞれ二人は先を争って射た。武埴安彦が、まず彦国葺を射たが、あたらなかった。今度は彦国葺が埴安彦を射たところ、胸にあたって死んでしまった。彼の軍衆は、これに脅《おび》えて逃げ出した。即座に追撃して河の北で撃破し、首を斬り落とされた兵士の数は半ばを超えた。屍体が多く溢《あふ》れていた。そこで、その所を名づけて、羽振苑《はふりその》というのである。また、その兵士が怖れ逃げて、屎《くそ》が褌《はかま》から漏れた。そこで甲《よろい》を脱いで逃げ去ろうとした。しかし、逃げることができないと知って、叩頭《のみ》（頭を地につけて謝罪）して、「我君《あぎ》」と言った。そこで、時の人は、その甲《よろい》を脱いだ所を名づけて、伽和羅《かわら》(4)といった。褌から屎が落ちた所を屎褌《くそばかま》という。いま、樟葉《くすば》（大阪府枚方市楠葉）というのは、それが訛ったものである。また叩頭《のみ》した所を名づけて、我君《あぎ》（京都府木津川市山城町平尾の涌森）という〔叩頭、これを酒務《のむ》という〕。


その後、倭迹迹日百襲姫命は、大物主神の妻となった。しかし、その神は、いつも昼には現われないで、夜だけやって来た。倭迹迹姫命は、夫に語って、

「あなたはいつも昼間来られないので、はっきりとあなたの顔を見ることができません。どうぞしばらくのあいだ留まっていてください。明朝に、謹んで美しい容姿を見てさしあげたいと思います」

と言った。大神は、それに答えて、

「道理はよくわかった。私は、明朝に、あなたの櫛笥《くしげ》に入っていよう。どうか私の姿に驚かないでくれよ」

と言われた。そこで倭迹迹姫命は、心の中でひそかにいぶかしく思われた。朝になるのを待って櫛笥を見ると、実に美しい小さな蛇が入っていた。その長さや太さは衣紐《したひも》のようであった。そこで倭迹迹姫命は驚いて叫んだ。そのとき、大神は恥辱を感じて、たちまち人の形になられた。そして妻に語って、

「あなたは我慢できないで私に恥をかかせた。私は報復としてあなたに恥辱を加えるだろう」

と言われた。そうして大空を舞って、御諸山《みもろやま》（奈良県桜井市三輪山）に登られた。こうして倭迹迹姫命は、御諸山を仰ぎ見て、後悔しながら急居（急にすわる）した〔急居、これを菟岐于《つきう》という〕。そのとき、箸《はし》が陰部に撞《つ》きささって薨《こう》じられた。そこで大市《おおち》（奈良県桜井市の北部）に葬った。だから、時の人は、その墓を名づけて、箸墓《はしのみはか》というのである。この墓は、昼は人が作り、夜は神が作ったのである。大坂山（奈良県北葛城郡二上山の北側の

山）の石を運んで築造した。そのとき、山から墓に至るまで、人民が立ちならんで、手から手へ石を渡して運んだ。時の人は歌をよんで、

大坂に　継ぎ登れる　石群《いしむら》を　手遞伝《たごし》に越さば　越しかてむかも（大坂山に下から上まで続いている石は、重くて大変だけれども、手渡しで渡して行けば、渡せるだろうかなあ）

と言った。

冬十月の乙卯《きのとのう》の朔に、群臣に詔して、

「いまや、叛《そむ》いていた者は、ことごとく誅《ちゅう》に伏《ふく》した。朝廷の支配する領域には、問題がなくなった。ただし支配領域外の荒れくるう人どもだけが、まだ騒いでいて鎮まっていない。そこで、四道将軍たちは、いまただちに出発せよ」

と仰せられた。丙子《ひのえね》（二十二日）に、将軍たちは、ともに出発した。

十一年の夏四月の壬子《みずのえね》の朔己卯《つちのとのう》（二十八日）に、四道将軍は、夷賊《いぞく》を平定した状況を奏上した。

この年、異俗の人が多く帰順し、国内は安らかとなった。

戸口の調査

十二年の春三月の丁丑《ひのとのうし》の朔丁亥《ひのとのい》（十一日）に、詔して、

「私は、はじめて天子の位をついで、宗廟《そうびょう》を保つことができたが、光輝がふさがれると

ころがあって、威徳をもってしても安らかにすることができなかった。そのため陰陽が錯《さく》謬《びゅう》し、寒暑が順序を失い、疫病がはびこって、百姓が災難を受けた。しかし、いま罪を祓《はら》い、過ちを改めて、あつく天神地祇を敬い、また教えを施して、荒れくるう人どもを安く平らかに治め、軍を起こして、従わない者を討った。これによって、朝廷では廃《すた》れた事業がなく、人民で世を逃れて隠れている者がなくなった。教化が行きわたって、人民が生業を楽しむこととなった。異俗の人も通訳を重ねて来朝し、海外の国の人までも、すでに帰化してきた。(5)この時にあたって、さらに人民の戸口《ここう》を調査し、長幼の次第や、課役の軽重を知らしめなければならない」

と仰せられた。

秋九月の甲辰《きのえたつ》の朔己丑《つちのとのうし》(十六日)に、はじめて人民の戸口を調査し、また調役を賦課した。これを男の弭調《ゆはずのみつき》(獣肉・皮革などの狩猟生産物)、女の手末調《たなすえのみつき》(絹・布などの手工業生産物)という。これによって、天神地祇はともに柔和となり、風雨は時に順《したが》って、百穀は成熟した。家々には物が満ち足り、人々は満足して、天下は非常に平穏になった。そこで、天皇を誉め讃えて御肇国天皇《はつくにしらすすめらみこと》(6)と申し上げた。

十七年の秋七月の丙午《ひのえうま》の朔に、詔して、

「船は天下にとって大切なものである。いま海辺の民は、船がなくてははなはだ運搬に苦しんでいる。そこで諸国に命じて、船舶を造らせるように」

と仰せられた。

冬十月に、はじめて船舶を造った。

四十八年の春正月の己卯《つちのとのう》の朔戊子《つちのえね》（十日）に、天皇は、豊城命《とよきのみこと》・活目尊《いくめのみこと》に勅して、「おまえたち二人の皇子に対する慈愛は等しい。どちらを皇太子としたらよいのかわからない。それぞれ夢を見てほしい。私は、その夢で占うことにしよう」

と仰せられた。

二人の皇子は、そこで天皇の仰せにしたがって、川で水あびをし、髪を洗って、お祈りをし眠った。おのおの夢を見ることができた。夜がほのぼのと明けようとするころに、兄の豊城命は、夢での言葉を天皇に奏上して、

「みずから御諸山に登って東の方に向かって、八回槍を突き出し、八回刀を空に振る夢を見ました」

と申された。弟の活目尊は、夢での言葉を奏上して、

「みずから御諸山の嶺《みね》に登って、縄を四方に引きわたし、粟を食べる雀を追い払う夢を見ました」

と言われた。そこで、天皇は夢合せをなさって、二人の皇子に語って、

「兄は、東方だけに向かっていたので、まさに東国を治めるのに適している。弟は、あまねく四方に臨んでいたので、わたしの位を嗣《つ》ぐのがよい」

と仰せられた。

四月の戊申《つちのえさる》の朔丙寅《ひのえとら》（十九日）に、活目尊を立てて、皇太子とされた。豊城命をもって、東国を治めさせた。これが上毛野君《かみつけののきみ》・下毛野君《しもつけののきみ》の始祖である。

神宝の貢上

六十年の秋七月の丙申《ひのえさる》の朔己酉《つちのとのとり》（十四日）に、群臣に詔して、

「武日照命《たけひなてるのみこと》〔一説では、武夷鳥《たけひなとり》という。別の説では天夷鳥《あめひなとり》ともいう〕が、天上より持って来た神宝を、出雲大神《いずものおおかみ》の宮に収納してある。これを見たい」

と仰せられた。そこで、矢田部造《やたべのみやつこ》の遠祖である武諸隅《たけもろすみ》〔一書に、一名は大母隅《おおもろすみ》というとある〕を遣わして献上させた。このときに、出雲臣《いずものおみ》の遠祖である出雲振根《いずもふるね》が、神宝を管理していた。さて、出雲振根が筑紫国に出かけていたので、武諸隅は会うことができなかった。出雲振根の弟の飯入根《いいいりね》は、さっそく皇命を受けて、神宝を弟の甘美韓日狭《うましからひさ》と子の鸕濡渟《うかずくぬ》とに持たせて貢上した。やがて出雲振根が筑紫より帰って来て、神宝を朝廷に献じたということを聞いて、弟の飯入根を責めて、

「数日待つべきであった。何を恐れて、たやすく神宝を手放したのだ」

と言った。こういうわけで、年月を経てからも、なお恨みをいだいて、弟を殺そうという気持があった。そこで、弟を欺いて、

「このごろ、止屋《やむや》の淵《ふち》(7)にたくさん萎《も》(水草の名。アサザ)が生えたから、一緒に行って見ようではないか」

と言った。弟は、兄に従って行った。これより先に、兄は、ひそかに木刀を作っていた。その形は真刀に似ていた。そのとき、その木刀をみずから腰に着け、弟は本当の刀を帯びて、一緒に淵の辺《ほとり》に至ると、兄は、弟に話しかけて、

「淵の水は清冷だから、一緒に水あびしようではないか」

と言った。弟は、兄の言葉に従い、それぞれ腰に着けていた刀を解いて、淵の辺に置き、水の中に入って水あびをした。間もなく兄はさきに陸に上がって、弟の真刀を取って自分の腰に着けてしまった。あとから上がって来た弟は、驚いて兄の木刀を取り、攻撃しあった。弟は、木刀を抜くことができず、兄は、弟の飯入根を打ち殺してしまった。そこで、時の人は、歌を作って、うたった。

や雲立つ　出雲梟帥《たける》が　佩《は》ける太刀　黒葛多巻《つづらさはま》き　さ身無しに　あはれ（出雲建《たける》の佩いていた太刀は、葛をたくさん巻いてあったが、中身がなくて気の毒であった）

そこで、甘美韓日狭《うましからひさ》・鸕濡渟《うかずくぬ》が、朝廷に参上して来て、つまびらかにその様子を奏上した。即座に吉備津彦と武渟河別《たけぬなかわわけ》とを遣わして、出雲振根を殺した。ゆえに出雲臣らは、このことを畏《かしこ》まって、しばらくの間、大神を祭らなかった。そのとき、丹波の氷上《ひかみ》(兵庫県丹波市氷上町)の人で、名は氷香戸辺《ひかとべ》という者が、皇太子の活目尊に申し上げて、

「自分の子に小児がおりますが、ひとりでに口を開いて申しますのには、玉萎鎮石《たまものしづし》。出雲人の祭《いのりまつ》る、真種《またね》の甘美鏡《うましかがみ》。押し羽振る、甘美御神、底宝御宝主《そこたからみたからぬし》。山河の水泳《みくく》る御魂《みたま》。静挂《しづか》かる甘美御神、底宝御宝主（玉のような水草の中に沈んでいる石。出雲人の祈り祭る、本物の見事な鏡。力強く活力を振るう立派な御神の鏡、水底の宝、宝の主。山河の水の洗う御魂。沈んで掛かっている立派な御神の鏡、水底の宝、宝の主）〔萎、これを毛《も》という〕。

ということでございます。これは小児の言葉としては似つかわしくありません。あるいは神がついて言うのであるかもしれません」

と言った。そこで、皇太子が天皇にこのことを奏上したところ、ただちに勅して大神を祭らしめられた。

六十二年の秋七月の乙卯《きのとのう》の朔丙辰《ひのえたつ》（二日）に、詔して、

「農業は国家の大きな基本である。人民の生きるよりどころである。いま河内の狭山《さやま》（大阪府大阪狭山市）の埴田《はにた》（粘土質の田地のことか。現在大阪狭山市に半田の地名がある）の水が少ないので、その国の百姓が農事を怠っている。そこで、たくさんの池溝を掘って、人民の農業をひろめよ」

と仰せられた。

冬十月に、依網池《よさみのいけ》（大阪府堺市池内）を造った。

十一月に、苅坂池《かりさかのいけ》・反折池《さかおりのいけ》を作った。〔一説では、天皇が桑間宮《くわまのみや》におられて、この三つの池を造られたという〕

六十五年の秋七月に、任那国《みまなのくに》(8)が、蘇那曷叱知《そなかしち》(9)を遣わして朝貢して来た。任那は、筑紫国を去ること二千余里で、北の方の海をへだてて鶏林《しらき》（新羅の別名）の西南にある。

天皇は、即位されてから六十八年の冬十二月の戊申《つちのえさる》の朔壬子《みずのえね》（五日）に、崩ぜられた。時に、御年百二十歳。翌年の秋八月の甲辰《きのえたつ》の朔甲寅《きのえとら》（十一日）に、山辺道上陵《やまのへのみちのへのみささぎ》に葬りまつった。

(1) この分注は、つぎに見える尾張大海媛についてのものとする説が正しいであろう。

(2) 位置未詳。奈良県磯城郡田原本町新木、桜井市笠山荒神境内、同市三輪檜原神社境内などの地にあてる説がある。かつて笠縫部の居住した地か。

(3) 神祭に用いる甕で、その下部を埋めて地上にすえ、神を祭って、軍の首途《かどで》を祝ったもの。

(4) 現在の京都府京田辺市河原。「カワラ」は、擬音語で、甲を脱ぐときに、カラカラという音がしたという意にもとづくものであると解されている。甲を古く「カワラ」といったと説く者もあるが、確かではない。

(5) もちろん、これまで外国人の来朝や帰化してきたことの記事は見えない。あるいは四道将軍による畿外服属のことを、ここではいっているのかも知れない。

(6) 『古事記』には、「初国《はつくに》知らし御真木天皇《みまきのすめらみこと》」とある。国土を最初に支配した者の意味で、神武天皇についても、神武天皇元年条に、「始馭天下之《はつくにしらす》天皇《すめらみこと》」とあるのは、周知のとおりである。この称号は、本来崇神天皇に与えられたものであったのが、神武天皇にも及ぼされ、皇室の起源を古くするため神武天皇を造作したとする説とか、この称号は、国土の創設者という観念的な呼称にすぎないから、もともとそれに類する物語の持ち主である両天皇に対して与えたもので、特定の呼称が、他の者に移されたものではないとする説などがある。

(7) 出雲国神門郡塩冶郷の地。『出雲国風土記』神門郡の条に、「塩冶《やむや》の郷《さと》、郡家の東北のかた六里なり。阿遅須枳高日子命の御子、塩冶毗古能命、坐《いま》す。故《かれ》、止屋《やむや》といふ。神亀三年、字を塩冶と改む」と見える。現在の島根県出雲市今市町・大津町・塩冶町にあたる。

(8) 崇神天皇の御名である御間城入彦《みまきいりびこ》に付会するために任那の朝貢記事を、ここにかかげたと考えることもできる。またこの記事が、対外関係記事としては、最初のものであるので、『日本書紀』の編纂者は、崇神天皇の時代が国内での飛躍的発展の時代であるとしたため、あわせて対外関係の始まる時代とする意図をもって、この記事を掲出したとも考えられている。そして、相手国を任那としたのは、『日本書紀』の編纂された時代、すなわち七〜八世紀初頭の任那問題を中心とした対外関係の歴史事情が反映しているのではないかといわれている。なお、任那の名が見える最古の例は、高句麗の広開土王碑（四一四年建立）に、「任那加羅」とあるのがそれである。垂仁天皇二年是歳条の分注（二八八ページ）に、御間城（崇神）天皇のときに、はじめて朝貢したから天皇の御名である御間城入彦をとって「みまな国」としたというのは、後世の付会であろう。

(9) 蘇那曷叱知は、垂仁天皇二年是歳条の分注に見える都怒我阿羅斯等《つぬがあらしと》のまたの名として記載されている于斯岐阿利叱智干岐《うしきありしちかんき》の于斯岐と同名であると見るのが正しいようである。というのは、「蘇」は、「于斯」（手）の朝鮮語 sio を写し、「那曷」は、「岐」（来）と同じ意味である「出る」

「行く」の朝鮮語の語根 na-ka を写したものと解することができるからである。

日本書紀巻第六

活目《いくめ》入彦《いりびこ》五十《い》狭《さ》茅天皇《ちのすめらみこと》　垂仁《すいにん》天皇

垂仁天皇の誕生と即位

活目入彦五十狭茅天皇は御間城《みまき》入彦《いりびこ》五十《い》瓊殖天皇《にえのすめらみこと》（崇神天皇）の第三子である。母の皇后は、御間城姫《みまきひめ》と申し上げ、大彦命《おおびこのみこと》の女《むすめ》である。天皇は、御間城天皇の二十九年、歳次壬子《ほしみずのえねにやどるとし》の春正月の己亥《つちのとのい》の朔に、瑞籬宮《みずかきのみや》でお生まれになった。お生まれつきしっかりして御立派なお姿であらせられた。壮年におなりになってから人とはかけはなれて優れた大きな度量をお持ちになり、人となりは、真実にお従いになって、たわめたり飾ったりなされなかった。父の天皇は、愛されて、おそばに召し置かれた。二十四歳のとき、夢のしるしによって、立って皇太子となられた。

六十八年の冬十二月に、御間城入彦五十瓊殖天皇がお崩れになった。

元年の春正月の丁丑《ひのとのうし》の朔戊寅《つちのえとら》（二日）に、皇太子は、天皇の位におつきになった。

冬十月の癸卯《みずのとのう》の朔癸丑《みずのとのうし》（十一日）に、御間城天皇を山辺道上陵《やまのへのみちのへのみささぎ》に葬り申し上げた。

十一月の壬申《みずのえさる》の朔癸酉《みずのとのとり》（二日）に、皇后（崇神天皇の皇后、御間城姫）を尊んで皇太后と申し上げた。この年は、太歳壬辰《みずのえたつ》である。

二年の春二月の辛未《かのとのひつじ》の朔己卯《つちのとのう》（九日）に、狭穂姫《さほびめ》を皇后にお立てになった。后《きさき》は、誉津別命《ほむつわけのみこと》をお生みになった。誉津別命がお生まれになると、天皇は命を愛されて、つねにおそばにお置きになった。壮年になられても、お言葉が言えなかった。

冬十月に、さらに纏向《まきむく》（大和国城上郡の地、現在奈良県桜井市北部）に都がつくられた。これを珠城宮《たまきのみや》という。

任那人と新羅人の抗争

この年、任那人《みまなびと》、蘇那曷叱智《そなかしち》が、

「国に帰ります」

と申した。おそらく、先皇の御代に来朝して、まだ帰っていなかったのであろう。そこで、蘇那曷叱智に手厚い贈り物を賜わった。すなわち赤絹一百匹を持たせて任那の王《こきし》に賜わった。しかし、新羅人《しらきびと》が、道を遮ってそれを奪ってしまった。この両国の憎しみは、このときにはじめて起こったのである。

〔一説によれば、御間城天皇の御世に、額に角の生えた人が、ひとつの船に乗って、越国《こしのくに》の笥飯浦《けひのうら》（福井県敦賀市気比神社付近）に碇泊《ていはく》した。したがって、そこを名づけて角鹿《つぬが》というのである。その人に、

「どこの国の人か」

と尋ねたら、答えて、

「意富加羅国《おほからのくに》の王《こきし》の子で、名は都怒我阿羅斯等《つぬがあらしと》、またの名を于斯岐阿利叱智干岐《うしきありしちかんき》といいます。人づてに、日本国に聖皇（崇神天皇をさす）がおられるとうけたまわって、帰化したのです。穴門《あなと》（後の長門国西南部の古称）に至ったとき、その国に、名を伊都都比古《いつつひこ》という人がいて、私に語って、『われは、この国の王である。自分のほかに別の王はいない。だから他のところに行ってはならぬ』と言いました。しかし、私は、よくよくその人となりを見て、けっして王ではないということを察しました。そこで、またそこから退去しました。しかし道がわからなくて、島々や浦々をさまよいました。北海《きたつうみ》（南部日本海）を廻って、出雲国を経て、ここにまいりました」

と言った。このとき、崇神天皇の崩御に遭遇した。そのまま留まって活目天皇にお仕えして三年が経過した。天皇は、都怒我阿羅斯等に尋ねられて、

「おまえは、国に帰りたく思っているのか」

と仰せられた。阿羅斯等は、お答えして、

「そのように望んでおります」

と申し上げた。天皇は、阿羅斯等に詔して、

「おまえは、道に迷うことなく、まちがいなくもっと早くやって来ていたら、先皇にお会いしてお仕えできたであろう。そこで、おまえの本国の名を改め、御間城天皇の御名を追負して、おまえの国の名としなさい」

と仰せられた。そこで赤織の絹を阿羅斯等に賜わり、本国にお返しになった。その国の名を弥摩那国《みまなのくに》というのは、このような縁があるのである。こうして、阿羅斯等は、賜わった赤絹を、自分の国の郡府に収納した。新羅人がそれを聞いて、軍を起こしてやって来て、その赤絹をみな奪ってしまった。これが両国の憎しみの原因となったといわれている。

一説によれば、もと都怒我阿羅斯等が、国にいたときに、黄牛に農具を負わせて、田舎に行ったところ、黄牛が急にいなくなってしまった。すぐさま足跡を尋ね求めたら、足跡は、ある郡家《むら》の中で留まっていた。そのとき、一人の老夫がいて、

「あなたのさがしている牛は、この郡家《むら》の中に入った。だが、郡公《むらつかさ》らは、牛が背負っている農具から推すと、まちがいなく殺して食べてしまうために用意したものである。もしも、その所有者がさがしに来れば、物を代償にやればよいといって、殺して食べてしまった。もし、牛の代償としてなにを得たいと思うかと聞かれたら、財物《たから》を望まない

で、郡内で祭っている神を得たいと思うと、そう言いなさい」

と言った。しばらくして、郡公らがやって来て、

「牛の代償になにが欲しいのか」

と尋ねたので、老父の教えのように答えた。その祭る神は、なんと白い石であった。そこで、白い石を牛の代償とした。そうして家に持って来て寝室の中に置いておいたら、その神石は、美しい乙女となった。そこで、阿羅斯等は、大いに喜んで交わろうと思った。ところが、阿羅斯等が、よそに出かけている間に、乙女は、たちまちいなくなってしまった。阿羅斯等は、たいへん驚いて、自分の妻に尋ねて、

「乙女は、どこへ行ってしまったのか」

と言った。妻は、

「東の方へ向かって行った」

任那を中心にした朝鮮半島南部

と答えた。すぐに尋ね追い求めて、ついに遠く海を越えて日本国にやって来た。尋ね求めるところの乙女は、難波《なにわ》に来て、比売語曾社《ひめごそのやしろ》の神となった。あるいは、豊国《とよのくに》の国前《くにさき》郡（豊後国国埼郡）に来て、やはり比売語曾社の神となった。この二ヵ所にならび祭られたといわれている。」

三年の春三月に、新羅の王の子《こきし》天日槍《あめのひほこ》が来帰した。持ってきた物は、羽太《はふと》の玉一個・足高《あしたか》の玉一個・鵜鹿鹿《うかか》の赤石の玉一個・出石《いずし》の小刀一口・出石の桙《ほこ》一枝・日鏡《ひのかがみ》一面・熊の神籬《ひもろき》一具、あわせて七つであった。それを但馬国《たじまのくに》に納めて、ながく神の物とした。

〔一説によると、以前に天日槍が、艇《はしぶね》に乗って播磨国《はりまのくに》に碇泊し、宍粟邑《しさわのむら》（播磨国宍粟郡）にいた。そのとき、天皇は、三輪君《みわのきみ》の祖である大友主《おおともぬし》と、倭直《やまとのあたい》の祖である長尾市《ながおち》を播磨に遣わして、天日槍にお尋ねになって、

「おまえは誰か、またどこの国の人か」

と仰せられた。天日槍は答えて、

「僕《やつこ》は新羅国の主の子《こきし》です。しかるに日本国に聖皇がおられるとうけたまわり、そこで自分の国を弟の知古《ちこ》に授けてやってまいりました」

と申し上げた。こうして貢献した物は、葉細《はほそ》の珠《たま》・足高の珠・鵜鹿鹿の赤石の珠・出石の刀子《かたな》・出石の槍《ほこ》・日鏡・熊の神籬・胆狭浅《いささ》の大刀《たち》、あわせて八つであった。そこで天皇は、天日槍に詔して、

「播磨国の宍粟邑と淡路島の出浅邑《いでさのむら》と、この二つの邑に、おまえの意のままに居住してよい」

と仰せられた。そのとき、天日槍は、謹んで、

「私が住もうとするところは、もし天皇のお恵みを賜わって、私がお願いする地をお許しいただけるなら、私がみずから諸国を巡り見て、私の心にかなったところを賜わりたく存じます」

と申し上げた。天皇は即座にお許しになった。そこで、天日槍は、菟道河《うじがわ》からさかのぼって、北の方の近江国吾名邑《おうみのくにあなのむら》（滋賀県米原市箕浦付近）に入って、しばらく住んでいた。さらに近江より若狭国《わかさのくに》を経て、西の方の但馬国に至り、住居をさだめた。近江国の鏡村の谷の陶人《はさますえびと》は、天日槍に従っていた者であった。ところで、天日槍は、但馬国の出嶋《いずし》人太耳《ふとみみ》の女麻多烏《またお》を娶《めと》って、但馬諸助《たじまもろすく》を生んだ。諸助は、但馬日楢杵《ひならき》を生んだ。日楢杵は、清彦を生み、清彦は、田道間守《たじまもり》を生んだという。」

狭穂彦王の謀反

四年の秋九月の丙戌《ひのえいぬ》の朔戊申《つちのえさる》（二十三日）に、皇后（狭穂姫）の同母兄である狭穂彦《さほびこの》王《みこ》が、謀反を起こして、国を傾けようとした。そこで皇后が休息して家におられるのをうかがって、狭穂彦王は皇后に語って、

「おまえは、兄と夫とどちらを愛しているのか」

と言った。ところが、皇后は、尋ねられた意味がおわかりにならないで、うっかり、

「兄上の方を愛しております」

とお答えになった。すぐさま狭穂彦王は皇后に誘いかけて、

「そもそも、容色をもって人につかえることは、容色が衰えると寵愛《ちょうあい》がなくなってしまうことなのだ。いま天下に佳人が多い。それぞれ我こそはと進み出て寵愛を求めている。どうしていつまでも容色をあてにすることができるだろうか。それだから、願うことは、私が皇位についたならば、きっとおまえと天下に君臨しよう。そこで、枕を高くしてひたすら百年を終われば、また快いことではないか。どうか私のために天皇を殺してくれないか」

と言った。そうして短剣をとって、皇后に授けて、

「この短剣を衵《ころも》（みごろ）の中に帯びて、天皇がお寝《やす》みになっているときに、すばやく頸《くび》を刺して殺しなさい」

と言った。

皇后は、心のうちで恐れふるえて、どうしたらよいのかおわかりにならなかった。しかし、兄の王の志を見ると、たやすく諫《いさ》めることができなかった。そこで、その短剣をお受けになって、ひとりで隠しきれるはずもないから、衣の中に置いておいた。ついに兄を諫

める気持をお持ちになったのであろうか。

五年の冬十月の己《つちのと》卯《う》の朔に、天皇が来目《くめ》（大和国高市郡）に行幸になって、高宮におられた。時に、天皇は、皇后の膝《ひざ》を枕にして昼寝をなさっていた。これまでに、皇后は、事をお遂げになることができなかった。そうして、はかなく思われて、

「兄の王が叛《そむ》くには、ただ、このときしかない」

と考えられた。そのとき、涙が流れて天皇のお顔に落ちた。天皇は、そこで、目をさまされて、皇后に語って、

「私は、いま夢を見た。錦色の小蛇が、私の頸にまつわり、また大雨が狭穂より降ってきて顔を濡らす夢を見たのは、何の前兆なのだろうか」

と仰せられた。皇后は、そのときに、はかりごとを隠しておくことができないとお知りになって、恐懼《きょうく》しながら地に伏して、つぶさに兄の王の反状を申し上げてしまった。そうして奏して申されたことは、

「私は、兄の王の志にそむくことができず、また天皇の御恩にも背を向けることができませんでした。罪を訴え出ますれば、兄の王を亡ぼすことになります。訴え申さなければ、国家を傾けることになります。したがいまして、あるときは恐れ、あるときは悲しみました。うつむいたり仰いだりしては涙に咽《むせ》び、行ったり来たりしては悲しみの涙を流しました。昼も夜も胸につかえて、それを言葉にして申し上げることはできませんでした。ただ

今日、天皇が、私の膝を枕にしてお寝みになられ、そこで、私はとっさに、もし狂った婦人がいて、兄の志を遂げようとするならば、ただ、いまこのときならば、労せずして成功するであろうと思いました。この考えがまだ終わらないときに、涙が自然に流れて、袖をあげて涙をふこうとしたら、袖から涙がもれて、天皇のお顔を濡らしたのです。そこで、いま夢を御覧になったのは、きっとこのことの反応なのでしょう。錦色の小蛇は、私に兄が授けた短剣です。大雨が急に降ってきたのは、私の涙なのです」

と言うのであった。天皇は、皇后にお語りになって、

「これは、おまえの罪ではない」

と仰せられ、ただちに近くの県《あがた》の兵士を遣わし、上毛野君の遠祖である八綱田《やつなだ》に命じて、狭穂彦をお撃たせになった。そのとき、狭穂彦は、軍を起こして防ぎ、即座に稲を積んで城《き》を作った。それは堅固で破ることができなかった。これを稲城《いなき》といっている。狭穂彦は、月をこえても降伏しなかった。そこで、皇后は悲しんで、

「私は、皇后であるといっても、現に、兄の王が滅亡してしまっては、何の面目あって、天下に臨むことができましょうか」

と言われて、王子の誉津別命を抱いて、兄の王の稲城に入られた。天皇は、さらに軍隊を増強して、のこらずその城を囲ませた。そこで城の中に勅して、

「すぐに皇后と皇子とを出しなさい」

と仰せられた。しかし皇后と皇子とはお出にならなかった。そこで将軍の八綱田は、火を放ってその城を焼いた。ここに、皇后は、皇子を抱いて、城の上を越えて出てこられた。そうして奏請して、

「私が、前に兄の城に逃げこんだのは、もし私と皇子とによって、兄の罪が免《ゆる》されることがあればと存じたからでございます。いま兄が罪を免されないことを知って、私にも罪があることがわかりました。どうしてみずから両手を後に縛って捕えられることができましょうか。首をくくって死ぬだけです。ただ私が死んでも、けっして天皇の御恩だけは忘れません。どうか私が掌《つかさど》っておりました後宮《きさきのみや》のことは、よい相手にお授けになってくださいませ。丹波国に五人の婦人がおります。心はみな貞潔です。それは、丹波道主王《たにはのちぬしのおおきみ》の女です〔道主王は、稚日本根子太日日天皇《わかやまとねこふとびびのすめらみこと》（開化天皇）の子孫、彦坐王《ひこいますのみこ》の子である。一説によれば、産湯産隅王《ひこゆむすみのみこ》の子であるという〕。後宮に召し入れて、後宮の欠けた数をみたしてくださいませ」

と申し上げた。天皇は、これを聴《ゆる》された。このとき、火が燃えさかり、城が崩れて、軍衆はことごとく逃げてしまった。狭穂彦と妹とは、一緒に城の中で死んだ。

天皇は、ここに将軍八綱田の功をお褒めになって、その名を名づけて倭日向武日向彦《やまとひむかたけひむかひこ》八綱田と言われた。

野見宿禰

七年の秋七月の己巳《つちのとのみ》の朔乙亥《きのとのい》（七日）に、側近の人が奏して、

「当麻邑《たぎまのむら》に勇敢な人がおって、当摩蹶速《たぎまのくえはや》といいます。その人となりは、力が強くて、よく角を毀《こわ》し、鉤《かぎ》（兵器の名）を伸ばしてしまい、いつも衆人の中で語って、『四方をさがしても、たぶん私の力に匹敵する者はいないだろう。なんとかして強力な人に出会って、生死を問題にせずに、ただもう力くらべをしたいものだ』と言っています」

と申し上げた。天皇は、これをお聞きになって、群卿に詔して、

「私は、当摩蹶速が、天下の力持ちだと聞いた。あるいは、これに匹敵する人はいないものか」

と仰せられた。ひとりの臣が進み出て、

「私は出雲国に野見宿禰《のみのすくね》という勇士がいることをうけたまわっております。試みにこの人を召して、蹶速と取り組ませたらと思います」

と申し上げた。

その日に、倭直《やまとのあたい》の祖である長尾市を遣わして、野見宿禰を召し出した。こうして野見宿禰が出雲からやって来た。そこで当摩蹶速と野見宿禰とに相撲をとらせた。二人はあい対して立ち、それぞれ足を挙げて蹴とばした。まもなく野見宿禰は、当摩蹶速のあばら骨

を蹴とばして折ってしまい、また彼の腰を踏み折って殺した。そこで、当摩蹶速の土地を奪って、ことごとく野見宿禰に賜わった。これが、その邑に腰折田《こしおれだ》があるいわれなのである。野見宿禰は、そのまま留まって朝廷にお仕えした。

十五年の春二月の乙卯《きのとのう》の朔甲子《きのえね》（十日）に、丹波の五人の女を召して、後宮に入れた。第一を日葉酢媛《ひばすひめ》といい、第二を渟葉田瓊入媛《ぬはたにいりびめ》といい、第三を真砥野媛《まとのひめ》といい、第四を薊《あざみ》瓊入媛《にいりびめ》といい、第五を竹野媛《たかのひめ》といった。

秋八月の壬午《みずのえうま》の朔に、日葉酢媛命を立てて皇后となさった。皇后の妹である三人の女を妃とされた。ただし竹野媛のみは、容姿が醜いので、本国に返された。そこで竹野媛は返されたことを恥じて、葛野《かずの》において、みずから輿《こし》より落ちて死なれた。そこでその地を名づけて堕国《おちくに》という。いま弟国《おとくに》（山城国乙訓郡の地）というのは訛ったものである。

皇后日葉酢媛命は、三男二女をお生みになった。第一を五十瓊敷入彦命《いにしきいりびこのみこと》と申し、第二を大足彦尊《おおたらしひこのみこと》（後の景行天皇）と申し上げる。第三を大中姫命《おおなかつひめのみこと》と申し、第四を倭姫命《やまとひめのみこと》と申し、第五を稚城瓊入彦命《わかきにいりびこのみこと》と申し上げる。妃の渟葉田瓊入媛は、鐸石別命《ぬてしわけのみこと》と胆香足姫命《いかたらしひめのみこと》とを生んだ。次の妃の薊瓊入媛《あざみにいりびめ》は、池速別命《いけはやわけのみこと》と稚浅津姫命《わかあさつひめのみこと》とを生んだ。

もの言わぬ誉津別王

二十三年の秋九月の丙寅《ひのえとら》の朔丁卯《ひのとのう》（二日）に、群卿に詔して、

「誉津別王《ほむつわけのみこ》は、すでに生年三十歳で、八掬髯鬚《やつかひげ》の伸びるまでになったのに、なお赤子のように泣いている。つねに声を出してものを言わないのは、どうしたわけなのか。よって有司において協議せよ」

と仰せられた。

冬十月の乙丑《きのとのうし》の朔　壬申《みずのえさる》（八日）に、天皇が大殿の前にお立ちになり、誉津別皇子がそこに侍していた。そのとき、鳴鵠《くぐい》（白鳥）が、大空を飛翔した。皇子は、鵠《くぐい》を仰ぎ見られて、

「あれは何だ」

と言われた。天皇は、そこで、皇子が鵠を見て、口を動かし、ようやくものを言うことができたことを御存じになって喜ばれた。側近の人に詔して、

「誰かあの鳥を捕えて献上できる者はいないか」

と仰せられた。そこで、鳥取 造《ととりのみやつこ》の祖である天湯河板挙《あめのゆかわたな》が奏して、

「私が、かならず捕えて献上いたしましょう」

と申し上げた。そのとき、天皇は、湯河板挙〔板挙、これを挖儺《たな》という〕に勅して、

「お前が、あの鳥を献上すれば、かならずあつく賞賜しよう」

と仰せられた。時に、湯河板挙は、遠く鵠の飛び去っていった方向を望み見て、追い尋ね、出雲に行ってその鳥を捕えた。ある説では、但馬国で捕えたともいわれている。

十一月の甲午《きのえうま》の朔乙未《きのとのひつじ》（二日）に、湯河板挙が、鵠を献上した。誉津別命は、この鵠を手に持って遊び、ついにものを言うことができた。(1) これによって、湯河板挙にあつく賞賜が行なわれた。すなわち姓《かばね》を賜わって鳥取造といい、また鳥取部・鳥養部《とりかいべ》・誉津部《ほむつべ》を定めた。

伊勢の祭祀

二十五年の春二月の丁巳《ひのとのみ》の朔甲子《きのえね》（八日）に、阿倍臣《あへのおみ》の遠祖武渟川別《たけぬなかわわけ》・和珥臣《わにのおみ》の遠祖彦国葺《ひこくにぶく》・中臣連《なかとみのむらじ》の遠祖大鹿嶋《おおかしま》・物部連《もののべのむらじ》の遠祖十千根《とおちね》・大伴連《おおとものむらじ》の遠祖武日《たけひ》ら五人の大夫《まえつきみ》に詔して、

「わが先皇である御間城入彦五十瓊殖天皇（崇神天皇）は、叡哲であられ、聖であらせられた。身をつつしみ道理を明らかにし、聡明豁達《かったつ》でもあらせられた。はなはだ謙遜されて、心をむなしくし、みずからを卑下なさった。万機の権衡を辛苦経営され、天神地祇をお敬いになった。みずからを責め、身を謹み、一日一日を慎んでおられた。そのために、人民は富み、満足して、天下は太平であった。いま私の世に当たって、天神地祇を祭祀することを、どうして怠ることができようか」

と仰せられた。

三月の丁亥《ひのとのい》の朔丙申《ひのえさる》（十日）に、天照大神を豊耜入姫命《とよすきいりびめのみこと》からお離しになって、倭《やまと》

姫命《ひめのみこと》にお付けになった。そこで、倭姫命は、大神を鎮めまつるところを求めて、菟田《うだ》の筱幡《ささはた》（大和国宇陀郡、現在宇陀市榛原に筱幡神社がある）に行かれた〔筱、これを佐佐《ささ》という〕。さらにそこをたって近江国に入られ、東方の美濃国を廻って、伊勢国に至られた。そのとき、天照大神は、倭姫命にお教えになって、

「この神風の伊勢国は、永久不変に浪がしきりに打ちよせる国である。大和のわきにある美しい国である。この国におりたいと思う」

と仰せられた。そこで、大神のお教えにしたがって、その祠《やしろ》を伊勢国にお立てになった。そして斎宮《いわいのみや》（斎王の忌みこもる宮）を五十《い》鈴川《すずがわ》のほとりに建てられた。これを磯宮《いそのみや》という。すなわち天照大神がはじめて天より降られたところである。

〔一説によれば、天皇は、倭姫命をもって憑代《よりしろ》として、天照大神に奉られた。そこで、倭姫命は、天照大神を、磯城《しき》の厳橿《いつかし》（神霊の憑代となる神木）のもとに鎮めてお祠りした。それから後に、神のお教えに従い、丁巳《ひのとのみ》の年（垂仁天皇二十六年）の冬十月の甲子《きのえね》に、伊勢国の渡遇宮《わたらいのみや》に遷しまつられた。このとき、倭大神《やまとのおおかみ》が、穂積臣《ほづみのおみ》の遠祖大水口宿禰《おおみくちのすくね》に神がかりされて、お教えになって言われるのには、

「太初のときに、伊奘諾・伊奘冉の二尊がお期《ちぎ》りになって、天照大神は、ことごとくに天原《あまのはら》（高天原《たかまのはら》）を治め、皇御孫尊《すめみまのみこと》（代々の天皇）は、もっぱら葦原中国《あしはらのなかつくに》の八十魂神《やそみたまのかみ》（天神地祇）を治め、私（倭大神）は、みずから大地官《おおつちつかさ》（地主神すなわち国魂）を治めよ

と仰せられ、ここで仰せられることがおしまいとなった。しかしながら先皇の御間城天皇（崇神天皇）は、天神地祇をお祀りになったけれども、詳しくはまだその根源をお探りにならないで[2]、主要でない枝葉にお留まりになっていた。そのために天皇の御命《みいのち》はお短かった[3]。そこで、いま天皇であるあなた（垂仁天皇）は、先皇の及ばなかったことをお悔いになって、慎んでお祭りなさったならば、あなたのお寿命は長くなり、また天下は太平となろう」

とのことであった。そのとき、天皇は、このお言葉をお聞きになって、すなわち中臣連の祖探湯主《くかぬし》に命じられて、誰をもって大倭大神《やまとのおおかみ》を祭らしめたらよいかを卜《うらな》わせた。そのとき、渟名城稚姫命の名が卜に出た。そこで渟名城稚姫命にお命じになって、神地を穴《あな》磯邑《しのむら》（奈良県桜井市穴師）に定めて、大市《おおち》（もと大和国城上郡大市郷、現在桜井市芝付近）の長岡岬《ながおかのさき》でお祠りした。けれどもこの渟名城稚姫命は、すっかりお身体がお痩せになり、お弱りになって、お祭りすることができなくなってしまった。そこで、大倭直《やまとのあたい》の祖長尾市宿禰《ながおちのすくね》に命じられて、お祭りさせたといわれている。」

二十六年の秋八月の戊寅《つちのえとら》の朔庚辰《かのえたつ》（三日）に、天皇は、物部十千根大連《もののべのとおちねのおおむらじ》に勅して、

「しばしば使者を出雲国に遣わして、その国の神宝を検校させようとしたが、いかにもはっきり申す者がなかった。おまえは、みずから出雲に行って、神宝を検校せよ」

と仰せられた。そこで、十千根大連は、神宝を検校して、委細を奏上した。そこで十千根

大連に神宝を掌《つかさど》らしめた。

二十七年の秋八月の癸酉《みずのととり》の朔己卯《つちのとのう》（七日）に、祠官《かむつかさ》に命じて、兵器を神の幣とすることを卜わせたところ、

「吉《よ》し」

ということであった。そこで、弓矢および横刀《たち》を、諸神杜に納めた。そしてさらに神地・神戸を定めて、季節ごとに祠らせた。たぶん兵器をもって天神地祇を祭ることは、このときにはじめて起こったのである。

この年、屯倉《みやけ》(4)を来目邑《くめのむら》に定めた〔屯倉、これを弥夜気《みやけ》という〕。

殉死の禁

二十八年の冬十月の丙寅《ひのえとら》の朔庚午《かのえうま》（五日）に、天皇の母弟の倭彦命《やまとひこのみこと》が薨じられた。

十一月の丙申《ひのえさる》の朔丁酉《ひのとのとり》（二日）に、倭彦命を身狭《むさ》（奈良県橿原市見瀬町）の桃花鳥坂《つきさか》に葬り申し上げた。ここに、近習の者を集めて、全員を生きたままで陵のめぐりに埋め立ててしまった。数日たっても死なないで、昼も夜も泣き呻《うめ》いた。やがて死んで腐り、悪臭がただよった。犬や烏が集まってきて啄《ついば》みくらった。天皇は、この泣き呻く声をお聞きになって、心を悲しませられ、群卿に詔して、

「そもそも生きているときに愛せられた者を亡《な》きひとに殉死させるのは、まことに傷《いた》わし

いことである。それがむかしからの風習であろうと、良くないことにどうして従う必要があろうか。今後は、協議して殉死することをやめさせよ」

と仰せられた。

三十年の春正月の己未《つちのとのひつじ》の朔甲子《きのえね》（六日）に、天皇は、五十瓊敷命《いにしきのみこと》・大足彦尊《おおたらしひこのみこと》に詔して、

「おまえたちは、それぞれほしいと思うものを言いなさい」

と仰せられた。兄の王は、

「弓矢を得たいと思います」

と申し上げた。弟の王は、

「皇位を得たいと思います」

と言われた。そこで、天皇は、詔して、

「それぞれ望みのままにしよう」

と仰せられた。そこで弓矢を五十瓊敷命に賜わり、また大足彦尊に詔して、

「おまえは、かならずわたしの位のあとを嗣ぎなさい」

と仰せられた。

三十二年の秋七月の甲戌《きのえいぬ》の朔己卯《つちのとのう》（六日）に、皇后の日葉酢媛命《ひばすひめのみこと》〔一説には、日葉酢根命であるという〕が、薨じられた。葬りまつるまでに日数がかなりあった。天皇は、

群卿に詔して、

「亡きひとに殉死する方法は、前に良いことではないということを知った。いま、今度の葬礼には、どのようにしたらよかろうか」

と仰せられた。そのとき、野見宿禰が進み出て、

「そもそも、君王の陵墓に、生きた人を埋めるのは、まことに良いことではありません。けっして後世に伝えることはできません。願わくは、いま適当な処置を協議して奏上いたしたいと存じます」

と申し上げた。そこで野見宿禰は、使者を遣わして、出雲国の土部《はじべ》百人を召し出し、みずから土部たちを使って、埴《はにつち》（赤くて粘る土）を取り、人や馬および種々の物の形を造って、天皇に献上して、

「いまより以後、この土物《はに》をもって生きている人にかえて、陵墓に立てて、後世の法といたしましょう」

と申し上げた。天皇は、これをたいそう喜ばれ、野見宿禰に詔して、

「おまえの適切な処置はまったく私の気持にかなった」

と仰せられた。そこで、その土物を、はじめて日葉酢媛命の墓に立てた。そしてこの土物を名づけて埴輪《はにわ》という。あるいは立物《たてもの》とも名づけた。そこで命を下して、

「いまより以後、陵墓にはかならずこの土物を立てて、人をば損なってはならない」

と仰せられた。天皇は、あつく野見宿禰の功績を褒められて、さらに鍛地《かたしところ》を賜わった。そして土部《はじ》の管掌者に任じられた。そこで本姓を改めて、土部臣《はじのおみ》という。これが、土部《はじの》連《むらじ》らが、天皇の喪葬を掌ることになった縁である。ここにいう野見宿禰は、土部連らの始祖である。

三十四年の春三月の乙丑《きのとのうし》の朔丙寅《ひのえとら》（二日）に、天皇が、山背《やましろ》に行幸された。そのときに、側近の人が奏して、

「この国には、綺戸辺《かにはたとべ》という美人がおります。容姿が美麗で、山背大国の不遅《ふち》の女《むすめ》です」

と申し上げた。天皇は、そこで矛《ほこ》をお執りになり、祈《うけ》いをされて、

「かならずその美人に遇《あ》いたいので、途中に瑞兆が現われてほしい」

と仰せられた。行宮《かりみや》に至るころ、大亀が河の中から出てきた。天皇は、矛を挙げて亀をお刺しになった。たちまちその大亀は、石になってしまった。側近の人に語って、

「このものによって推しはかると、かならず霊験があるのだろう」

と仰せられた。こうして、綺戸辺をお召しになって、後宮においれになった。綺戸辺は、磐衝別命《いわつくわけのみこと》を生んだ。これが三尾君《みおのきみ》の始祖である。

これより前に、天皇は、山背の苅幡戸辺《かりはたとべ》をお娶《めと》りになり、三男をお生みになった。第一を祖別命《おおじわけのみこと》と申し、第二を五十《い》日足彦命《かたらしひこのみこと》と申し、第三を胆武別命《いたけるわけのみこと》と申した。五十日足彦命の子は、石田君《いしだのきみ》の始祖である。

三十五年の秋九月に、五十《い》瓊敷命《にしきのみこと》を河内国に遣わして、高石池《たかしのいけ》・茅渟池《ちぬのいけ》を作らしめた。

冬十月に、倭《やまと》の狭城池《さきのいけ》および迹見池《とみのいけ》を作った。

この年、諸国に命じて、多くの池溝を掘らしめた。その数は八百あまり、農事のためである。それによって、百姓は富み、豊かとなり、天下は太平であった。

三十七年の春正月の戊寅《つちのえとら》の朔に、大足彦尊をお立てになって、皇太子とされた。

石上神宮

三十九年の冬十月に、五十瓊敷命が、茅渟《ちぬ》の菟砥《うと》の川上宮におられて、剣《つるぎ》一千口を作られた。そこでその剣を名づけて、川上部《かわかみのとも》といった。[5] またの名を裸伴《あかはだがとも》〔裸伴、これを阿箇播娜我等母《あかはだがとも》という〕といい、石上神宮《いそのかみのかむみや》に納めた。その後に、五十瓊敷命に命じて、石上神宮の神宝を掌らしめた。

〔一説では、五十瓊敷皇子が茅渟の菟砥の河上におられ、河上という名の鍛冶を召して、大刀一千口を作らしめ、このときに、楯部《たてぬいべ》・倭文部《しとりべ》・神弓削部《かむゆげべ》・神矢作部《かむやはぎべ》・大穴磯部《おおあなしべ》・泊橿部《はつかしべ》・玉作部《たますりべ》・神刑部《かむおさかべ》・日置部《ひおきべ》・大刀佩部《たちはきべ》、あわせて十個の品部《とものみやつこら》を、五十瓊敷皇子に賜わり、その一千口の大刀を、忍坂邑《おしさかのへき》に納めた。しかし、後に忍坂より移して、石上神宮に納めた。このとき、神がお乞いになって、

「春日臣《かすがのおみ》の族で、名を市河《いちかわ》という者に治めさせよ」

と述べられた。そこで市河に命じて治めさせた。これが、いまの物部首《もののべのおびと》の始祖であるといわれている。」

八十七年の春二月の丁亥《ひのとのい》の朔 辛卯《かのとのう》（五日）に、五十瓊敷命は、妹の大中姫《おおなかつひめ》に、

「私は年老いたので、神宝を掌ることができなくなった。いまより後は、かならずおまえが掌れ」

と言われた。大中姫命は辞退して、

「私は、か弱い女でございます。どうして天《あめ》の神庫《ほくら》（神宝を収める高い倉庫）に登ることができましょうか」

と申された〔神庫、これを保玖羅《ほくら》という〕。五十瓊敷命は、

「神庫は高いけれども、私は、うまく神庫のために梯子を造ろう。けっして、庫に登るのに困ることはない」

と言われた。したがって、諺《ことわざ》に、

「天の神庫も樹梯《はしだて》のままに」

というのは、それによるのである。こうして、ついに大中姫命は、物部十千根大連《もののべのとおちねのおおむらじ》に授けて神宝を治めさせた。物部連らが、いまに至るまで、石上の神宝を管理するのは、それによるのである。むかし丹波国の桑田村に、名を甕襲《みかそ》という人がいた。その甕襲の家に名を足往《あゆき》という犬がいて、この犬が、山の獣で、名を牟士那《むじな》というのを喰い殺してしまった。

そのとき、獣の腹の中から八尺瓊《やさかに》の勾玉《まがたま》が出てきたので、献上してきた。この玉は、いま石上神宮にある。

天日槍と神宝

八十八年の秋七月の己酉《つちのととり》の朔戊午《つちのえうま》（十日）に、群卿に詔して、「私は、新羅の王子天日槍《あめのひほこ》が、はじめてやって来たときに、将来した宝物が、いま但馬にあり、前からその国の人から貴ばれて、神宝となっていると聞いている。私は、その宝物を見たいと思う」

と仰せられた。その日、使者を遣わして、天日槍の曽孫清彦《きよひこ》に詔して、献上させた。そこで、清彦は、勅をうけたまわって、ただちにみずから神宝を捧げて献上した。羽太《はふと》の玉一個・足高の玉一個・鵜鹿鹿《うかか》の赤石の玉一個・日鏡《ひのかがみ》一面・熊の神籬《ひもろき》一具である。ただし出石《いずし》という名の小刀《かたな》一つだけは、たやすく献上できないと考えて、袍《ころも》の中に隠して、自分が帯びていた。天皇は、まだ小刀を隠した事情をお知りにならないで、清彦を御歓待になろうと、お召しになって御所で御酒を賜わった。そのとき、刀子が袍の中から出てしまった。天皇は、それを御覧になって、親しく清彦にお尋ねになって、

「おまえの袍の中の刀子は、どういう刀子であるか」

と仰せられた。ここに至って、清彦は、もはや刀子を隠しておくことができないと知って、

はっきりと、

「献上いたしました神宝の類であります」

と申し上げた。そこで、天皇は、清彦に、

「その神宝は、どうして神宝の仲間から離すことができようか」

と仰せられた。そこで清彦は刀子を取り出して献上した。神宝は全部、神府《みくら》に収められた。

それから後で、宝府《みくら》を開いてみると、その小刀が自然になくなっていた。そこで、人をやって、清彦に、

「おまえが献上した刀子が、急になくなってしまった。あるいはおまえのところに帰っていったのではあるまいか」

とお尋ねになった。清彦は、

「昨晩、刀子が、自然に私の家にやって来たのですが、今朝、またなくなってしまいました」

とお答えした。天皇は、そのとき、恐れ慎まれて、もはやその刀子をおさがしにはならなかった。それから後に、出石の刀子が、自然に淡路嶋にやって来た。その島の人は、神だと思って、その刀子のために祠《ほこら》を立てた。これは今でも祀られている。

むかし一人のひとがいて、船に乗って但馬国に碇泊した。そこで、

「あなたはどこの国の人か」

と尋ねたら、
「新羅の王《こきし》の子、名を天日槍と申します」
と答えた。そのまま但馬に留まって、その国の前津耳《まえつみみ》〔一説では、前津見《まえつみ》といい、一説では太耳《ふとみみ》ともいう〕の女麻挓能烏《またのお》を娶って、但馬諸助《たじまもろすく》を生んだ。これが清彦の祖父である。

田道間守

九十年の春二月の庚子《かのえね》の朔に、天皇は、田道間守《たじまもり》に命じて、常世国《とこよのくに》に遣わして、非時《ときじく》の香菓《かくのみ》を求めさせた〔香菓、これを箇倶能未《かくのみ》という〕。いま橘というのは、これである。

九十九年の秋七月の戊午《つちのえうま》の朔に、天皇は、纏向宮《まきむくのみや》でお崩《かく》れになった。時に御年百四十歳。

冬十二月の癸卯《みずのとのう》の朔壬子《みずのえね》（十日）に、菅原伏見陵に葬り申し上げた。

翌年の春三月の辛未《かのとのひつじ》の朔壬午《みずのえうま》（十二日）に、田道間守が、常世国から帰ってきた。そのとき、持ち帰ってきたものは、非時《ときじく》の香菓《かくのみ》、八竿八縵《やほこやかげ》(6)であった。田道間守は、天皇がお崩れになったと聞いて、泣き悲しんで、

「御命令を天皇からうけたまわって、遠方の絶域にまいりました。万里の波濤をこえて、はるかに弱水《よわのみず》（遠くはるかな河川）を渡りました。その常世国といいますのは、神仙が隠れたところでありまして、普通の人がまいれるところではありません。したがいまして、

往復する間に、自然に十年が経過してしまいました。どうして、ひとり高い波をこえて、また本国にもどってこられると思うことができるでしょうか。けれども、聖帝の神霊によって、やっと帰ってくることができました。いますでに天皇がお崩れになり、復命することができません。私が生きておりましても、また何の利益がありましょうか」と述べた。そして、天皇の陵にまいって、大声で泣き叫んで、自殺してしまった。群臣は、これを聞いてみな涙を流した。田道間守は、三宅連《みやけのむらじ》の始祖である。

（1）『古事記』では、鵠を得ても、なお誉津別命は、ものを言うことができず、それは出雲大神の崇《たた》りであるとしており、また『尾張国風土記』逸文には、阿麻乃弥加都比女《あまのみかつひめ》が皇后（狭穂姫）の夢に現われ、祝を宛てれば、皇子がものを言うようになるという伝承が見え、『日本書紀』の伝えと違っている。

（2）根源を探らないというのは、具体的には、崇神天皇七年の条に見えるように、大物主神を祭るとともに、副次的に大国魂神を祭ったことをさしているのであろうか。

（3）崇神天皇の御年は、崇神天皇六十八年十二月の条には、「年百二十歳」とあり、また『古事記』には、「天皇の御歳、壱佰陸拾捌《一百六十八》歳」とあって、ここに短命というのとあわないのは注意すべきである。

（4）大和朝廷直轄の農業経営地あるいは直轄領。『日本書紀』では、ここが初見。『古事記』では、景行天皇の段に「此の御世に、田部を定め、……又倭の屯家《みやけ》を定め」とあるのが初見。

（5）剣の名を川上部といったのは、川上宮におられた五十瓊敷命の名代部と考えられる川上部が作ったからであろう。『古事記』には、「印色入日子命は、……又鳥取の河上宮に坐して、横刀《たち》壱仟《ち》口《ふり》を作らしめ、是を石上神宮に納め奉り、即ち其の宮に坐して、河上部を定めたまひき」とある。

（6）竿は、串刺しの団子のように串に刺した形状、縵は、乾し柿のようにいくつかの橘子を縄にとりつけた形状をさすらしい。

日本書紀巻第七

大足彦忍代別天皇　景行天皇

稚足彦天皇　成務天皇

大足彦忍代別天皇《おおたらしひこおしろわけのすめらみこと》　景行《けいこう》天皇

景行天皇の即位

大足彦忍代別天皇は、活目入彦《いくめいりびこ》五十《い》狭茅天皇《さちのすめらみこと》（垂仁天皇）の第三子で、母の皇后を日《ひ》葉洲《ばす》媛命《ひめのみこと》と申し上げた。丹波道主王《たにはのちぬしのおおきみ》の女《むすめ》である。活目入彦五十狭茅天皇の三十七年に、お立ちになって皇太子となられた（時に御年二十一歳）。

九十九年の春二月に、活目入彦五十狭茅天皇がお崩《かく》れになった。

元年の秋七月の己巳《つちのとのみ》の朔己卯《つちのとのう》（十一日）に、太子は、即位されて天皇となられた。

よって年号が改められた。この年は、太歳辛未《かのとのひつじ》である。

二年の春三月の丙寅《ひのえとら》の朔戊辰《つちのえたつ》（三日）に、播磨稲日大郎姫《はりまのいなびのおおいらつめ》〔一説では、稲日稚郎姫《いなびのわきいらつめ》という。郎姫、これを異羅菟咩《いらつめ》という〕を立てて皇后とした。后は、二人の男子をお生みになった。第一を大碓皇子《おおうすのみこ》と申し、第二を小碓尊《おうすのみこと》と申し上げる〔一書に、皇后は三人の男子をお生みになり、その第三を稚倭根子皇子《わかやまとねこのみこ》と申し上げるという〕。この大碓皇子と小碓尊とは、双生児としてお生まれになった。天皇は、いぶかられて、碓に向かって叫ばれた(1)。そこで、この二人の王を名づけて、大碓・小碓と申し上げるのである。小碓尊は、またの名を日本《やまと》童男《おぐな》〔童男、これを烏具奈《をぐな》という〕、あるいは日本武尊《やまとたけるのみこと》と申し上げる。幼年の時から雄々しい性格で、壮年に至って容貌はすぐれて御立派になられ、身長は一丈、力は強く鼎《かなえ》を持ちあげられた。

三年の春二月の庚寅《かのえとら》の朔に、紀伊国に行幸されて、いろいろな天神地祇を祭祀しようと卜《うらな》われたところ、吉兆ではなかったので、行幸を中止された。屋主忍男武雄心命《やぬしおしおたけおごころのみこと》〔一説では、武猪心《たけいごころ》という〕を遣わして祭らしめた。そこで、屋主忍男武雄心命は、出発して、阿備《あび》の柏原《かしわばら》（和歌山県和歌山市相坂・松原付近かといわれている）において、天神地祇を祭った。それからそこに九年間、居住した。そのとき、紀直《きのあたい》の遠祖菟道彦《うじひこ》の女影媛《かげひめ》を娶って、武内宿禰《たけしうちのすくね》を生ませた。

諸妃を迎える

四年の春二月の甲寅《きのえとら》の朔甲子《きのえね》（十一日）に、天皇は、美濃に行幸された。側近の人が奏して、

「この国には、弟媛《おとひめ》と申す美人がおります。容姿は端正で、八坂入彦皇子《やさかのいりびこのみこ》の女でありま す」

と申し上げた。天皇は、その弟媛を迎えて妃となさりたいと望まれ、弟媛の家に行幸された。弟媛は、天皇が行幸されたと聞いて、ただちに竹林に身を隠した。そこで、天皇は、弟媛を出てこさせようと計られて、泳宮《くくりのみや》（岐阜県可児市久々利か）におられ〔泳宮、これを区玖利能弥揶《くくりのみや》という〕、鯉魚を池にお放ちになり、朝夕、それを御覧になって遊ばれた。あるとき、弟媛は、その鯉魚の遊ぶのを見ようとして、ひそかにやって来て池にさしかかった。天皇は、そこで、弟媛をお留めになって召された。そのとき、弟媛は、

「夫婦の道は、昔も今も通じて行なわれるものであるが、私にとっては無用である」

と考えて、天皇に、

「私は、生れつき交接の道を望みません。いま天皇の御命令の恐れ多さにたえなかったものですから、しばらくお部屋の中に召されておりましたが、心の中で喜んではおりません。また容姿も美しくなく、長いあいだ後宮にお仕えするのにはたえません。ただ、私には姉

があって、名を八坂入媛《やさかのいりびめ》と申します。容姿は美しく、心もまた貞潔でございますので、姉を後宮にお召しになってください」

とお願い申し上げた。天皇は、これをお許しになって、八坂入媛を召されて妃となさった。

八坂入媛は七人の男子と六人の女子とをお生みになった。第一を稚足彦天皇《わかたらしひこのすめらみこと》（成務天皇）と申し、第二を五百城入彦皇子《いほきいりびこのみこ》と申し、第三を忍之別皇子《おしのわけのみこ》と申し、第四を稚倭《わかやまと》根子皇子《ねこのみこ》と申し、第五を大酢別皇子《おおすわけのみこ》と申し、第六を渟熨斗皇女《ぬのしのひめみこ》と申し、第七を渟名城皇《ぬなきのひめ》女《みこ》と申し、第八を五百城入姫皇女《いほきいりびめのひめみこ》と申し、第九を麛依姫皇女《かごよりひめのひめみこ》と申し、第十を五十狭城入《いさきいり》彦皇子《びこのみこ》と申し、第十一を吉備兄彦皇子《きびのえひこのみこ》と申し、第十二を高城入姫皇女《たかきいりびめのひめみこ》と申し、第十三を弟姫皇女《おとひめのひめみこ》と申し上げた。又の妃である三尾氏《みおのうじ》の磐城別《いわきわけ》の妹水歯郎媛《みずはのいらつめ》は、五百野皇女《いほののひめみこ》を生み、次の妃である五十河媛《いかわひめ》は、神櫛皇子《かみくしのみこ》と稲背入彦皇子《いなせのいりびこのみこ》とを生み、兄の神櫛皇子は、讃岐国造《さぬきのくにのみやつこ》の始祖であり、弟の稲背入彦皇子は、播磨別《はりまのわけ》の始祖である。次の妃である阿《あ》倍氏《へのうじ》の木事《こごと》の女高田媛《たかたひめ》は、武国凝別皇子《たけくにこりわけのみこ》を生み、これが伊予国の御村別《みむらのわけ》の始祖である。次の妃である日向髪長大田根《ひむかのかみながおおたね》は、日向襲津彦皇子《ひむかのそつびこのみこ》を生み、これが阿牟君《あむのきみ》の始祖である。次の妃である襲武媛《そのたけひめ》は、国乳別皇子《くにちわけのみこ》と国背別皇子《くにそわけのみこ》〔あるいは、宮道別皇子《みやじわけのみこ》という〕と豊《とよ》戸別皇子《とわけのみこ》とを生み、兄の国乳別皇子は、水沼別《みぬまのわけ》の始祖であり、弟の豊戸別皇子は、火《ひの》国別《くにのわけ》の始祖である。

そもそも天皇の子女は、前後あわせて八十の御子がおられたが、日本武尊と稚足彦天皇と五百城入彦皇子とを除いて、それ以外の七十余の御子は、みな国郡に封じて、それぞれ国にお行かせになった。それで、いま諸国の別《わけ》というのは、すなわちその別王《わけのみこ》の子孫なのである(2)。

この月、天皇は、美濃国造で名を神骨《かむぼね》という者の女で、姉の名を兄遠子《えとおこ》、妹の名を弟遠《おととお》子《こ》という女たちが、ともに容姿が美しいとお聞きになって、大碓命を派遣されて、その婦女の容姿を見させられた。そのとき、大碓命は、ひそかに女たちと通じて、復命申し上げなかった。そのため天皇は大碓命をお恨みになった。

冬十一月の庚辰《かのえたつ》の朔に、天皇は、美濃より還幸された。そのとき、また纏向《まきむく》に都をお造りになった。これを日代宮《ひしろのみや》と申し上げる。

神夏磯媛

十二年の秋七月に、熊襲《くまそ》が叛いて朝貢をしなかった。

八月の乙未《きのとのひつじ》の朔己酉《つちのとのとり》（十五日）に、筑紫に行幸された。

九月の甲子《きのえね》の朔戊辰《つちのえたつ》（五日）に、周芳《すわ》の娑麼《さば》（周防国佐波郡佐波郷、いまの山口県防府市佐波か）に至られたとき、天皇は、南の方を望まれて、群卿に詔して、

「南の方に煙が多くのぼっている。かならず賊がいるにちがいない」

と仰せられた。そこでお留まりになり、まず多臣《おおのおみ》の祖武諸木《たけもろき》・国前臣《くにさきのおみ》の祖菟名手《うなて》・物部《もののべ》

君《きみ》の祖夏花《なつはな》を遣わされて、その様子を観察させられた。

ここに、神夏磯媛《かむなつそひめ》という女性がおり、その徒衆は、はなはだ多く、一国の魁帥《ひとごのかみ》であった。天皇の使者がやって来たことを知って、ただちに磯津山《しつのやま》の賢木《さかき》を抜いて、上の枝には八握剣《やつかのつるぎ》をかけ、中の枝には八咫鏡《やたのかがみ》をかけ、下の枝には八尺瓊《やさかのに》をかけ、また白旗を船の舳《へさき》に立てて参向し、敬って、

「どうぞ軍隊を遣わさないでください。私の属類《ともがら》には、けっして叛きたてまつる者はおりません。ちょうど今、帰順するところでございます。ただ残っている賊がおります。そのひとりは、鼻垂《はなたり》といい、ほしいままに天皇の御名を僭称《せんしょう》し、山谷に入って人を集め、菟《う》狭《さ》の川上（大分県宇佐郡宇佐町和気・橋津から南宇佐にわたる地域か）に屯《たむろ》しております。もうひとりは、耳垂《みみたり》といいます。この残賊は、むさぼり食って、人民をしばしば奪い取っております。この賊は、御木《みけ》（豊前国上毛・下毛郡、いまの福岡県築上郡の一部・豊前市、大分県中津市あたり）（木、これを開《け》という）の川上におります。三人めは、麻剝《あさはぎ》といい、ひそかに徒党を集めて、高羽《たかは》（いまの福岡県田川郡・田川市）の川上におります。四人めは、土《つち》折猪折《おりいおり》といいまして、緑野《みどりの》（北九州市を流れる紫川か）の川上に隠れ住み、ひとり山川の嶮《けわ》しいのを頼って、多く人民を奪い取っております。この四人が、その根拠とするところは、ともに要害の地でありまして、それぞれ眷属《けんぞく》を支配して、一所の長となっております。彼らは、みな、皇命には従わないと申しております。どうぞ早く彼らをうち滅ぼしてくだ

さいませ。機を失してはなりません」

と申し上げた。

そこで、武諸木らは、まず麻剝の徒党を招き誘った。それから赤い衣や褌《はかま》および種々の珍しい物を賜わり、あわせて服属しない他の三人をもさし招いた。そこで彼らは自分の徒党を率いてやって来た。それをことごとく捕えて殺してしまった。天皇は、ついに筑紫に行幸されて、豊前国の長峡県《ながおのあがた》（福岡県行橋市長尾か）に至り、行宮《かりみや》を建てられてそこにおられた。したがって、そのところを名づけて京《みやこ》（豊前国京都郡、いま福岡県京都郡北部・行橋市）というのである。

土蜘蛛

冬十月に、天皇は碩田国《おおきたのくに》（大分県大分市・由布市）に至られた。その地形は、広大であり、かつ美しかった。そこで碩田と名づけたのである（碩田、これを於保岐陀《おほきた》という）。

ついで天皇は、速見邑《はやみのむら》（大分県速見郡）に至られた。そこに速津媛《はやつひめ》という女性がおり、一所の長であった。天皇が行幸されたと聞いて、みずからお出迎えして、

「この山には大きな石窟《いわや》がございます。鼠《ねずみ》の石窟と申します。二人の土蜘蛛《つちぐも》がおりまして、その石窟に住んでおります。ひとりを青といい、もうひとりを白といっております。また直入県《なおりのあがた》（大分県竹田市および熊本県阿蘇郡の一部）の禰疑野《ねぎの》（竹田市菅生付近か）に、三人の

土蜘蛛がおり、一人めを打猨《うちさる》といい、二人めを八田《やた》といい、三人めを国摩侶《くにまろ》といいます。この五人は、ともにその人となりは力が強く、かつともがらも多く、彼らはみな、皇命に従わないと申しております。もしも、強引にお召しになれば、兵を起こして抗戦いたすでありましょう」

と申し上げた。

天皇は、悪い奴がいるものだとお思いになり、それを嫌って、進行なさらなかった。すなわち来田見邑《くたみのむら》（大分県竹田市久住町・直入町および由布市庄内町南部の地か）にお留まりになって、かりに宮をお建てになって、そこにおられた。そうして、群臣と協議されて、

「いま多くの兵を動員して、土蜘蛛を討伐したい。もしも、わが兵の勢いに恐れて、土蜘蛛が山野に隠れてしまったら、かならず後の憂いとなろう」

と仰せられた。

そこで、海石榴《つばき》の木を採って、椎《つち》を作り兵器とした。そうして勇ましい兵卒を選んで、兵器の椎を授けて、山を穿《うが》ち、草を切りはらって、石室の土蜘蛛を襲って、稲葉の川上で打ち破り、ことごとくその徒党を殺した。血が流れて踝《くるぶし》に達した。そこで、時の人は、その海石榴《つばき》の椎を作ったところを、海石榴市《つばきち》といい、また血の流れたところを、血田《ちだ》といった。

さらに、打猨を討とうとし、ただちに禰疑山を越えた。そのとき、賊の射た矢が、山の

横手から、雨のように官軍の前に降りそそいだ。天皇は、城原《きはら》（竹田市木原付近）に退却し、卜《うらな》いをして川のほとりに陣を敷かれた。そこで兵を整え、まず八田を禰疑野で打ち破った。そのため打猨は、勝つことができないと思い、

「降伏します」

と申し出てきた。しかし、天皇は許されなかったので、みなみずから谷に身を投げて死んだ。天皇は、はじめ賊を討とうとされて、柏峡《かしわお》の大野（大分県竹田市荻町柏原付近の原野か）にお泊まりになった。その原野に、長さ六尺、広さ三尺、厚さ一尺五寸の石があった。天皇は祈《うけ》いをされて、

「私が、土蜘蛛をほろぼすことができるならば、この石を蹴るから、柏の葉のように舞いあがれ」

と仰せられた。そうして石をお蹴りになったら、柏の葉のように大空に舞い上がった。そこで、その石を名づけて蹈石《ほみし》という。このときに、お祈り申し上げた神は、志我神《しがのかみ》・直入《なおりの》物部神《もののべのかみ》・直入中臣神の三はしらの神である。

十一月に、日向国に至られて、行宮をお建てになり居住された。これを高屋宮《たかやのみや》という。

熊襲征討

十二月の癸巳《みずのとのみ》の朔丁酉《ひのとのとり》（五日）に、熊襲を討つことを協議された。そこで天皇は、

群卿に詔して、

「私は、襲国《そのくに》に厚鹿文《あつかや》・迮鹿文《さかや》という者がいると聞いている。この二人は、熊襲の悪者のかしらで、ともがらが、はなはだ多く、これを熊襲の八十梟帥《やそたける》といっている。その勢いは盛んで、敵《かな》う者がない。軍勢が少なくては、賊をほろぼすことはできまい。しかし多くの兵を動員すれば、百姓の害となる。なんとか兵士の威力をかりないで、自然にその国を平定することはできないものであろうか」

と仰せられた。そのとき、一人の臣が進み出て、

「熊襲梟帥には、二人の女《むすめ》がおります。姉を市乾鹿文《いちふかや》〔乾、これを賦《ふ》という〕といい、妹を市鹿文《いちかや》と申します。容姿は端正で、気も強うございます。たくさんの贈り物を贈って、天皇のおそばにお召しください。そうして熊襲梟帥の動静をうかがわせて、不意に攻めれば、少しも刀の刃を血でよごさないで、かならず賊は自然にやぶれるでありましょう」

と申し上げた。天皇は、

「それはよい考えだ」

と仰せられた。そこで、贈り物を贈って、その二人の女を欺いて、軍営にお召し入れになった。天皇は、市乾鹿文を召され、偽って寵愛された。そのとき、市乾鹿文は、天皇に奏して、

「熊襲が従わないことを心配なさらないでください。私にうまい策略がございます。そこ

で一人か二人の兵士を私に従わせてください」と申し上げた。こうして市乾鹿文は、家に帰って、たくさんの濃くて良い酒を用意して、自分の父に飲ませたので、熊襲梟帥は酔って寝てしまった。市乾鹿文は、ひそかに父の弓の弦《つる》を切っておいた。そこに従兵の一人が進み出て熊襲梟帥を殺した。天皇は、その不孝のはなはだしいことをにくまれて、市乾鹿文を殺した。そうして妹の市鹿文を、火国《ひのくにの》造《みやつこ》となさった。

十三年の夏五月に、ことごとく襲国を平定された。天皇が高屋宮におられたのは、六年である。

さて、その国に御刀媛《みはかしひめ》〔御刀、これを弥波迦志《みはかし》という〕という美人がいたので、お召しになって妃となさった。豊国別皇子《とよくにわけのみこ》をお生みになった。これが日向国造《ひむかのくにのみやつこ》の始祖である。

十七年の春三月の戊戌《つちのえいぬ》の朔己酉《つちのとのとり》（十二日）に、子湯県《こゆのあがた》〔現

景行天皇熊襲征討経路図

在の宮崎県児湯郡）に行幸されて、丹裳小野《にもののおの》にお遊びになった。そのとき、東の方を望見されて、側近の人に語られて、

「この国は、まっすぐに日の出る方に向いている」

と仰せられた。そこで、その国を名づけて日向《ひむか》というのである。この日、野中の大石に登られて、京都（纏向日代宮のある大和の地）をしのばれて、歌をよまれて、つぎのように仰せられた。

愛《は》しきよし　我家《わぎへ》の方《かた》ゆ　雲居立ち来《く》も（ああ、わが家の方から雲がわいて流れて来ることよ）

倭《やまと》は　国のまほらま　畳《たた》なづく　青垣　山籠《こも》れる　倭し麗《うるは》し（大和はもっともすぐれた国。青々とした山が重なって、垣のように包んでいる大和の国は立派で美しい）

命《いのち》の　全《まそ》けむ人は　畳薦《たたみこも》　平群《へぐり》の山の　白檮《しらかし》が枝《え》を　髻華《うず》に挿せ　此の子（生命力のあふれた人たちは、この平群の山の白檮の枝を髻華として髪に挿せ。この子よ）

これを、思邦歌《くにしのびうた》(3)という。

十八年の春三月に、天皇は、京に向かわれるため筑紫国を巡行された。最初に夷守《ひなもり》（宮崎県小林市付近か）に至られた。このとき、石瀬河《いわせのかわ》（現在の小林市内を流れる岩瀬川か）のほとりに、人が集まっていた。そこで、天皇は、遠くからこれを御覧になって、側近の人に詔して、

「あそこに集まっている人たちは何だろう。あるいは賊であろうか」と仰せられた。そこで、兄夷守《えひなもり》・弟夷守《おとひなもり》の二人を遣わして観察させた。すぐに弟夷守が帰ってきて、

「諸県君泉媛《もろかたのきみいずみひめ》が、天皇の召し上り物を献上いたそうとして、その族が集まっているのです」

と奏上した。

夏四月の壬戌《みずのえいぬ》の朔甲子《きのえね》（三日）に、熊県《くまのあがた》（現在の熊本県球磨郡・人吉市）に至られた。そこに熊津彦という兄弟二人がいた。天皇は、まず兄熊《えくま》を召された。ただちに使者に従ってやって来た。つぎに弟熊《おとくま》を召されたが、やって来なかった。そこで、兵を遣わして誅殺した。

壬申《みずのえさる》（十一日）に、海路から葦北《あしきた》（現在の熊本県葦北郡）の小島に碇泊して、お食事を召された。そのとき、山部阿弭古《やまべのあびこ》の祖である小左《おひだり》を召して、冷水を献上させた。このとき、たまたま島の中に水がなく、どうしようもなかった。そこで天神地祇を敬ってお祈りした。そうすると、たちまち冷泉が、崖のほとりより涌《わ》き出したので、それを酌《く》んで献上申し上げた。そこで、その島を名づけて水嶋（熊本県八代市内の球磨川河口の水島の地か）といった。その泉は、いまも水嶋の崖に残っている。

五月の壬辰《みずのえたつ》の朔に、葦北より出帆されて、火国《ひのくに》に至られた。ここで、日が暮れてしま

い、夜の暗やみで岸に着くことができなかった。遠くに火の光が見えた。天皇は、船頭に詔して、

「まっすぐに火の見えるところに向かえ」

と仰せられた。そこで火をめざして行くと、岸に着くことができた。天皇は、その火の光るところについて、

「何という邑《むら》か」

とお尋ねになった。その国の人が、

「ここは、八代県《やつしろのあがた》の豊村《とよのむら》です」

と申し上げた。さらに天皇は、その火について、

「それは誰の火か」

とお尋ねになった。しかし火の持ち主を見つけることができなかった。そこで、人の燃やす火ではないことがわかった。それゆえ、その国を名づけて火国《ひのくに》というのである。

六月の辛酉《かのとのとり》の朔癸亥《みずのとのい》（三日）に、高来県《たかくのあがた》（長崎県諫早市の大部分および島原半島全域）より玉杵名邑《たまきなのむら》（熊本県玉名郡のうちか）に渡られたとき、そこの土蜘蛛で津頰《つつら》という者を殺した。

丙子《ひのえね》（十六日）に、阿蘇国（熊本県阿蘇郡）に至られた。その国は、郊野が広く、遠くひろがって、人家が見えなかった。天皇は、

「この国に人がいるのか」

と仰せられた。そのとき、阿蘇都彦《あそつひこ》・阿蘇都媛《あそつひめ》という二はしらの神がおられて、たちまち人の姿になってやって来られ、

「私たち二人がおります。どうして人がおらないものですか」

と申し上げた。そこで、その国を名づけて阿蘇というのである。

秋七月の辛卯《かのとのう》の朔甲午《きのえうま》（四日）に、筑紫後国《つくしのくにのみちのしりのくに》（筑後国）の御木《みけ》（福岡県大牟田市）に至って、高田の行宮におられた。そのとき、倒れた樹木があって、長さが九百七十丈。役人たちは、その樹木をふんで往来した。当時の人が歌をよんで、
朝霜の　御木《みけ》のさ小橋《をばし》　群臣《まへつきみ》　い渡らすも　御木のさ小橋（この御木の階段を、お仕えする人が、お渡りになるなあ。この御木の階段を）

と言った。ここに天皇は、

「これは何の樹であるのか」

とお尋ねになられた。一人の老人がいて、

「この樹は、歴木《くぬぎ》（櫟）といいます。むかし、まだ倒れていなかったときには、朝日の光にあたると、杵嶋山《きしまのやま》を隠し、夕日の光にあたると、阿蘇山を隠しました」

と申し上げた。天皇は、

「この樹は、神木だから、この国を御木国《みけのくに》と呼びなさい」

と仰せられた。

丁酉《ひのとのとり》（七日）に、八女県《やめのあがた》（福岡県八女郡・筑後市・八女市）に至られた。そして藤山《ふじやま》（福岡県久留米市藤山付近の山か）を越えて、南方の粟岬《あわのさき》を見おろされた。天皇は詔して、

「その山の峯々は、重なって、まことに美しい。あるいは、その山に神がおられるのかも知れぬ」

と仰せられた。そのとき、水沼県主猿大海《さるおおみ》が、

「女神《ひめかみ》がおられます。名を八女津媛《やめつひめ》と申しまして、いつも山中におられます」

と奏上した。八女国の名は、これから起こったのである。

八月に、的邑《いくはのむら》（福岡県うきは市）に至ってお食事を召し上がった。この日、膳夫《かしわで》たちが、盞《うき》（酒杯）を置き忘れた。そこで、当時の人は、盞を忘れたところを名づけて浮羽《うきは》といった。いま的《いくは》というのは訛ったものである。むかし、筑紫の俗では、盞を名づけて浮羽といった。

十九年の秋九月の甲申《きのえさる》の朔癸卯《みずのとのう》（二十日）に、天皇は、日向より大和に還幸された。

二十年の春二月の辛巳《かのとのみ》の朔甲申《きのえさる》（四日）に、五百野皇女《いおののひめみこ》を遣わされて、天照大神をお祭らせになった。

二十五年の秋七月の庚辰《かのえたつ》の朔壬午《みずのえうま》（三日）に、武内宿禰《たけしうちのすくね》を遣わされて、北陸および東方の諸国の地形や百姓の消息を視察させられた。(4)

二十七年の春二月の辛丑《かのとのうし》の朔壬子《みずのえね》（十二日）に、武内宿禰は、東国から帰ってきて、

「東夷の中に、日高見国《ひたかみのくに》（東北の北上川流域地方か）があります。その国の人は、男女とも髪を椎《つち》のようなかたちに結い、身体に入れ墨をして、人となりは勇猛で、これをすべて蝦夷《えみし》といっております。また土地は肥沃で、広大であります。攻撃して奪い取ってしまったらよいでありましょう」

と奏上した。

秋八月に、熊襲が、またそむいて、辺境を侵すことがやまなかった。

日本武尊の熊襲征討

冬十月の丁酉《ひのとのとり》の朔己酉《つちのとのとり》（十三日）に、日本武尊を遣わされて、熊襲をお撃たせになった。そのとき、日本武尊の御年は十六歳。さて日本武尊は、

「私は、弓の上手な者を賜わって、一緒に行きたいものだ。どこかに弓の上手な者がいないものか」

と言われたところ、ある人が謹んで、

「美濃国に弓の上手な者がおります。弟彦公《おとひこのきみ》といいます」

と申し上げた。そこで、日本武尊は、葛城の人である宮戸彦《みやとひこ》を遣わして、弟彦公を召された。こうして、弟彦公は、ついでに石占《いしうら》（三重県桑名市付近）の横立《よこたち》および尾張の田子稲

置《き》・乳近稲置《ちぢかのいなき》をひきいてやって来た。そうして日本武尊に従って行った。

十二月に、日本武尊は、熊襲国に到着した。そして熊襲の消息と地形の様子をさぐられた。そのとき、熊襲に魁帥《たける》という者がいて、名を取石鹿文《とろしかや》、また川上梟帥《かわかみのたける》といった。親族を残らず集めて、住居の新築落成の祝宴を催そうとしていた。そこで、日本武尊は、髪を解いて童女の姿となって、ひそかに川上梟帥の祝宴の時をうかがった。そして、剣を御衣のうちに帯びて、川上梟帥の祝宴の部屋に入って、女の人の中にまぎれ込まれた。川上梟帥は、その童女の容姿にひかれて、手を取って席をともにして、坏《さかずき》をあげて酒を飲ませながら、戯れ弄《もてあそ》んだ。夜がふけて宴席の人がまばらになったとき、川上梟帥もまた酒の酔いがまわってきた。そこで、日本武尊は、御衣の中の剣を取り出して、川上梟帥の胸を刺された。まだ死なぬうちに、川上梟帥は、ぬかずいて、

「しばらくお待ちください。私に申し上げたいことがございます」

と言った。そのとき、日本武尊は、剣をおしとどめてお待ちになった。川上梟帥は、うやうやしく、

「あなたは、どなたでございますか」

と言った。日本武尊はお答えになって、

「私は、大足彦天皇（景行天皇）の皇子で、名は日本童男《やまとおぐな》というのだ」

と言われた。川上梟帥は、さらに敬って、

「私は、国の中の強力者でございます。そのため、いま諸人は、私の威力に敵《かな》いませんので、従わない者がございません。私は、多くの武人にあいましたが、まだ皇子のような方にはあったことがございません。そこで、賤しい賊の卑しい口から尊号を差し上げるのを、許してくださいますでしょうか」

と申し上げた。日本武尊は、

「許そう」

と仰せられた。そこで、川上梟帥は、うやうやしく、

「いまよりのち、皇子を名づけたてまつって日本武皇子《やまとたけるのみこ》と申し上げることにいたします」

と申し上げた。川上梟帥が言いおわると、ただちに日本武尊は、胸を刺して川上梟帥を殺しておしまいになった。そこで、いまに至るまで、日本武尊とお誉め申し上げるが、これが、その縁なのである。そうして後に、弟彦らを遣わして、ことごとくその党類をお斬らせになり、残る者がいなかった。こうして、海路をとって倭《やまと》に向かわれ、吉備に到着して穴海《あなのうみ》を渡られた。そこに荒ぶる神がいたので殺し、また難波に到着されたときに、柏済《かしわのわたり》の荒ぶる神を殺した〔済、これを和多利《わたり》という〕。

二十八年の春二月の乙丑《きのとのうし》の朔に、日本武尊は、熊襲を平定した模様を奏上して、

「私は、天皇の神霊によって、ひとたび兵を挙げ、ひたすらに熊襲の魁帥者《ひとごのかみ》を誅し、その

国をことごとく平定しました。それで、西洲《にしのくに》はもはや平穏となり、百姓は無事に暮らしております。ただ吉備の穴済《あなのわたり》の神と難波の柏済《かしわのわたり》の神だけが、ともに害心を持ち、毒気を放って、道行く人を苦しめ、禍《わざわ》いの原因となっておりました。そこで、その悪神を、ことごとく殺して、水陸両方の路を開きました」

と申し上げた。天皇は、ここに日本武《やまとたける》の功をお褒めになって、とくに愛された。

四十年の夏六月に、東夷が多く叛いて、辺境で騒いだ。

日本武尊の再征

秋七月の癸未《みずのとのひつじ》の朔戊戌《つちのえいぬ》（十六日）に、天皇は、群卿に詔して、

「いま東国は不穏で、荒ぶる神が、多く起こっている。また蝦夷が、ことごとく叛いて、しばしば人民を奪い取っている。誰を遣わして、その乱を平定したらよいだろうか」

と仰せられた。群臣は、みな誰を遣わしたらよいかわからなかった。日本武尊は、奏言して、

「私は、さきに西を征討するのに骨を折りました。こんどの戦いは、かならず大碓皇子の任務であります」

と申し上げた。そのとき、大碓皇子は、愕然《がくぜん》として草の中に逃げ隠れた。そこで、使者を遣わして、お召しになった。そうして天皇は、大碓皇子を責められて、

「おまえが望まないものを、無理に遣わすことがあろうか。まだ賊に面しないのに、はじめから恐れることがはなはだしいのはどうしたわけなのか」

と仰せられた。それで、ついに美濃に領地を与え、行って治めさせることとした。それで、大碓皇子は、封地に行かれた。これが身毛津君《むげつのきみ》・守君《もりのきみ》など二つの氏族の始祖である。さて、日本武尊は、雄々しく振舞って、

「熊襲が、すでに平定されて、まだ幾年にもならないのに、いま、さらに東夷が叛いた。すっかり平定されるのはいつの日であろうか。私にとっては、たいへんだけれども、ひたすらその乱を平定させましょう」

と申し上げた。そこで天皇は、斧《おの》と鉞《まさかり》とをとって、日本武尊に授け、

「私は、かの東夷が、識性《たましい》強暴で、侵犯することを、もっぱらにしていると聞いている。村には長がおらず、邑には首《おびと》がいない。それぞれ境界を侵して、おたがいに奪いあっている。また山には悪い神がおり、野には姦しい鬼がおって、道を遮り塞いで、大いに人を苦しめている。その東夷の中で、蝦夷が、もっとも強力である。男女が雑居し、父子の別がない。冬は穴に宿り、夏は木のうえに家を構えて住んでいる。毛皮を着て、血を飲み、兄弟がたがいに疑いあい、山に登るときは、飛んでいる鳥のようであり、草むらを走るときは、逃げる獣のようである。恩をうけても忘れ、怨《あだ》をみれば、かならず報復する。しかも、矢を髪を束ねた中に隠し、刀を衣の中に帯び、あるいは党類を集めて、辺界を犯し、ある

いは農桑《なりわい》の時をねらって人民を略奪している。攻撃をしかければ草むらに隠れ、追って行けば山に入ってしまう。それゆえ、往古より以来、まだ王化に従っていない。いま私がおまえを観察すると、人となりは、身長が高く大きくて、容姿は端正で、力は強く鼎《かなえ》を持ち上げることができ、勇猛なことは雷電のようである。向かうところに敵なく、攻めれば、かならず勝利をおさめる。すなわち、形はわが子であり、中身は神人《かみ》であることを知った。実に、天は、私が不敏で、また国が乱れているのを憐れまれて、天業《あまつひつぎ》をととのえさせ、宗廟《くにいえ》を絶たしめないようにおさせになったのであろうか。またこの天下は、おまえの天下であり、この位は、おまえの位である。どうか深謀遠慮をもって、姦賊を探り、変を伺って、威勢を示し、徳をもって懐柔し、武力を用いないで自然に臣従させよ。すなわち言を巧みにして荒ぶる神を治め、武を示して姦しい鬼を平らげよ」

と仰せられた。そこで、日本武尊は、斧と鉞とを受けとられ、再拝して、

「かつて西を征討した年に、皇霊の威力にお頼りして、三尺の剣をさげて、熊襲国を討ちました。あまり日数をかけないで、賊首を罪に伏《ふく》させました。いま、また天神地祇の霊にお頼りし、天皇の威力をお借りして、出発し、その境に赴いて、徳の教えを示そうと思いますが、なお服従しなければ、そのときには兵を挙げて攻撃しましょう」

と申し上げた。こうして重ねて再拝された。天皇は、そこで吉備武彦《きびのたけひこ》と大伴武日連《おおとものたけひのむらじ》とにお命じになって、日本武尊に従わせた。また七掬脛《ななつかはぎ》を膳夫《かしわで》とされた。

冬十月の壬子《みずのえね》の朔癸丑《みずのとのうし》〔二日〕に、日本武尊は、出発された。戊午《つちのえうま》〔七日〕に、寄り道をされて伊勢神宮を拝まれた。そうして倭姫命にお別れのお言葉をのべて、「いま天皇の御命令を承って、東に征討しに行き、もろもろの叛く者どもを誅してまいろうとしております。そこでお別れの御挨拶にまいりました」と言われた。そこで、倭姫命は、草薙剣《くさなぎのつるぎ》を取って、日本武尊に授けられて、「慎重になさいませ。けっして油断なさってはいけません」と言われた。

この年、日本武尊は、はじめて駿河《するが》に到着された。そこの賊は、偽り従い、欺いて、「この野に、大鹿が、きわめて多くおります。はく息は、朝霧のようで、足は茂った林のようです。お出かけになってお狩りなさい」と申し上げた。日本武尊は、その言葉を信じられ、野の中に入られて、狩猟をされた。賊は王《みこ》を殺そうという下心があって〔王とは、日本武尊をいうのである〕、その野に火を放った。王は、欺かれたことをお知りになって、すぐに燧《ひうち》をもって火を起こし、迎え火をつけて免れることができた〔一説では、王の帯びられていた剣である藂雲《むらくも》が、自然にぬけて、王の傍の草を薙《な》ぎ払った。それによって免れることができた。そこで、その剣を名づけて草薙《くさなぎ》というといわれている。藂雲、これを茂羅玖毛《むらくも》という〕。王は、「もう少しで、欺かれるところであった」

と言われた。そこで、その賊どもをことごとく焼き滅ぼしてしまわれた。それだから、そこを名づけて焼津《やきつ》（静岡県焼津市）というのである。

弟橘媛

さらに相模に進まれ、上総《かみつふさ》に行かれようとした。海を望まれて、大言壮語されて、

「こんな小さな海だから、馳《か》けて跳びあがっても渡れるではないか」

と言われた。ところが、海の中ほどまで来たとき、突然、暴風が起こって、王の船は漂って、渡ることができなかった。そのとき、王に従っておられた弟橘媛《おとたちばなひめ》という妾《おみな》があった。穂積氏《ほづみのうじ》の忍山宿禰《おしやまのすくね》の女《むすめ》である。王にうやうやしく、

「いま風が起こり、浪が激しく、王の船が沈もうとしております。これは、きっと海神《わたつみ》のしわざにちがいありません。どうか賤しい私の身を、王のお命にかえて海に入らせてください」

と申し上げた。言いおわって、ただちに波をおしわけて入ってしまわれた。暴風は、たちどころに止《や》んだ。船は、岸に着くことができたのである。そこで、時の人は、その海を名づけて、馳水《はしるみず》（浦賀水道）といった。

こうして、日本武尊は、上総より転じて、陸奥国《みちのくのくに》に入られた。そのとき、大きな鏡を王の船にかけて、海路をとって葦浦《あしのうら》を廻り、玉浦を横切り渡って、蝦夷の境に至られた。

蝦夷の賊首である嶋津神《しまつかみ》・国津神《くにつかみ》たちが、竹水門《たかのみなと》に集まって抗戦しようとしていた。しかし、はるかに王の船を見て、はじめからその威勢を恐れて、心のうちで勝つことができぬと思って、ことごとく弓矢を捨てて、仰ぎ拝んで、

「あなたのお顔を仰ぎ拝見いたしますと、普通の人間よりすぐれておられます。きっと神でありましょう。お名前をうけたまわりたいのですが」

と申し上げた。王は、お答えになって、

「私は、現人神《あらひとかみ》（天皇）の子である」

と言われた。そこで、蝦夷どもは、すっかりかしこまって、着物をつまみあげ、浪をかきわけて、みずから王の船を扶《たす》けて岸に着けた。そうしてみずから両手を後ろに縛って降伏した。そこで、日本武尊はその罪

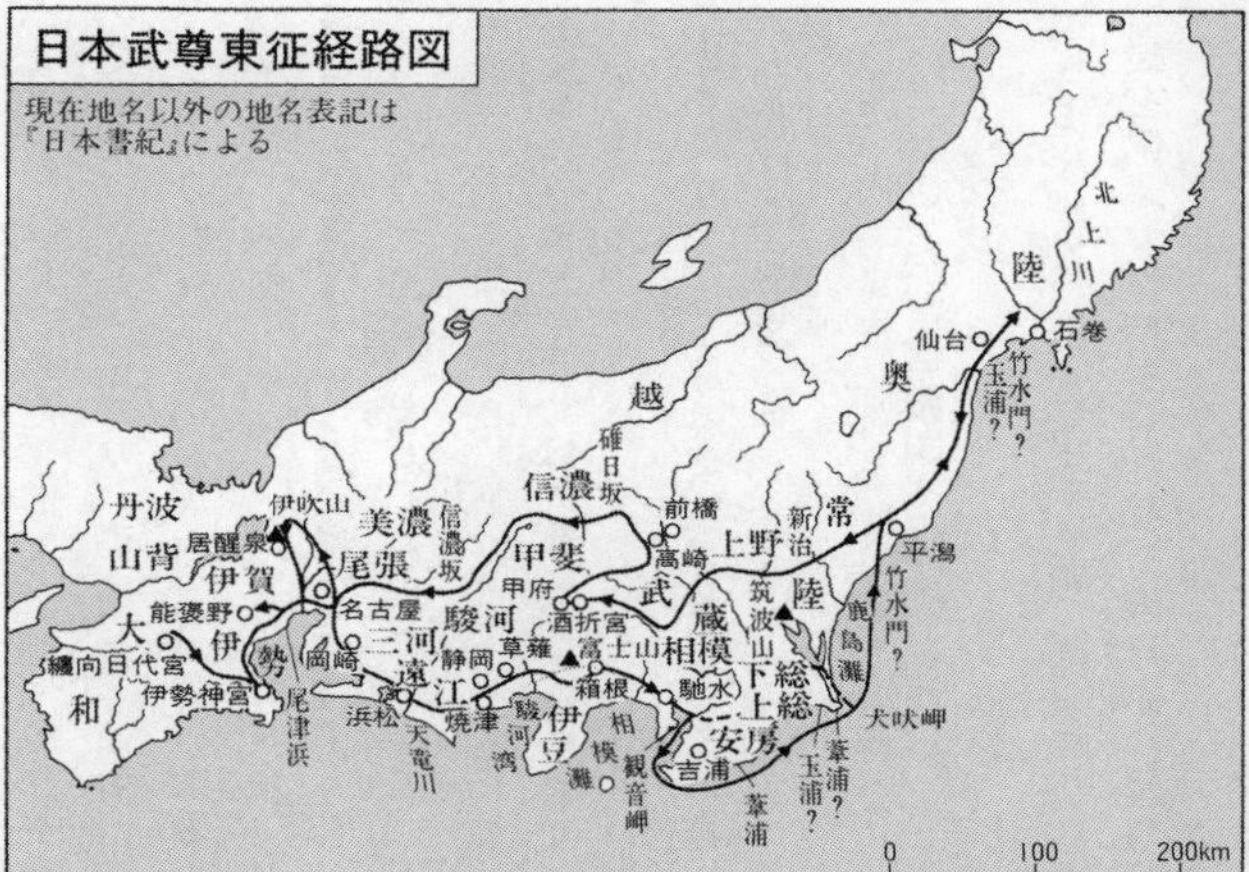

日本武尊東征経路図
現在地名以外の地名表記は『日本書紀』による

を免《ゆる》された。こうして、その首帥《ひとごのかみ》を俘《とりこ》にして、身辺に仕えさせた。蝦夷をすっかり平定して、日高見国《ひたかみのくに》より帰還して、西南方の常陸《ひたち》をへて、甲斐国《かいのくに》に至り、酒折宮《さかおりのみや》（甲府市酒折）におられた。そのときに、燭《ひ》をつけてお食事を召された。この夜、日本武尊はお歌を作って、侍者にお尋ねになって、こう言われた。

新治《にひばり》　筑波《つくは》を過ぎて　幾夜か寝つる（新治と筑波の地を過ぎてから幾夜寝たことだろう）

多くの侍者は、お答えすることができなかった。そのときに、燭《ひ》をともす者がいて、王のお歌の終りにつづけて、歌をよんで、

日日並《かがな》べて　夜《よ》には九夜《ここのよ》　日には十日《とをか》を（日数をかさねて、夜では九夜、昼では十日でございます）

と申し上げた。そこで燭《ひ》をともす者の機智をお褒めになって、厚く褒賞された。この宮におられたときに、靫部《ゆけいのとものお》(5)を大伴連《おおとものむらじ》の遠祖である武日《たけひ》に賜わった。

さて、日本武尊は、

「蝦夷の凶悪な人どもは、ことごとくその罪に伏した。ただ信濃国や越国《こしのくに》だけは、まだ少しばかり教化に従っていない」

と言われて、甲斐より北方の武蔵《むさし》・上野《かみつけの》をお廻りになって、西方の碓日坂《うすひのさか》（碓氷峠）に至られた。そのとき、日本武尊は、しきりに弟橘媛を偲ぶお気持をもたれ、碓日嶺《うすひのみね》に登られ、東南の方を望まれて、三たび歎かれて、

「吾嬬《あづま》よ」〔嬬、これを菟摩《つま》という〕と言われた。そこで、山の東の諸国（東山道諸国）を名づけて、吾嬬国というのである。

さて、道を分けて、吉備武彦を越国に遣わされ、その地形の様子や、人民が帰順しているかどうかを監察させた。そのとき、日本武尊は信濃に進まれた。この国は、山が高く、谷が深く、翠《みどり》の山々が連なっていた。人は杖を使っても登ることが難しかった。巌は嶮しく、石の坂道がめぐっていて、高い峰が数千におよび、馬は歩みを止めて進まない。しかし、日本武尊は、烟《けむり》（霞）を押しわけ、霧をかきわけて、遠い大山をわたられた。峰にたどりつかれて、お腹が空《す》いたので、山の中でお食事を召された。山の神が、王をお苦しめになろうとして、白鹿となって王の前に現われた。王は、あやしまれて、一個の蒜《ひる》（にんにく）を白鹿に弾《はじ》きかけられた。それが眼にあたって白鹿は死んだ。ところが王は、急に道に迷われて、お出になるところがわからなくなった。そのとき、たまたま白い狗《いぬ》がやって来て、王を導かれる様子を示した。狗のあとについて行かれ、美濃に出ることができた。吉備武彦が越《こし》よりやって来たのにお会いになった。これより先、信濃坂（御坂峠）を越える者が、多く神の気にあたって病に倒れた。しかし、日本武尊が白鹿を殺されてから後、この山を越える者は、蒜を嚼《か》んで、人や牛馬に塗った。自然に神の気にあたらなくなった。

日本武尊の病没

日本武尊は、ふたたび尾張に帰還されて、そこで尾張氏の女宮簀媛《みやすひめ》をお娶りになられ、久しい間お留まりになって、月を過ごされた。そうして、近江の五十葺山《いぶきやま》（伊吹山）に荒ぶる神がいることを聞かれて、即座に剣を解かれ、それを宮簀媛の家に置かれ、歩いて行かれた。胆吹山《いぶきやま》に至ると、山の神が、大蛇になって道に頑張っていた。さて、日本武尊は、胆吹山の神の正体が蛇となっているのをお知りにならないで、

「この大蛇は、きっと荒ぶる神の使であろう。神の正体さえ殺すことができれば、どうしてその使者を求める必要があろうか」

と言われて、蛇を跨《また》いで、さらにお行きになった。そのとき山の神は、雲を起こし、氷を降らせた。峰には霧がかかり、谷は暗くなって、さらに行くことができる路がなかった。そこで、さまよわれて、歩いているところがわからなくなられた。しかし霧を押しわけて、無理にお行きになり、どうにか出ることがおできになったが、心があせって働かなくなり、酒に酔ったようであった。そこで山の下の泉の側に来られて、すぐに泉の水を飲まれ、心をとりもどされた。それゆえに、その泉を名づけて、居醒泉《いさめがい》というのである。日本武尊は、ここではじめて御病気になられたが、やっと起きられて、尾張にお帰りになった。そうして宮簀媛の家にはお入りにならないで、伊勢に移られ、尾津《おつ》に到着された。かつて日本武

尊は、東に向かわれたときに、尾津浜にとどまられてお食事をとられた。そのときに、一つの剣を解かれ、松の根もとにお置きになったが、思わずお忘れになってそこを立ち去られた。いまここに来られたら、その剣は、なおそのままであったので、お歌をよまれて、

尾張に　直《ただ》に向かへる　一つ松あはれ　一つ松　人にありせば　衣《きぬ》着《き》せましを　太刀《たち》佩《は》けましを（尾張にまっすぐに向かっている一本松よ、かわいそうだなあ。一本松が人であったら、着物を着せるのに、太刀を佩かせるのに）

と言われた。能褒野《のぼの》に至られて、御病気はひどくなった。そこで、俘《とりこ》にした蝦夷どもを伊勢神宮に献じられた。そうして吉備武彦を遣わして、天皇に奏上して、

「私は、天朝から御命令を受けて、遠く東夷を征伐いたしました。そこで神の御恩を被り、天皇の威勢によって、叛く者が罪に伏し、荒ぶる神も、自然にしたがいました。こうして甲《よろい》を巻き戈《ほこ》をおさめて、心安らいで帰ってまいりました。念願といたしましたことは、いつの日か、いつの時か、天朝に復命申し上げることでございました。しかし、天命が急にやってまいりまして、余命がいくばくもございません。このようなわけで、ひとり曠野《こうや》に臥《ふ》しております。誰にも話すことがございません。どうして死ぬことを惜しむでしょうか。ただ残念でございますのは、御前でお仕えすることができなくなることだけでございます」

と申し上げた。こうして能褒野でお崩《かく》れになった。時に御年三十。天皇はこれをお聞きに

なられて、悲しみのために、なにごともお手につかず、美味しい物を召し上がってもその味がおわかりにならなかった。昼夜お泣きになって、胸をうってお悲しみになった。そしてたいへん歎かれて、

「わが子の小碓王《おうすのみこ》は、かつて熊襲が叛いたときに、まだ髪を上げて巻く年齢にも達していなかったのに、久しく征伐に苦労をし、それ以後、側にいて、私の及ばないところを補ってくれた。しかるに、東夷が騒動を起こし、討伐させるにふさわしい者がいなかったので、愛を忍んで賊の境に入らせた。一日としてわが子のことを偲ばなかったことはなかった。そこで朝夕にさまよっては、帰る日を待ちわびていた。なんという禍いなのだ。なんという罪なのだ。思いがけないことに、わが子を早死にさせるとは。これから誰とともに鴻業《あまつひつぎ》をおさめたらよいのだ」

と仰せられた。

そこで群卿に詔し、百寮に命じて、日本武尊を伊勢国の能褒野陵《のぼののみささぎ》に葬りまつった。そのとき、日本武尊は、白鳥となられて、陵《みささぎ》より出て、倭国をさしてお飛びになった。群臣たちが、そこでその棺櫬《ひつぎ》を開いて見たら、明衣《みそ》（死者が浴後に着る衣）だけが空しく残っていて、屍骨はなかった。さて、使者を遣わして白鳥を追いもとめたら、倭の琴弾原《ことひきのはら》にとどまっていた。そこで、そこに陵を造った。白鳥は、また飛び去って河内に至り、旧市邑《ふるいちのむら》にとどまった。またそこに陵を造った。そこで時の人は、この三つの陵を名づけて、

白鳥陵《しらとりのみささぎ》といった。そうして白鳥はついに高く飛んで天に上った。そこで陵にはただ衣冠だけを葬りまつった。そこで日本武尊の功名を伝えようとして、すなわち武部《たけるべ》を定めた。この年は、天皇が位につかれてから四十三年である。

五十一年の春正月の壬午《みずのえうま》の朔戊子《つちのえね》(七日)に、群卿を招いて宴を催されることがあってから、日がたった。時に、皇子の稚足彦尊《わかたらしひこのみこと》と武内宿禰《たけしうちのすくね》が、宴の庭にやって来なかった。天皇は、お召しになって、そのわけをお尋ねになった。そこで奏して、「あの宴楽の日には、群卿百寮は、かならず心を戯遊《あそび》において、国家にはおきません。あるいは狂った人が皇居のかこいの隙をうかがうことがあるかも知れません。そこで、門下に侍《はべ》って非常に備えていたのでございます」と申し上げた。そのとき、天皇は、「灼然《いやちこ》(いちじるしいこと)〔灼然、これを以椰知挙《いやちこ》という〕であるぞ」と仰せられて、ことのほか寵愛された。

秋八月の己酉《つちのととり》の朔壬子《みずのえね》(四日)に、稚足彦尊をお立てになって、皇太子とされた。この日、武内宿禰に命じて、棟梁之臣《むねはりのまえつきみ》(棟木と梁のように重任にたえる臣、すなわち大臣)となさった。

これより先に、日本武尊の帯びておられた草薙《くさなぎ》の横刀《つるぎ》は、いま尾張国の年魚市郡《あゆちのこおり》の熱田社にある。ところで、伊勢神宮に献じられた蝦夷どもが、昼夜喧嘩して、ふるまいに礼

を失していた。このとき、倭姫命は、

「この蝦夷どもは、神宮に近づけてはなりません」

と言われて、朝廷に進上なさった。そこで御諸山《みもろのやま》のほとりに置いた。それからほとんど時をへないで蝦夷どもは、神山の樹《き》を全部伐り、近くの里に出ては、大声で叫んで、人民を脅かした。天皇はこれをお聞きになり、群卿に詔して、

「あの神山のほとりに置いた蝦夷は、もともと獣心を持っていて、内つ国に住まわせるのは難しい。したがって、その心の願いにまかせて、内つ国の外に住まわせよ」

と仰せられた。これがいま、播磨・讃岐・伊予・安芸・阿波の五国にいる佐伯部《さえきべ》の祖である。


これより先に、日本武尊は、両道入姫皇女《ふたじのいりびめのひめみこ》を娶られて妃とされ、稲依別王《いなよりわけのみこ》をお生みになった。つぎに足仲彦天皇《たらしなかつひこのすめらみこと》（仲哀天皇）、つぎに布忍入姫命《ぬのしいりびめのみこと》、つぎに稚武王《わかたけのみこ》をお生みになった。兄の稲依別王は、犬上君《いぬかみのきみ》・武部君《たけるべのきみ》の二つの氏族の始祖である。又の妃である吉備武彦の女吉備穴戸武媛《きびのあなとのたけひめ》は、武卵王《たけかいごのみこ》と十城別王《とおきわけのみこ》とを生んだ。兄の武卵王は、讃岐《さぬきの》綾君《あやのきみ》の始祖であり、弟の十城別王は、伊予別君《いよのわけのきみ》の始祖である。次の妃の穂積氏忍山宿《おしやまのすく》禰《ね》の女弟橘媛《おとたちばなひめ》は、稚武彦王《わかたけひこのみこ》を生んだ。

五十二年の夏五月の甲辰《きのえたつ》の朔丁未《ひのとのひつじ》（四日）に、皇后の播磨太郎姫《はりまのおおいらつめ》が薨じられた。

秋七月の癸卯《みずのとのう》の朔己酉《つちのとのとり》（七日）に、八坂入媛命《やさかのいりびめのみこと》をお立てになって皇后とされた。

五十三年秋の八月の丁卯《ひのとのう》の朔に、天皇は、群卿に詔して、

「私が愛《いと》し子を偲ぶことは、いつの日にやむことがあろう。願わくは、小碓王が平定した国を巡幸したいと思う」

と仰せられた。

この月に、天皇は、伊勢に行幸され、転じて東海に入られた。

冬十月に、上総国に至られて、海路をとって淡水門《あわのみなと》（房総半島の館山湾か）をお渡りになった。このとき、覚賀鳥《かくかのとり》（雎鳩《みさご》）の声が聞こえた。天皇はその鳥の形を見ようとお思いになり、尋ねて海の中に出られた。そこで白蛤《うむき》（はまぐり）を得られた。そのとき、膳《かしわでの》臣《おみ》の遠祖で、名を磐鹿六鴈《いわかむつかり》という者が、蒲《かま》（草の名）を手繦《たすき》として、白蛤を膾《なます》につくってたてまつった。そこで、六鴈臣の功を褒めて、膳大伴部《かしわでのおおともべ》を賜わった。

十二月に、東国よりお帰りになって、伊勢におられた。これを綺宮《かにはたのみや》と申し上げる。

五十四年の秋九月の辛卯《かのとのう》の朔己酉《つちのとのとり》（十九日）に、伊勢より倭にお帰りになって、纏向宮におられた。

五十五年の春二月の戊子《つちのえね》の朔壬辰《みずのえたつ》（五日）に、彦狭嶋王《ひこさしまのみこ》を、東山道十五国の都督《かみ》に任じられた。この方は豊城命《とよきのみこと》の孫である。そうして春日《かすが》の穴咋邑《あなくいのむら》に至って、病に臥して薨じられた。このとき、東国の百姓は、その王が来られないことを悲しんで、ひそかに王の尸《かばね》を盗んで、上野国《かみつけののくに》に葬りまつった。

五十六年の秋八月に、御諸別王《みもろわけのみこ》に詔して、
「おまえの父の彦狭嶋王は、任所に赴くことができずに、早く薨じてしまった。そこで、おまえがもっぱら東国を治めよ」
と仰せられた。そこで、御諸別王は、天皇の御命令を承って、父の業を成就しようとした。そうして東国に行き治めて、すみやかに善政をしいた。時に蝦夷が騒動を起こしたので、兵を挙げて撃った。そのとき、蝦夷の首帥《ひとごのかみ》である足振辺《あしふりべ》・大羽振辺《おおはふりべ》・遠津闇男辺《とおつくらおべ》らが、ぬかずいてやって来て、頭を地につけて罪を受け、その地をすべて献じた。そこで、降伏した者を免《ゆる》して、服従しない者を誅した。こうして、東方は、久しく事がなくなった。これによって、その子孫が、いまも東国にいるのである。

五十七年の秋九月に、坂手池を造った。その時、竹をその堤のうえに植えた。

冬十月に、諸国に令して、田部《たべ》と屯倉《みやけ》をおいた。

五十八年の春二月の辛丑《かのとのうし》の朔辛亥《かのとのい》（十一日）に、近江国に行幸され、志賀（滋賀県大津市）におられること三年。これを高穴穂宮《たかあなほのみや》（大津市穴太）と申し上げる。

六十年の冬十一月の乙酉《きのとのとり》の朔辛卯《かのとのう》（七日）に、天皇は、高穴穂宮でお崩《かく》れになった。時に御年百六歳。

（1）難産のとき、夫が臼を背負って家のまわりを廻る習俗があることから推察して、景行天皇も臼を背負って家を廻ったが、一人生まれたのにお産はまだ終わらず、二人目が生まれるまで重い臼を背負っていなければならなかったので、天皇は、思わず臼に向かって「コン畜生」と叫んだという説がある。

（2）別王の子孫が、諸国の別となったというこの所伝は、景行天皇の九州・東国への巡幸説話、日本武尊の熊襲・蝦夷の征討説話と関係しており、大和朝廷の全国支配が景行天皇の時代に確立したことを、具体的に「別」という氏族の称号の由来で示そうとしたものらしい。「別」の語義については、分かれた家の意味であるとか、吾君兄《わぎえ》・我君の意味であるとか、あるいはまた首長を意味する古語であるとか、諸説がある。またその性格については、尊称と考える説や、官職の名称とする説があるが、本来「別」は、五世紀を中心とする時代の天皇・皇族が称した称号で、やがて地方の豪族にも賜与したものらしい。「別」を称する地方の豪族は、すべて天皇から分かれ出たという伝えをもち、畿内とその周辺から、西国にかけて分布し、国造となっているものが多いのが注目される。

（3）思邦歌には、故郷を偲ぶ歌と、国を讃える歌と二つの意味がある。ここでの歌は、本来は、国を讃える歌であったが、それが思邦（くにしのび）の意味に解されて、景行天皇の巡幸のときの歌にとり入れられたと解される。

（4）武内宿禰の東国視察の記事は、『古事記』にはない。『日本書紀』が、この記事とともに景行天皇二十七年二月に武内宿禰の記事を掲げたのは、四十年以降の日本武尊の東国・蝦夷征討の伏線として挿入したのであろう。『古事記』では成務・仲哀・応神・仁徳の諸天皇の時代に活躍したことを伝え、『日本書紀』では、景行・成務・仲哀・神功・応神・仁徳の各紀に活躍の話を載せている。三百歳の長寿を保ったとされるこの人物の実在性は、否定されてよい。武内宿禰をめぐる説話が成立したのは、七世紀前半ごろで、蘇我氏の手になったものとする説が有力で、内廷に近侍する忠臣として歴代の天皇に奉仕したとするのが、原初的な属性であったと考えられている。

（5）靫部は、靫負部とも書き、矢を入れる道具である靫《ゆき》を背負う者で、兵士の意味である。靫負は、五世紀後半ごろに設置されたと考えられており、地方の国造の子弟によって編成された大和朝廷の軍事力で、宮廷の諸門の警衛にあたり、大伴氏が統率した。

稚足彦天皇《わかたらしひこのすめらみこと》　成務《せいむ》天皇

成務天皇の即位

稚足彦天皇は、大足彦忍代別天皇《おおたらしひこおしろわけのすめらみこと》の第四子である。母の皇后を八坂入姫命《やさかいりびめのみこと》と申し、八坂入彦皇子《やさかいりびこのみこ》の女《むすめ》である。大足彦天皇の四十六年に、お立ちになって太子となられた。御年二十四歳。

六十年の冬十一月に、大足彦天皇がお崩《かく》れになった。

元年の春正月の甲申《きのえさる》の朔戊子《つちのえね》（五日）に、皇太子は、即位された。この年は、太歳辛未《かのとのひつじ》である。

二年の冬十一月の癸酉《みずのとのとり》の朔壬午《みずのえうま》（十日）に、大足彦天皇を倭国の山辺道上陵《やまのへのみちのへのみささぎ》に葬りまつった。皇后（景行天皇の皇后、八坂入姫命）を尊んで皇太后と申し上げた。

三年の春正月の癸酉《みずのとのとり》の朔己卯《つちのとのう》（七日）に、武内宿禰を、大臣《おおおみ》とした。これより先に、天皇と武内宿禰とは、同じ日に生まれた。そこで、とくに天皇は武内宿禰を寵愛されたのである。

四年の春二月の丙寅《ひのえとら》の朔に、詔して、

「わが先皇である大足彦天皇は、聡明で、武勇にたけ、天の命を受けて、皇位につかれたのである。天の命に応え、人の心に順《したが》って、賊を打ちはらい、天下を平定された。徳は、天が万物をおおうに均《ひと》しく、道は、天地自然の理にかなった。そのために、天下は、したがわない者がなかった。すべての者は、いずれもその所を得た。いま私は皇位を嗣《つ》いで、朝に夜にふるえおそれている。しかるに人民は、うごめく虫のように野心を改めない。これは、国郡《くにこおり》に君長《ひとごのかみ》がおらず、県邑《あがたむら》に首渠《おびと》がいないからである。いまより以後、国郡に長《おさ》を立て、県邑に首《かみ》を置くことにしよう。そこで、該当する国の長《おさ》として事にあたるにふさわしい者を選んで、その国郡の首長《ひとごのかみ》に任ぜよ。こうすれば、王城の地の垣根となって護る者となろう」

と仰せられた。

造長と稲置の設置

五年の秋九月に、諸国に令して、国郡に造長《みやつこおさ》を立て、県邑に稲置《いなき》を置いた(1)。ともに盾《たて》矛《ほこ》を賜わって表《しるし》とした。すなわち、山河を界《さかい》として、国県《くにあがた》を分け、阡陌《せんぱく》(南北と東西の道)にしたがって、邑里《むら》を定めた。こうして、東西を日縦《ひのたたし》とし、南北を日横《ひのよこし》とし、山の陽《みなみ》を影面《かげとも》といい、山の陰《きた》を背面《そとも》といった(2)。これによって、百姓は平穏に暮らすことができ、天下に事が起こらなくなった。

四十八年の春三月の庚辰《かのえたつ》の朔に、甥の足仲彦尊《たらしなかつひこのみこと》をお立てになって、皇太子とされた。

六十年の夏六月の己巳《つちのとのみ》の朔己卯《つちのとのう》（十一日）に、天皇はお崩《かく》れになった。時に御年百七歳。

（1）『古事記』には、「大国小国の国造を定め賜ひ、亦国国の堺、及大県小県の県主を定め賜ひき」とあって、稲置のことは見えない。この時代に国造・県主などを設置したことは信じられないが、大化前代に国造・県主の地方官が置かれたことは事実で、稲置を国造の国の下級機関である県の官職名と考える説と、屯倉などの稲穀を管理収納する官職名とする説とがある。後には姓《かばね》の一種となっている。

（2）これに類する表現は、『万葉集』の「藤原の宮の御井《みい》の歌」（五二）に、「大和の　青香具山は　日の経《たて》（東）……畝火の　この瑞山は　日の緯《よこ》（西）……耳高の　青菅山は　背面《そとも》（北）……吉野の山は　影面《かげとも》（南）……」とあり、『本朝月令《がつりょう》』に引く「高橋氏文」に、「日の竪《たて》（東）、日の横《よこ》（西）、陰面《かげとも》（南）、背面《そとも》（北）の諸国人」とあって、『日本書紀』が、「日縦」を東西とし、「日横」を南北としているのと異なっている。『日本書紀』のこの記事は、後世の七道を念頭において、東海・東山・西海道を日縦、南海・北陸道を日横、山陽道を影面、山陰道を背面と分けようとしたものではないかとする説が妥当のようである。

日本書紀巻第八

足仲彦天皇《たらしなかつひこのすめらみこと》　仲哀《ちゅうあい》天皇

仲哀天皇の即位

足仲彦天皇は、日本武尊《やまとたけるのみこと》の第二子である。母の皇后を両道入姫命《ふたじのいりびめのみこと》と申し上げ、活目《いくめ》入彦《いりびこ》五十《い》狭茅天皇《さちのすめらみこと》（垂仁天皇）の女《むすめ》である。天皇は、容姿が端正で、身長が十尺あった。稚足彦天皇《わかたらしひこのすめらみこと》（成務天皇）の四十八年に、皇太子にお立ちになった〔時に御年三十一歳〕。稚足彦天皇には、男の御子がおられなかったので、後嗣にお立てになったのである。

六十年に、天皇がお崩《かく》れになった。翌年の秋九月の壬辰《みずのえたつ》の朔丁酉《ひのとのとり》（六日）に、倭国の狭城盾列陵《さきのたたなみのみささぎ》〔盾列、これを多多那美《たたなみ》という〕に葬りまつった。

元年の春正月の庚寅《かのえとら》の朔庚子《かのえね》（十一日）に、皇太子は、天皇の位におつきになった。

秋九月の丙戌《ひのえいぬ》の朔に、母の皇后（日本武尊の妃両道入姫命）を尊んで皇太后と申し上げた。

冬十一月の乙酉《きのとのとり》の朔に、群臣に詔して、

「私は、まだ元服をしないうちに、父の王（日本武尊）がすでにお崩れになった。そのとき、日本武尊の神霊《みたましい》は、白鳥となられて、天にのぼられた。お偲び申し上げる気持は、一日とてやむことはない。そこで、願うことは、白鳥を捕えて、御陵のまわりの池に飼いたいのだが。そうして、その鳥を見ながら、お偲び申し上げる気持を慰めたいと思う」と仰せられた。そこで諸国に令して、白鳥を貢ぜしめた。

閏《うるう》十一月の乙卯《きのとのう》の朔戊午《つちのえうま》（四日）に、越国《こしのくに》が白鳥四羽を貢《たてまつ》った。鳥を送り届ける使人が菟道河《うじがわ》（宇治川）のほとりに宿ったとき、蘆髪蒲見別王《あしかみのかまみわけのみこ》が、その白鳥を見て、「どちらに持っていく白鳥なのか」とお尋ねになった。越《こし》の人は、お答えして、「天皇が、父の王を恋しく思われて、お飼いになろうとされているので、貢るのです」と申し上げた。そのとき、蒲見別王は、越の人に、「白鳥でも、焼けば黒鳥になるだろう」とお話しになった。そうして強引に白鳥を奪って、持っていってしまわれた。そこで越の人は、参上してきてそのいきさつを天皇に申し上げた。天皇は、蒲見別王が先王に対して礼のないことをしたのを憎まれて、ただちに兵卒を遣わして誅された。

蒲見別王は、天皇の異母弟であった。時の人は、「父は天であり、兄はまた君《きみ》である。そもそも天をあなどり、君にそむけば、どうして誅を免れることができようか」

と言った。

この年は、太歳壬申《みずのえさる》である。

二年の春正月の甲寅《きのえとら》の朔甲子《きのえね》（十一日）に、気長足姫尊《おきながたらしひめのみこと》をお立てになって皇后とされた。これより先に、叔父の彦人大兄《ひこひとのおおえ》の女大中姫《おおなかつひめ》を娶られて妃とされて、大中姫は麛《かご》坂皇子《さかのみこ》と忍熊皇子《おしくまのみこ》を生み、つぎに来熊田造《くくまたのみやつこ》の祖である大酒主《おおさかぬし》の女弟媛《おとひめ》を娶られて、弟媛は誉屋別皇子《ほむやわけのみこ》を生んだ。

二月の癸未《みずのとのひつじ》の朔戊子《つちのえね》（六日）に、角鹿《つぬが》（福井県敦賀）に行幸された。そのとき、行《かり》宮《みや》をお建てになってそこにおられた。これを笥飯宮《けひのみや》と申し上げる。その月、淡路屯倉《あわじのみやけ》を定められた。

熊襲征討

三月の癸丑《みずのとのうし》の朔丁卯《ひのとのう》（十五日）に、天皇は南国（南海道）を巡幸された。そのとき、皇后と百寮はおつれにならず、おともに従ったのは二、三の卿大夫《まえつきみ》と官人数百という、身軽な行幸であった。紀伊国《きのくに》に至られ、徳勒津宮《ところつのみや》におられた。このとき、熊襲《くまそ》が叛いて朝貢しなかった。そこで、天皇は、熊襲国を討とうとなさって、徳勒津を出発され、お船で穴《あな》門《と》（山口県下関市周辺）に行幸された。その日、使者を角鹿に遣わされて、皇后に勅して、

「ただちに、その津を出発して、穴門であうようにしなさい」

と仰せられた。

夏六月の辛巳《かのとのみ》の朔庚寅《かのえとら》（十日）に、天皇は、豊浦津《とゆらのつ》に碇泊された。一方、皇后は、角鹿を出発されて、渟田門《ぬたのみなと》に至られ、船上でお食事を召された。そのとき、海鯽魚《たい》が、たくさんお船のそばに集まってきた。皇后は、酒を鯽魚《たい》にそそがれた。鯽魚は、酒に酔って浮かびあがった。そのとき、海人《あま》が、多くその魚を獲《え》て、よろこんで、

「聖王が賜わった魚です」

と言った。そこの魚が、六月になると、つねに酒に酔ったように口をパクパク動かして浮かびあがるのは、それによるのである。

秋七月の辛亥《かのとのい》の朔乙卯《きのとのう》（五日）に、皇后は、豊浦津に碇泊された。この日、皇后は、海中から如意珠《にょいのたま》(1)を得られた。

九月に、宮室を穴門にお建てになって、そこにおられた。これを穴門豊浦宮《あなとのとゆらのみや》と申し上げる。

八年春正月の己卯《つちのとのう》の朔壬午《みずのえうま》（四日）に、筑紫に行幸された。そのとき、岡県主《おかのあがたぬし》の祖である熊鰐《わに》は、天皇の行幸を聞いて、あらかじめ五百枝《いおえ》の賢木《さかき》を抜き取って、九尋《ここのひろ》の船の舳《へさき》に立て、上の枝には白銅鏡《ますみのかがみ》をかけ、中の枝には十握剣《とつかのつるぎ》をかけ、下の枝には八尺瓊《やさかに》をかけて、周芳《すわ》の沙麼《さば》（山口県防府市佐波か）の浦にお出迎えし、魚塩《なしお》の地（御料の魚や塩

をとる区域）を献上した。そして奏して、

「穴門より向津野《むかつの》（大分県杵築市山香町向野か）の大済《おおわたり》（港）に至るまでを東門《ひがしのみと》とし、名《な》籠屋《ごや》（福岡県北九州市戸畑区北方の名籠屋崎か）の大済を西門《にしのみと》とし、没利嶋《もとりしま》（下関市西北の六連島か）・阿閉嶋《あへのしま》（六連島西北の藍島か）を限って御筥《みはこ》とし、(2)柴嶋（洞海湾内の中島・葛島か）を割《さ》いて御甂《みなへ》（御に、これを弥那陪《みなへ》という）とし、(3)逆見海《さかみのうみ》（北九州市若松区岩屋崎の東の逆水の地名に関係するか）をもって塩地《しおどころ》としたい」

と申し上げた。こうして熊鰐は海路をお導きした。山鹿岬《やまかのさき》（北九州市若松区岩屋崎）より廻って岡浦《おかのうら》に入った。水門《みなと》（岡水門）に至ると、御船が進むことができなくなった。そこで天皇は、熊鰐にお尋ねになって、

「私は、熊鰐が、清い心をもってやって来たと聞いているのに、どうして船が進まないのか」

と仰せられた。熊鰐は、奏して、

「御船が進むことができませんのは、私の罪ではございません。この浦のほとりに、男女の二はしらの神がおりまして、男神を大倉主《おおくらぬし》といい、女神を菟夫羅媛《つぶらひめ》と申します。きっとこの神々のみこころによるのでしょう」

と申し上げた。天皇は、そこで祈禱をされて、挟抄者《かじとり》（船頭）である倭国の菟田《うだ》の人伊賀《いが》彦《ひこ》を祝《はふり》として祭らしめた。そうしたら船は、進むことができた。

皇后は、別の船に乗られて、洞海《くきのうみ》（洞海湾）〔洞、これを久岐《くき》という〕より入られた。潮がひいて進むことができなかった。そのとき、熊鰐が、またもどってきて、洞《くき》より皇后をお迎え申し上げた。そして御船が進まないのを見て、恐懼して、即座に魚沼《うおいけ》と鳥池を作り、ことごとく魚鳥を集めた。皇后は、その魚鳥の遊びを御覧になって、お怒りの心が、ようやくお解けになった。潮が満ちるにおよんで、岡津《おかのつ》にお泊まりになった。

さらに、筑紫の伊覩県主《いとのあがたぬし》の祖である五十迹手《いとて》が、天皇の行幸をうけたまわって、五百枝の賢木を抜き取って、船の舳と艫《とも》に立て、上の枝には八尺瓊をかけ、中の枝には白銅鏡をかけ、下の枝には十握剣をかけて、穴門の引嶋《ひこしま》（下関市彦島か）にお出迎えして、献上した。そうして奏上して、

「私が、進んでこの物を献上するわけは、天皇が、八尺瓊の勾《まが》っているように、お上手に天下をお治めくだされ、また白銅鏡のように、はっきりと山川や海原を御覧になり、そしてこの十握剣をお帯びになって、天下を平定されるようにとのことでございます」

と申し上げた。天皇は、そこで五十迹手をお褒めになられて、

「伊蘇志《いそし》」

と仰せられた。そこで、時の人は、五十迹手の本土を名づけて、伊蘇国《いそのくに》といった。いま、伊覩というのは、訛ったものである。己亥《つちのとのい》（二十一日）に、儺県《ながあがた》に至られて、橿日宮《かしひのみや》におられた。

神の教え

秋九月の乙亥《きのとのい》の朔己卯《つちのとのう》（五日）に、群臣に詔して、熊襲を討つことを協議された。時に、神がおられて、皇后に神がかかって、神託を垂れて、

「天皇は、どうして熊襲が服さないのを心配されているのか。そこは、荒れはてた不毛の地なのだぞ。どうして、兵を挙げて討伐する価値があろうか。この国よりもまさった宝のある国、たとえば、処女の睩《まよびき》の（眉を書いた）ようで、日本の津（港）に向いている、海のかなたの国がある〔睩、これを麻用弭枳《まよびき》という〕。眼をかがやかせる金・銀・彩色が、多くその国にはある。これを栲衾新羅国《たくぶすましらきのくに》という。もしよく私を祭ったならば、少しも刃《やいば》を血でよごさないで、その国は、かならず自然に服属してこよう。また、熊襲も服従するにちがいない。その祭りには、天皇の御船と穴門直践立《あなとのあたいほむたち》の献上した大田《おおた》という名の水田を、幣《まい》として差し出しなさい」

と述べられた。

天皇は、神のお言葉をお聞きになって、疑いのお気持をもたれた。そこで高い岳《おか》に登られて、はるかに大海を御覧になったけれども、広々としていて国など見えなかった。そこで天皇は、神にお答えして、

「私は、遠くを見たが、海だけあって国はなかった。どうして大空に国があろうか。いた

ずらに私を誘《あざむ》くのは、どういう神なのか。また私の皇祖の諸天皇たちは、ことごとく天神地祇をお祭りした。どうして残っている神がおられようか」

と仰せられた。その時、神は、また皇后にかかって、

「水に映る影のように、鮮明に、自分が上から見おろしている国を、どうして国がないと言って、私の言葉を誹謗されるのか。天皇は、そのように言われて、どうしても信じられないならば、あなたは、その国を得ることができないであろう。ただし、いま皇后がはじめて御懐妊になった。その子は、その国を得られることがあろう」

と述べられた。しかし、天皇は、なおも信じられないで、強引に熊襲をお討ちになった。勝利を得られないで、御帰還になった。

九年の春二月の癸卯《みずのとのう》の朔丁未《ひのとのひつじ》（五日）に、天皇は、急に御病気になられて、翌日、お崩《かく》れになった。時に、御年五十二歳。すなわち、神のお言葉を採用されなかったので、早くお崩れになったことが、うかがわれるのである〔あるいは、天皇は、みずから熊襲をお伐ちになって、賊の矢にあたってお崩れになったといわれる〕。ここに、皇后と大臣武内宿《たけしうちのすく》禰《ね》は、天皇の喪を隠されて、天下にお知らせにならなかった。そのとき、皇后は、大臣および中臣烏賊津連《なかとみのいかつのむらじ》・大三輪大友主君《おおみわのおおともぬしのきみ》・物部胆咋連《もののべのいくいのむらじ》・大伴武以連《おおとものたけもつのむらじ》に詔して、

「いま天下では、いまだ天皇がお崩れになったことを知らない。もし百姓が知ったならば、気がゆるむであろうか」

と仰せられた。そこで、四人の大夫《まえつきみ》に命じて、百寮を率いて、宮中を守らしめた。ひそかに天皇の御屍を収めて、武内宿禰にさずけて、海路をとって穴門にお遷《うつ》しした。そうして豊浦宮で殯《もがり》して、无火殯斂《ほなしあがり》（殯のとき、灯火をたくところを、秘密のためにたかぬこと）〔无火殯斂、これを褒《ほ》那《な》之《し》阿《あ》餓《が》利《り》という」をなさった。甲子《きのえね》（二十二日）に、大臣武内宿禰は、穴門から帰還して、皇后に復奏申し上げた。

この年に、新羅の役によって、天皇を葬りまつることができなかった。

（1）仏舎利から出たといわれる宝玉で、これを手にすると、すべての願いがかなうとされた。

（2）（3）ここの意味は未詳。「御筥とし」を、御筥に盛る料物で、穀物を作り出す所とすると解したり、「御甂とし」を供御の魚を漁る地とすると解する説がある。

日本書紀巻第九

気長足姫尊《おきながたらしひめのみこと》　神功《じんぐう》皇后

神功皇后の熊襲征伐

気長足姫尊は、稚日本根子彦大日日天皇《わかやまとねこひこおおびびのすめらみこと》（開化天皇）の曽孫、気長宿禰王《おきながのすくねのおおきみ》の女《むすめ》で、母を葛城高顙媛《かずらきのたかぬかひめ》と申し上げた。足仲彦天皇《たらしなかつひこのすめらみこと》（仲哀天皇）の二年に、皇后にお立ちになった。幼少より聡明で叡智であらせられ、容貌はお美しかった。父の王（息長宿禰王）は、それを異となさっていた。

九年の春二月に、足仲彦天皇が、筑紫の橿日宮《かしひのみや》でお崩《かく》れになった。このとき皇后は、天皇が神のお教えに従わないで早くお崩れになられたのをお傷《いた》みになって、祟《たた》られた神を知って、財宝の国（新羅国）を求めようとお考えになった。そこで、群臣および百寮に命じられて、罪を祓《はら》い、過ちを改めて、さらに斎宮《いわいのみや》を小山田邑《おやまだのむら》にお造らせになった。

三月の壬申《みずのえさる》の朔に、皇后は、吉日をお選びになって、斎宮に入られ、みずから神主となられた。そのとき、武内宿禰《たけしうちのすくね》に命じて琴をおひかせになった。中臣烏賊津使主《なかとみのいかつのおみ》を召して、審神者《さにわ》（神託を請い聞き、意味を解く人）とされた。そうして千繒高繒《ちはたたかはた》（織物）を、琴の頭部と尾部に置いて、請い申して、

「先の日、天皇にお教えになったのは、どのような神でありましょうか。どうかその御名をお知らせください」

と申された。七日七夜たって、

「神風の伊勢国の百伝《ももつた》う度逢県《わたらいのあがた》の拆鈴《さくすず》五十《い》鈴宮《すずのみや》におります神、名は撞賢木《つきさかき》厳《いつ》之《の》御魂《みたま》天《あま》疎向津媛命《さかるむかつひめのみこと》」

と答えられた。またお問いになって、

「この神のほかに、まだ神がおられますか」

と言われると、

「幡荻《はたすすき》穂《ほ》に出《で》し（旗のようになびくすすきの穂の形で現われた）私だが、尾田《おだ》の吾田節《あがたふし》の淡《あわの》郡《こおり》におる神がおる」

と答えられた。さらに、

「まだおりますか」

と問われると、

「天事代《あめにことしろ》 虚事代《そらにことしろ》玉籤入彦《たまくしいりびこ》厳《いつ》之《の》事代神《ことしろかみ》がおる」

と答え、

「まだおりますか」

と問われると、

「おるかおらないかもう知らない」

と答えられた。そこで審神者《さにわ》が、

「いまお答えにならないで、さらにあとでおっしゃることがあるのでございますか」

と申し上げると、ただちにお答えがあって、

「日向国《ひむかのくに》の橘小門《たちばなのおど》の水底にあって、水葉《みなは》も稚《わか》やかに出《い》で（海草のようにわかわかしくて生命に満ちて）いる神、名は表筒男《うわつつのお》・中筒男《なかつつのお》・底筒男《そこつつのお》の神がおる」

と言われた。さらに、

「まだおりますか」

と問われると、

「おるかおらないかもう知らない」

と答えられた。ついにもう神がおられるとも言われなかった。

このように、神のお言葉を得て、教えのとおりにお祭りした。そうしてから、吉備臣《きびのおみ》の祖である鴨別《かものわけ》を遣わして、熊襲国を撃たせた。あまり日がたたないうちに、おのずから熊襲が服属してきた。また荷持田村《のとりたのふれ》（福岡県朝倉市秋月野鳥か）〔荷持、これを能登利《のとり》という〕

に、羽白熊鷲《はしろくまわし》という者がいて、その人となりは強健であり、身体に翼をもち、よく空高く飛び、皇命に従わないで、つねに人民を略奪していた。

戊子《つちのえね》（十七日）に、皇后は、熊鷲《くまわし》を撃とうとされて、橿日宮より松峡宮《まつおのみや》にお遷《うつ》りになった。そのとき、飄風《つむじかぜ》が、急に起こって、御笠が吹きとばされてしまった。そこで、時の人は、そこを名づけて御笠《みかさ》（筑前国御笠郡御笠郷）といった。

辛卯《かのとのう》（二十日）に、層増岐野《そそきの》に至られ、兵をこぞって、羽白熊鷲を撃ち滅ぼした。皇后は側近の人に語られて、

「熊鷲をうち取ることができ、私の心は、安らかになった」

と仰せられた。そこで、そのところを名づけて安《やす》（筑前国夜須郡）というのである。

丙申《ひのえさる》（二十五日）に、転じられて山門県《やまとのあがた》（筑後国山門郡山門郷）に至り、そこで土蜘蛛田油津媛《たぶらつひめ》を誅された。そのとき、田油津媛の兄の夏羽《なつは》が、軍をひきいてお迎えに来たが、妹が誅されたと聞いて逃げ去ってしまった。

夏四月の壬寅《みずのえとら》の朔甲辰《きのえたつ》（三日）に、北方の火前国《ひのみちのくに》（肥前国）松浦県《まつらのあがた》（肥前国松浦郡）に至られて、玉嶋里《たましまのさと》（佐賀県唐津市浜玉町付近）の小河のほとりでお食事を召し上がった。そのとき、皇后は、針をまげて釣鉤《つりばり》をお作りになり、飯粒を餌にされ、裳《も》の糸をぬき取って釣糸とされ、河の中の石の上に登られ、釣鉤を投げて祈《うけ》いをされて、

「私は、西方の財《たから》の国（新羅国）を求めたいと望んでいる。もし事が成功するならば、河

の魚が釣鉤を飲みこむように」

と仰せられた。そうして竿をあげたら、細鱗魚《あゆ》がかかっていた。そのとき、皇后は、

「希見《めずら》しいものである」〔希見、これを梅豆邏志《めづらし》という〕

と仰せられた。そこで、時の人は、そのところを名づけて、梅豆邏国《めづらのくに》といった。いま、松浦《まつら》というのは、訛ったものである。そのため、その国の女性は、四月の上旬になるたびに、釣鉤を河の中に投げて、年魚《あゆ》を捕ることが、いまも絶えていない。ただし男性が釣っても、魚を獲《え》ることはできない。

こうして、皇后は、神の教えに霊験のあることをお知りになって、さらに天神地祇をお祭りして、みずから西方を征討されようとお考えになった。ここに神田《みとしろ》（神の供御《くご》のための田）を定められて田をたがやされた。そのとき、儺《な》の河の水を引いて、神田を潤そうとお思いになり、溝を掘られた。迹驚岡《とどろきのおか》に至ると、大磐《おおいわ》がふさがっていて、溝を掘ることができなかった。皇后は、武内宿禰をお召しになって、剣と鏡とを捧げて、天神地祇に祈禱せしめ、溝を通すことを求められた。そのとき、たちまち雷電がとどろき落ちて、その磐を蹴《ふ》み裂いて、水を通させた。そこで、時の人は、その溝を名づけて裂田溝《さくたのうなで》といった。

皇后は、橿日浦《かしひのうら》に御帰還になり、髪を解かれて、海に臨まれて、

「私は、天神地祇の教えをこうむり、皇祖の霊を頼って、滄海《あおうみ》を渡って、みずから西方を征討しようと思います。そこで、頭を海水にすすぎますが、もし霊験がございますならば、

髪が自然に分かれて二つになりますように」

と仰せられた。そうして、海に髪を入れてすすがれたところ、髪は自然に二つに分かれた。皇后は、そこで髪を結い分けられて、髻《みずら》（たばねた髪で男子の髪形）になさった。それから群臣にお語りになって、

「そもそも軍を起こし、衆を動員するのは、国の大事である。安危・成否は、ひとえにこれにかかっている。いま征討しようとしているが、軍事を群臣にまかせて、もし事が成功しなかったら、その罪は群臣にあることになり、それは、はなはだ辛《か》いことである。私は女性であり、また不肖でもある。しかしながら、しばらく男の姿を仮りて、進んで雄々しい計略を起こそうと思う。上は天神地祇の霊をこうむり、下は群臣の助けによって、戦争を起こして高い浪を渡り、船を整えて財土《たからのくに》（新羅国）を求めるのである。もし事が成就すれば、群臣がともに功があったからだ。事が成就しなければ、私ひとりの罪となろう。すでにこう覚悟している。そこで協議されたい」と仰せられた。群臣は、みな、

「皇后は、天下のために、国家の安泰のためにお計りになっておられます。かならず事が成就するにちがいありません。また罪が臣下に及ぶはずがありません。謹んで詔をうけたまわります」

と申し上げた。

新羅征討

秋九月の庚午《かのえうま》の朔己卯《つちのとのう》（十日）に、諸国に令して、船舶を集めて、戦争の準備に入った。そのとき、兵士を集めるのが困難であった。皇后は、

「きっと神のみこころなのだ」

と仰せられて、ただちに大三輪社を立てて、刀《たち》と矛《ほこ》を奉られた。兵士が自然に集まった。ここで、吾瓮海人烏摩呂《あへのあまおまろ》という者を、西海（朝鮮への航路）に遣わして、国があるかどうかを視察させた。烏摩呂は帰還して、

「国は見えません」

と申し上げた。さらに磯鹿《しか》の海人で、名を草《くさ》という者を遣わして視察させた。何日かたって、帰還して、

「西北方に山があり、その空に雲が横たわっております。おそらく国があるのでございましょう」

と申し上げた。そこで、吉日を卜し、出発するのに日がかかった。そのとき、皇后は、みずから斧《おの》と鉞《まさかり》を執って、全軍に命令を下して、

「金鼓（軍の進退を指示する楽器）の音が乱れて節を失い、旌旗《はた》がばらばらになると、兵士が整わない。財を貪り、物を欲しがり、私事を考え、妻妾のことを思えば、かならず敵に

捕えられる。敵が少なくてもけっしてあなどるな。敵が強くてもおびえるな。暴力をもって婦女をおかすのを許すな。みずから降伏してきた者を殺すな。戦いに勝てばかならず恩賞を与えよう。逃走すれば当然罪となる」

と仰せられた。

そして神の教えがあり、

「和魂《にきみたま》は、王の身について寿命をお守りする。荒魂《あらみたま》は、先鋒となって軍船を導くであろう」〔和魂、これを珥岐瀰多摩《にきみたま》といい、荒魂、これを阿邏瀰多摩《あらみたま》という〕

と言われた。このように神の教えを得られて、皇后は拝礼された。そうして依網吾彦男垂《よさみのあびこおたる》見《み》を祭りの神主とした。時に、ちょうど皇后の御臨月に当たっていた。皇后は、そこで石をお取りになり、腰にさしはさまれて、お祈りして、

「事がおわって、帰還した日に、ここで産まれますように」

と仰せられた。その石は、いま伊覩県《いとのあがた》の道のほとりにある。こうして、荒魂を招きよせられて、軍の先鋒とされ、和魂を請じて、王船の鎮めとなさった。

冬十月の己《つちのとの》亥《い》の朔辛《かのとの》丑《うし》（三日）に、和珥津《わにのつ》（対馬上県郡鰐浦）からお発《た》ちになった。そのとき、風の神は風を起こし、波の神は波を起こして、海の中の大魚が、ことごとく浮かんで船を扶《たす》けた。すなわち大きな風が追い風となって吹き、船は波の流れに乗った。楫《かい》を使わないで、新羅《しらき》に至った。そのときに、船を乗せた波が、遠く新羅の国の中にまで満

ちおよんだ。このことで、天神地祇が残らず助けられたのであるということがわかる。そして諸人を集めて、
新羅の王《こきし》は、ここに戦々兢々《きょうきょう》として、どうしたらよいのかわからなかった。そして諸人を集めて、

「新羅が国を建ててより以来、いまだかつて海水が国の中に満ちおよんだとは聞いたことがない。あるいは天運が尽き、国が海になろうとしているのだろうか」

と言った。この言葉を言いおわらないうちに、軍船が海に満ちて、旌旗《はた》が日に輝いた。鼓吹の声が起こって、山川が残らず振動した。新羅の王は、遠くからこれを望み見て、突然襲ってきた軍は、まさにわが国を滅ぼそうとしているのだと思った。そうして恐怖のあまり気を失った。しばらくして気がついて、

「私は、東方に神国（神明の加護する国）があり、日本《やまと》といい、また聖王がおられ、天皇と申し上げていると聞いている。かならずその国の神兵にちがいない。どうして兵を挙げて防ぐことができようか」

と言って、即座に白旗をかかげてみずから降伏してきた。降伏のしるしに、白い綬《ひも》を頸《くび》にかけて自分を後ろ手に縛り、土地の図面と人民の籍を封印して、王船の前に降った。そうして、頭を地につけて、

「いまより以後、天地とともに長く、飼部《みまかい》となって従います。船のかじを乾かすことなく、春秋には馬梳《うまはたけ》（馬の毛を洗うはけ）と馬鞭《うまのむち》を献上いたします。また海を隔てて遠いことを

厭《いと》わないで、年ごとに男女の調《みつき》を貢上いたしましょう」

と申し上げた。さらに重ねて誓って、

「東から出る太陽が、あらたに西から出るようにならないかぎり、また、阿利那礼河《ありなれがわ》が逆流し、河の石が天にのぼって星となることがないかぎり、とくに春秋の朝貢を欠き、怠って梳《くし》と鞭《むち》との貢納をやめれば、天神地祇は、ともに罰をおあたえください」

と申し上げた。そのとき、ある人が、

「新羅の王を誅しましょう」

と言った。しかし、皇后は、

「さきに神の教えをうけたまわって、いま金銀の国（新羅国）を授けられようとしている。また全軍に号令して、『みずから降伏してきた者を殺すな』と申した。いますでに財《たから》の国を獲《え》た。また人もみずから降伏してきた。殺すのはよくない」

と仰せられて、その縛《ゆわいつな》を解いて飼部とされた。そして、その国の中に入られて、重宝の府庫を封印し、土地の図面や人民の籍などの文書を収めた。そして皇后がお持ちになっていた矛《ほこ》を、新羅の王の門に樹《た》て、後世の印とされた。ゆえに、その矛は、いまなお新羅の王の門に樹っているのである。

さて、新羅の王波沙寐錦《はさむきむ》は、ただちに微叱己知波珍干岐《みしこちはとりかんき》を人質とし、そして金・銀・彩色および綾・羅《うすはた》（透薄な絹織物）・縑絹《かとりのきぬ》（目を細かく固く織った平織の絹）を齎《もたら》して、八十鰺の船に載せて、官軍に従わしめた。新羅の王が、つねに八十船の調を日本国に貢上するのは、それによっているのである。ところで、高麗《こま》・百済《くだら》の二国の王は、新羅が土地の図面と人民の籍を収めて日本国に降ったと聞いて、ひそかに日本の軍の様子を伺わせた。そこでとても勝つことができないことを知って、みずから陣営の外にやって来て、頭を地につけて、

「今後は、ながく西蕃《にしのとなり》と称して、朝貢を絶ちません」

と申し上げた。そこで、内官家屯倉《うちつみやけ》を定めた。これがいわゆる三韓である。皇后は、新羅よりお帰りになった。

十二月の戊戌《つちのえいぬ》の朔辛亥《かのとのい》（十四日）に、誉田天皇《ほむたのすめらみこと》（応神天皇）を筑紫でお生みになった。そこで時の人は、そのお生みになったところを名づけて宇瀰《うみ》（福岡県糟屋郡宇美町）といった。

〔一説によれば、足仲彦天皇（仲哀天皇）が筑紫の橿日宮におられたときに、神がおられて、沙麼県主《さばのあがたぬし》の祖である内避高国避高松屋種《うつひこくにひこまつやたね》に神がかりして、天皇に教えて、

「天皇が、もし宝の国（新羅国）を得たく思うならば、現実に授けてあげよう」

と言われた。さらにまた、

「琴をもってきて皇后にさしあげなさい」

と言われた。

そこで神のお言葉に従って、皇后が琴をおひきになった。そうすると、神が皇后にかかって、教えて、

「いま、天皇が望まれている国は、たとえば鹿の角のように、なかみのない国(1)である。そもそもいま天皇が乗られている船と、穴戸直践立《あなとのあたいほむたち》が貢上した大田という名の水田を幣物として、よく私を祭れば、美女の眉のような、また金・銀が多くあって眼もかがやく国をもって天皇にお授けしよう」

と言われた。そのとき、天皇は神にお答えになって、

「そもそも神とはいえ、どうして謾《みだ》りなことをおっしゃるのか。いったいどこに国があるのか。また私が乗る船を神に奉ってしまったら、私はどの船に乗ればよいのか。しかるに、またどのような神であるかを知らない。ぜひその名をうけたまわりたい」

と仰せられた。そのとき、神がその名をなのって、

「表筒雄《うわつつのお》・中筒雄《なかつつのお》・底筒雄《そこつつのお》」

と言われた。このように三はしらの神が名をなのって、また重ねて、

「私の名は、向匱男《むかひつお》聞襲《もおそ》大歴《ほふ》五御魂《いつのみたま》速狭《はやさ》騰尊《あがりのみこと》である」

と言われた。そのとき、天皇は皇后に語られて、

「聞きにくいことをいう婦人だ。どうして速狭騰《はやさあがり》(2)というのだ」

と仰せられた。そこで、神は天皇に語られて、

「あなたが、このように信じられないならば、けっしてその国は得られないだろう。ただし、いま皇后が御懐妊なさった御子（後の応神天皇）は、きっとその国を得られることがあるはずだ」

と言われた。その夜、天皇は、急に病気に罹《かか》られてお崩《かく》れになった。そうして後、皇后は、神の教えのとおりにお祭り申し上げた。そして皇后は、男の装束をして新羅を御征討になった。そのとき、神が留まってお導きなされた。そのため船を乗せた浪が、遠く新羅国の中にまで満ちたのである。かくして新羅の王である宇流助富利智干《うるそほりちか》が、迎え出られて、跪《ひざまず》いて、王船にすがって頭を地につけ、

「私は、いまより以後、日本国におられます神の御子に、内官家《うちつみやけ》として、絶えることなく朝貢いたします」

と申し上げたのである。

一説によれば、新羅の王を俘《とりこ》にして、海辺につれてきて、王の膝骨《ひざぼね》を抜いて、石の上に匍匐《はらば》いにさせた。しばらくたってから斬り殺して、砂の中に埋めてしまった。それから、一人の者を駐留させて、新羅の宰《みこともち》（新羅においた日本の使臣）として帰還された。そうして後に、新羅の王の妻は、夫の屍を埋めた地を知らされていなかったので、宰をだまそうと思い、宰に誘いかけて、

「あなたが、本当に王の屍を埋めたところを教えてくださったならば、きっと厚く御礼

いたしましょう。さらに私は、あなたの妻となるでしょう」と言った。そこで、宰は、あざむきの言葉を真にうけて、屍を埋めたところをひそかに教えてしまった。即座に、王の妻と国人とは、協議して宰を殺し、そのうえで、王の屍をとり出してよそに葬った。その際に、宰の屍を取って、王の墓の土の底に埋めて、王の棺を持ちあげ、その上におろしすえて、

「尊い新羅王の棺を上に、卑しい日本の宰の屍を下におくことこそ、尊卑の秩序によくかなっている」

と言った。これを天皇がお聞きになって⑶、いたくお怒りになり、大いに軍をお起こしになって、ひたすら新羅を滅ぼそうとされた。そこで軍船が海に満ちて新羅に至った。このときに、新羅の国人は、すっかり恐れて、なすところを知らなかった。すなわちあいつどい、協議して、王の妻を殺して罪を謝した。」

さて、軍に従った神、表筒男・中筒男・底筒男の三はしらの神は、皇后にお教えして、

「わが荒魂を、穴門の山田邑にお祭りしなさい」

と言われた。そのとき、穴門直《あなとのあたい》の祖である践立《ほむたち》と津守連《つもりのむらじ》の祖である田裳見宿禰《たもみのすくね》が、皇后に申し上げて、

「神がおられたいと望まれている地を、かならず定めたてまつらなければなりません」

と言った。そこで、践立をもって、荒魂をお祭りする神主とし、祠《やしろ》を穴門の山田邑に立て

た。

麛坂王・忍熊王の謀略

さて新羅をお伐《う》ちになった翌年の春二月に、皇后は、群卿および百寮をおひきいになって、穴門豊浦宮《あなとのとゆらのみや》にお移りになった。そうして天皇のお遺骸をとりおさめて、海路より京《みやこ》に向かわれた。そのとき、麛坂王《かごさかのみこ》と忍熊王《おしくまのみこ》とは、天皇がお崩《かく》れになり、また皇后が西方をお討ちになり、あわせて皇子をあらたにお生みになったと聞いて、ひそかに謀って、

「いま皇后には、御子がおられ、群臣はみな従っている。かならず協議して幼い主を立てるであろう。われらは、どうして兄として弟に従うことができよう」

と言って、偽って天皇のために陵《みささぎ》を作るふりをし、播磨にやって来て山陵を赤石《あかし》に建てた。そうして船を編成し、淡路嶋に渡って、その島の石を運んで山陵を造った。そのとき、人ごとに武器を持たせて、皇后が来られるのを待った。

さて、犬上君《いぬかみのきみ》の祖である倉見別《くらみわけ》と吉師《きし》の祖である五十《い》狭茅宿禰《さちのすくね》とは、ともに麛坂王についた。そこで、将軍として東国の兵をおこさせた。そのとき、麛坂王と忍熊王とは、ともに菟餓野《とがの》（大阪市北区兎我野町付近か）に出て、祈狩《うけいがり》（狩で賭をして、戦の勝ち負けをうらなうこと）〔祈狩、これを于気比餓利《うけひがり》という〕をして、

「もし事が成就するのであれば、きっと良い獣が獲られるだろう」

と言われた。二人の王は、それぞれ桟敷《さじき》におられたが、赤い猪が、急に出てきて桟敷に登って、麛坂王を喰い殺してしまった。軍士は、すっかりこわがってしまった。忍熊王は、倉見別に語られて、

「これは、たいへん不吉な前兆である。ここで敵を待っていてはならない」

と言った。そこで軍をひきいて退却し、住吉《すみのえ》（摂津国住吉郡、現在の大阪市住吉区）に駐屯した。そのとき、皇后は、忍熊王が軍を起こして待機しているとお聞きになって、武内宿禰に命じ、皇子をいだいて、迂回して南海より出発して、紀伊水門に泊まらせた。皇后の御船は、まっすぐ難波をめざされた。ところが、皇后の御船は、海の中で廻って、進むことができなかったので、改めて務古水門《むこのみなと》（摂津国武庫郡武庫郷の地の海港、現在の武庫川河口付近）に帰られて、うらなわれた。そこで、天照大神は皇后にお教えして、

「わが荒魂を、皇后のみもとに近づけておいてはならぬ。広田国《ひろたのくに》（摂津国武庫郡広田神社の地、現在の兵庫県西宮市）におらしめなければならない」

と仰せられた。そこで山背《やましろの》根子《ねこ》の女《むすめ》の葉山媛《はやまひめ》にお祭りさせた。また稚日女尊《わかひるめのみこと》がお教えして、

「われは活田長峡国《いくたのながおのくに》（摂津国八部郡生田神社の地、現在の神戸市中央区）におりたい」

と言われた。そこで海上《うながみの》五十《い》狭茅《さち》にお祭りさせた。また事代主尊《ことしろぬしのみこと》がお教えして、

「われを長田国《ながたのくに》（摂津国八部郡長田神社の地、現在の神戸市長田区）に祠《まつ》れ」

と仰せられた。そこで葉山媛の妹の長媛《ながひめ》にお祭りさせた。さらに表筒男・中筒男・底筒男の三はしらの神がお教えになって、

「わが和魂を大津の渟中倉《ぬなくら》の長峡《ながお》（現在の大阪市住吉区）におらしめなさい。そこで往来する船を見守ることにしよう」

と言われた。そこで、神のお教えのとおりに鎮坐申し上げたら、平安に海を渡ることができになった。忍熊王は、さらに軍を退却させて、菟道《うじ》に至って駐屯した。皇后は、南方の紀伊国に至られて、日高（現在の和歌山県日高郡）で太子（後の応神天皇）に会同された。群臣とおはかりになって、忍熊王を攻めようとして、さらに小竹宮《しののみや》〔小竹、これを芝努《しの》という〕にお遷りになった。

このとき、昼が夜のように暗くなり、すでに多くの日数がたってしまった。時の人は、「常夜を行く」と言ったという。皇后は、紀直《きのあたい》の祖である豊耳《とよみみ》にお尋ねになって、

「この不吉な前兆は、どうしたわけなのか」

と仰せられた。そのとき、一人の老父がいて、

「伝え聞くところによりますと、このような不吉な前兆を、阿豆那比《あづなひ》の罪というそうです」

と申し上げた。

「どういう意味だ」

とお尋ねになると、

「二つの神社の祝《はふり》を、一緒に合葬したのではありませんか」

と申し上げた。そこで、巷里《むらさと》に問わしめたら、一人の人がいて、

「小竹《しの》の祝と天野《あまの》の祝とは、ともに良い友人でした。小竹の祝が病気になって死ぬと、天野の祝は、激しく泣いて、『私は彼が生きているときに良い友人であった。どうして死んだ後も墓穴を同じくしないことがあろうか』と言って、ただちに小竹の祝の屍のそばに伏して自殺してしまいました。そこで合葬したが、おそらくそれでありましょう」

と申し上げた。そこで墓を開けてみたらそのとおりであったので、棺を改めて、それぞれ他の場所に埋めた。そうしたら、日の光が輝いて、昼と夜とが別々になった。

三月の丙申《ひのえさる》の朔庚子《かのえね》（五日）に、武内宿禰と和珥臣《わにのおみ》の祖である武振熊《たけふるくま》とに命じて、数万の軍を率いて、忍熊王を攻撃させた。そこで武内宿禰らは、精兵を選んで山背《やましろ》に進出した。菟道《うじ》に至って河の北に駐屯した。忍熊王は、陣営を出て戦おうとした。そのとき、熊《くま》之凝《のこり》という者がいて、忍熊王の軍の先鋒となった〔熊之凝は、葛野城首《かずののきのおびと》の祖である。一説には多呉吉師《たごのきし》の遠祖であるという〕。そのとき、彼は自分の軍を鼓舞しようと思って、声高らかに歌をよんで、

彼方《をちかた》の　あらら松原　松原に　渡り行きて　槻弓《つくゆみ》に　まり矢を副《たぐ》へ　貴人《うまひと》は　貴人どち
や　親友《いとこ》はも　親友どち　いざ闘《あ》はな　我は　たまきはる　内《うち》の朝臣《あそ》が　腹内《はらぬち》は　小石《いさご》

あれや　いざ闘《あ》はな　我は（遠方の松の疎林に進んで行って、槻弓に鏑矢《かぶらや》をつがえ、貴人は貴人どうし、親友は親友どうし、さあ闘おう、われわれは。武内朝臣の腹の中には、小石が詰まっているはずはない。さあ闘おう、われわれは）

と言った。

そのとき、武内宿禰は、全軍に命令して、みな髪を椎《つち》のようなかたちに結わせ、そして号令を発して、

「それぞれ、控えの弓づるを髪の中に隠し、また木刀を帯びよ」

と言った。こうして、皇后の御命令を宣揚して、忍熊王をあざむいて、

「私は、天下をむさぼろうとしてはおりません。ただ幼い王（後の応神天皇）をいだいて、君王（忍熊王）に従おうとしているだけです。どうして防戦することがありましょうか。どうかともに弓づるを絶ち、刀を捨てて、講和いたしましょう。こうしてから、ただちに君王は皇位に登られて、安んじてその地位におられ、もっぱら万機をおとりください」

と言った。そして、はっきりと軍の中に命令して、ことごとく弓づるを切り、刀を解いて、河水に投げ入れさせた。忍熊王は、そのあざむきの言葉を真にうけて、軍衆全員に命令して、刀を解いて河水に投げ入れ、弓づるをも切らせた。そうすると、武内宿禰は、全軍に命令して、控えの弓づるを出させ、改めて弓に張って、真刀を佩《は》かせて、河を渡って進撃した。忍熊王は、あざむかれたことを知って、倉見別と五十狭茅宿禰に語って、

「私は、あざむかれてしまった。もはや控えの武器もない。どうして戦うことができようか」

と言って、兵士を率いて、しだいに退却した。武内宿禰は、精兵を出して追撃した。ちょうど近江の逢坂《おうさか》の地で遭遇して撃破した。そこで、そのところを名づけて逢坂という。軍衆は逃走した。狭狭浪《さ さ なみ》の栗林《くるす》（近江国滋賀郡栗津の栗栖）に追撃して多く斬り捨てた。そのとき血が流れて栗林にみちあふれた。そこで、このことを不快に思って、いまに至るまで、その栗林の木の実は御所に進上させない。忍熊王は、逃げ場を失って、五十狭茅宿禰を呼び、歌をよんで、

いざ吾君《あぎ》　五十狭茅宿禰　たまきはる　内の朝臣が　頭槌《くぶつち》の　痛手負はずは　鳰鳥《にほどり》の　潜《かづき》せな（さあ、わが君、五十狭茅宿禰よ。武内宿禰の、手痛い攻撃を身に受けずに、鳰鳥のように水に潜《もぐ》って死のう）

と言った。

そうして、ともに瀬田の済《わたり》（渡し場）にとびこんで死んだ。そのとき、武内宿禰は、歌をよんで、言った。

淡海《あふみ》の海《み》　瀬田の済に　潜《かづ》く鳥　目にし見えねば　憤《いきどほ》ろしも（淡海の海の瀬田の済で、水に潜った鳥が見あたらなくなったので、不安だなあ）

ところで、その屍を探したけれども、見つからなかった。こうして後、日数がたってか

ら菟道河で発見された。武内宿禰は、また歌をよんで、言った。

淡海の海　瀬田の済に　潜く鳥　田上《たなかみ》過ぎて　菟道に捕へつ（淡海の海の瀬田の済で、水に潜った鳥は、田上を過ぎて、菟道で捕えた）

冬十月の癸亥《みずのとのい》の朔甲子《きのえね》（二日）に、群臣は、皇后を尊んで皇太后と申し上げた。

この年は、太歳辛巳《かのとのみ》、すなわち摂政元年である。

二年の冬十一月の丁亥《ひのとのい》の朔甲午《きのえうま》（八日）に、天皇（仲哀天皇）を河内国の長野陵《ながののみささぎ》に葬り申し上げた。

誉田別皇子の立太子

三年の春正月の丙戌《ひのえいぬ》の朔戊子《つちのえね》（三日）に、誉田別皇子《ほむたわけのみこ》を立てて、皇太子となさった。そうして磐余《いわれ》に都をつくった〔これを若桜宮という〕。

五年の春三月の癸卯《みずのとのう》の朔己酉《つちのとのとり》（七日）に、新羅の王《こきし》は、汗礼斯伐《うれしほつ》・毛麻利叱智《もまりしち》・富羅母智《ほらもち》らを遣わして、朝貢した。使者たちは、前に人質になっていた微叱許智伐旱《みしこちほつかん》をとり返そうという意図をもっていたので、許智伐旱をとおして、あざむいて、「使者の汗礼斯伐・毛麻利叱智らは、私に告げて、『わが王は、私が久しく帰らないので、妻子をことごとく没収して、官奴としてしまった』と申しております。どうかしばらく私を本土に帰らせていただき、その虚実を知って御報告したい」

と言わせた。皇太后は、それをお許しになった。そうして、葛城襲津彦《かずらきのそつびこ》を付き添わせて遣わした。ともに対馬に至って、鉏海《さいのうみ》（対馬の北端、鰐浦か）の水門《みなと》に泊まった。そのとき、新羅の使者の毛麻利叱智らが、ひそかに船と水手《かこ》を配して、微叱旱岐《みしかんき》をのせて、新羅に逃れさせた。そうして蒭霊《くさひとかた》（人形）を造って、微叱許智の床《とこ》に置いて、偽って病気をしている人のように見せかけ、襲津彦に告げて言った。

「微叱許智が、急に病気にかかって死にそうです」

と。襲津彦は、使を遣わして病人を見にやった。そこであざむかれたことを知って、新羅の使者三人を捕えて、檻の中にとじこめ、火を放って焚《や》き殺してしまった。

そうして新羅に行き、蹈鞴津《たたらのつ》（釜山《プサン》の南の多大浦《タデポ》）に宿泊し、草羅城《さわらのさし》を攻め落として帰還した。このときの俘人《とりこ》らは、いまの桑原・佐糜《さび》・高宮・忍海《おしぬみ》など四つの邑の漢人《あやひと》らの始祖である。

十三年の春二月の丁巳《ひのとのみ》の朔甲子《きのえね》（八日）に、武内宿禰に命じて、太子に従わせ、角鹿《つぬが》の笥飯大神《けひのおおかみ》を参拝させられた。癸酉《みずのとのとり》（十七日）に、太子は、角鹿からお帰りになった。この日、皇太后は、太子をお召しになって大殿で宴会を催された。皇太后は、酒をなみなみついだ盃をささげて、太子をことほぎたもうた。そうして歌をよまれて、

此《こ》の御酒《みき》は　吾《わ》が御酒ならず　神酒《くし》の司《かみ》　常世《とこよ》に坐《いま》す　いはたたす　少御神《すくなみかみ》の　豊寿《とよほ》き　寿き廻《もと》ほし　神寿《かむほ》き　寿き狂ほし　奉《まつ》り来《こ》し御酒そ　あさず飲《を》せ　ささ（この神酒

は、私だけの酒ではない。神酒の司で、常世の国におられる少御神が、そばで歌舞に狂って醸して、天皇に献上してきた酒である。さあ、残らずお飲みなさい）

と仰せられた。

武内宿禰は、太子にかわって答歌をさしあげて、

此の御酒を　醸《か》みけむ人は　その鼓　臼《うす》に立てて　歌ひつつ　醸みけめかも　此の御酒の　あやに　うた楽《だの》しさ　さ（この神酒を醸した人は、その鼓を臼のように立てて歌いながら醸したからであろう。この神酒の、何ともいえず、おいしいことよ）

と申し上げた。

三十九年。この年は、太歳己未《つちのとのひつじ》である。〔『魏志』は、[4]「明帝景初三年六月、倭《わ》の女王、大夫難斗（升か）米等を遣わして郡に詣《いた》り、天子に詣りて朝献せんことを求む。太守鄧（劉か）夏、吏を遣わし、将《い》て送りて、京都《けいと》に詣らしむ」といっている。〕

四十年。〔『魏志』は、「正始元年、建忠校尉梯携（儁か）等を遣わして、詔書・印綬を奉りて、倭国に詣らしむ」といっている。〕

四十三年。〔『魏志』は、「正始四年、倭王、また使大夫伊声音（耆か）・掖耶約（狗か）等八人を遣わして上献す」といっている。〕

卓淳国と親交

四十六年の春三月の乙亥《きのとのい》の朔に、斯摩宿禰《しまのすくね》を卓淳《とくじゅん》国（朝鮮慶尚北道大邱《テグ》）に遣わした〔斯摩宿禰は、何という名の氏の人かわからない〕。その際、卓淳の王《こきし》、末錦旱岐《まきむかんき》が、斯摩宿禰に告げて、

「甲子《きのえね》の年の七月中旬に、百済人《くだらびと》の久氐《くてい》・弥州流《みつる》・莫古《まくこ》の三人が、わが国にやって来て、

『百済の王は、東方に日本という貴い国があることを聞き、私たちを遣わして、その貴い国に朝貢させました。そのため、道路をさがして、この国に来てしまったのです。もしよく私たちに教えて、道路を通わせてくだされば、私たちの王は、きっと深く君王を徳といたすでしょう』

と言った。そのとき、久氐らに語って、

『もちろん東に貴い国があることを聞いている。しかし、まだ通交していないので、その道を知らない。ただ海路は遠く、浪はけわしい。そこで大船に乗って、やっと通うことができよう。たとえ途中に船つき場があったとしても、船がなくてはどうして渡りつくことができようか』

と言った。そうしたら、久氐らは、

『それならば、ただいまは通うことができません。もう一度もどって船舶を用意して、あ

とで通うことにしたほうがよさそうです』

と言い、またつづけて、

『もし貴い国の使者が来るようなことがあったならば、必ずわが国に知らせていただきたい』

と言って、帰っていった」

と述べた。

　そこで斯摩宿禰は、ただちに従者の爾波移《にはや》と卓淳の人の過古《わこ》の二人を百済国に遣わして、その王を慰労させた。そのとき、百済の肖古王《しょうこおう》は、深く歓喜して、あつくもてなした。そして五色の綵絹《しみのきぬ》（彩った絹織物）各一匹、角弓箭《つののゆみや》、それに鉄鋌《ねりかね》（鉄材）四十枚を、爾波移に与えた。また宝の蔵を開いて、いろいろな珍しいものを見せて、

「わが国には多くの珍宝がある。貴い国に貢上しようと思っているけれども、道路を知らない。志だけあって、実現することができない。だが、さらにいま使者に託して、ひきつづいて貢献いたしましょう」

と申した。そこで、爾波移は、このことを奉じて帰り、志摩宿禰に報告した。そこで志摩宿禰は卓淳より帰ってきた。

百済・新羅の朝貢

四十七年の夏四月に、百済の王は、久氐・弥州流・莫古を遣わして、朝貢した。そのとき、新羅国の調《みつき》の使が、久氐らとともにやって来た。そこで、皇太后と太子誉田《ほむた》別尊《わけのみこと》とは、たいへん喜ばれて、

「先王がお望みになっておられた国の人が、いま来朝した。天皇にお会いさせることができないのは、なんと痛ましいことであろうか」

と仰せられた。群臣は、みな涙を流し悲しまない者はなかった。そうして二つの国の貢物を検校した。ところが、新羅の貢物は、珍しいものが非常に多かったのに、百済の貢物は、少なく、賤しくて、良いものがなかった。そこで久氐らに問いただして、

「百済の貢物が、新羅に及ばないのは、どうしたわけだ」

と仰せられた。それに答えて、

「私らは、道にまよって、沙比《さひ》の新羅に行ってしまいました。そこで新羅人は、私らを捕えて、牢獄にとじこめ、三月後に殺そうとしました。そのとき久氐らは、天に向かって呪《じゅ》詛《そ》しました。新羅人は、その呪詛をおそれて殺しませんでした。そのとき、われわれの貢物を奪って、自分の国の貢物とし、新羅の賤しい物を、とりかえて私の国の貢物としてしまったのです。そして私たちに語って、

『もしこのことを打ち明けたら、帰ってから、おまえたちを殺すぞ』と言いました。そこで、久氐らは、おそれてそのまま従ったのです。こうして、やっと天朝に達することができたのです」

と申した。そこで、皇太后と誉田別尊は、新羅の使者を責めて、天神にお祈りして、

「誰を百済に遣わして、事の虚実を調べさせたらよいだろうか。また、誰を新羅に遣わして、その罪を取り調べたらよいだろうか」

と仰せられた。そのとき、天神が教えて、

「武内宿禰をして、はかりごとを行なわせよ。そして千熊長彦《ちくまながひこ》を使者とすれば、まさしく希望のとおりになろう」

と言われた「千熊長彦は、その氏の名がはっきりわからない人物である。一説によれば、武蔵国の人で、いまの額田部槻本首《ぬかたべのつきもとのおびと》らの始祖であるという。『百済記』に、職麻那那加比跪《ちくまななかひこ》というのは、おそらくこの人物であろう」。そこで、千熊長彦を新羅に遣わして、百済の献物を濫《みだ》したことを責めた。

新羅征討

四十九年の春三月に、荒田別《あらたわけ》と鹿我別《かがわけ》を将軍とした。そして久氐らと、ともに兵をととのえて海を渡って、卓淳国に至り、新羅を襲撃しようとした。そのとき、ある人が、

「兵衆が少なくては、新羅を破ることができない。そこで、さらに沙白《さはく》・蓋盧《こうろ》をたてまつって、軍士を増すことを要請せよ」と言った。そこで木羅斤資《もくらこんし》と沙沙奴跪《ささなこ》〔この二人は、その氏の名がわからない人物である。ただし木羅斤資だけは、百済の将軍である〕に命じて、精兵を率いて、沙白・蓋盧と一緒に遣わした。ともに卓淳に集まって、新羅を撃破した。そして比自炑《ひしほ》・南加羅《ありひしのから》・㖨国《とくのくに》・安羅《あら》・多羅《たら》・卓淳・加羅(5)の七つの国を平定した。それから兵を移動して、西方に廻って古奚《こけ》津《つ》(6)に至り、南蛮の忱弥多礼《とむたれ》を屠《ほふ》って、百済に賜わった。そこで、その王の肖古《せしむ》と王子の貴《くい》須《す》が、また軍を率いて来会した。その時、比利《ひり》・辟中《へちゅう》・布弥支《ほむき》・半古《はんこ》(7)の四つの邑《むら》が、自然に降服した。こうして、百済の王父子と荒田別・木羅斤資らは、ともに意流村《おるすき》(8)〔いま州流須祇《つるすき》という〕で会った。たがいに見あってよろこびをかわした。礼を厚くして送り遣わした。ただ千熊長彦と百済の王とだけが、百済国に至って、辟支山《へきのむれ》(9)に登って盟《ちか》った。また古沙山《こさのむれ》(10)に登って、ともに磐石《いわ》の上にいたとき、百済の王が盟って、

「もし草を敷いて坐とすれば、火に焼かれるおそれがある。また木を切り取って坐とすれば、水のために流されるおそれがある。磐石に坐って盟うということは、永遠に朽ちないことを示すから、いまより以後、千秋万歳に絶えることなく、無窮であろう。いつも西《にしの》蕃《となり》と称して、春秋に朝貢する」

と言った。そして千熊長彦をひきいて都下に至り、厚く礼遇した。また久氏らを付き添わ

せて送った。

五十年の春二月に、荒田別らが帰還した。

夏五月に、千熊長彦・久氐らが、百済より帰ってきた。そこで、皇太后は、よろこばれて久氐にお問いになって、

「海の西の諸韓《もろもろのからくに》を、すでにおまえの国に賜わった。いまどういう理由で、またしきりに出かけてくるのか」

と仰せられた。久氐らは奏して、

「天朝の大きな恩恵は、遠く弊邑《いやしきくに》に及びました。わが王は、歓喜踊躍し、心にしまっておくことができませんでしたので、帰還する使に託して、至誠をあらわしたものです。万世におよぶといえども、いずれの年に朝貢をやめてしまうことがありましょうか」

と申し上げた。皇太后は勅して、

「なんとよいことをおまえは言うのだろう。それは私も思っていることなのだ」

と仰せられた。多沙城《たさのさし》(11)を加え賜わって、往還の路の駅とされた。

五十一年の春三月に、百済の王が、また久氐を遣わして朝貢した。そこで、皇太后は、太子および武内宿禰に語られて、

「私が交親する百済国は、天の賜わったところである。人によったものではない。日本にはまだなかった玩好珍物を、歳時を欠かさず、つねにもってきて貢献している。私は、こ

のまごころを省みると、いつも喜びにたえない。私が生きているときばかりでなく、私の死後もあつく恩恵を加えよ」

と仰せられた。

その年に、千熊長彦を久氐らに付き添わせて、百済国に遣わした。そして、皇太后は大恩を垂れて、

「私は、神のあらわされたところに従って、はじめて道路を開き、海の西を平定して、百済に賜わった。いままたあつく好《よし》みを結んで、末永く寵賞しよう」

と仰せられた。このときに、百済の王の父子は、ともに額を地面にすりつけて、啓《もう》して、

「貴国の鴻恩は、天地よりも重く、いずれの日でもいずれの時でも、けっして忘れるものではありません。聖王は、上におられまして、明らかなことは、日月のようであります。いま私は、下におりまして、堅固なことは、山岳のようであります。末永く西蕃となって、いつまでも二心をもつようなことはございません」

と申し上げた。

五十二年の秋九月の丁卯《ひのとのう》の朔丙子《ひのえね》（十日）に、久氐らは、千熊長彦にしたがってやって来た。そのとき、七枝刀《ななつさやのたち》(12)一口・七子鏡《ななつこのかがみ》一面および種々の重宝を献上した。そして啓して、

「私の国の西方に河があります。その源は、谷那《こくな》の鉄山(13)より出ております。その遠いこと

は、七日行っても行き着きません。まさにこの水を飲み、すでにこの山の鉄を取って、ひたすら聖朝に奉るのでございます」と申し上げた。そのとき、百済の王は、孫の枕流王《とむるおう》に語って、「いま、私が通交しているところの海の東の貴国は、天のお開きになったところである。そこで、天恩を垂れて、海の西を割いて、私に賜わったのである。これによって、国の基は、とこしえに固い。おまえもまた、よく好みを修め、土物《くにつもの》を集めて、奉貢することを絶たなかったならば、死んでも、なんの悔いがあろうか」と言った。それ以後、毎年あいついで朝貢してきた。

五十五年に、百済の肖古王が薨じた。

五十六年に、百済の王子貴須が、立って王となった。

六十二年に、新羅が朝貢してこなかった。その年に、襲津彦《そつびこ》を遣わして新羅を討たしめた。

〔『百済記』に、「壬午《みずのえうま》の年に、新羅が貴国の言うことをきかなかった。貴国は、沙至比跪《さちひこ》を遣わして討たしめた。新羅人は、美女二人を飾って、津に沙至比跪を迎えあざむいた。沙至比跪は、その美女を受けとって、反対に加羅国を伐った。加羅の国王己本旱岐《こほかんき》と、その子の百久至《はくくち》・阿首至《あしゅち》・国沙利《こくさり》・伊羅麻酒《いらます》・爾汶至《にもんち》らは、その人民をひきいて、百済に逃げて

きた。百済は厚遇した。加羅の国王の妹既殿至《けでんち》は、大倭《やまと》にやって来て、啓して、

『天皇は、沙至比跪を遣わして、新羅をお討たせになりました。しかるに、沙至比跪は、新羅の美女を納《い》れて、討伐するのをやめてしまい、反対にわが国を滅ぼしました。兄弟や人民は、みな流離してしまいました。憂思にたえません。そこで、やってまいりまして申し上げるのでございます』

と申し上げた。天皇は、大いに怒られて、ただちに木羅斤資《もくらこんし》を遣わして、兵衆をひきい加羅に来集して、その社稷《しゃしょく》を復せしめた」

とある。

一説には、

「沙至比跪が、天皇の怒りを知って、ひそかに帰還した。そして隠れていた。その妹が皇宮に仕えており、比跪は、ひそかに使人を遣わして、天皇のお怒りが解けるかどうかを問わしめた。妹は、夢に託して、

『昨夜の夢に沙至比跪を見ました』

と申し上げた。天皇は、大いに怒られて、

『比跪が、どうしてやって来たのか』

と仰せられた。妹は、天皇のお言葉を沙至比跪に報《しら》せた。比跪は、免《ゆる》されないことを知って、石穴に入って死んだ」

という。〕

六十四年に、百済国の貴須王が薨じた。王子枕流王《とむる》が、立って王となった。

六十五年に、百済の枕流王が薨じた。王子阿花《あか》は、幼少であった。叔父の辰斯《しんし》が、位を奪って、立って王となった。

六十六年。〔この年は、晋の武帝の泰初二年である。晋の起居注に、「武帝泰初二年十月、倭の女王、訳《おさ》を重ねて貢献せしむ」とある。〕

六十九年の夏四月の辛酉《かのとのとり》の朔丁丑《ひのとのうし》（十七日）に、皇太后が、稚桜宮《わかさくらのみや》でお崩《かく》れになった〔時に御年一百歳〕。

冬十月の戊午《つちのえうま》の朔壬申《みずのえさる》（十五日）に、狭城盾列陵《さきのたたなみのみささぎ》に葬り申し上げた。この日、皇太后を追尊して、気長足姫尊《おきながたらしひめのみこと》と申し上げた。この年は、太歳己丑《つちのとのうし》である。

（1）鹿の角は中が空洞なので、それに譬えたのである。

（2）速狭騰の「さ」は神稲の意味で、「あがり」は死ぬことであるから、神稲が枯死する意味であるという説がある。この言葉は、仲哀天皇の突然の崩御についての予言と関係がある。

（3）このとき、すでに仲哀天皇が崩御された後のことであるから、ここで天皇と書くのは疑問である。しかしこれは異伝の一節であるので、別の時期のことかも知れず、そのときに天皇がいたと伝えられていたのかも知れないと見る説がある。

（4）『日本書紀』が、以下三条の『魏志』倭人伝の記事を引用したのは、神功皇后を卑弥呼と同一人物とみなしたからであろう。もっとも、この引用を後人の加えたものとみる説もあるが、『日本書紀』の編者が卑弥呼の生存年代をもって、神功皇后の在世年代を定めたことは確実である。

（5）比自㶱は、慶尚南道昌寧《チャンニョン》の古名。『魏志』辰韓伝に見える不斯国にあたる。南加羅は、慶尚南道金海《キメ》で、『魏志』倭人伝の狗邪韓国。喙国は、慶尚北道慶山《キョンサン》の古名。雄略天皇から欽明天皇の時代にかけて、加羅・新羅両者の和戦問題にあたって重要な地点となる。安羅は、慶尚南道咸安《ハマン》安の古名。『魏志』の弁辰の安邪国。広開土王碑に「安羅人戍兵」と見える。欽明天皇二十三年、任那の官家滅亡の際、安羅国もともに亡んだ。多羅は、慶尚南道陜川《ハプチョン》の古名「大良」にあたる。卓淳は、欽明天皇五年三月の条に喙淳として見え、慶尚北道大邱にあった加羅諸国中の一国で、新羅に近接し、交通上の要地であった。加羅は、慶尚北道高霊《コリョン》。加羅国が、新羅の領域となったのは、欽明天皇二十三年で、任那諸国の内では、最後まで新羅と戦った最有力国であった。

（6）古奚津は、全羅南道康津《カンジン》の地に比定され、忱弥多礼すなわち済州島《チェジュド》へ渡る要津であると考えられている。

（7）比利は、全羅南道羅州《ナジュ》にあてるのが有力。辟中は、全羅北道金堤《キムジェ》である。布弥支は、忠清南道新豊《シンプン》の古名伐音支に比定する説があるが、一連の作戦地区としては、あまり北方に離れすぎているので疑問視されている。半古は、全羅南道羅州郡潘南《パンナム》の地と考えられている。

（8）意流村は、全羅北道井邑《チョンウプ》市古阜面《コブミョン》斗升山城《トウスンサンソン》に比定されているが、百済始祖伝説に温祚が都をたて、はじめて王を称したという尉礼城や、雄略天皇二十年条に引く『百済記』に見える尉礼や、『釈日本紀』に引用されている『筑前国風土記』の逸文に、新羅王子天日槍が降臨したという意呂山など、百済国の聖地をさし、かならずしも一定の所ではなく、肖古王時代ならば王都漢城が、意流にあたるのではないかという説がある。村の訓スキは、村落の意味の朝鮮語。分注の州流須祇は、百済の滅亡のとき、鬼室福信の百済復興軍の拠点となった周留城、すなわち天智天皇元年三月是月条に見える䟽留城《そるさし》、十二月条に見える州柔《つぬ》にあたるという。

（9）辟中すなわち全羅北道金堤付近の山城とされている。

（10）全羅北道古阜にあたるという。

（11）慶尚南道と全羅南道との道界で、蟾津江《ソムジンガン》の河口付近。継体天皇七年十一月条に、百済に割譲した滞沙も同地。

（12）この刀は、現在石上神宮に伝存されている七支刀にあたると考えられている。七支刀には、表に、「泰和四年（東晋海西公の太和四年、三六九年）□（正か四か五）月十六日の純陽日中の時に、百練の鉄の七支（枝）刀を作る。以て百兵を辟《さ》け、供供（恭恭）たる侯王が佩するのに宜しい。某（あるいは工房）これを作る」、裏に、「先世以来未だ見なかったこのような刀を、百済王と世子の貴須とは、とくに、倭王の旨のために造った。願わくは、この刀の永く後世に伝わるように」と読める銘が金象嵌で記されている。

（13）黄海道谷山《コクサン》に比定されている。応神天皇紀八年条の引く『百済記』に見える谷那は全羅南道の谷城《コクソン》で、ここの谷那とは別の所と考えられている。

日本書紀巻第十

誉田天皇《ほむたのすめらみこと》　応神《おうじん》天皇

応神天皇の誕生と即位

誉田天皇は、足仲彦天皇《たらしなかつひこのすめらみこと》（仲哀天皇）の第四子で、母を気長足姫尊《おきながたらしひめのみこと》と申し上げた。

天皇は、皇后（神功皇后）が新羅《しらき》をお討ちになった年、歳次庚辰《かのえたつ》の冬十二月に、筑紫の蚊田《かだ》(1)でお生まれになった。幼少より聡明であらせられ、ものごとを深く遠くまで見とおされ、御動作御進退には、恐れ多くも聖帝のおきざしがあった。皇太后の摂政三年に、皇太子にお立ちになった〔時に御年三歳〕。はじめ皇太后が天皇を御懐妊なさったとき、天神地《てんじんち》祇《ぎ》は、三韓を授けられた。お生まれになったときに、余分な肉が、お腕の上におつきになっていた。その形は、鞆《ほむた》のようであった。これは、皇太后が雄々しい装いをなさって鞆をおつけになっていたことに肖《あ》え（似る。あやかる）ておられた〔肖、これを阿叡《あえ》という〕。そこで、その御名を称して、誉田天皇と申し上げたのである〔上古の時代の人は、鞆《とも》を名づけて褒武多《ほむた》といった」。

〔一説によれば、はじめ天皇が太子となられて、越国《こしのくに》にお行きになり、角鹿《つぬが》の笥《け》飯大《ひのおお》神《かみ》を拝祭されたが、そのとき、大神と太子とが、御名をたがいに換えられた。そこで大神を名づけて去来紗別神《いざさわけのかみ》と申し、太子を誉田別尊《ほむたわけのみこと》とお名づけしたといわれている。そうならば大神のもとの名を誉田別神、太子のもとの御名を去来紗別尊と申し上げたことになる。しかし、他に見えるところがないので、まだあきらかではない。〕

皇太后の摂政六十九年の夏四月に、皇太后がお崩《かく》れになった〔時に御年百歳〕。

元年の春正月の丁亥《ひのとのい》の朔《ついたち》に、皇太子は即位された。この年は、太歳庚寅《かのえとら》である。

二年の春三月の庚戌《かのえいぬ》の朔壬子《みずのえね》（三日）に、仲姫《なかつひめ》を立てて皇后とされた。皇后は、荒《あら》田皇女《たのひめみこ》・大鷦鷯天皇《おおさざきのすめらみこと》（仁徳天皇）・根鳥皇子《ねとりのみこ》をお生みになった。これより前に、天皇は、皇后の姉の高城入姫《たかきのいりびめ》を妃《みめ》となさって、額田大中彦皇子《ぬかたのおおなかつひこのみこ》・大山守皇子《おおやまもりのみこ》・去来真稚皇子《いざのまわかのみこ》・大原皇女《おおはらのひめみこ》・澇来田皇女《こむくたのひめみこ》をお生みになっていた。又の妃である皇后の妹弟姫《おとひめ》は、阿倍皇女《あへのひめみこ》・淡路御原皇女《あわじのみはらのひめみこ》・紀之菟野皇女《きのうののひめみこ》を生み、次の妃である和珥臣《わにのおみ》の祖日触使主《ひふれのおみ》の女宮主宅媛《むすめみやぬしやかひめ》は、菟道稚郎子皇子《うじのわきいらつこのみこ》・矢田皇女《やたのひめみこ》・雌鳥皇女《めとりのひめみこ》を生み、次の妃である宅媛《やかひめ》の妹小甂《おなべ》〔小甂、これを烏儺謎《をなべ》という〕媛《ひめ》は、菟道稚郎姫皇女《うじのわきいらつめのひめみこ》を生み、次の妃である河派仲彦《かわまたなかつひこ》の女弟《おと》媛《ひめ》は、稚野毛二派皇子《わかのけふたまたのみこ》〔派、これを摩多《また》という〕を生み、次の妃である桜井田部連男鉏《さくらいのたべのむらじおさい》の妹糸媛《いとひめ》は、隼総別皇子《はやぶさわけのみこ》を生み、次の妃である日向泉長媛《ひむかのいずみのながひめ》は、大葉枝皇子《おおはえのみこ》・小葉枝皇《おはえのみ》子《こ》を生んだ。この天皇の男女は、あわせて二十王であった。根鳥皇子は、大田君《おおたのきみ》の始祖であり、大山守皇子は、土形君《ひじかたのきみ》・榛原君《はりはらのきみ》の二つの氏族の始祖であり、去来真稚皇子は、深《ふか》河別《かわわけ》の始祖である。

三年の冬十月の辛未《かのとのひつじ》の朔癸酉《みずのとのとり》（三日）に、東の蝦夷《えみし》が、ことごとく朝貢した。そこで蝦夷を使役して、厩坂道《うまやさかのみち》を作らせた。

十一月に、方々の海人《あま》が、訕哤《さばめ》いて（上をそしり、わけのわからぬ言葉を放って）、御命令にしたがわなかった〔訕哤、これを佐麼売玖《さばめく》という〕。そこで、阿曇連《あずみのむらじ》の祖である大浜宿禰《おおはまのすくね》を遣わして、その訕哤《さばめき》を平らげた。そして海人《あま》の宰《みこともち》（統率者）とした。そこで、時の人の諺《ことわざ》に、「佐麼阿摩《さばあま》」というのは、そもそもこれによるのである。

この年に、百済《くだら》の辰斯王《しんしおう》

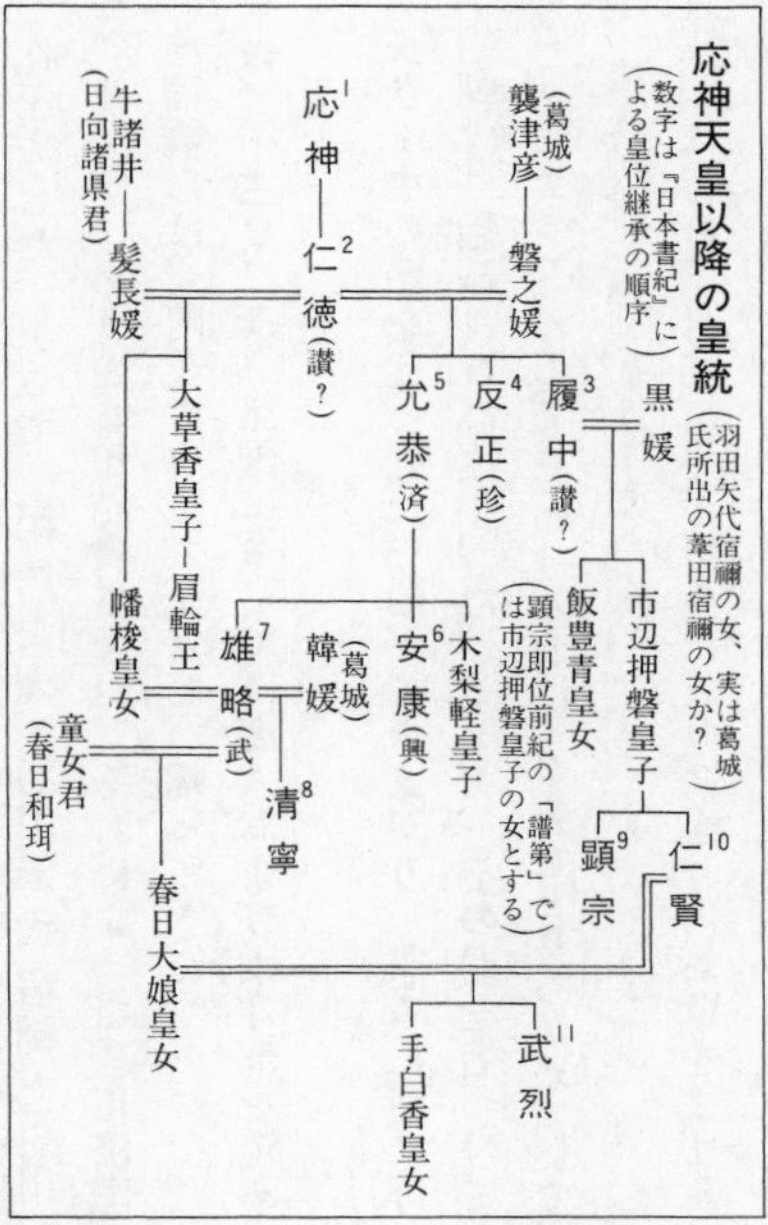

が立って、貴国の天皇に対して礼を失した。そこで、紀角宿禰《きのつののすくね》・羽田矢代宿禰《はたのやしろのすくね》・石川《いしかわの》宿禰《すくね》・木菟宿禰《つくのすくね》を遣わして、その礼がないありさまを詰責させた。それによって、百済国は辰斯王を殺して謝罪した。紀角宿禰らは、阿花《あか》を立てて王とし、帰ってきた。

五年の秋八月の庚寅《かのえとら》の朔壬寅《みずのえとら》（十三日）に、諸国に令して、海人《あま》および山守部《やまもりべ》を定めた。

冬十月に、伊豆国に科して、長さ十丈の船を造らせた。船ができあがり、試みに海に浮かべたところ、軽く浮かんで、船脚は、馳《はし》るように速かった。そこで、その船を名づけて枯野《からの》といった〔船が軽く速く走ることによって、枯野と名づけるのは、意義をとりちがえている。もしかしたら軽野《かるの》といったものを、後人が訛ったものかも知れない〕。

六年の春二月に、天皇は、近江国に行幸されて、菟道野《うじの》のほとりに至り、お歌をよまれて、

千葉の　葛野《かづの》を見れば　百千足《ももちだ》る　家庭《やには》も見ゆ　国の秀《ほ》も見ゆ（葛野を見渡すと、豊かな家どころも見える。国のすぐれたところも見える）

と仰せられた。

七年の秋九月に、高麗人《こまびと》・百済人・任那《みまな》人・新羅人が、ともに来朝した。そのとき、武内宿禰《たけしうちのすくね》に命じて、諸韓人らを率いさせて池を作らせた。そこで、池を名づけて韓人《からひとの》池《いけ》と号した。

八年の春三月に、百済人が来朝した。

〔『百済記』に、「阿花王が立って貴国に礼がなかったため、わが枕弥多礼《とむたれ》および峴南《けんなむ》・支侵《ししむ》・谷那《こくな》・東韓《とうかん》の地を奪われた。そこで、王子直支《せしむとき》を天朝に遣わし、先王の好《よし》みを修めた」とある。〕

武内宿禰讒言さる

九年の夏四月に、武内宿禰を筑紫に遣わして、百姓《おおみたから》を監察させた。そのとき、武内宿禰の弟の甘美内宿禰《うましうちのすくね》は、兄を廃しようとして、天皇に讒言《ざんげん》し、

「武内宿禰は、つねに天下を望む野心をもっております。いま筑紫にあって、ひそかに謀って、『筑紫を裂いて、三韓を招き、自分に従わせ、そのうえで天下を支配しよう』と言ったと聞いております」

と申し上げた。そこで、天皇は、ただちに使者を遣わされて、武内宿禰を殺させた。そのとき、武内宿禰は、歎《なげ》いて、

「私は、昔から二心なく、忠をもって君にお仕えしてきた。いまどういう禍《わざわ》いで、罪なくして死ななければならないのだろう」

と言った。ここに、壱伎直《いきのあたい》の祖である真根子《まねこ》という者がいて、その容姿が、武内宿禰によく似ていた。武内宿禰が、罪なくして空しく死なければならないことを惜しんで、武

内宿禰に語って、

「いま大臣は、忠をもって君にお仕えし、まったく腹黒い心がないことは、天下の人々はみな知っております。どうか、ひそかに去って、朝廷に参上され、みずから罪のないことを弁明されて後に、死なれてもおそくはありません。また時の人がつねづね『おまえの容姿は、大臣に似ている』と言っておりますから、いま、私は、大臣に代わって死に、大臣の赤心をあかしましょう」

と言って、即座に剣に伏して自殺してしまった。

そのとき、武内宿禰は、大いに悲しんで、ひそかに筑紫を去って、船で南海を廻って、紀水門《きのみなと》に泊まった。ようやく朝廷に着くことができて、そこで罪のないことを弁明した。天皇は、そこで武内宿禰と甘美内宿禰とを責め問われた。二人は、おたがいに固執しあって争った。是非を決めることがむずかしかった。天皇は、勅《みことのり》して、天神地祇に請じて探湯《くかたち》をさせた。そこで、武内宿禰と甘美内宿禰とは、ともに磯城川《しきのかわ》のほとりに出て、探湯をした。武内宿禰が勝った。そこで、横刀《たち》を執って、甘美内宿禰をうちたおして、ついに殺そうとした。天皇は、勅して釈放させられた。そうして、紀直《きのあたい》らの祖に隷民として賜わった。

十一年の冬十月に、剣池《つるぎのいけ》・軽池《かるのいけ》・鹿垣池《かのかきのいけ》・廐坂池《うまやさかのいけ》を作った。

髪長媛

この年に、ある人が奏して、

「日向国に乙女がおります。名は髪長媛《かみながひめ》といい、諸県君牛諸井《もろがたのきみうしもろい》の女《むすめ》でありますが、たいへん容色がすぐれております」

と申し上げた。天皇は、よろこばれ、心のうちでお召しになろうと思われた。

十三年の春三月に、天皇は、専任の使者を遣わして、髪長媛をお召しになった。

秋九月の中旬に、髪長媛が、日向より来られた。そこで桑津邑《くわつのむら》（現在の大阪市東住吉区桑津町の地か）に置かれた。ここに、皇子の大鷦鷯尊《おおさざきのみこと》（後の仁徳天皇）が、髪長媛を御覧になり、その容姿の美麗なのに感じて、ずっと恋心をもっておられた。そこで、天皇は、大鷦鷯尊が髪長媛を愛しておられるのを知られて、結婚させようとお考えになった。それで、天皇は、後宮で宴が催される日に、はじめて髪長媛をお召しになって、宴席にはべらせられた。その時、大鷦鷯尊をさしまねかれて、髪長媛をお指しになり、そこでお歌をよまれて、

いざ吾君《あぎ》　野に蒜《ひる》摘みに　蒜摘みに　我《わ》が行く道に　香《か》ぐはし　花橘《はなたちばな》　下枝《しづえ》らは　人皆取り　上枝《ほつえ》は　鳥居《ゐ》枯《が》らし　三栗《みつぐり》の　中枝《なかつえ》の　ふほごもり　赤《あか》れる嬢女《をとめ》　いざさかばえな（さあわが君よ。野に蒜摘みに行きましょう。蒜摘みに私の行く道に、よい香りの花橘が

咲いています。その下の枝の花は人がみな取り、上の枝は鳥が来て散らしましたが、中の枝の、これから咲く美しい赤みを含んだ、花のような、美しい娘さんがいます。さあ、花咲くといいですね）

と仰せられた。

こうして、大鷦鷯尊は、お歌を賜わって、髪長媛を賜わることができることを知って、大いによろこばれ、返歌をたてまつって、申し上げた。

水渟《たま》る　依網池《よさみのいけ》に　蓴《ぬなは》繰り　延《は》へけく知らに　堰杙《ゐぐひ》築《つ》く　川俣江《かはまたえ》の　菱茎《ひしがら》の　さしけく知らに　吾《あ》が心し　いや愚《うこ》にして（依網池で、蓴を手繰って、ずっと先まで気を配っていたのを知らずに、また岸辺に護岸の杙を打つ川俣の江の菱茎が、遠くまで伸びているのを知らずに、私は愚かでした）

大鷦鷯尊は、髪長媛との性交に情愛をつくされたのちに、髪長媛に対してお歌をよまれて、

道の後《しり》　古破儴孃女《こはだをとめ》を　神の如《ごと》　聞えしかど　相枕枕《ま》く（遠い国の古破儴孃女は、恐ろしいほど美しいと噂が高かったが、いまは私と枕をかわす仲になった）

と仰せられた。

またお歌をよまれて言われた。

道の後　古破儴孃女　争はず　寝《ね》しくをしぞ　愛《うるは》しみ思《も》ふ（古破儴孃女が、さからわずに

一緒に寝てくれたことをすばらしいと思う」

〔一説には、日向の諸県君牛《もろがたのきみうし》が、朝廷にお仕えして、すでに年老いてお仕えすることができなくなり、致仕して本土に帰るとき、自分の女《むすめ》髪長媛をたてまつったという。天皇が、はじめて播磨に至ったとき、天皇が、淡路嶋に行幸されて遊猟しておられた。天皇が、西の方を御覧になると、数十の大きな鹿が海に浮かんでやって来た。そして播磨の鹿子《かこの》水門《みなと》（現在の兵庫県加古川の河口の地）に入った。天皇は、側近の人に語られて、

「あれは、どういう大鹿なのか。大海に浮かんでたくさん来たが」

と仰せられた。そこで側近の人もみな不思議に思って、ただちに使者を遣わして視察させた。使者が行って見ると、それはみな人間であった。ただ角をつけた鹿の皮を衣服としていたのである。

「誰であるか」

と問うと、答えて、

「諸県君牛と申します。年をとって、致仕いたしましたが、朝廷を忘れることができませんので、自分の女髪長媛をたてまつります」

と申し上げた。天皇は、およろこびになって、ただちにお召しになり、同船させた。これによって、時の人は、その岸に着いたところを名づけて、鹿子《かこ》水門というのである。水手《ふなこ》のことを鹿子というのは、このときにはじめて起こったものであろうといわれてい

る。」

弓月君・阿直岐ら帰化

十四年の春二月に、百済の王《こきし》が、縫衣工女《きぬぬいおみな》をたてまつった。真毛津《まけつ》といった。これが、いまの来目衣縫《くめのきぬぬい》の始祖である。

この年に、弓月君《ゆつきのきみ》が百済より来帰した。そして奏して、「私は、自分の国の人夫百二十県を率いて帰化いたしました。しかし新羅人が邪魔をしますので、人夫はみな加羅国にとどまっております」と申し上げた。そこで葛城襲津彦《かずらきのそつびこ》を遣わして、弓月の人夫を加羅から召された。しかし、三年経過しても襲津彦は帰ってこなかった。

十五年の秋八月の壬戌《みずのえいぬ》の朔丁卯《ひのとのう》（六日）に、百済の王が、阿直岐《あちき》を遣わして、良馬二匹をたてまつった。そこで軽の坂上《さかのうえ》の厩《うまや》で飼わせることとし、阿直岐に飼養を掌《つかさど》らせた。そこで、その馬を飼ったところを名づけて、厩坂《うまやさか》といった。阿直岐は、経典を読むことにも長《た》けていたので、太子の菟道稚郎子《うじのわきいらつこ》の師となさった。ここに、天皇は、阿直岐にお問いになって、

「あるいはおまえよりもすぐれた博士が、いるのか」

と仰せられた。お答えして、

「王仁《わに》という者がおります。この人がすぐれております」と申し上げた。そこで、上毛野君《かみつけののきみ》の祖である荒田別《あらたわけ》と巫別《かむなきわけ》を百済に遣わして、王仁をお召しになった。その阿直岐は、阿直岐史《あちきのふびと》の始祖である。

十六年の春二月に、王仁が来朝した。そこで太子の菟道稚郎子は、王仁を師とされ、諸典籍を彼に習われ、通暁されないところがなかった。この王仁は、書首《ふみのおびと》らの始祖である。

この年に、百済の阿花王が薨《こう》じた。天皇は、直支王《ときおう》を召され、語られて、「あなたが、国に帰って位を嗣《つ》ぎなさい」と仰せられた。そして、また東韓の地を賜わって遣わした〔東韓は、甘羅城《かむらのさし》・高難城《こうなんのさし》・爾林城《にりむのさし》である〕(2)。

八月に、平群木菟宿禰《へぐりのつくのすくね》・的戸田宿禰《いくはのとだのすくね》を加羅に遣わした。そして精兵を授けて、詔《みことのり》して、「襲津彦は、久しく帰ってこない。きっと新羅が道路をふさいでいるために帰れないのであろう。おまえたちは、すみやかに行って新羅を討ち、その道路を開け」と仰せられた。そこで、木菟宿禰らは、精兵を進めて、新羅の境で対峙《たいじ》した。新羅の王は、恐れて罪に服した。そこで、弓月の人夫を率いて、襲津彦とともにやって来た。

十九年の冬十月の戊戌《つちのえいぬ》の朔に、吉野宮に行幸された。そのとき、国樔人《くずひと》が来朝した。そのさい、醴酒《こざけ》を天皇に献上して、歌をよんで、

橿《かし》の生《ふ》に　横臼《よくす》を作り　横臼に　醸《か》める大御酒《おほみき》　うまらに　聞《きこ》し持ち食《を》せ　まろが父《ち》

（橿の林で横臼を作り、その横臼にかもした大御酒を、おいしく召し上がれ。わが父よ）

と申し上げた。歌をよみおわってから、口を打って仰いで笑った。いま国樔が、土地の産物を献上するときに、歌をよみおわってから、口を打って仰ぎ笑うのは、おそらく上古の遺制であろう。そもそも国樔は、その人となりがはなはだ淳朴で、つねに山の木の実を取って食べる。また蝦蟆《かえる》を煮てすぐれた味とする。名づけて毛瀰《もみ》という。その地は、京《みやこ》より東南、山を隔てて、吉野河のほとりにあり、峰が嶮《けわ》しく谷が深くて、道路は狭く、平らでない。そのために、京から遠くはないけれども、もともと朝廷にやって来ることはまれであった。しかし、これ以後、しばしば来朝して、土地の産物を献上した。その土地の産物は、栗・菌《たけ》（きのこ）および年魚《あゆ》の類である。

二十年の秋九月に、倭漢直《やまとのあやのあたい》の祖である阿知使主《あちのおみ》とその子の都加使主《つかのおみ》が、自己の党類十七県を率いて来帰した。

兄媛の歎き

二十二年の春三月の甲申《きのえさる》の朔戊子《つちのえね》（五日）に、天皇は、難波《なにわ》に行幸されて、大隅宮《おおすみのみや》におられた。丁酉《ひのとのとり》（十四日）に、高台に登られて遠くを御覧になった。そのとき、妃の兄媛《えひめ》が侍して、西方を望んで大いに歎いた〔兄媛は、吉備臣《きびのおみ》の祖である御友別《みともわけ》の妹である〕。

ここに、天皇は、兄媛にお尋ねになって、

「なぜおまえは、そんなに激しく歎くのか」

と仰せられた。お答えして、

「このごろ私は、父母を恋しく思う気持になりますので、西の方を見ましたら、自然に悲しくなってしまったのです。どうかしばらく帰らせていただいて、親を慰問したいのですが」

と申し上げた。そこで、天皇は、兄媛が親を思う気持の篤いことに感心されて、

「おまえが両親と別れて、すでに多くの年がたった。帰省して慰問しようと思うのは、理の当然である」

とお語りになって、ただちにお許しになった。そこで、淡路の御原《みはら》の海人《あま》八十人をお召しになり、水手《かこ》として、吉備に送られた。

夏四月に、兄媛は、大津より出帆してお出かけになった。天皇は、高台におられて、兄媛の船を御覧になり、お歌をよまれて、

淡路嶋　いや二並《ふたなら》び　小豆嶋《あづきしま》　いや二並び　寄《よ》ろしき嶋嶋　誰《だ》かた去れ放《あら》ちし　吉備なる妹《いも》を　相見つるもの（淡路島は小豆島と二つ並んでいる。私が立ち寄りたいような島々は、みな二つ並んでいるのに、私はひとりにされてしまった。誰が遠くへ行き去らせてしまったのだ。吉備の兄媛を、せっかく親しんでいたものを）

と仰せられた。

秋九月の辛巳《かのとのみ》の朔丙戌《ひのえいぬ》（六日）に、天皇は、淡路嶋で狩をされた。この島は、海に横たわり、難波の西の方にある。峰の巌は、紛錯しており、丘や谷が続いている。芳草が盛んに繁り、高波が激しく流れている。また大鹿・鳧《かも》・鴈《かり》が、多くその島にいる。そのため、天皇は、しばしば遊猟された。天皇は、淡路より転じられて、吉備に行幸され、小豆嶋にお遊びになった。庚寅《かのえとら》（十日）に、また葉田〔葉田、これを簸娜《はだ》という〕の葦守宮《あしもりのみや》に移っておられたときに、御友別《みともわけ》が参上した。そこで、その兄弟・子孫を膳夫《かしわで》としてお食事に奉仕させた。天皇は、御友別が謹んで侍奉するようすを御覧になって、およろこびのお気持をいだかれた。そこで吉備国を割いて、その子らに封じた。すなわち川嶋県《かわしまのあがた》を分かって、長子の稲速別《いなはやわけ》に封じた。これが、下道臣《しもつみちのおみ》の始祖である。つぎに上道県《かみつみちのあがた》をもって、中子の仲彦《なかつひこ》に封じた。これが、上道臣・香屋臣《かやのおみ》の始祖である。つぎに三野県《みののあがた》をもって、弟彦《おとひこ》に封じた。これが三野臣の始祖である。また波区芸県《はくぎのあがた》をもって、御友別の弟の鴨別《かもわけ》に封じた。これが笠臣《かさのおみ》の始祖である。また苑県《そののあがた》をもって、兄の浦凝別《うらこりわけ》に封じた。これが苑臣の始祖である。また織部《はとりべ》をもって、兄媛に賜わった。その子孫がいまも吉備国にいるのは、それによるのである。

二十五年に、百済の直支王が薨じた。ただちに子の久爾辛《くにしん》が立って王となった。王は幼少であったので、木満致《もくまんち》が国政を執った。王の母と密通して、無礼なふるまいが多かった。

天皇は、これをお聞きになって、お召しになった。

〔『百済記』にいうところによれば、木羅斤資《もくらこんし》が、新羅を討ったときに、その国の婦人を娶って、生んだものである。その父の功によって、任那を専らにした。わが国（百済）にやって来て、貴国に往還した。制《のり》を天朝に承って、わが国の政治を執った。権勢は、世にならびなかった。しかし、天朝は、その横暴をお聞きになって召したということである。〕

二十八年の秋九月に、高麗《こま》の王が、使を遣わして朝貢した。そして上表した。その表（文書の形式の一つ）に、

「高麗の王が、日本国に教える」

とあった。そのとき、太子の菟道稚郎子は、その表を読んで、表の文言《もんごん》が無礼であることに怒り、高麗の使を責めた。そしてその表を破り捨てた。

武庫水門の火災

三十一年の秋八月に、群卿に詔して、「官船で、枯野と名づけているのは、伊豆国から貢上した船である。この船は、朽ちてしまって用に堪えなくなった。しかし、久しく官用となった功は忘れるべきでない。いかにしてその船の名を絶やさないで、後世に伝えることができるだろうか」

と仰せられた。群卿は、詔をうけて、有司に命じ、その船の材を取って、薪《たきぎ》として塩を焼かせた。これにより五百籠《こ》の塩を得た。そこで、あまねく諸国に施し賜い、船を造る費用にあてさせた。こうして諸国が、一時に五百船を貢上した。そのすべてが武庫水門《むこのみなと》に集まった。このとき、新羅の調《みつき》の使が、武庫に宿泊していた。ところが新羅の宿泊所で突然の失火があって、それが延焼して、集まっていた船に及び、そのため多くの船が焼けてしまった。そこで新羅人を責めた。新羅の王が、これを聞いて、恐懼し、たいへん驚いて、ただちによい匠者《たくみ》（木工技術者）を貢上した。これが猪名部《いなべ》らの始祖である。前に枯野の船を、塩の薪にして焼いた日に、燃えのこりがあった。そこでその燃えないのを不思議に思って献上した。天皇は、珍しがられて琴にお作らせになった。その音は、さやかであって、遠くまで聞こえた。このときに、天皇はお歌をよまれて、

枯野を　塩に焼き　其《し》が余《あまり》　琴に作り　掻《か》き弾《ひ》くや　由良《ゆら》の門《と》の　門中《となか》の海石《いくり》に　触れ立つ　なづの木の　さやさや（枯野を塩焼きの材として焼き、その余りを琴に作って掻き鳴らすと、由良の瀬戸の海石に触れて生えているなずの木のように、大きな音で鳴ることだ）

と仰せられた。

三十七年の春二月戊午《つちのえうま》の朔に、阿知使主《あちのおみ》・都加使主《つかのおみ》を呉《くれ》（中国の江南の地）に遣わして、縫工女《きぬぬいめ》を求めさせた。そこで阿知使主らは、高麗国に渡って呉に至ろうとした。すぐに高麗に至ったが、呉への道路がわからなかった。道のわかる者を高麗に要請した。高麗の王

は、久礼波《くれは》・久礼志《くれし》の二人を付き添わせて、道案内の者とした。これによって、呉に至ることができた。呉の王は、工女《ぬいめ》の兄媛《えひめ》・弟媛《おとひめ》・呉織《くれはとり》・穴織《あなはとり》の四人の婦女を与えた。

三十九年の春二月に、百済の直支王が、妹の新斉都媛《しせつひめ》を遣わして仕えさせた。ここに新斉都媛は、七人の婦女をつれて来帰した。

四十年の春正月の辛丑《かのとのうし》の朔戊申《つちのえさる》（八日）に、天皇は、大山守命と大鷦鷯尊をお召しになって、

「おまえたちは、子をかわいいと思うか」

とお聞きになった。

「たいへんかわいいと思います」

とお答えになると、また、

「長子と少子と、どちらがまさっているか」

とお聞きになった。大山守命は、お答えして、

「長子にまさるものはありません」

と申し上げた。すると、天皇は、よろこばれないお顔色をなさった。このとき、大鷦鷯尊は、前もって天皇のお顔色を察しとって、お答えして、

「長子は、多くの寒暑をへて、すでに成人となっており、少しも不安はありません。ただ少子は、まだ成人しておらず、将来どのようになるかわかりませんので、可憐なものでご

ざいます」

と申し上げた。天皇は、たいへんよろこばれて、

「おまえの言葉は、まったく私の心にかなっている」

と仰せられた。このとき、天皇は、つねづね菟道稚郎子を立てて太子となさろうとする気持をいだいておられたので、二人の皇子の考えをお知りになりたいと思われ、そこで、このお尋ねをされたのであり、したがって、大山守命のお答えをよろこばれなかったのである。甲子《きのえね》（二十四日）に、菟道稚郎子を立てて皇太子とされ、その日、大山守命に任じて、山川林野を掌らせた。大鷦鷯尊を、太子の輔《たすけ》として、国事を治めさせた。


四十一年の春二月の甲午《きのえうま》の朔 戊申《つちのえさる》（十五日）に、天皇は、明宮《あきらのみや》でお崩《かく》れになった。時に御年百十歳〔一説では、大隅宮でお崩れになったともいう〕。

この月に、阿知使主らが呉より筑紫に帰ってきた。そのときに胸形大神《むなかたのおおかみ》が、工女《ぬいめ》らをお望みになったので、兄媛を胸形大神に奉った。これが、いま筑紫国にいる御使君《みつかいのきみ》の祖である。それから三人の婦女を率いて、津国《つのくに》に至り、武庫に達したとき、天皇がお崩れになったので、間に合わなかった。そこで大鷦鷯尊に献上した。この女人たちの子孫は、いまの呉衣縫《くれのきぬぬい》・蚊屋衣縫《かやのきぬぬい》である。

（1）神功摂政前紀仲哀天皇九年十二月辛亥条には、応神天皇がお生まれになった所を、時の人が宇

瀰と名づけたとあるので、蚊田を宇瀰の旧名とする説がある。しかし、宇瀰説が、単なる地名付会説話とすれば、ここに蚊田とあるのは、別伝かも知れない。蚊田を、筑後国御井郡賀駄郷（現在の福岡県小郡市平方付近）あるいは筑前国恰土郡長野村蚊田（現在の福岡県糸島市長野）に比定する説があるが未詳。

（2）甘羅城を全羅北道咸悦《ハミョル》、高難城を全羅南道谷城《コクソン》、爾林城を全羅北道金堤《キムジェ》郡那利城《ナリソン》にあてる説があるが未詳。

日本書紀巻第十一

大鷦鷯天皇《おおさざきのすめらみこと》　仁徳天皇《にんとくてんのう》

菟道稚郎子の謙譲

大鷦鷯天皇は、誉田天皇《ほむたのすめらみこと》(応神天皇)の第四子で、母を仲姫命《なかつひめのみこと》と申し上げ、五百城入彦皇子《いおきいりびこのみこ》の孫である。天皇は、幼少より聡明叡智《えいち》であらせられた。容姿も美麗で、成人されてから、仁慈のお心が深かった。

四十一年の春二月に、誉田天皇がお崩《かく》れになった。そのとき、太子の菟道稚郎子《うじのわきいらつこ》は、位を大鷦鷯尊《おおさざきのみこと》にお譲りになろうとして、帝位におつきにならなかった。そうして大鷦鷯尊に御相談なさって、

「そもそも天下に君として万民を治める者は、抱《いだ》き覆うこと天のごとく、受け入れること地のごとくでなければなりません。上によろこぶ心があって、百姓《おおみたから》を使えば、百姓もよろこんで、天下は安らかとなります。いま、私は弟であり、また徴すべき記録と賢者に乏

しいので、どうしてあえて皇位をついで、天業《あまつひつぎ》に登ることができるでしょうか。大王[1]は、容姿が御立派で、仁孝が遠くまで聞こえておられ、年齢もまた長じておられます。天下の君となられるのに不足はございません。先帝が、私を立てて太子となさったのは、けっして才能があると思ってのことではなく、ただかわいく思われてのことでした。また宗廟《そうびょう》社稷《しゃしょく》(国家)に仕えるのは、重大なことでございます。私は不肖で、適切ではありません。そもそも兄は上に、弟は下に、聖人は君に、愚人は臣になることが、古今の通則でございます。どうか王は、躊躇《ちゅうちょ》されないで、帝位におつきください。私は、臣としてお助け申し上げるだけでございます」

と言われた。大鷦鷯尊は、お答えになって、

「先皇は、『皇位は一日も空《むな》しくしてはならぬ』と言われました。そこで、前もって明徳の人を選ばれて、王を皇太子としてお立てになったのです。天皇の嗣《みつぎ》にさいわいあらしめ、万民をこれに授けられたのでして、その寵愛《ちょうあい》のしるしを尊んで、国中にそれが聞こえるようになさいました。私は、不肖でありますが、どうして先帝の御命令を棄てて、たやすく弟の王のお願いに従うことができましょうか」

と言われた。固辞されておうけにならないで、おたがいに譲りあいをされた。このとき、額田大中彦皇子《ぬかたのおおなかつひこのみこ》は、倭《やまと》の屯田《みた》(天皇供御料田)と屯倉《みやけ》とを掌《つかさど》ろうとして、その屯田司《みたのつかさ》の出雲臣《いずものおみ》の祖である淤宇宿禰《おうのすくね》に語って、

「この屯田は、もともと山守《やまもり》の地であるから、いま私は、これを治めようとしている。おまえが管理することはできない」

と言われた。そこで、淤宇宿禰は、太子（菟道稚郎子）にこのことを申し上げた。太子は語られて、

「おまえは、すぐに大鷦鷯尊に申し上げなさい」

と言われた。そこで、淤宇宿禰は、大鷦鷯尊に、

「私があずかっております屯田を、大中彦皇子が、邪魔して治めさせません」

と申し上げた。大鷦鷯尊は、倭直《やまとのあたい》の祖である麻呂にお尋ねになって、

「倭の屯田は、もとから山守の地というのは、どうしてなのか」

と言われた。お答えして、

「私は存じませんが、私の弟の吾子籠《あごこ》だけは知っております」

と申し上げた。当時、吾子籠は、韓国に派遣されていてまだ帰ってきていなかった。そこで、大鷦鷯尊は、淤宇に語られて、

「おまえが、みずから韓国に行って、吾子籠をよんできなさい。昼夜兼行で早く行け」

と言われた。ただちに淡路の海人《あま》八十人を指名して水手《かこ》とした。そこで淤宇は、韓国に行って、ただちに吾子籠をつれてやって来た。そこで倭の屯田についてお尋ねになった。

「伝え聞くところによりますと、纏向玉城宮御宇天皇《まきむくのたまきのみやにあめのしたしらししすめらみこと》（垂仁天皇）の御世に、太

子の大足彦尊《おおたらしひこのみこと》（後の景行天皇）に科せられて、倭の屯田を定められたといわれます。このときの勅旨に、『およそ倭の屯田は、つねに御宇す帝皇《あめのしたしらすめらみこと》の屯田である。たとえ天皇の御子といえども、統治していなければ、掌ることはできない』と仰せられております。これを山守の地というのは、まちがいでございます」

とお答え申し上げた。そこで、大鷦鷯尊は、吾子籠を額田大中彦皇子のみもとに遣わされて、事のようすをお知らせになった。大中彦皇子は、もはや何も言うことができなかった。

そのとき、大中彦皇子の悪意をお知りになったけれども、赦されて罪にされなかった。こうして後に、大山守皇子は、つねに先帝（応神天皇）が、自分を見捨てて、皇太子にお立てにならなかったことを恨んでいたが、かさねてこの怨みをいだいたので、謀《はかりごと》をして、

「私は、皇太子を殺して、帝位に登ろう」

と言われた。大鷦鷯尊は、前もってその謀をお聞きになっておられ、ひそかに太子にお告げして、兵を備えてお守らせになった。そこで、太子は、兵を設けて待機しておられた。大山守皇子は、兵が備えられていることを知らないで、数百の兵士を率いて、夜半に、出発された。明け方に、菟道《うじ》に至って、ちょうど川を渡ろうとしたとき、太子は、布袍《あさのみそ》を着られて、檝櫓《かじ》を取られ、ひそかに度子《わたしもり》に混って、大山守皇子を船に乗せてお渡しになった。皇子は、河の真ん中に至って、度子に頼んで、船を踏んでくつがえしてしまった。そこで、大山守皇子は、河におちてしまい、浮いたり流れたりしながら歌をよんで、

ちはや人　菟道の渡《わたり》に　棹《さを》取《と》りに　速《はや》けむ人し　我が対手《もこ》に来《こ》む（菟道の渡に、巧みに舟を操る人よ、早く私を救いに来ておくれ）

と言われた。しかし、伏兵が多く起こって、岸に着くことができず、ついに沈んで死なれた。その屍《しかばね》を求めさせたら、考羅済《かわらのわたり》（現在の京都府京田辺市河原の地）に浮かんでいた。

そのとき、太子は、その屍を御覧になられ、お歌をよんで、

ちはや人　菟道の渡に　渡手《わたりで》に　立てる　梓弓檀《あづさゆみまゆみ》　い伐《き》らむと　心は思《も》へど　い取らむと　心は思《も》へど　本辺《もとへ》は　君を思ひ出　末辺《すゑへ》は　妹《いも》を思ひ出　悲《いらな》けく　そこに思ひ　愛《かな》しけく　ここに思ひ　い伐らずぞ来る　梓弓檀（菟道の渡で、渡り場に立っている梓の木よ。それを伐ろうと心には思うが、それを取ろうと心には思うが、その本辺では君を思い出し、末辺では妹を思い出し、悲しい思いが、そこここでまつわりついて、とうとうその梓の木を伐らずに帰ってきた）

と言われた。大山守皇子を那羅山《ならのやま》に葬った。

その後、宮室を菟道にお建てになって、そこにおられたが、なお位を大鷦鷯尊にお譲りになろうとしておられたために、久しく皇位におつきにならなかった。そこで皇位が空しいまま、三年がたってしまった。時に海人がいて、鮮魚の贈り物を持ってきて、菟道宮に献上した。太子は、海人に命じて、

「私は、天皇ではない」

と言われて、ただちにお返しになって、難波《なにわ》にたてまつらせた。大鷦鷯尊もまたお返しになって、菟道にたてまつらせた。そのため、海人の贈り物は、往還するあいだに腐ってしまった。引き返してさらに、別の鮮魚を取ってきて献上した。譲りあわれることは、前のときと同様であった。鮮魚は、また腐ってしまった。海人は、何度も引き返すのを苦にして鮮魚を棄てて泣いた。諺《ことわざ》に、

「海人でもないのに、自分のものが原因で泣く(2)」

というのは、そもそもこれによるのである。

太子は、

「私は、兄の王の志を奪うことができないのを知っている。どうして長く生きて、天下を煩《わずら》わすことができようか」

と言われて、自殺されてしまった。そのとき、大鷦鷯尊は、太子が御薨去《こうきょ》になったと聞かれ、驚いて難波より馳《は》せ参じられ、菟道宮においでになった。太子が御薨じになって三日を経過していた。大鷦鷯尊は、胸をうってお悲しみになり、なすすべをお知りにならなかった。すなわち髪を解かれ、屍に跨《また》がって、三たび呼ばれて、

「私の弟の皇子よ」

と言われると、たちまち生きかえられ、みずから起きられた。そこで大鷦鷯尊は、太子にお語りになって、

「悲しいことだ。惜しいことだ。どうして自殺をされたのか。もし死んだ人が、ものごとを知ることができれば、先帝は、わたしをどのように思われることだろうか」と言われた。そのとき、太子は、兄の王に、

「天命なのです。誰がよく留めることができるでしょう。もし天皇のみもとに行くことがあったら、兄の王が聖人であって、何度もお譲りなさったことをくわしく申し上げます。しかるに聖王は、私が死んだとお聞きになって、遠路を急いで馳せ参じられました。どうしておねぎらいしないでいられましょうか」

と申し上げて、同母の妹の八田皇女《やたのひめみこ》をたてまつって、

「御納采《のうさい》（女の家に礼物を贈り、正式に婚約すること）をなさるにはふさわしくないかも知れませんが、かろうじて後宮の人数の中にお加えください」

と言われた。そこでまた棺に伏して、薨じられた。大鷦鷯尊は、麻の御服をたてまつって、お悲しみになられ、はげしくお泣きになった。そして菟道稚郎子皇子を菟道の山の上に葬られた。

仁徳天皇の即位

元年の春正月の丁丑《ひのとのうし》の朔　己卯《つちのとのう》（三日）に、大鷦鷯尊が、天皇の位におつきになった。皇后（応神天皇の皇后仲姫）を尊ばれて、皇太后と申し上げた。難波に都をつくられ、こ

れを高津宮《たかつのみや》と申し上げる。そのとき、宮垣《みかき》の室屋を白く塗られず、垂木《たるき》や梁柱や楹《うだち》（梁の上に立てる短い柱）は飾らないで、屋根の茅《かや》を葺《ふ》くときには、軒の端を剪り斉《とと》えられなかった。これは、私事が原因で、人民が耕作し、機績《はたつむ》ぎをする時間を奪ってはならないとお思いになったからである。

以前、天皇がお生まれになる日に、木菟《つく》（みみずく）が、産殿《うぶどの》に飛び込んできた。翌朝、誉田天皇は、大臣武内宿禰《たけしうちのすくね》をお召しになり、

「これは、どういう瑞兆だろう」

とお語りになった。大臣は、お答えして、

「これは吉兆であります。また昨日、私の妻のお産の時に、鷦鷯《さざき》（みそさざい）が産屋《うぶや》に飛び込んでまいりました。これも不思議でございます」

と申し上げた。そこで、天皇は、

「いま、わが子と大臣の子は、同じ日に生まれ、どちらにも瑞兆があった。これは、天の表《しるし》である。その鳥の名を取って、おたがいに換えて、子どもに名づけ、後世の契《しるし》としたいと思う」

と仰せられた。そこで鷦鷯の名を取って太子に名づけ、大鷦鷯皇子と申し上げ、木菟の名を取って大臣の子に名づけ、木菟宿禰といった。これが平群臣《へぐりのおみ》の始祖である。この年は、太歳癸酉《みずのとのとり》である。

二年の春三月の辛未《かのとのひつじ》の朔戊寅《つちのえとら》（八日）に、磐之媛命《いわのひめのみこと》を皇后にお立てになった。皇后は、大兄去来穂別天皇《おおえのいざほわけのすめらみこと》（履中天皇）・住吉仲皇子《すみのえのなかつみこ》・瑞歯別天皇《みつはわけのすめらみこと》（反正天皇）・雄朝津間稚子宿禰天皇《おあさづまわくごのすくねのすめらみこと》（允恭天皇）をお生みになった。又の妃の日向髪長媛《ひむかのかみながひめ》は、大草香皇子《おおくさかのみこ》と幡梭皇女《はたびのひめみこ》とを生んだ。

民の竈の煙

四年の春二月の己未《つちのとのひつじ》の朔甲子《きのえね》（六日）に、群臣に詔《みことのり》して、

「私が、高台に登って、遠くを望み見ると、煙が、国の中にあがっていない。思うに、百姓が、非常に貧しくて、家で飯を炊く者がいないのではないか。私は、昔、聖王の御世に、人々が聖王の徳をほめ讃え、家ごとに安らかであることを喜ぶ歌があったと聞いている。いま私は、人民を治めるようになってから、ここに三年になった。私をほめ讃える声が聞こえず、飯を炊く煙が、ますます少なくなった。五穀が稔《みの》らず、百姓が窮乏していることを知った。畿内でさえ、ものが十分でないのに、まして畿外諸国では、いっそう不足していることだろう」

と仰せられた。

三月の己丑《つちのとのうし》の朔己酉《つちのととり》（二十一日）に、詔して、

「いまより以後、三年のあいだ、すべての課役をやめ、百姓の苦しみを除け」

と仰せられた。

この日より、天皇の御衣服やお履物が、破れて駄目になってしまうまでは、新調せず、御飯やお吸物が、酸味を生じて食べられなくなるまでは、とりかえないことにされた。そして御自分の御心を削《そ》ぎへらし、御志をつつましやかにしておごらず、何もしないで天下が治まるという善政を行なわれた。そこで、宮垣が崩れてもそのままにし、茅葺きが壊れても葺《ふ》きなおさず、風雨が隙間から入って、御衣服をぬらした。星の光が壊れたところ（屋根の朽ちたところ）から漏れて床の敷物を照らした。それ以後、風雨が時にしたがって、五穀が豊かに稔るようになり、三年をへて、百姓が豊かになった。天皇をほめ讃える声が満ちて、飯を炊く煙が、さかんに立ちのぼるようになった。

七年の夏四月の辛未《かのとのひつじ》の朔に、天皇は、高台の上におられて、はるか遠くを御覧になると、煙が多く立ちのぼっていた。この日、皇后にお語りになって、

「私は、すっかり富裕になった。もう心配することはない」

と仰せられた。皇后は、お答えになって、

「どうして富裕になったと仰せられるのですか」

と言われた。天皇は、

「煙が国に満ちている。百姓自身が豊かになったからではないか」

と仰せられた。皇后は、また、

「宮垣は壊れ、修理することもできません。殿屋も破れて、御衣服をぬらしております。どうして富裕になったと仰せられるのでしょうか」

と言われた。天皇は、

「そもそも天が君《きみ》（天皇）を立てるのは、まったく百姓のためなのである。したがって君は百姓をもって本《もと》とする。それだから、昔の聖王は、一人でも飢えこごえる者があれば、反省して自分の身を責めたのである。もし百姓が貧しければ、私が貧しいことなのであり、百姓が富裕なら、私が富裕なことなのである。百姓が富裕で、君が貧しいということは、いまだかつてあったことがない」

と仰せられた。

秋八月の己《つちのとの》巳《み》の朔《ひ》丁《のとの》丑《うし》（九日）に、大兄去来穂別皇子《おおえのいざほわけのみこ》（後の履中天皇）のために、壬生部《みぶべ》(3)を定めた。また皇后のために、葛城部《かずらきべ》を定めた。

九月に、諸国が、ことごとく奏請して、

「課役が免じられて、すでに三年がたちました。そのため、宮殿は朽ち壊れ、府庫はすでに空《から》になりました。いま人民は富み栄えて、道に落ちているものも拾わなくなりました。そこで、里には鰥寡《かんか》（おとこやもめと寡婦）がいなくなり、家には余分の貯えがあるようになりました。もし、このときにあたって、田租と調をたてまつって、宮室を修理しなければ、おそらく、天罰をこうむるでありましょう」

と申し上げた。しかし、なお天皇は辛抱されて、宮室の修理をお許しにならなかった。十年の冬十月に、はじめて課役を科せられて、宮室を造った。そのとき、百姓は、命令を待たず、みずから進んで、老人を扶《たす》け、幼児を携えて、材料を運び、簀《こ》（土を運ぶ籠。もっこ）を背負って、昼夜を問わずに、力をつくして競い作った。その結果、わずかな日数で、宮室が完成した。そこで、いまに至るまで、聖帝とたたえ申し上げるのである。

池・堤の構築

十一年の夏四月の戊寅《つちのえとら》の朔甲午《きのえうま》（十七日）に、群臣に詔して、

「いま私が、この国を見ると、野も沢も広遠で、田圃《でんぼ》が少なく乏しい。また河の水が横流し、河口の流れが速くない。すこしでもなが雨にあえば、海潮が逆流して、村里が水につかり、船に乗らなければならず、道路もまた泥におおわれてしまう。そこで、群臣は、みなでこの状況を視察して、横の堀を深くして河水が海に通じるようにし、逆流を防いで、田宅を完全にしなければならぬ」

と仰せられた。

冬十月に、宮（難波高津宮）の北の郊野を掘って、南の水を引いて、西の海（大阪湾）に流した。そこで、その水を名づけて堀江という。また北の河の澇《こみ》（たまり水）のあふれるのを防ごうとして、茨田堤《まむたのつつみ》を築いた。その際、築いてもすぐ壊れて、塞ぐことの難し

いところが二ヵ所あった。そのとき、天皇が、夢を御覧になった。夢に神が現われ、お教えして、

「武蔵の人である強頸《こわくび》と河内の人である茨田連衫子《まむたのむらじころものこ》〔衫子、これを莒呂母能古《ころものこ》という〕の二人をもって、河伯《かわのかみ》にささげれば、かならず塞ぐことができる」

と申し上げた。そこで二人を探し出して、河神にささげた。そのとき、強頸は、泣き悲しんで、水に没して死んだ。そこで一ヵ所の堤が完成した。だが、衫子だけは、完全な匏《ひさご》二箇を持って、塞ぐことの難しい河に臨んだ。そうして二箇の匏を取り出して、水の中に投げ入れ、誓《うけ》いをして、

「河神が、お祟《たた》りになって、私を犠牲となさいました。それで、いま私は、ここに来たのですが、かならず私を得たいとお思いになるなら、この匏を沈めて浮かばせないようにしてごらんなさい。そうすれば、私は本当の神だと認めて、みずから水の中に入りましょう。もし匏を沈めることができなければ、自然に偽りの神であることがわかります。どうして、私の身を無駄に亡ぼすことがありましょうか」

と言った。そのとき、飄風《つむじかぜ》が急に起こって、匏を引っぱって水に沈めようとした。匏は、浪の上に転がりながら沈まなかった。そして、水の速く流れるところを風の吹くままに漂って、遠くに流れていった。こうして、衫子は、死ななかったけれども、その堤も完成した。これは、衫子の才智によって、その身を亡ぼさなかったのである。そこで、時の人は、

その二ヵ所を名づけて、強頸の断間・衫子の断間《たえま》といった。

この年に、新羅人が朝貢した。そこで、この（茨田堤築造の）役《えだち》につかった。

十二年の秋七月の辛未《かのとのひつじ》の朔癸酉《みずのとのとり》（三日）に、高麗国が、鉄の盾《たて》と鉄の的《まと》を貢上した。

八月の庚子《かのえね》の朔己酉《つちのとのとり》（十日）に、高麗の客を、朝廷で饗応した。この日、群臣および百寮を集めて、高麗の献じた鉄の盾と的を射させた。諸人は、的を射とおすことができなかったが、ただ的臣《いくはのおみ》の祖である盾人宿禰《たてひとのすくね》ひとりが、鉄の的を射とおした。それを高麗の客らが見て、その射ることのすぐれているのを恐れて、みな立って拝朝した。翌日、盾人宿禰を褒めて、名を賜わって的戸田宿禰《いくはのとだのすくね》といった。同じ日に、小泊瀬造《おはつせのみやつこ》の祖である宿禰臣《すくねのおみ》に、名を賜わって賢遺臣《さかのこりのおみ》（賢遺、これを左舸能莒里《さかのこり》という）といった。

冬十月に、大きな溝を、山背《やましろ》の栗隈県《くるくまのあがた》（山城国久世郡栗隈郷、現在の京都府宇治市大久保付近）に掘って、田に水をひたした。そのため、そこの百姓は、つねに豊かであった。

十三年の秋九月に、はじめて茨田屯倉《まむたのみやけ》を立てた。そうして舂米部《つきしねべ》を定めた。

冬十月に、和珥池《わにのいけ》を造った。

この月に、横野堤を築いた。

十四年の冬十一月に、猪甘津《いかいのつ》に橋をわたした。そこで、そこを名づけて小橋《おばし》といった。

この年に、大道を京の中に作った。南門よりまっすぐに丹比邑《たじひのむら》に至るのである。また大きな溝を感玖《こむく》（河内国石川郡紺口郷の地）に掘った。そこで石河の水を引いて、上鈴鹿《かみつすずか》・

下鈴鹿《しもつすずか》・上豊浦《かみつとゆら》・下豊浦《しもつとゆら》の四ヵ所の野に水をひたして、開墾して四万余頃《しろ》の田を得た。そのため、そこの百姓は、豊饒《ほうじょう》となって、凶年の心配がなくなった。

十六年の秋七月の戊寅《つちのえとら》の朔に、天皇は、宮人《みやひと》（後宮に仕える女官）の桑田玖賀媛《くわたのくがひめ》を、近習の舎人《とねり》どもにお示しになって、

「私は、この婦女を愛しようと思うのだが、皇后が妬むので、召すことができず、多くの年がたった。どうしていたずらに、女の盛りを妨げることができようか」

と仰せられた。そうしてお歌をもってお尋ねになって、

水底《みなそこ》ふ　臣《おみ》の少女《をとめ》を　誰《たれ》養はむ（私の臣下の少女を誰か養う人はなかろうか）

と仰せられた。そのとき、播磨国造《はりまのくにのみやつこ》の祖である速待《はやまち》が、ひとり進み出て歌をよんで、

みかしほ　播磨速待　岩壊《くだ》す　畏《かしこ》くとも　吾《あれ》養はむ（播磨速待が、畏れ多くとも後見いたしましょう）

と申し上げた。その日、玖賀媛を速待に賜わった。翌日の夕、速待は、玖賀媛の家に行ったが、玖賀媛は好意を示さなかった。そこで強引に帷内《ねどころ》に近づいた。そのとき、玖賀媛は、

「私は、寡婦で生涯を終わりたいのです。どうしてあなたの妻となることができましょうか」

と言った。そこで、天皇は、速待の志をとげさせてやろうとお考えになり、玖賀媛を速待に付き添わせて、桑田（丹波国桑田郡、現在の京都府亀岡市など）に送り遣わした。そのと

き、玖賀媛は、発病して途中で死んだ。いまでも玖賀媛の墓は桑田へ行く途中にある。

十七年に、新羅が朝貢しなかった。

秋九月に、的臣の祖である砥田宿禰《とだのすくね》と小泊瀬造《おはつせのみやつこ》の祖である賢遺臣《さかのこりのおみ》を遣わして、朝貢しないことを問わせられた。そこで、新羅人は恐懼《きょうく》して、ただちに貢献してきた。調の絹一千四百六十四および種々の雑物、あわせて八十艘《そう》であった。

天皇と皇后の不仲

二十二年の春正月に、天皇は、皇后にお語りになって、

「八田皇女を召して、妃としたいのだが」

と仰せられた。そのとき、皇后はお許しにならなかった。そこで、天皇は、お歌をよまれ、皇后にお乞いになって、

　貴人《うまひと》の　立つる言立《ことだて》　儲弦《うさゆづる》　絶え間継がむに　並べてもがも（私が、はっきり表明する決心はこんなことだ。予備の弦なのだから、本物の弦が切れたときだけ使うつもりだが、そういうことで八田皇女を迎えたい）

と仰せられた。皇后は答歌を作られて、

　衣こそ　二重《ふたへ》も良き　さ夜床を　並べむ君は　畏《かしこ》きろかも（着物こそ二重重ねて着るのもよいけれど、夜床を並べようとなさるあなたは、怖ろしいお方です）

と言われた。天皇は、またお歌をよまれて、

押照《おして》る　難波の崎の　並び浜　並べむとこそ　その子は有りけめ（難波の崎の並び浜のように、私と二人並んでいられるだろうと、その子［八田皇女］は思っていただろうに）

と仰せられた。皇后は答歌されて、

夏蚕《なつむし》の　蚕《ひむし》の衣　二重着《き》て　囲《かく》み宿《やだ》りは　豈《あに》良くもあらず（夏の蚕が、繭を二重に着て、囲んで宿るように、二人の女を侍せしめるのは、良くありません）

と言われた。天皇は、またお歌をよまれて、

朝嬬《あさつま》の　避介《ひか》の小坂《をさか》を　片泣きに　道行く者も　偶《たぐ》ひてぞ良き（朝妻の避介の坂を半泣きに歩いて行く者も、二人並んで行く道づれがあるのがよい）

と仰せられた。皇后は、ついに許してはならぬと思われて、もはや黙られて、さらにお答えなさらなかった。

三十年の秋九月の乙卯《きのとのう》の朔乙丑《きのとのうし》（十一日）に、皇后は、紀国に遊行されて、熊野岬に至られ、そこで、そこの御綱葉《みつなかしわ》〔葉、これを箇始婆《かしは》という〕をお取りになって帰ってこられた。ここに、天皇は、皇后の御不在を伺って、八田皇女を召されて、宮中に入れられた。そのとき、皇后は、難波済《なにわのわたり》に至られ、天皇が、八田皇女をお召しになったとお聞きになり、大いにお恨みになった。そこで、その採ってきた御綱葉を海に投げ入れられて、着岸なさらなかった。そこで、時の人は、葉を散らした海を名づけて、葉済《かしわのわたり》といった。

このとき、天皇は、皇后がお怒りになって、着岸なさらないことを御存じなく、親しく大津に行幸されて、皇后の御船をお待ちになられた。そうしてお歌をよまれて、

難波人　鈴船取らせ　腰煩《なつ》み　その船取らせ　大御船取れ（難波人よ。鈴船をひけ。腰まで水につかって、その船をひけ。大御船をひけ）

と仰せられた。そのとき、皇后は、大津に碇泊されないで、さらに江《かわ》を遡《さかのぼ》って、山背《やましろ》を廻って、倭《やまと》に向かわれた。翌日、天皇は、舎人《とねり》の鳥山《とりやま》を遣わされて、皇后がお帰りになるようにうながされた。そうして、お歌をよまれて、

山背に　い及《し》け鳥山　い及《し》け及《し》け　吾《あ》が思《も》ふ妻に　い及《し》き会はむかも（山背に早く追いつけ、鳥山よ。早く追いつけ追いつけ。私のいとしい妻に、追いついて会うことができるだろうか）

と仰せられた。皇后は、お帰りにならないで、なおお行きになった。山背河に至られて、お歌をよまれて、

つぎねふ　山背河を　河泝《のぼ》り　我が泝れば　河隈《かはくま》に　立ち栄ゆる　百足《もも た》らず　八十葉《やそば》の　木は大君ろかも（山背河を遡ってくると、河の曲り角に立って栄えている葉の繁った樹は、立派でわが大君にそっくりであるな）

と仰せられた。さらに那羅山《ならのやま》を越えて、葛城を望んでお歌をよまれて、

つぎねふ　山背河を　宮泝《のぼ》り　我が泝れば　青丹《あをに》よし　那羅を過ぎ　小楯《をだて》　倭《やまと》を過ぎ

我が見が欲《ほ》し国は　葛城高宮《かづらきたかみや》　我家《わぎへ》のあたり（難波の宮を通り過ぎて、山背河を遡ると、奈良を過ぎ、倭を過ぎ、私の見たいと思う国は、葛城の高宮のわが家のあたりです）

と仰せられた。さらに山背にもどられて、筒城岡《つつきのおか》（現在の京都府京田辺市普賢寺付近）の南に宮室をつくられて住まわれた。

冬十月の甲申《きのえさる》の朔に、的臣の祖である口持臣《くちもちのおみ》を遣わして、皇后をお召しになろうとした〔一説には、和珥臣の祖である口子臣《くちこのおみ》という〕。そこで口持臣は、筒城宮《つつきのみや》に至って、皇后に申し上げたけれども、お黙りになってしまって、お答えなされなかった。そのとき、口持臣は、雪雨にぬれながら、昼夜をとおして、皇后の殿の前に伏して去らなかった。ここに、口持臣の妹の国依媛《くによりひめ》が、皇后にお仕えしていたが、そのとき、たまたま皇后のお側に侍していた。そして兄が雨にぬれているのを見て、涙を流して歌をよんで、

山背の　筒城宮に　物申す　我が兄《せ》を見れば　涙ぐましも（山背の筒城の宮で、皇后にものを申し上げようとしている兄を見ると、かわいそうで涙ぐんでくる）

と言った。そのとき、皇后は、国依媛にお語りになって、

「どうしておまえは泣くのか」

と仰せられた。お答えして、

「いま御庭に伏して請願いたしておりますのは、私の兄であります。雨にぬれながら立ち去ろうといたしません。なおも伏して申し上げようといたしております。それで私は、泣

き悲しんでいるのでございます」

と申し上げた。そのとき、皇后は、

「おまえの兄に告げて、早く帰らせなさい。私は、けっしてもどりません」

と仰せられた。口持は、ただちに帰って、天皇に復奏した。

十一月の甲寅《きのえとら》の朔庚申《かのえさる》（七日）に、天皇は、浮江《かわふね》で山背に行幸された。そのとき、桑《くわ》の枝が、水に沿って流れてきた。天皇は、桑の枝を御覧になって、お歌をよまれて、

つのさはふ　磐之媛が　おほろかに　聞《きこ》さぬ　末桑《うらぐは》の木　寄るましじき　河の隈隈《くまぐま》　寄ろほひ　行くかも　末桑の木（磐之媛皇后が並大抵のことではお聞き入れにならない、私の心恋《うらごい》の木、その末桑《うらぐわ》の木が、近寄ることのできぬ河の曲り角にあちこち寄っては流れ、寄っては流れて行く。その末桑の木が）

と仰せられた。翌日、天皇は、筒城宮に行幸になって、皇后をお召しになられた。皇后は、お会いになろうとはされなかった。そのとき、天皇は、お歌をよまれて、

つぎねふ　山背女《やましろめ》の　木鍬《こくは》持ち　打ちし大根《おほね》　さわさわに　汝《な》が言へせこそ　打渡す　弥木栄《やがはえ》なす　来入り参来《まゐく》れ（山背女が木の鍬で掘り起こした大根、その大根の葉のざわつくように、ざわざわと、あれこれあなたが言われるからこそ、大勢人を引きつれて、逢いに来たものを）

と仰せられた。さらにまたお歌をよまれて、

つぎねふ　山背女の　木鍬《こくは》持ち　打ちし大根　根白の白腕《しろただむき》　纏《ま》かずけばこそ　知らずとも言はめ（山背女が木の鍬で掘り起こした大根のような、真白な腕を、巻き合ったことがなかったならばこそ、私を知らないとも言えようが、昔は一緒に暮らしていたのだから、いまさら知らないとは言えまいに）

と仰せられた。そのとき、皇后は、人を遣わして奏せしめられて、

「陛下は、八田皇女をお召しになって妃とされました。そもそも皇女と並んで皇后でいることは望みません」

と言われて、ついにお会いにならなかった。そこで天皇は、宮にお帰りになった。天皇は、皇后がたいそう怒られていることをお恨みになった。けれども、なお恋しく思っておられた。

三十一年の春正月の癸丑《みずのとのうし》の朔丁卯《ひのとのう》（十五日）に、大兄去来穂別尊《おおえのいざほわけのみこと》を立てて、皇太子とされた。

三十五年の夏六月に、皇后磐之媛命が、筒城宮で薨じられた。

三十七年の冬十一月の甲戌《きのえいぬ》の朔乙酉《きのとのとり》（十二日）に、皇后を乃羅山《ならのやま》に葬り申し上げた。

八田皇女の立后

三十八年の春正月の癸酉《みずのとのとり》の朔戊寅《つちのえとら》（六日）に、八田皇女を皇后にお立てになった。

秋七月に、天皇と皇后とが、高台におられて、暑さを避けておられた。そのとき、毎夜、菟餓野《とがの》より、鹿の鳴き声が聞こえてきた。その声は、静かでもの悲しかった。天皇と皇后はともにあわれであるとお思いになったが、月末になって、鹿の鳴き声が聞こえなくなった。そこで、天皇は、皇后にお語りになって、

「今夜、鹿が鳴かないのは、どうしたわけなのだろう」

と仰せられた。翌日、猪名県《いなのあがた》の佐伯部《さえきべ》が、贈り物を献上した。天皇は、膳夫《かしわで》に、

「その贈り物は、何だ」

とお問いになった。お答えして、

「牡鹿でございます」

と申し上げた。

「どこの鹿だ」

とお問いになった。

「菟餓野のでございます」

と申し上げた。そのとき、天皇は、この贈り物は、きっとあの鳴いていた鹿にちがいないとお思いになった。そこで、皇后にお語りになって、

「私は、このごろもの思いにふけることがあるとき、鹿の声を聞くと心が休まった。いま佐伯部が、鹿を獲《と》った日時や山野の場所から推察すると、たしかに鳴いていた鹿にあたっ

ている。その人は、私が鳴き声を愛していることを知らないで、偶然に捕獲してしまったとはいえ、やはり恨めしい気持が起こるのはどうしようもない。そこで、佐伯部を皇居に近づけることを望まない」

と仰せられた。そして有司に命じて、佐伯部を安芸の渟田《ぬた》に移させた。これが、いまの渟田の佐伯部の祖先である。

土地の人が、

「昔、一人のひとがいて、菟餓に行って、野の中に宿っていたとき、二匹の鹿が、そばに臥していた。明け方になろうとしたとき、牡鹿は、牝鹿に語って、

『私は、今夜夢を見た。白い霜がたくさん降りて、私の身体を覆った。これは、どういう前兆だろう』

と言った。牝鹿は、答えて、

『あなたは、出歩いたときに、きっと人に射られて死んでしまうでしょう。つまり、白塩を身体に塗られることが霜の白いような状態になってしまう前兆なのです』

と言った。そのとき、野の中に宿っていた人は、心の中で不思議に思った。明け方に、猟人が来て、牡鹿を射殺してしまった。そこで、時の人の諺に、

『鳴く牡鹿でもないのに、夢の相のとおりになる』

というのである」

と言った。

四十年の春二月に、天皇は、雌鳥皇女《めとりのひめみこ》を召して妃とされようとして、隼別皇子《はやぶさわけのみこ》を仲立ちとされた。そのとき、隼別皇子は、ひそかに自分で娶ってしまって、久しく復命されなかった。ところが、天皇は、夫があることをお知りにならないで、親しく雌鳥皇女の寝室にお出かけになった。そのとき、皇女のために機《はた》織る女人たちが、歌をよんで、

　ひさかたの　天金機《あめかなばた》　雌鳥《めとり》が　織る金機　隼別の　御襲料《みおすひがね》（空を飛ぶ雌鳥が織る金機は、
　隼別の王のお召物の用意です）

と言った。そこで、天皇は、隼別皇子がひそかに娶られたことをお知りになって、お恨みになった。しかし、皇后のお言葉を重んじ、また兄弟の義を重んじておられたので、忍んで罰せられなかった。しばらくたって、隼別皇子が皇女の膝を枕にして寝ておられた。そうして、

「鶺鴒《さざき》（仁徳天皇をさす）と隼と、どちらが速いか」

と語られた。

「隼が速うございます」

と言われた。そこで皇子は、

「これは、私が先んじるところである」

と言われた。天皇は、この言葉をお聞きになって、さらにまたお恨みの気持を起こされた。

そのとき、隼別皇子の舎人たちが歌をよんで、

隼は　天《あめ》に上《のぼ》り　飛び翔《かけ》り　斎《いつき》が上の　鷦鷯取らさね（隼は天に上って飛びかけり、斎場のあたりにいる鷦鷯をお取りなさい）

と言った。天皇は、この歌をお聞きになって、はなはだお怒りになられ、

「私は、私恨によって同胞を失うようなことは望まないので、こらえてきた。どうして仲たがいなどしようか。しかし、いまや私事が国家のことに及ぼうとしているのだ」

と仰せられて、隼別皇子を殺そうとされた。そのとき、皇子は、雌鳥皇女をつれて、伊勢神宮に参ろうと思って急いで行った。ここに、天皇は、隼別皇子が逃走したことをお聞きになって、ただちに吉備品遅部《きびのほむちべ》雄鯽《おふな》・播磨佐伯直《はりまのさえきのあたい》阿俄能胡《あがのこ》を遣わして、

「追いついて捕えたところで、ただちに殺せ」

と仰せられた。このとき、皇后は、奏して、

「雌鳥皇女は、まことに重い罪に当たります。しかし、皇女を殺すときに、皇女の身につけたものをとりあげて、身をあらわにすることは望みません」

と仰せられた。そこで、雄鯽らに勅して、

「皇女のもっている足玉《あしだま》手玉《ただま》を取ってはならぬ」

と仰せられた。雄鯽らは、追いかけて菟田《うだ》に至り、素珥山《そにのやま》（大和国宇陀郡室生村の東の曾爾谷）に迫った。そのとき、皇子たちは、草の中に隠れて、からくものがれることができた。

急いで逃げて山を越え、そこで皇子は、歌をよんで、

梯立《はしたて》の　嶮《さが》しき山も　我妹子《わぎもこ》と　二人越ゆれば　安蓆《やすむしろ》かも（梯を立てたような、けわしい山も、吾妹子と二人で越えれば、安らかな蓆に坐っているように、楽なものだ）

と言われた。ここに、雄鯽らは、皇子たちがのがれたことを知って、急追し、伊勢の蔣代野《こもしろのの》で追いついて殺した。そのとき、雄鯽らは、皇女の玉を探して、裳《も》の中から奪ってしまった。そうして、二人の王の屍を、廬杵河《いおきがわ》（現在の三重県津市白山町か）のほとりに埋めて、天皇に復命した。皇后は、雄鯽らにお尋ねになって、

「もしや皇女の玉を見たのではないか」

と仰せられた。お答えして、

「見ませんでした」

と申し上げた。

この年、新嘗《にいなえ》の月の宴会の日に、酒を内外命婦《ひめとね》たちに賜わった。ここに、近江《おうみの》山君稚守山《やまのきみわかもりやま》の妻と采女《うねめ》の磐坂媛《いわさかひめ》との二人の女の手に、立派な珠がまかれていた。皇后が、その珠を見ると、まったく雌鳥皇女の珠に似ていた。そこでお疑いになって、有司に命じて、その玉を得た理由を推問させられた。答えて言うのには、

「佐伯直阿俄能胡の妻の玉です」

ということであった。そこで阿俄能胡に罪を責めただすと、

「皇女を殺した日に、探って取ったものです」

と答えた。ただちに阿俄能胡を殺そうとしたとき、阿俄能胡は、自分の私地を献上して、死罪を贖《あがな》いたいと請願した。そこで、その地を没収して、死罪を赦した。それで、その地を名づけて玉代《たまて》というのである。

鷹甘部

四十一年の春三月に、紀角宿禰《きのつののすくね》を百済に遣わし、はじめて国郡の堺を分けて、つぶさに郷土の産物を録した。このとき、百済の王の一族である酒君《さけのきみ》が、無礼であったので、紀角宿禰は、百済の王を呵責《かしゃく》した。そこで、百済の王は、かしこまって、鉄の鎖で酒君を縛って、襲津彦にしたがわせて進上した。こうして酒君は日本に来て、石川錦織首《いしかわのにしこりのおびと》許呂斯《ころし》の家に逃げ隠れた。そして酒君は、欺いて、

「天皇は、すでに私の罪をお赦しになった。そこであなたを頼って暮らしたいのです」

と言った。久しくして、天皇は、ついにその罪を赦された。

四十三年の秋九月の庚子《かのえね》の朔に、依網屯倉《よさみのみやけ》の阿弭古《あびこ》が、かわった鳥を捕って、天皇に献上して、

「私は、つねに網を張って鳥を捕えておりますが、いまだかつてこのような鳥の類を得たことがありません。そこで不思議に思って献上申し上げるのです」

と申し上げた。天皇は、酒君をお召しになって、鳥を示して、

「これは、何という鳥であるか」

と仰せられた。酒君は、お答えして、

「この鳥の類は、百済にたくさんおります。馴らせば、よく人に従います。また早く飛んで諸鳥を掠《と》ります。百済の人は、この鳥を名づけて倶知《くち》〔これは、いまの鷹である〕といっております」

と申し上げた。そこで、酒君に授けて飼養させた。まもなく馴《なつ》けることができた。酒君は、そこで韋《おしかわ》（なめし皮の類）の緡《あしお》（縄）をその足に着け、小鈴をその尾に着けて、腕の上にのせて、天皇にたてまつった。この日、百舌鳥野《もずの》に行幸されて遊猟をなさった。そのとき、雌雉《めきじ》が、たくさん飛びたった。そこで鷹を放って捕らせた。たちまち数十の雉を獲《え》られた。

この月に、はじめて鷹甘部《たかかいべ》を定めた。そこで、時の人は、その鷹を養うところを名づけて、鷹甘邑といった。

五十年の春三月の壬辰《みずのえたつ》の朔丙申《ひのえさる》（五日）に、河内の人が奏して、

「茨田堤《まむたのつつみ》に、鴈《かり》が子を産みました」

と申し上げた。その日、使を遣わして視察させた。

「まったく事実であります」

と、使者は申し上げた。天皇は、お歌をよまれて、武内宿禰にお問いになって、

たまきはる　内の朝臣《あそ》　汝《な》こそは　世の遠人《とほひと》　汝こそは　国の長人《ながひと》　秋津嶋　倭の国に　鴈産《かりこ》むと　汝は聞かすや（朝廷に仕える武内宿禰よ。あなたこそ、この世の長生きの人だ。あなたこそ国の第一の長寿者だ。この倭の国で鴈が子を産むと、あなたはお聞きですか）

と仰せられた。武内宿禰は、答歌をよんで、

やすみしし　我が大君は　宜《うべ》な宜な　我を問はすな　秋津嶋　倭の国に　鴈産むと　我は聞かず（わが大君が、私にお尋ねになるのは、もっともなことですが、倭の国では、鴈が子を産むということは、私は聞いておりません）

と申し上げた。

新羅・蝦夷との紛争

五十三年に、新羅が朝貢しなかった。夏五月に、上毛野君の祖である竹葉瀬《たかはせ》を遣わして、その朝貢をしない理由を問わせられた。途中で、白鹿を獲た。そこで還ってきて天皇に献上した。さらに日を改めて出かけた。しばらくしてから、また重ねて竹葉瀬の弟の田道《たじ》を派遣した。そのとき、詔して、

「もし新羅が防げば、兵を挙げて攻撃せよ」

と仰せられた。そうして精兵を授けられた。新羅は、兵を起こして防いだ。新羅人は、毎日戦いを挑んだ。田道は、塞を固めて出撃しなかった。そのとき、新羅の軍卒一人が、陣

営の外に出てきたので、捕えて、消息を尋ねた。

「百衝《ももつき》という強力者がいて、敏捷で勇敢で、いつも軍の右の方の前鋒となっている。そこで、ようすをみて左を攻撃すれば敗れるにちがいない」

と答えた。あるとき、新羅の軍は、左方を空《あ》けて右方に備えた。そこで、田道は、精騎を連ねて、その左方を攻撃した。新羅の軍は、潰走《かいそう》した。そこで兵を放って入り乱れ、数百人を殺した。そのとき、四邑《ゆう》の人民を虜《とら》え、つれて帰ってきた。

五十五年に、蝦夷《えみし》が叛いた。田道を遣わして、討伐させた。そのとき、蝦夷に敗れて、伊峙水門《いしのみと》で死んだ。そのとき、従者がいて、田道が手にまいていた玉を取り収め、その妻に届けた。そこで田道の妻はその玉を抱いて縊死《いし》してしまった。時の人は、これを聞いて泣き悲しんだ。その後、また蝦夷が襲ってきて、人民を略奪した。そのとき田道の墓を掘ると、大蛇がいて、目をいからして墓から出てきて咬《か》んだ。蝦夷は、ことごとく蛇の毒をうけて、多くの者が死んでしまった。ただ一人か二人が、免れることができただけであった。そこで、時の人は、

「田道は、死んでしまったけれども、ついに讎《あた》に報いた。どうして死んだ人に知覚がないといえようか」

と言った。

五十八年の夏五月に、荒陵《あらはか》の松林の南の道に面して、突然二つの歴木《くぬぎ》が生えた。路をは

さんで木の上の方がつながっていた。

冬十月に、呉国・高麗国が、そろって朝貢した。

六十年の冬十月に、白鳥陵の陵守《みささぎもり》どもを指名して役丁にあてた。そのとき、天皇は、みずから使役の場所に臨御された。そのとき陵守の目杵《めき》が、急に白鹿となって逃げた。そこで、天皇は、詔して、

「この陵は、もとから空であったので、その陵守を廃しようと思い、はじめ役丁に指名したのである。いまこの怪異を見ると、はなはだ恐れ多い。陵守を動かしてはならぬ」

と仰せられた。そこでまた、陵守どもを土師連《はじのむらじ》らに授けられた。

六十二年の夏五月に、遠江国司《とおつおうみのくにのみこともち》(4)が、上表して、

「大きな樹があって、大井河から流れて、河の折れ曲がったところに停まりました。その大きさは十囲《とうだき》(5)もあって、根もとはひとつで、上の方はふたまたになっております」

と申し上げた。そこで、倭直吾子籠《やまとのあたいあごこ》を遣わして、その木で船を造らせることにした。そうして南海を通って運んで、難波津にもってきて、御船にあてた。

この年に、額田大中彦皇子《ぬかたおおなかつひこのみこ》が、闘鶏《つけ》(現在の奈良県奈良市都祁)に猟をされた。そのとき、皇子は、山の上より望まれて、野の中を見られると、物があった。その形は廬《いおり》のようであった。そこで、使者を遣わして見に行かせた。帰ってきて、

「窟《むろ》です」

と申し上げた。そこで闘鶏稲置大山主《つけのいなきおおやまぬし》を召されて、

「その野の中にあるのは、なんの窟《むろ》か」

とお尋ねになった。お答えして、

「氷室《ひむろ》です」

と申し上げた。皇子は、

「その蔵《おさ》める状態は、どのようなのか、また何に用いるのか」

と言われた。

「土を一丈余り掘りまして、その上に草をおおいます。あつく茅荻《ちすすき》を敷いて、その上に氷を置きます。夏の月をすぎても氷は解けません。その用途は、暑い月に、水酒に漬《ひた》して用いるのです」

と申し上げた。皇子は、そこでその氷をもってきて、御所に献上した。天皇は、およろこびになった。これより以後、毎年十二月になると、かならず氷を蔵め、春分に至って、はじめて氷をくばった。

六十五年に、飛騨国《ひだのくに》に一人のひとがいて、宿儺《すくな》といった。その人となりは、胴体が一つで、二つの顔をもち、顔は、たがいに反対の方を向いていた。頭の頂は一つになっていて、項《うなじ》がなかった。それぞれ手足がついていて、膝があり、膕《ひかがみ》と踵《かかと》がなかった。力が強くて、敏捷であった。左右に剣を佩《は》いて、四つの手で、同時に弓矢を使った。そうして皇命に従

わないで、人民を略奪しては楽しんでいた。そこで、和珥臣の祖である難波根子武振熊《なにわのねこたけふるくま》を遣わして、殺させた。

六十七年の冬十月の庚辰《かのえたつ》の朔甲申《きのえさる》（五日）に、河内の石津原（現在の大阪府堺市堺区石津町付近）に行幸されて、陵地を定められた。丁酉《ひのとのとり》（十八日）に、はじめて陵を築いた。この日、鹿が急に野の中からおどり出て、走ってきて役民の中に入り倒れ死んだ。そのとき、鹿の急死を怪しんで、その痍《きず》を探したら、百舌鳥《もず》が鹿の耳から出てきて飛び去った。そこで耳の中を見ると、ことごとく咋《く》いさかれていた。その場所を名づけて、百舌鳥耳原《もずのみみはら》というのは、これによるのである。

この年に、吉備の中国《みちのなかのくに》の川嶋河の川が分かれているところに、大蛇がいて、人を苦しめていた。通行する人が、そこを通って行くと、かならず蛇の毒気にあたって、死ぬ者が多かった。ところで、笠臣《かさのおみ》の祖である県守《あがたもり》は、人となりが勇敢で力が強かった。川の淵《ふち》に臨んで、三つの完全な瓠《ひさご》を水に投げ入れて、

「おまえは、しばしば毒を吐いて、通行する人を苦しめている。私は、おまえを殺してやる。おまえが、この瓠を沈めれば、私は、退こう。沈めることができなければ、おまえの身を斬ってしまう」

と言った。そのとき、水中の蛇は、鹿に化けて、瓠を引き入れようとした。瓠は沈まなかった。そこで剣を振りあげて、水に入って蛇を斬ってしまった。さらに蛇の党類を探した

ら、たくさんの蛇の族が、淵の底の穴にたむろしていた。ことごとく斬ったので、河の水が血に変わってしまった。そこで、その河を名づけて、県守淵《あがたもりのふち》というのである。
このころ、妖気が少しずつ動きだし、叛く者が、ひとりふたり現われはじめた。そこで、天皇は、朝早く起きられ、夜遅く寝られて、賦役を軽くし、租税を軽減して、人民を束縛から解き、徳をしき、恵みを施して、困窮を救った。死を弔い、疾病を慰問され、孤孀《こそう》（みなしごと寡婦）を養われた。そのため、政令はよく行なわれて、天下は太平であった。二十余年も事が起こらなかった。

八十七年の春正月の戊子《つちのえね》の朔癸卯《みずのとのう》（十六日）に、天皇がお崩《かく》れになった。
冬十月の癸未《みずのとのひつじ》の朔己丑《つちのとのうし》（七日）に、百舌鳥野陵に葬り申し上げた。

（1）「大王」の語は、『日本書紀』においてこれが初見である。これ以後、允恭紀・雄略紀・顕宗紀・継体紀などに、しばしば見える。いずれも『後漢書』など中国の文献によったものであるが、このころから天皇が、大王と称し始めたことと考えあわせると注目される。
（2）この諺の意味は、「海人ならばともかく、海人でもないのに、自分の物が原因で自分で泣くことよ」ということで、これは、当時、自分の物が原因となって泣く人があったときに、傍の人が、それにあきれ、それをひやかす意味で使った諺であったらしい。
（3）壬生部は、皇子のために設けられた部で、名代と同類のものである。この壬生部は、履中天皇三年十一月の条に見える稚桜部《わかさくらべ》をさしたものか。ただし大兄去来穂別皇子（履中天皇）は、仁徳天皇十七年あるいは二十四年の御誕生と伝えられるから、このときには、まだ生まれていない。なお壬生部の称が始まったのは、六世紀末前後とする説が有力である。

（4）これが、『日本書紀』における「国司」の語の初見。遠江の国名とともに、令制による知識にもとづいて記したものである。

（5）「廐牧令」廐条に、「周り三尺を囲と為せ」と見えるから、十囲は、三十尺ということになる。

日本書紀巻第十二

去来穂別天皇　履中天皇
瑞歯別天皇　反正天皇

去来《いざ》穂《ほ》別天皇《わけのすめらみこと》　履中《りちゅう》天皇

黒媛

去来穂別天皇は、大鷦鷯天皇《おおさざきのすめらみこと》（仁徳天皇）の第一子である〔去来、これを伊奘《いざ》という〕。母を磐之《いわの》媛命《ひめのみこと》と申し上げ、葛城襲津彦《かずらきのそつびこ》の女《むすめ》であった。大鷦鷯天皇の三十一年の春正月に、皇太子にお立ちになった〔時に御年十五歳〕。

八十七年の春正月に、大鷦鷯天皇がお崩《かく》れになった。太子は、喪に服する期間をおえられて、まだ皇位におつきにならない間に、羽田矢代宿禰《はたのやしろのすくね》の女である黒媛《くろひめ》を妃としようとお思いになった。婚約がととのったので、住吉仲皇子《すみのえのなかつみこ》を遣わして、婚礼を行なうのに適当と定められた日を、お告げになった。そのとき、仲皇子は、太子であると偽って、黒媛を奸《おか》してしまった。その夜、仲皇子は、手に持つ鈴を黒媛の家に忘れてきてしまった。翌日の夜、太子は仲皇子が黒媛を奸したとは御存じなく黒媛のもとに来られた。寝室に入り、帳《とばり》を開けて、美しい寝台におられた。そのとき、寝台の枕元で鈴の音がしたので、太子は、あやしんで、黒媛に、

「どういう鈴か」

とお尋ねになった。

「昨夜、太子が持っておいでになった鈴ではございませんか。どうして、あらためて私にお聞きになるのですか」

とお答えした。太子は、仲皇子が偽って黒媛を奸したことをおのずからお知りになって、黙ってお去りになった。

そこで、仲皇子は、事が起こるのを恐れて、太子を殺そうとした。ひそかに兵を起こして、太子の宮を囲んだ。そのとき、平群木菟宿禰《へぐりのつくのすくね》・物部大前宿禰《もののべのおおまえのすくね》・漢直《あやのあたい》の祖である阿《あ》知使主《ちのおみ》の三人が、太子に申し上げた。太子は、信じられなかった〔一説には、太子は酒に酔っていてお起きにならなかったといわれている〕。そこで、三人は、太子をお扶《たす》け申し上げて、馬にお乗せして逃げた〔一説には、大前宿禰が太子をお抱きして馬にお乗せしたといわれ

ている」。仲皇子は、太子がおられないのを知らないで、太子の宮を焼いた。一晩中、火は消えなかった。太子は、河内国の埴生坂《はにうのさか》に至られて目を醒まされた。難波を顧みられ、火の光を御覧になってたいへん驚かれた。そこで急いで走って、大坂（現在の奈良県香芝市逢坂）より倭《やまと》に向かわれた。飛鳥山《あすかのやま》に至られて、山の登り口で、少女にお遇《あ》いになった。お問いになって、

「この山に人がいるか」

と仰せられた。少女は、

「武器を持った者が、たくさん山の中に満ちております。迂回して当摩径《たぎまのみち》よりお越えなさいませ」

とお答え申し上げた。太子は、少女の言葉を聞いて難を免れることができたとお思いになり、お歌をよまれて

　大坂に遇《あ》ふや少女《をとめ》を　道問へば　直《ただ》には告《の》らず　当摩径《たぎまち》を告る（大坂で遇った少女に道を尋ねると、真直ぐに行く道は教えず、迂回する当摩道を教えてくれた）

と仰せられた。そこで、一度もどられて、その県《あがた》の兵を徴発して、身辺に従わせられ、竜《たつ》田山《たのやま》よりお越えになった。そのとき、数十人の者が、武器を持って追いかけてきた。太子はこれを遠くから御覧になって、

「あそこに来るのは、誰か。どうして急いで追いかけてくるのか。あるいは賊であろう

か」

と仰せられた。そこで、山の中に隠れて待っておられた。近づいたとき、すぐに、一人の者を遣わして、

「何者だ。またどこへ行くのか」

と問わしめられた。答えて、

「淡路の野嶋の海人《あま》だ。阿曇連浜子《あずみのむらじはまこ》〔一説には、阿曇連黒友《くろとも》といわれている〕の命令で、仲皇子のために、太子を追っているのだ」

と言った。そこで、伏兵を出して囲み、ことごとく捕えることができた。

このとき、倭直吾子籠《やまとのあたいあごこ》は、もともと仲皇子と好《よし》みがあり、あらかじめその謀《はかりごと》を知って、ひそかに精兵数百を攪食《かきはみ》（所在不明）の栗林に集めて、仲皇子のために、太子の兵を防ごうとした。そのとき、太子は、兵が塞いでいることをお知りにならないで、山を出て数里を行かれた。ところが、兵衆が、多く塞いでいて、進み行くことができなかった。そこで、使者を遣わして、

「何者だ」

と問わしめられた。答えて、

「倭直吾子籠だ」

と言った。そして逆に使者に尋ねて、

「誰の使であるか」

と言った。使者は、

「皇太子の使だ」

と答えた。そのとき、吾子籠は、自分が多くの兵を率いていることをはばかり、使者に語って、

「皇太子が、思いもよらぬ非常の事態にお遇いになっておられると伝え聞き、お助けしようとして兵を備えてお待ち申し上げていたのです」

と申し上げた。しかし、太子は、その心をお疑いになって殺そうとされた。そこで吾子籠は、おそれて、自分の妹の日之媛《ひのひめ》をたてまつった。そうして死罪を赦していただきたいとお願いした。太子はお免《ゆる》しになった。そもそも倭直らが、采女《うねめ》をたてまつることは、おそらくこのときに始まったのであろうか。

太子は、すでに石上《いそのかみ》の振神宮《ふるのかみのみや》におられた。このとき、瑞歯別皇子《みつはわけのみこ》（後の反正天皇）は、太子がおられないことをお知りになって、尋ねて、あとを追ってこられた。しかし、太子は、弟の王の心をお疑いになって、お召しにならなかった。そのとき、瑞歯別皇子は、人をして、

「私は邪心は持っておりません。ただ太子がおられぬのを心配して、まいっただけでございます」

と申し上げさせた。太子は、人を介して、弟の王にお告げになって、

「私は、仲皇子の叛逆をおそれて、ひとり避けて、ここに来たのだ。どうしておまえを疑わずにおられよう。そもそも仲皇子がいるのは、なお私の気がかりなのだ。だから、仲皇子を除こうと思っている。そこで、おまえにほんとうに邪心がなければ、また難波にもどって、仲皇子を殺してこい。そうして後に、会うことにしよう」

と仰せられた。瑞歯別皇子は、太子に、

「あなたは、どうしてそのようにひどく心配されるのでしょうか。いま仲皇子は、無道で、群臣および百姓は、ともに仲皇子を憎み怨んでおります。またその配下の人までが、みな離反しております。仲皇子は、孤立していて、誰も相談相手になる者がおりません。私は、仲皇子が逆らったことを存じておりましたが、まだ太子の御命令を賜わっておりませんでした。そこで、ひとりいきどおり歎いておりました。いますでに御命令をうけたまわりました。どうして仲皇子を殺すことをはばかりましょうか。ただひとつおそれておりますのは、すでに仲皇子を殺してしまってからも、なおまだ私をお疑いになるのではないかということです。どうか、心の正しい者を遣わしていただき、その者に自分の皇太子に対する忠誠を実際に証明したいと存じております」

と申し上げた。太子は、そこで木菟宿禰を付き添わせて遣わした。このとき、瑞歯別皇子は、歎かれて、

「いま太子と仲皇子とは、ともに私の兄である。誰に従い、誰にそむいたらよいのだ。しかし道理のないものを亡ぼし、道理のあるものに従えば、いったい誰が私を疑うであろうか」

と言われた。そこで難波に至られて、仲皇子の消息をうかがわれた。仲皇子は、太子がすでに逃げられたと思って、備えをしていなかった。そのとき、仲皇子に刺領巾《さしひれ》という近習の隼人《はやと》がいた。瑞歯別皇子は、ひそかに刺領巾を召されて、勧誘して、

「私のために仲皇子を殺せ。私は、かならずおまえにあつく報いよう」

と仰せられた。そして錦の衣と褌《はかま》を脱がれて、刺領巾に賜わった。刺領巾は、その勧誘のお言葉を期待して、ひとり矛を執って、仲皇子が廁《かわや》に入るのをうかがって、刺し殺した。そうして瑞歯別皇子に従った。ここに、木菟宿禰は、瑞歯別皇子に、

「刺領巾は、他人のために自分の君主を殺しました。それは自分にとっては大きな功でありますが、自分の君主に対しては、慈愛のないことがはなはだしく、どうして生かしておくことができましょうか」

と申し上げた。そこで刺領巾を殺してしまった。その日、倭に向かった。夜半に、石上に参上して復命申し上げた。ここに、太子は弟の王をお召しになって、あつくおめぐみになった。そうして村合屯倉《むらわせのみやけ》を賜わった。この日、阿曇連浜子を捕えた。

磐余稚桜宮

元年の春二月の壬午《みずのえうま》の朔に、皇太子は磐余稚桜宮《いわれのわかさくらのみや》で即位された。

夏四月の辛巳《かのとのみ》の朔丁酉《ひのとのとり》（十七日）に、阿曇連浜子を召され、詔して、「おまえは、仲皇子とともに叛逆を謀って、天皇を殺害しようとした。罪は、死に相当するが、大恩をほどこされて、死を免《ゆる》して入れ墨の刑罰を科す」と仰せられ、その日に眼のふちに入れ墨をした。これによって、時の人は、阿曇目《あずみめ》（阿曇部に特徴的な目の意味）と言った。また浜子に従っていた野嶋の海人らの罪を免して、倭の蔣代屯倉《こもしろのみやけ》で使役した。

秋七月の己酉《つちのとのとり》の朔壬子《みずのえね》（四日）に、葦田宿禰《あしたのすくね》の女の黒媛《くろひめ》を皇妃にお立てになった。妃は、磐坂市辺押羽皇子《いわさかのいちのべのおしわのみこ》・御馬皇子《みまのみこ》・青海皇女《あおみのひめみこ》〔一説では、飯豊皇女《いいとよのひめみこ》という〕をお生みになった。次の妃である幡梭皇女《はたびのひめみこ》は、中磯皇女《なかしのひめみこ》をお生みになった。

この年は、太歳庚子《かのえね》である。

二年の春正月の丙午《ひのえうま》の朔己酉《つちのとのとり》（四日）に、瑞歯別皇子を皇太子にお立てになった。

冬十月に、磐余《いわれ》に都をつくった。このとき、平群木菟宿禰・蘇賀満智宿禰《そがのまちのすくね》・物部伊莒《もののべのいこ》弗大連《ふのおおむらじ》・円《つぶらの》〔円、これを豆夫羅《つぶら》という〕大使主《おおみ》が、ともに国事を執った。

十一月に、磐余池《いわれのいけ》を作った。

三年の冬十一月の丙寅《ひのえとら》の朔辛未《かのとのひつじ》（六日）に、天皇は、両枝船《ふたまたぶね》（二艘をつなぎあわせた丸木船か）を磐余市磯池《いわれのいちしのいけ》に浮かべられ、皇妃（黒媛）とそれぞれ分乗してお遊びになった。膳臣余磯《かしわでのおみあれし》が、御酒を献じたとき、桜の花が、御盞に落ちてきた。天皇は、おあやしみになって、物部長真胆連《もののべのながまいのむらじ》をお召しになり、詔して、

「この花は、咲くべき時季でないのに咲いたが、いったいどこの花なのだろうか。おまえが、探してこい」

と仰せられた。そこで長真胆連は、ひとり花を尋ねて、掖上室山《わきのかみのむろやま》（現在の奈良県御所市室付近の山か）で見つけて、献上した。天皇は、その珍しいことをおよろこびになって、即座に宮の名となさった。磐余稚桜宮《いわれのわかさくらのみや》と申し上げるのは、それによるのである。この日、長真胆連の本姓を改めて、稚桜部造《わかさくらべのみやつこ》といい、また膳臣余磯を名づけて、稚桜部臣《わかさくらべのおみ》といった。

四年の秋八月の辛卯《かのとのう》の朔戊戌《つちのえいぬ》（八日）に、はじめて諸国に国史《ふみひと》を置いた。言事《ことわざ》を記して、四方《よも》の志《ふみ》（国内の情勢）を届け出させた。

冬十月に、石上溝《いそのかみのうなで》を掘った。

五年の春三月の戊午《つちのえうま》の朔に、筑紫におられる三はしらの神が、宮中に現われて、

「どうして、わが民を奪ったのか。私は、いまあなたに恥をかかせるだろう」

と言われた。しかし、天皇は、祈禱だけを行なって、祭祀はなさらなかった。

秋九月の乙酉《きのとのとり》の朔壬寅《みずのえとら》（十八日）に、天皇は、淡路嶋で狩猟をなさった。この日、河内の飼部《うまかい》らが、天皇に従って、手綱を執った。これより前、飼部の眼のふちの入れ墨のきずが、完全になおっていなかった。そのとき、淡路嶋におられた伊奘諾神《いざなきのかみ》が、祝《はふり》（祭祀に奉仕する神官）に神がかって、

「血の臭気にたえられない」

と仰せられた。そこで、卜《うらな》った。卜いのお告げに、

「飼部らの入れ墨のきずの臭気が不愉快なのだ」

ということが出た。そのため、これより以後、飼部に入れ墨を行なうことをまったく止《や》めてしまった。

癸卯《みずのとのう》（十九日）に、風の音のように、大空で呼ばわる声がして、

「剣刀太子王《つるぎたちひつぎのみこ》」

と言った。また呼ばわる声がして、

「鳥往来《とりかよ》う羽田《はた》の汝妹《なにも》（皇妃黒媛）は、羽狭《はさ》に葬《はぶ》り立往《た》ちぬ」〔汝妹、これを儺邇毛《なにも》という〕

と言った。さらにまた、

「狭名来田蔣津之命《さなくたこもつのみこと》（黒媛の別名か）、羽狭に葬り立往ちぬ」

と言った。急に使者が来て、

「皇妃が、おなくなりになりました」

と申し上げた。天皇は、たいへん驚かれて、ただちに御馬にお乗りになってお帰りになった。丙午《ひのえうま》（二十二日）に、淡路よりお着きになった。

冬十月の甲寅《きのえとら》の朔甲子《きのえね》（十一日）に、皇妃を葬り申し上げた。その後、天皇は、神の祟《たた》りをお鎮めにならないで、皇妃をおなくしになったことを後悔なさって、あらためて、その咎《とが》をお尋ねになった。ある者が、

「車持君《くるまもちのきみ》が、筑紫国に行って、ことごとく車持部を検校し、あわせて充神者《かんべらのたみ》（神戸）を奪ってしまった。きっとその罪でしょう」

と申し上げた。天皇は、ただちに車持君を召して、訊問された。それは事実であった。そこで、お責めになって、

「おまえは、車持君であるとはいえ、ほしいままに天子の百姓を検校した。これが罪の第一である。すでに神にお配り申し上げた車持部を、あわせて奪い取った。これが罪の第二である」

と仰せられ、悪解除《あしはらい》・善解除《よしはらい》（神に対して犯した罪をあがなうため、供え物を出して行なう祓い）を負わせて、長渚崎《ながすのさき》（現在の兵庫県尼崎市長洲付近の海岸）に出かけさせ、祓い禊《みそ》がせた。こうして、詔して、

「いまより以後は、筑紫の車持部を掌《つかさど》ってはならぬ」

と仰せられた。そこで車持部をことごとく収め、あらためて三はしらの神にたてまつられ

た。

六年の春正月の癸未《みずのとのひつじ》の朔戊子《つちのえね》（六日）に、草香幡梭皇女《くさかのはたびのひめみこ》を皇后にお立てになった。辛亥《かのとのい》（二十九日）に、はじめて蔵職《くらのつかさ》を置いた。そうして蔵部《くらひとべ》を定めた。

鷲住王

二月癸丑《みずのとのうし》の朔に、鯽魚磯別王《ふなしわけのおおきみ》の女の太姫郎姫《ふとひめのいらつめ》・高鶴郎姫《たかつるのいらつめ》をお召しになり、後宮に入れられて、二人を嬪《みめ》となさった。そのとき、二人の嬪は、いつも歎いて、

「悲しいことです。私たちの兄の王は、どこに去られてしまったのでしょう」

と言った。天皇は、その歎きをお聞きになって、

「おまえたちは、どうして歎くのか」

とお尋ねになった。お答えして、

「私どもの兄の鷲住王《わしすみのおおきみ》は、力が強く、敏捷なのです。そのため、ひとりで八尋屋《やひろや》（高く大きい家）を馳《は》せ越えて、出て行ってしまいました。すでに多くの日がたちましたが、お目にかかってお話しすることもできません。それで歎いております」

と申し上げた。天皇は、その力が強いことをおよろこびになりお召しになったが、参上しなかった。また使をかさねてお出しになって召されたが、なおも参上しなかった。鷲住王はずっと住吉邑《すみのえのむら》にいた。それ以後、お召しになるのをやめられた。これが、讃岐国造・

阿波国の脚咋別《あしくいわけ》の二氏族の始祖である。

三月の壬午《みずのえうま》の朔丙申《ひのえさる》（十五日）に、天皇の玉体が御病気にかかられ、御不調であらせられた。稚桜宮でお崩《かく》れになった〔時に御年七十歳〕。

冬十月の己酉《つちのとのとり》の朔壬子《みずのえね》（四日）に、百舌鳥耳原陵《もずのみみのはらのみささぎ》に葬り申し上げた。

瑞歯別天皇《みつはわけのすめらみこと》　反正《はんぜい》天皇

瑞歯別天皇は、去来穂別天皇《いざほわけのすめらみこと》（履中天皇）の同母弟で、去来穂別天皇の二年に、皇太子にお立ちになった。天皇は、淡路宮でお生まれになった。お生れつき、御歯が、一つの骨のようで、容姿は美麗であらせられた。ところで、瑞井《みつのい》という井戸があって、その水を汲《く》んで太子をお洗いしたとき、井戸の中に多遅《たじ》の花があった。そこで太子の御名とした。多遅の花は、いまの虎杖《いたどり》の花である。そのために、多遅比瑞歯別天皇《たじひのみつはわけのすめらみこと》とたたえ申し上げるのである。

六年の春三月に、去来穂別天皇が、お崩《かく》れになった。

元年の春正月の丁丑《ひのとのうし》の朔戊寅《つちのえとら》（二日）に、皇太子（瑞歯別皇子）が、天皇の位におつきになった。

秋八月の甲辰《きのえたつ》の朔己酉《つちのとのとり》（六日）に、大宅臣《おおやけのおみ》の祖である木事《こごと》の女の津野媛《つのひめ》を、皇夫人《きさき》[1]にお立てになった。香火姫皇女《かひのひめのひめみこ》・円皇女《つぶらのひめみこ》をお生みになった。また夫人の妹の弟媛《おとひめ》をお召しになって、財皇女《たからのひめみこ》と高部皇子《たかべのみこ》とをお生みになった。

冬十月に、河内の丹比《たじひ》に都をつくった。これを柴籬宮《しばかきのみや》と申し上げる。

このころ、風雨が時にしたがって、五穀が豊かに稔《みの》った。人民は富み栄えて、天下は太平であった。

この年は、太歳丙午《ひのえうま》である。

五年の春正月の甲申《きのえさる》の朔丙午《ひのえうま》（二十三日）に、天皇は、正殿でお崩《かく》れになった。

（1）「皇夫人」の用例はここに見えるだけであるが、「皇妃」の用法と同様に、皇后に准ずる者として書きわけたものであろうと考えられている。

日本書紀巻第十三

雄朝津間稚子宿禰天皇　允恭天皇
穴穂天皇　安康天皇

雄朝津間稚子宿禰天皇《おあさづまわくごのすくねのすめらみこと》　允恭《いんぎょう》天皇

即位の事情

雄朝津間稚子宿禰天皇は、瑞歯別天皇《みつはわけのすめらみこと》（反正天皇）の同母弟である。天皇は、御幼少のときより髪を結われるお年頃に至られるまでに、仁恵の御心をおもちになられ、へりくだられる御態度が豊かであらせられた。成人されてから重い御病気にかかられ、御挙止に御不自由であらせられた。

五年の春正月に、瑞歯別天皇が、お崩《かく》れになった。そこで、群卿は協議して、

「ただいま、大鷦鷯天皇《おおさざきのすめらみこと》（仁徳天皇）の御子には、雄朝津間稚子宿禰皇子と、大草香皇《おおくさかのみ》子《こ》とがおられますが、雄朝津間稚子宿禰皇子は、兄であって、仁孝であらせられます」

と言った。そこで吉日を選んで、跪《ひざまず》いて天皇の璽《みしるし》をたてまつった。雄朝津間稚子宿禰皇子は、辞退されて、

「私は、不幸なことに、久しいあいだ重い病気にかかって、歩行することができない。また私は以前に病気をなおそうとして、天皇に申し上げずに、ひそかに身を傷つけて病気をなおそうとしたが、なお少しもよくならない。そこで、先皇（仁徳天皇）は、私をお責めになって、『おまえは、病気なのに、ほしいままに身を傷つけた。これよりはなはだしい不孝はない。たとえ長く生きても、けっして皇位につくことはできない』と仰せられた。また私の兄であるお二方の天皇は、私を愚かだとして軽んじておられた。そのことは群卿が、すべて知っていることである。そもそも天下は、大きな器であり、帝位は大きな事業である。また民の父母として民を養うのは、聖賢の天職であって、暗愚の人のよく為しうることではない。あらためて賢い王を選んで皇位につけるべきである。私は、皇位につこうとは思わない」

と仰せられた。群臣は、再拝して、

「そもそも帝位は、久しいあいだ空位であってはなりません。天の御命令を、譲り拒んではいけません。いま大王が、時を過ごされ、衆に逆らわれて、帝位を正しくなさらないと、

百姓の望みが絶えてしまうであろうことを、われらは恐れております。どうか、大王には、御苦労なことでございますが、やはり皇位におつきになってください」

と申し上げた。雄朝津間稚子宿禰皇子は、

「国家を治めるのは、重大なことである。私は、重い病気にかかったことがあるから、適当ではない」

と仰せられ、なおも辞退されて、御承諾にならなかった。そこで、群臣は、みな強調して、

「われらが、伏して思いますのには、大王が、皇祖の宗廟《そうびょう》をうけられることは、もっともふさわしいと存じます。天下の万民も、みなそう思っております。どうか、大王は、御承諾くださいませ」

と申し上げた。

元年の冬十二月に、妃の忍坂大中姫《おしさかのおおなかつひめ》は、群臣が心配し、心が乱れ嘆息しているようすを苦しまれて、みずから手洗水を持って、皇子の御前に進み出て、

「大王が、御辞退なさって皇位におつきにならないので、皇位は、空位のまま、すでに何年かたちました。群臣百寮は、心配して、どうしたらよいのか困っております。どうか、大王は、人々の希望にお従いになって、無理にも帝位におつきになってください」

と申し上げた。しかし、皇子は聞き入れようとされず、背を向けて、ものを言われなかった。しかし、大中姫命は、かしこまって、退出されずお側におられて、四、五剋《とき》（一時間

余り）が経過した。当時、晩冬のころだったので、風が烈しく寒かった。大中姫の捧げていた鋺《まり》の水が、溢れて腕の上で凍った。大中姫命は、寒さに堪えず、死にそうになられた。皇子は、後ろをふり返って見てお驚きになった。すぐに扶《たす》け起こされて、

「皇位は、重大なことである。軽々しく皇位につくことはできないので、いままで従わなかった。しかし、いま群臣の要請は道理が明確である。どうして最後まで断りとおすことができようか」

と仰せられた。そこで、大中姫命は、仰ぎよろこばれて、ただちに群卿に語られて、

「皇子は、群臣の要請をお聞き入れになろうとしておられます。いま天皇の璽符《みしるし》をたてまつりなさい」

と言われた。そこで、群臣は、たいへんよろこんで、その日に、天皇の璽符を捧げて、再拝してたてまつった。皇子は、

「群卿が、ともに天下のために私を要請した。私は、どうして押し切って最後まで断りつづけることができようか」

と仰せられて、ただちに帝位におつきになった。

この歳は、太歳壬子《みずのえね》である。

闘鶏国造

二年の春二月の丙申《ひのえさる》の朔己酉《つちのとのとり》（十四日）に、忍坂大中姫を皇后にお立てになった。この日、皇后のために刑部《おしさかべ》を定めた。皇后は、木梨軽皇子《きなしのかるのみこ》・名形大娘皇女《ながたのおおいらつめのひめみこ》・境黒《さかいのくろ》彦皇子《ひこのみこ》・穴穂天皇《あなほのすめらみこと》（安康天皇）・軽大娘皇女《かるのおおいらつめのひめみこ》・八釣白彦皇子《やつりのしろひこのみこ》・大泊瀬稚武天皇《おおはつせのわかたけのすめらみこと》（雄略天皇）・但馬橘大娘皇女《たじまのたちばなのおおいらつめのひめみこ》・酒見皇女《さかみのひめみこ》をお生みになった。

以前、皇后は、母にしたがって家におられるときに、ひとりで苑《その》の中で遊んでおられた。そのとき、闘鶏国造《つげのくにのみやつこ》が、苑のほとりの道を通った。馬に乗って籬《まがき》（柴・竹などで目をあらく作った垣）に近づき、皇后に話しかけ、嘲《あざけ》って、

「よく薗《その》を作っているな、汝《なびと》は」〔汝、これを那鼻苔《なびと》という〕

と言った。そしてまた、

「圧乞《いで》、戸母《とじ》、その蘭一茎《あららぎひともと》（さあ、あんた、その蘭〔のびる〕を一本くれんか）」〔圧乞、これを異提《いで》という。戸母、これを覩自《とじ》という〕

と言った。皇后は、すぐ一本の蘭を採って、馬に乗っている者に与えた。そうしてお尋ねになって、

「何に用いるために蘭を求めるのですか」

と言われた。馬に乗った者は、答えて、

「山に行くとき、蟣《まぐなき》(1)をおいはらうためだ」〔蟣、これを摩愚那岐《まぐなき》という〕

と言った。そのとき、皇后は、心の中で、馬に乗っている者の言葉が無礼であるという思いをお晴らしにならないで、語られて、

「あなた、私は、忘れませんよ」

と言われた。その後、皇后になられるとすぐに、馬に乗って蘭を求めた者を探し出して、昔の罪を責めて殺そうとされた。そこで、蘭を求めた者は、額を地につけ、お願いして、

「私の罪は、まことに死に当たります。しかしながら、その日には、貴いお方であるということを存じ上げなかったもので」

と申し上げた。ここに、皇后は、死刑を赦されて、その姓《かばね》を貶《おと》して稲置《いなき》とした(2)。

三年の春正月の辛酉《かのとのとり》の朔に、使を遣わして、新羅によい医者を求められた。

秋八月に、医者が新羅よりやって来た。ただちに天皇の御病気をなおさせた。まもなく、天皇の御病気はすっかりよくなられた。天皇は、よろこばれて、医者をあつく賞して、国に帰らせた。

氏と姓

四年の秋九月の辛巳《かのとのみ》の朔己丑《つちのとのうし》(九日)に、詔して、

「上古、国を治めるのに、人民は所を得て、姓名《かばねな》を偽ることがなかった。いま、私が皇

位についてから、ここに四年になるが、上下がたがいに争って、百姓が安穏ではない。あるいは誤って自己の姓《かばね》を失い、あるいは、ことさらに高い氏《うじ》を自称している。そもそも国が治まらないのは、きっとこれにもとづいている。私は、不賢であるといえども、どうしてその誤りを正さないでいられようか。群臣は、議定して、奏上せよ」

と仰せられた。群臣一同は、

「陛下が、あやまちを摘発され、不正をなおされて、氏姓を定められれば、私たちは、身を顧みずお仕え申し上げましょう」

と奏上したので、天皇は御裁可になった。

戊申《つちのえさる》（二十八日）に、詔して、

「群卿百寮および諸国造たちが、みなそれぞれ、あるいは帝皇の裔《すえ》であるとか、あるいは異《あや》しくして天降《あまくだ》った者の裔であるとか言っているが、天地人のはたらきが顕《あら》われ分かれて以来、多くの歳月がたった。そのため、一氏が蕃息《はんそく》して、さらに万姓となっている。その真実を知ることはむつかしい。そこで、もろもろの氏姓の人どもは、沐浴斎戒して、それぞれ盟神探湯《くかたち》(3)をせよ」

と仰せられた。そこで、味橿丘《うまかしのおか》の辞禍戸碑《ことのまがへのさき》に、探湯瓮《くかへ》をすえて、諸人を引いて赴かせて、

「真実であれば無事であろう。偽ればきっと傷つくであろう」

と仰せられた。〔盟神探湯、これを区訶陀智《くかたち》という。あるいは泥を釜に入れて煮沸して、手でか

きまわして湯の泥を探り、あるいは斧を真っ赤に焼いて、掌に置いたりした」

ここに、諸人は、それぞれ木綿手繦《ゆうたすき》をして、釜に赴いて探湯《くかたち》した。すなわち真実である者は、おのずからなんともなく、真実でない者は、みな傷ついた。そこで、ことさらに偽る者は、恐れて、あらかじめ退いてしまって釜の前に進むことがなかった。これより以後、氏姓は自然に定まって、けっして偽る者がなかった。

玉田宿禰

五年の秋七月の丙子《ひのえね》の朔　己　丑《つちのとのうし》（十四日）に、地震があった。これより前に、葛城襲《かずらきのそ》津彦《つびこ》の孫である玉田宿禰《たまたのすくね》に命じて、瑞歯別天皇（反正天皇）の殯《みもがり》をつかさどらせた。そこで地震があった夜に、尾張連吾襲《あそ》を遣わして、殯宮の状態を視察させた。そのとき、諸人は、ことごとく集まって、集まらなかった人はいなかった。ただ玉田宿禰だけが見えなかった。吾襲は、奏して、

「殯　宮大夫《もがりのみやのかみ》（殯宮をつかさどる長官）の玉田宿禰が、殯のところに見えません」

と申し上げた。そこでまた、吾襲を葛城に遣わして、玉田宿禰を視察させた。この日、玉田宿禰は、ちょうど男女を集めて、酒宴をしていた。吾襲は、状況を説明して、つぶさに玉田宿禰に話した。宿禰は、そこで事が起こるのをおそれて、馬一匹を吾襲に授けて、礼幣《いやのまい》とした。そしてひそかに吾襲を待ちうけて、道路で殺してしまった。そうして武内

宿禰の墓域に逃げ隠れた。天皇はそれをお聞きになって、玉田宿禰をおよびになった。玉田宿禰は、疑って甲《よろい》を衣《ころも》の中に着て、参上した。甲の端が衣の中から出ていた。天皇は、そのようすをはっきり知ろうとなさって、小墾田采女《おはりだのうねめ》をして、酒を玉田宿禰に賜わった。そのとき、あきらかに衣の中に甲があるのを見て、つぶさに天皇に申し上げた。天皇は、兵を設けて殺そうとされた。玉田宿禰は、すぐにひそかに逃げ出して家に隠れてしまった。天皇は、あらためて兵を発して、玉田の家を囲んで、捕えて殺した。

冬十一月の甲戌《きのえいぬ》の朔甲申《きのえさる》（十一日）に、瑞歯別天皇を耳原陵《みみのはらのみささぎ》に葬り申し上げた。

衣通郎姫

七年の冬十二月の壬戌《みずのえいぬ》の朔に、新室で宴会をした。天皇は、みずから琴をおひきになった。皇后は、お起《た》ちになって儛《まい》を舞われた。儛が終わって、礼事を申し上げなかった。当時の風俗では、宴会に舞う者が、舞い終わって、ただちに、みずから座長に対して、「娘子《おみな》を奉る」と申し上げることになっていた。そこで天皇は皇后にお語りになって、

「どうして常礼を欠いたのか」

と仰せられた。皇后は、かしこまって、また起たれて儛をお舞いになり、儛を終わられて、

「娘子を奉る」

と申し上げた。天皇は、そこで皇后にお尋ねになって、

「奉る娘子は誰か。名前を知りたいものだ」

と仰せられた。皇后は、やむをえず奏言して、

「私の妹、名は弟姫《おとひめ》でございます」

と申し上げた。弟姫は、容姿が絶妙で、比べる者もなかった。その艶色が、衣をとおして輝いていた。そこで、時の人は、名づけて衣通郎姫《そとおしのいらつめ》と申し上げた。天皇のお気持は衣通郎姫にかたむかれた。そのため、皇后に強《し》いてたてまつらせた。皇后は、そうなることを御存じだったので、たやすく礼事を申し上げなかったのである。ここに、天皇は、およろこびになって、翌日、使者を遣わして弟姫をお召しになった。


そのとき、弟姫は、母にしたがって近江の坂田（現在の滋賀県米原市）におられた。弟姫は、皇后のお気持に遠慮して、参上しなかった。天皇は、また重ねて七回もお召しになった。依然として弟姫は固辞して参上しなかった。そこで天皇は御不快に思われて、また一人の舎人《とねり》中臣《なかとみの》烏賊津使主《いかつのおみ》に勅して、

「皇后のたてまつる娘子の弟姫を召したがやって来ない。おまえがみずから行って、弟姫を召しつれてくれば、きっとあつく賞するであろう」

と仰せられた。そこで烏賊津使主は、御命令を承って退出し、糒《ほしい》（米を炊いて乾燥させた携行食）を着物のみごろの中につつんで、坂田に至った。弟姫の庭の中に伏して、

「天皇の御命令でお召しにあがりました」

と申した。弟姫は、答えられて、

「どうして天皇のお言葉をかしこまないことがございましょう。ただ、皇后のお気持をそこないたくないのです。私は、死んでも参上いたしません」

と言われた。そのとき、烏賊津使主は答えて、

「私は、すでに天皇の御命令をお受けいたしましたからには、かならず召しつれて参らなければなりません。もしつれて参らなければ、かならず罰すると仰せられました。ですから、帰って極刑にあうよりも、むしろ庭に伏して死んだ方がましでございます」

と申した。そうして、七日たっても、庭の中に伏していた。飲食物を与えたけれども口にせず、ひそかに懐《ふところ》の中の糒を食べていた。弟姫は、そこで、自分は、皇后がお嫉みになるであろうから、いままで天皇の御命令を拒んできたが、天皇の忠臣を死なせてしまっては、これまた自分の罪になるとお考えになって、烏賊津使主に従って来られた。倭の春日《かすが》に至って、櫟井《いちいい》（現在の奈良県天理市櫟之本付近）の上で食事をした。弟姫は、みずから酒を使主に賜わって、その心を慰めた。使主は、その日に京に至った。弟姫を倭直吾子《やまとのあたいあご》籠《こ》の家に留めて、天皇に復命した。天皇は、たいへんよろこばれて、烏賊津使主を褒めて、あつく寵愛された。けれども皇后の御気色《みけしき》は、穏やかではなかった。そこで弟姫を宮中に近づけないで、別に殿屋を藤原に建ててそこに住まわせた。

皇后が大泊瀬天皇《おおはつせのすめらみこと》（雄略天皇）をお生みになる夜に、天皇は、はじめて藤原宮に行幸

された。皇后は、これをお聞きになって、恨まれて、

「私は、はじめて髪を結い、後宮にはべるようになってから、多くの年数をへた。ひどいことに、天皇は、いま私がお産をして、生きるか死ぬかというときに、どうして、今夜、藤原に行幸なさったのでしょう」

と仰せられて、みずから起き出されて、産殿を焼いて死のうとされた。天皇は、これをお聞きになって、たいへん驚かれ、

「私がまちがっていた」

と仰せられて、皇后のお気持を慰められ、あれこれお言葉を使って御機嫌をおとりになった。

八年の二月に、藤原に行幸された。ひそかに衣通郎姫の消息を御視察になった。その夜、衣通郎姫は、天皇をおしのびになって、ひとりですわっておられた。天皇が、おいでになったことを知らないで、お歌をよまれて、

我が夫子《せこ》が　来《く》べき夕《よひ》なり　ささがねの　蜘蛛《くも》の行《おこな》ひ　是夕著《こよひしる》しも（私の夫の訪れそうな夕である。笹の根もとの蜘蛛の巣をかける様子が、いまはっきり見える）

と言われた。天皇は、この歌をお聞きになって、心をひかれるお気持になられて、お歌をおよみになり、

ささらがた　錦《にしき》の紐《ひも》を　解き放《さ》けて　数《あまた》は寝ずに　唯一夜《ひとよ》のみ（ささらの模様の錦の紐

を解き放って、さあ、幾夜もとは言わず、ただ一夜だけ共寝しよう）
と仰せられた。
翌朝、天皇は、井のほとりの桜の花を御覧になり、お歌をよまれて、
花《はな》ぐはし　桜の愛《め》で　同愛《こと》でば　早くは愛でず　我が愛づる子ら（花のこまかく美しい桜の見事さ。同じ愛するならもっと早く愛すべきだったのに、早くは賞美せずに惜しいことをしたものだ。わが愛する姫もそうだ）
と仰せられた。
皇后は、これをお聞きになって、またたいへんお恨みになった。そこで、衣通郎姫は、奏して、
「私は、つねに王宮に近づいて、昼夜あいついで、陛下の威儀を見たいと思っておりますが、皇后は、私の姉であって、私のことで、つねに陛下をお恨みになっておられます。また私のために苦しんでおられます。そこで、できれば王居を離れまして、遠くにおりたいと思います。もし皇后のお嫉みになるお気持が少しでも休まればと存じまして」
と申し上げた。天皇は、ただちに宮室を河内の茅渟《ちぬ》にお建てになって、衣通郎姫をお住まわせになった。そのため、天皇は、しばしば日根野（現在の大阪府泉佐野市日根野の地か）に遊猟された。
九年の春二月に、茅渟宮に行幸された。

秋八月に、茅渟に行幸された。

冬十月に、茅渟に行幸された。

十年の春正月に、茅渟に行幸された。その際、皇后は、奏して、

「私は、少しも弟姫を嫉んでおりませんが、陛下が、しばしば茅渟に行幸されることを心配いたしております。それが、百姓の苦しみになるのではないでしょうか。できれば、天皇の行幸の回数をお減らしになってはと存じます」

と申し上げた。これ以後、天皇は、まれにしか茅渟に行幸されなかった。

十一年の春三月の癸《みずのとの》卯《う》の朔丙午《ひのえうま》（四日）に、茅渟宮に行幸された。衣通郎姫が、お歌をよまれて、

とこしへに　君も会へやも　いさな取り　海の浜藻《はまも》の　寄る時時《ときとき》を（すっかり安心して、いつも変わらずに、あなたにお会いできるのではございません。海の浜藻が波のまにまに岸辺に近寄りただようように、まれにしか、お会いいたしておりません）

と言われた。そのとき、天皇は、衣通郎姫にお語りになって、

「この歌は、他人に聞かせてはならぬ。皇后が聞かれたら、かならず大いに恨まれるだろう」

と仰せられた。そこで、時の人は、浜藻を名づけて、奈能利曾毛《なのりそも》といった。これより前に、衣通郎姫は、藤原宮におられた。そのとき、天皇は、大伴室屋連《おおとものむろやのむらじ》に詔して、

「私は、このごろ美しい嬢子《おみな》を得た。これは皇后の同母妹である。私の心には、格別に愛らしいとうつっている。できれば、その名を後世に伝えたいと思うが、どうしたものか」と仰せられた。室屋連が、勅にしたがって奏上したところ、御裁可になった。そこで、諸国造らに命じて、衣通郎姫のために、藤原部を定められた。

阿波の海人

十四年の秋九月の癸丑《みずのとのうし》の朔甲子《きのえね》（十二日）に、天皇は、淡路嶋に猟をされた。そのとき、大鹿・猿・猪が多く棲息し、入り乱れて山谷に満ちていた。炎のように起こり、蠅のように散った。しかし、終日猟をされたのに、一頭の獣も獲《と》ることがおできにならなかった。そこで、猟をやめてあらためて卜《うらな》った。嶋の神が祟《たた》って、「獣が得られないのは、私の指図なのだ。赤石《あかし》（播磨国明石郡）の海の底に、真珠がある。その珠を私に祠《まつ》れば、ことごとく獣を獲れるようにしてやろう」と仰せられた。そこであらためて方々の白水郎《あま》（海人）を集めて、赤石の海の底を探させた。海が深くて底に達することができなかった。ただ、一人の海人がいた。男狭磯《おさし》といって、阿波国の長邑《ながのむら》（現在の徳島県阿南市那賀川町あたりか）の人で、どんな白水郎よりも技がすぐれていた。彼は、腰に縄をつけて海底に入った。しばらくして出てきて、「海底に大鰒《おおあわび》がいます。そこが光っていました」

と申し上げた。諸人は、みな、

「嶋の神が求めている珠は、きっとその鰒の腹の中にあるのではないか」

と言った。また海底に入っていって探した。そうして男狭磯は、大鰒を抱いて浮かび出てきた。そのとき、息が絶えて、浪の上で死んでしまった。縄をおろして海の深さを測ったら、六十尋《ひろ》あった。鰒を割いたら、本当に真珠が腹の中にあった。その大きさは、桃の実のようであった。さっそく真珠を嶋の神に祠って、猟をされた。たくさん獣を獲ることができた。ただ、男狭磯が海に入って死んだことだけはお悲しみになって、墓を作ってあつく葬った。その墓は、いまなお残っている。

大娘皇女

二十三年の春三月の甲午《きのえうま》の朔庚子《かのえね》（七日）に、木梨軽皇子《きなしのかるのみこ》を皇太子にお立てになった。容姿が佳麗で、見る者は、自然に心をひかれた。同母妹の軽大娘皇女《かるのおおいらつめのひめみこ》もまた美しかった。太子は、いつも大娘皇女と結婚したいと思っておられた。罪になることをおそれて、黙っておられた。しかし愛情が、もはやどうしようもなくつのって、ほとんど死ぬばかりになった。そこで、いたずらに空しく死ぬよりは、罪になっても、どうして忍ぶことができようかと思われて、ついに密通してしまった。それで、心がふさいで鬱々《うつうつ》としていたのが、少しよくなられた。そうしてお歌をよまれて、

あしひきの　山田を作り　山高み　下樋《したび》を走せ　下泣《したな》きに　我が泣く妻　片泣きに　我が泣く妻　今夜《こぞ》こそ　安く膚触《はだふ》れ（山田を作り、山が高いので下樋を走らせて水を引く。忍び泣きに私《わし》が恋い泣く妻よ、ひとり泣きに私が恋い泣く妻よ。今夜こそは、こだわりなくわが肌に触れよ）

と言われた。

二十四年の夏六月に、御膳の羹汁《しる》が、凍りついてしまった。天皇は、あやしまれて、その原因をトわしめた。トった者が、

「御家庭の内に乱れたことがあります。きっと近親が相姧したのです」

と申し上げた。時にある人が、

「木梨軽太子が、同母妹の軽大娘皇女をお姧《おか》しになりました」

と申し上げた。そこで推問なさった。あきらかに事実であった。太子は、皇太子であったから、罪に処することができなかった。ただちに大娘皇女を伊予に移した。そのとき、太子はお歌をよまれて、

大君を　嶋に放《はぶ》り　船余《ふなあま》り　い還《がへ》り来むぞ　我が畳斎《たたみゆ》め　言《こと》をこそ　畳と言はめ　我が妻を斎め（大君を四国の島に放逐しても、船に人数が多すぎて乗れずに、きっと帰ってくるだろうから、畳を潔斎して待っていなさい。いや、言葉でこそ畳というが、実は、わが妻よ、潔斎して待っていなさい）

と言われ、またお歌をよまれて、

天飛《あまだ》む　軽嬢子《かるをとめ》　甚泣《いた》かば　人知りぬべみ　幡舎《はさ》の山の　鳩《はと》の　下泣きに泣く（軽嬢子よ、ひどく泣いたら人が気づくだろうから、私は幡舎の山の鳩のように、低い声で忍び泣きをしています）

と言われた。

四十二年の春正月の乙亥《きのとのい》の朔戊子《つちのえね》（十四日）に、天皇が、お崩《かく》れになった。時に御年若干(4)。このとき、新羅の王は、天皇がお崩れになったと聞いて、驚き愁えて、調《みつき》の船八十艘、および種々の楽人《うたまいのひと》八十を貢上した。そして、対馬に泊まって、大いに哭《な》き申し上げた。筑紫に至って、また大いに哭き申し上げた。難波津に泊まって、そこでみな素服《あさきぬ》を着た。ことごとく御調《みつき》をささげ、また種々の楽器をそなえて、難波より京《みやこ》に至るまで、あるいは泣きさけび、あるいは舞い歌って、殯宮に参会した。

冬十一月に、新羅の弔使らは、喪礼が終わって帰国した。ここに新羅人は、つねに京城《みやこ》のほとりの耳成山《みみなしやま》・畝傍山《うねびやま》を愛《め》で、そして琴引坂《ことひきのさか》に至って、ふり返って、

「うねめはや、みみはや（私が愛でたうねめはどうしたろう、みみはどうしたろう）」

と言った。これは風俗《くにひと》（日本）の言葉に習熟していなかったので、畝傍山を訛って、「うねめ」といい、耳成山を訛って、「みみ」と言ったのである。そのとき、倭飼部《やまとのうまかいべ》が、新羅人に従っていて、この言葉を聞いて疑い、新羅人が采女《うねめ》と密通したのだと思った。ただ

ちに引き返して、大泊瀬皇子《おおはつせのみこ》（後の雄略天皇）に申し上げた。皇子は、新羅の使者全員を禁固して、推問された。そのとき、新羅の使者は、

「采女を犯したことはありません。ただ京のほとりの二つの山を愛でて申したまでです」

と申し上げた。すなわち、まちがって言ったのだとおわかりになって、みな許された。ここに新羅人は、大いに恨んで、あらためて貢上の物の種類と、船の数を減らした。

冬十月の庚午《かのえうま》の朔己卯《つちのとのう》（十日）に、天皇を河内の長野原陵《ながののはらのみささぎ》に葬り申し上げた。

（1）ヌカガの類で、体長約二ミリ。黄褐色で黒い斑点があり、羽は二枚。草むらに住み、人を刺して血を吸う虫。
（2）大和朝廷が国造の姓を貶した事実のあったことを示す記事である。稲置の姓については、三五一ページ注（1）参照。
（3）神に祈誓してから、手を熱湯などに入れ、焼けただれた者を邪とする一種の神判。応神天皇九年四月条や、継体天皇二十四年九月条にも見える。
（4）『古事記』『旧事本紀』などは、七十八歳としている。

穴穂天皇《あなほのすめらみこと》　安康《あんこう》天皇

木梨軽皇子の死

穴穂天皇は、雄朝津間稚子宿禰天皇《おあさつまわくごのすくねのすめらみこと》（允恭天皇）の第二子である〔一説には、第三子であるともいわれている〕。母を忍坂大中姫命《おしさかのおおなかつひめのみこと》と申し上げ、稚渟毛二岐皇子《わかぬけふたまたのみこ》の女《むすめ》である。

四十二年の春正月に、天皇がお崩《かく》れになった。

冬十月に、葬礼が終了した。このとき、太子（木梨軽皇子）は、暴虐なふるまいがあって、婦女に淫《たわ》けられた。国人が誹《そし》り申し上げた。群臣はお仕え申し上げず、みな穴穂皇子におつき申し上げた。そこで、太子は、穴穂皇子を襲おうとして、ひそかに兵を用意された。穴穂皇子も、また兵を起こして戦おうとされた。それゆえに、穴穂括箭《あなほや》・軽括箭《かるや》(1)が、このときにはじめて起こったのである。時に太子は、群臣がお仕えせず、百姓がそむいていることを知って、出かけられて、物部大前宿禰《もののべのおおまえのすくね》の家に隠れられた。穴穂皇子は、これをお聞きになって、ただちに囲まれた。大前宿禰が、門に出てお迎え申し上げた。穴穂皇子は、お歌をよまれて、

大前　小前宿禰《をまへすくね》が　金門蔭《かなとかげ》　かく立ち寄らね　雨立ち止《や》めむ（大前小前宿禰の家の金門の

蔭に、このようにみんな立ち寄りなさい。雨宿りをしよう）
と言われた。大前宿禰は、答歌として、
宮人の　足結《あゆひ》の小鈴《こすず》　落ちにきと　宮人動《みやひととよ》む　里人《さとびと》もゆめ（宮廷にお仕えする人の足結につける小鈴が落ちたと、人々がどよめいている。里に退出している人々も気をつけなさい）
と申し上げた。そうして、穴穂皇子に啓《もう》して、
「どうか、太子をお殺しにならないでください。私がとりはからいましょう」
と申し上げた。その結果、太子は大前宿禰の家で自殺なさった〔一説には、伊予国にお流し申し上げたといわれている〕。

大草香皇子の不慮の死

十二月の己《つちのと》巳《み》の朔《ついたち》壬午《みずのえうま》（十四日）に、穴穂皇子が、天皇の位におつきになった。皇后（允恭天皇の皇后忍坂大中姫命）を尊んで皇太后と申し上げた。都を石上《いそのかみ》に遷《うつ》し、これを穴穂宮と申し上げた。このとき、大泊瀬皇子（後の雄略天皇）は、瑞歯別天皇（反正天皇）の皇女たちを妻にお迎えしようとしておられた〔皇女の御名は、もろもろの記録に見えない〕。そのとき、皇女たちは、みなお答えして、
「君王は、つねに強暴で、急にお怒りになったときには、朝にお目にかかった者が、夕には殺され、夕にお目にかかった者が、翌朝には殺されてしまうありさまです。いま私たち

は、容色がすぐれず、また人となりも不敏であります。もし行儀作法や言葉づかいが、少しでも王の意にかなわなかったら、どうして愛していただけましょう。ですから御命令をうけたまわることはできません」

と申し上げた。あくまで辞退されて、うけることをされなかった。

元年の春二月の戊辰《つちのえたつ》の朔に、天皇は、大泊瀬皇子に、大草香皇子《おおくさかのみこ》の妹の幡梭皇女《はたびのひめみこ》を娶らせようとお考えになった。そこで、坂本臣《さかもとのおみ》の祖である根使主《ねのおみ》を遣わされて、大草香皇子にたのんで、

「幡梭皇女を、大泊瀬皇子の嫁に迎えたいのだが」

と仰せられた。大草香皇子は、お答えして、

「私は、このごろ重病にかかって、まだなおっておりません。たとえていえば、物を船に積んで、潮を待っている者のごとくです。しかし、死ぬのは、寿命というものです。どうして惜しむに足るでしょうか。ただ妹の幡梭皇女が孤児になってしまいますので、安らかに死ぬことができないだけです。いま陛下は、その醜いことを嫌われないで、宮廷に働く女性の数に加えようとしておられます。これは、非常に大きな恩恵でございます。どうして辱《かたじけ》ない御命令を辞退することができましょうか。そこで赤心《まごころ》をあらわすため、名を押《おし》木珠縵《きのたまかずら》［一説では、立縵《たちかずら》という。別の説では磐木縵《いわきのかずら》ともいう］という私の宝をささげて、遣わされた臣《まえつきみ》である根使主に託して、進んで奉献いたします。どうか、軽くて賤しいもの

でございますが、お納めくださいましてしるしとなさってください」

と申し上げた。そのとき、根使主は、押木珠縵を見て、その美麗さに感心して、盗んで自分の宝としようと思った。そこで偽って、天皇に奏して、

「大草香皇子は、御命令をうけたまわらないで、私に語られて、『そもそも同族であるからといって、どうして私の妹を大泊瀬皇子の妻とさせることができようか』と言われました」

と申し上げた。そうして根使主は縵を留めて、自分のものとしてしまい、献上しなかった。天皇は、根使主の讒言をお信じになって、大いにお怒りになって、兵を起こして大草香皇子の家を囲んで、殺してしまった。このとき、難波吉師日香蚊《なにわのきしひかか》父子が、一緒に大草香皇子にお仕えしていた。ともにその君が罪なくして死なれたことを傷《いた》んで、父は王の頸《くび》を抱き、二人の子どもは、それぞれ王の足を執って、

「わが君が、罪なくして死なれたことは、悲しい。われわれ父子三人が、生きておられたときにお仕えし、死なれたときに、殉じ申し上げなければ、これは臣だとはいえない」

と言った。そこで、みずから首をはねて、皇子の屍の側で死んだ。軍衆は、みな涙を流した。ここに大草香皇子の妻の中蒂姫《なかしひめ》をお召しになって、宮中にお入れになった。そうして妃となさった。また、さらに幡梭皇女をお召しになって、大泊瀬皇子にめあわされた。

この年は、太歳甲午《きのえうま》である。

二年の春正月の癸巳《みずのとのみ》の朔己酉《つちのとのとり》（十七日）に、中蒂姫命を皇后にお立てになった。たいへん寵愛された。これより先、中蒂姫命は、大草香皇子とのあいだに眉輪王《まよわのおおきみ》をもうけておられたが、眉輪王は母によって罪を免れることができた。ずっと宮中でお養いになった。

三年の秋八月の甲申《きのえさる》の朔壬辰《みずのえたつ》（九日）に、天皇は、眉輪王に殺されてしまわれた「この話は、大泊瀬天皇紀に詳しく記してある」。三年後に、菅原伏見陵《すがわらのふしみのみささぎ》に葬り申し上げた。

（1）『古事記』允恭天皇の段には、「爾《そ》の時に作りたまひし矢は、其の箭《や》の内を銅にせり。故《かれ》、其の矢を号《なづ》けて軽箭と謂《い》ふ」「此の王子（穴穂御子）の作りたまひし矢は、即ち今時の矢なり。是を穴穂箭と謂ふ」と見える。近時の説のように、ここにいう括箭を鏃《やじり》と解するのが妥当であろう。

日本書紀巻第十四

大泊瀬幼武天皇《おおはつせのわかたけのすめらみこと》　雄略《ゆうりゃく》天皇

眉輪王

大泊瀬幼武天皇(1)は、雄朝嬬稚子宿禰天皇《おあさづまわくごのすくねのすめらみこと》（允恭天皇）の第五子である。天皇が、お生まれになったとき、神光が、御殿に満ちた。成人されてから強健であらせられることが、人にまさっておられた。

三年の八月に、穴穂天皇《あなほのすめらみこと》（安康天皇）は、沐浴《もくよく》をしようとお思いになって、山宮に行幸された。そこで楼にお登りになってお遊びになった。そうして、御酒を召されて、宴会を催された。こうして、おくつろぎになり、お楽しみの極にあるあいだに、お談合をなさって、ひそかに皇后（去来穂別天皇《いざほわけのすめらみこと》（履中天皇）の皇女で、中蒂姫皇女《なかしひめのひめみこ》と申し上げる。またの御名は、長田大娘皇女《ながたのおおいらつめのひめみこ》。大鷦鷯天皇《おおさざきのすめらみこと》（仁徳天皇）の皇子大草香皇子《おおくさかのみこ》が、長田皇女を娶られて、眉輪王《まよわのおおきみ》をお生みになった。後に、穴穂天皇が、根臣《ねのおみ》の讒言を用いられて、大草香皇子を殺し、中蒂姫皇女を立てて皇后となさった。この話は、穴穂天皇紀にある〕にお語りになって、「わが妹よ〔妻を妹《いも》と称するのは、あるいは古の俗言か〕、あなたは、私にとってむつまじいが、私は、眉輪王をおそれている」と仰せられた。眉輪王は、幼少であって、楼の下で遊び戯れておられたが、その話を全部聞いてしまわれた。穴穂天皇は、皇后のお膝を枕になさって、昼の酔いで、お眠りになった。そのとき、眉輪王は、天皇の熟睡されたのをうかがって、刺し殺してしまわれた。この日に、大舎人〔姓字は伝わっていない〕が、走って行って、天皇〔雄略天皇。当時、大泊瀬皇子〕に、

「穴穂天皇は、眉輪王のために殺されてしまわれた」

と申し上げた。天皇は、たいへん驚かれて、兄たちをお疑いになり、甲《よろい》を着て、刀を帯び、兵を率い、みずから将軍となって、八釣白彦皇子《やつりのしろひこのみこ》を責め問われた。皇子は、害されると思って、黙って語られなかった。天皇は、即座に刀を抜いて斬り捨てられた。また坂合黒彦皇子《さかいのくろひこのみこ》を責め問われた。皇子もまた害されることを知って、黙して語られなかった。天皇のお怒りは頂点に達せられた。そこで、またあわせて眉輪王を殺そうと思われて、罪をお調べになった。眉輪王は、

「私は、もとより皇位を望んではおりません。ただ父の仇に報いただけです」

と申し上げた。坂合黒彦皇子は、疑われるのを深く恐れて、ひそかに眉輪王に語られ、と

もに人のいない間に、ぬけ出して円大臣《つぶらのおおみ》の家に逃げこんだ。天皇は、そこに使者を遣わして、引きわたすよう求められた。大臣は、使者に託して、

「あるいは、人臣が事を起こしたときには、逃げて王室に入るということは聞いたことがありますが、いまだ君王が、臣の家に隠れるということを見たことがございません。たしかにいま坂合黒彦皇子と眉輪王とが、深く私の心を恃《たの》みとして、私の家に来ておられます。どうして無慈悲に差し出すことができましょうか」

とお答え申し上げた。それで、天皇は、ついに兵を起こして、大臣の家を囲んだ。大臣は、庭に出で立って、脚結《あゆい》（袴の上から膝の下のあたりに結ぶ紐）を求めた。そのとき、大臣の妻が、脚結を持ってきて、悲しんで、歌をよんで、

臣《おみ》の子は　栲《たへ》の袴を　七重をし　庭に立たして　脚帯《あゆひ》撫《な》だすも（わが夫、大臣は、白い栲の袴を七重にお召しになって、庭にお立ちになり、脚結を撫でておいでである）

と言った。

大臣は、装束を着けおわって、軍門に進み跪拝《きはい》して、

「私は、罰せられても、けっして御命令をうけたまわることはないでしょう。昔の人が、『匹夫《ひっぷ》もその志を奪うことはむつかしい』と言ったのは、まさしく私に合致しております。伏してお願い申し上げます。大王に対し、私の女の韓媛《からひめ》と葛城の家七ヵ所とをたてまつり、死罪をあがなうことを御承認ください」

と申し上げた。天皇は、お許しにならないで、火を放って家を焼いてしまわれた。そこで、大臣と黒彦皇子と眉輪王とは、ともに焼き殺されてしまった。そのとき、坂合部連《さかいべのむらじ》贄宿《にえのすく》禰《ね》が、皇子の屍を抱いて焼き殺された。その舎人ら〔名は伝わっていない〕は、焼け跡をとり片づけたが、ついに骨を区別することができなかった。一つの棺に入れて、新漢《いまきのあや》の擬本《つきもと》の南の丘〔擬の字は、明らかでないが、あるいはこれは、槻《つき》であろうか〕に合葬した。

冬十月の癸未《みずのとのひつじ》の朔に、天皇は、穴穂天皇が、かつて市辺押磐皇子《いちのべのおしわのみこ》に、皇位を伝えて後事を委任しようとお考えになったのを恨んで、人を市辺押磐皇子のもとに遣わし、偽って巻狩をしようと約束し、郊野に遊ぶことをすすめて、

「近江の狭狭城山君韓帒《ささきのやまのきみからふくろ》が、『いま近江の来田綿《くたわた》の蚊屋野《かやの》〔現在の滋賀県東近江市・蒲生郡日野町付近の野〕に、猪や鹿が多くいる。その角は枯樹の枝に似ており、その集まった脚は灌木《かんぼく》のようであり、吐く息は朝霧に似ている』と申しておる。皇子と、十月のあまり風が冷たくないときに、野に遊んで、いささか心をたのしませ、馳射《かり》をしてみたいものだ」

と仰せられた。市辺押磐皇子は、天皇にしたがって、馳猟《かり》をした。そのとき、大泊瀬天皇は、弓を引いて、じっと狙いをつけ、馬を馳せて、偽って大声を出し、

「猪がいた」

と言われて、市辺押磐皇子を射殺してしまわれた。皇子の帳内《とねり》である佐伯部売輪《さえきべのうるわ》〔またの

名は、仲手子《なかちこ》」が、皇子の屍を抱いて、息をはずませあわて驚いて、どうしたらよいのか、わからなかった。ころがりまわって、大声を出して、皇子の頭や脚のあたりを行ったり来たりした。天皇は、みな殺してしまわれた。

この月に、御馬皇子《みまのみこ》が、以前から三輪君身狭《みわのきみむさ》と親しかったので、お考えを伝えようとされてお出かけになった。不意に、道で待ちうけていた軍にであって、三輪の磐井のほとりで合戦された。まもなく御馬皇子は捕えられた。処刑される折に、井戸を指して悪いことが起こるように神に祈って、

「この水は、百姓だけが飲むことができる。王者は、ただひとり飲むことができない」

と言った。

即位と諸妃

十一月の壬子《みずのえね》の朔甲子《きのえね》（十三日）に、天皇は、有司に御命令になって、天皇即位の場を泊瀬の朝倉に設けて、天皇の位におつきになった。そして宮を定め、平群臣真鳥《へぐりのおみまとり》を大臣《おおおみ》とし、大伴連室屋・物部連目《め》を大連《おおむらじ》とした。

元年の春三月の庚戌《かのえいぬ》の朔壬子《みずのえね》（三日）に、草香幡梭姫皇女《くさかのはたびひめのひめみこ》を皇后にお立てになった〔またの御名は、橘姫皇女である〕。

この月に、三人の妃を立てられた。最初の妃は、葛城円大臣《かずらきのつぶらのおおおみ》の女《むすめ》で韓媛《からひめ》と申し上げ、

白髪武広国押稚日本根子天皇《しらかのたけひろくにおしわかやまとねこのすめらみこと》（清寧天皇）と稚足姫皇女《わかたらしひめのひめみこ》〔またの名は、栲幡姫皇女《たくはたひめのひめみこ》という〕とをお生みになった。この皇女は、伊勢大神の祠《やしろ》に侍しておられた。つぎに、吉備《きびの》上道臣《かみつみちのおみ》の女の稚姫《わかひめ》〔一本によれば、吉備窪屋臣《きびのくぼやのおみ》の女という〕がいらして、二人の皇子を生んだ。長子を磐城皇子《いわきのみこ》と申し上げ、少子を星川稚宮皇子《ほしかわのわかみやのみこ》〔下文に見える〕と申し上げる。つぎに春日和珥臣深目《かすがのわにのおみふかめ》の女がいらして、童女君《おみなぎみ》と申し上げ、春日大娘皇女《かすがのおおいらつめのひめみこ》〔またの名は、高橋皇女〕を生んだ。童女君は、もと采女であった。天皇は、一夜をともにして身籠らせられた。そうして女子が生まれた。天皇は、お疑いになって養育されなかった。その子が歩行するころになって、天皇が、大殿におられ、物部目大連が侍していたとき、その子が庭を通り過ぎた。目大連がふり返って群臣に語って、

「美しい女子だな。昔の人が、那毗騰耶皤麼珥《なひとやはばに》〔この古語は、未詳である〕（「汝人や母似」で、「おまえはお母さん似か」の意味）と言ったことがある。清らかな庭を、もの静かに歩いている者は、誰の女子といったかな」

と言った。天皇は、

「どうして聞くのか」

と仰せられた。目大連は、お答えして、

「私は、この子の歩くのを見ると、姿が天皇によく似ておられるものですから」

と申し上げた。天皇は、

「あの子を見る人が、みんな言うことは、おまえが言うことと同じだ。しかし、私と一夜をともにしただけで身籠って、女子を産んだのは、異常なことなので、疑っているのだ」

と仰せられた。大連は、

「それならば一晩に何回お召しになりましたか」

と申し上げた。天皇は、

「七回召した」

と仰せられた。大連は、

「この娘子は、清らかなお気持で、一晩ともにせられることにお仕えしました。どうしてお疑いになって、清潔な身体をたやすくお疑いになるのですか。私は、妊娠しやすい者は、褌《はかま》が身体に触れるだけで、身籠ると聞いております。ましてや、一晩中ともにせられていながら、みだりにお疑いをかけられるのはいかがでございましょうか」

と申し上げた。天皇は、大連に命ぜられて、女子を皇女とし、母を妃とされた。


　この年は、太歳丁酉《ひのとのとり》である。

　二年の秋七月に、百済の池津媛は、天皇がお召しになろうとされたのにそむいて、石《いし》川楯《かわのたて》〔旧本によれば、石河股合首《いしかわのこむらのおびと》の祖、楯という〕に密通した。天皇は、たいへんお怒りになり、大伴室屋大連に詔して、来目部をして夫婦の手足を木にしばって、桟敷の上に置かせ、火で焼き殺してしまわれた。

〔『百済新撰』には、己巳《つちのとのみ》の年(2)に蓋鹵王《こうろおう》が立ち、天皇は阿礼奴跪《あれなこ》を遣わして、百済に来て、女郎《えはしと》(身分のある女子のことか)を求めた。百済は、慕尼夫人《むにはしかし》の女を飾らせて、適稽女郎《ちゃくけいえはしと》といい、天皇に貢進したという。〕

宍人部の貢上

冬十月の辛未《かのとのひつじ》の朔癸酉《みずのとのとり》(三日)に、吉野宮に行幸された。丙子《ひのえね》(六日)に、御馬《みま》瀬《せ》に行幸された。虞人《やまのつかさ》に命じて、思いのままに狩猟した。重なった峰に登り、広い野を歩いた。まだ日が暮れないのに、すでに十のうち七、八の獲物を獲った。猟をするたびに、たくさん獲れた。鳥獣が、尽きようとした。それで、もどられて林泉《しま》で憩われた。藪沢を廻り遊び、狩人を休息させ、車を整え、馬を休ませた。群臣にお尋ねになって、「猟場の楽しみは、膳夫《かしわで》(料理人)に鮮《なます》を作らせることだが、自分で作るのはどうだろうか」

と仰せられた。群臣は、すぐにはお答えできなかったので、天皇は、たいへんお怒りになって、刀を抜いて御者《ぎょしゃ》の大津馬飼《おおつのうまかい》を斬ってしまわれた。この日、天皇は、吉野宮より還幸された。国内の民は、ことごとくみなふるえあがってしまった。そこで、皇太后と皇后とは、これをお聞きになって、たいへん恐れられ、倭の采女日媛《ひのひめ》をして御酒をささげてお迎えさせた。天皇は、采女の顔が端正で、容姿が上品なのを御覧になって、お顔をほころば

せ、およろこびになって、

「私は、どうしておまえの美しい笑顔を見たいと思わずにいられようか」

と仰せられて、おたがいにお手を組み合わせて、後宮にお入りになった。皇太后にお語りになって、

「今日の遊猟で、たくさん禽獣を獲った。群臣と鮮《なます》を作って野饗《のあえ》をしようとして、群臣につぎつぎに尋ねたのに、答えられる者がなかった。だから私は、怒ったのだ」

と仰せられた。皇太后は、このお言葉の意味を知って、天皇を、お慰めしようとして、

「群臣は、陛下が遊猟の場に宍人部《ししひとべ》をお置きになろうとされて、御下問なさったことが理解できなかったのでしょう。群臣が黙ってしまったのは、理由があります。またお答え申し上げるのが難しいからです。いま宍人部を貢上申し上げてもおそくはありません。私が最初にいたしましょう。膳臣長野は、上手に宍膾《なます》を作ります。できれば、その者を貢上いたしましょう」

と申し上げた。天皇は、お礼をのべられて、

「善哉《よきかな》。鄙《いや》しい人が言うところの『貴人は、相手の心がよくわかる』というのは、これをいうのか」

と仰せられた。皇太后は、天皇がおよろこびになったのを御覧になって、歓喜して楽しみお笑いになった。さらに人を貢上してさしあげようと、

「私の厨人《くりやびと》であります菟田御戸部《うだのみとべ》の真鋒田《まさきた》・高天《たかめ》の二人を、加え貢上して宍人部となさるようお願いします」と申し上げた。これ以後、大倭国造《おおやまとのくにのみやつこ》吾子籠宿禰《あごこのすくね》が、狭穂子鳥別《さほのことりわけ》を貢上して、宍人部とした。臣・連・伴造・国造もまた、それにつづいて人々を貢上して宍人部とした。

この月に、史戸《ふみひとべ》・河上舎人部を置いた。天皇は、みずから是《ぜ》とし、他人に御相談なさらなかった。誤って人を殺させることが多かった。天下は、天皇を誹謗して、「大悪の天皇である」と申した。寵愛なさったのは、史部の身狭村主青《むさのすくりあお》・檜隈民使博徳《ひのくまのたみのつかいはかとこ》らだけであった。

三年の夏四月に、阿閉臣国見《あへのおみ》〔またの名は、磯特牛《しことい》〕が、栲幡皇女と湯人《ゆえ》の廬城部連《いおきべのむらじ》武彦とを譏言して、「武彦は、皇女を奸《おか》して身籠らせた」と言った〔湯人、これを臾衛《ゆゑ》という〕。武彦の父の枳莒喩《きこゆ》は、この流言を聞いて、禍いが身に及ぶのを恐れ、武彦を廬城河に誘って、あざむいて、鸕鷀《う》を水にもぐらせて魚を捕えるふりをして、不意に打ち殺してしまった。天皇は、これをお聞きになって、使者を遣わして、皇女の罪をお調べになった。皇女はお答えして、「私は、知りません」と申し上げた。急に皇女は、神鏡をとり持って、五十鈴河のほとりに行かれ、人のいないときをうかがって、鏡を埋め、頸《くび》をくって自殺してしまった。天皇は、皇女がいないことをお疑いになり、しきりに、闇夜の中をあちこち探し求められた。そのとき、河上に虹が蛇のように見え、(3)四、五丈ほどもあった。虹の起こったところを掘ったら、神鏡が出てきた。まもなく皇女の屍を得た。皇女を割いてみると、腹の中に水のような物があり、その水の中に石があった。枳莒喩は、これによって子の罪をそそぐことができた。しかし、わが子を殺したことを後悔して、報復のため国見を殺そうとした。国見は石上神宮に逃げ隠れた。

葛城山

四年の春二月に、天皇は、葛城山で射猟をされた。とつぜん背の高い人にお会いになった。その人がやって来て、谷の交わるところであい対面した。顔や姿が、天皇によく似ていた。天皇は、これは神であるとお考えになったが、ことさらにお尋ねになって、

「どこの方であるか」

と仰せられた。背の高い人は、答えて、

「姿を現わした神であるぞ。さきに王の御名を名のりなさい。そうしたあとで私が名のろう」

と言った。天皇は、答えられて、

「私は、幼武尊《わかたけのみこと》である」

と仰せられた。背の高い人は、つづいて名のって、

「私は、一事主神《ひとことぬしのかみ》である」

と言った。そうしてともに遊猟を楽しまれて、一匹の鹿を追って、矢をはなつことを、たがいにゆずられ、轡《くつわ》をならべて馳《はし》りまわられた。言詞は恭虔で、仙《ひじり》に逢ったようであった。こうして、日が暮れて猟が終わった。神は、天皇をお送り申し上げて、来目河《くめのかわ》までこられた。このとき、百姓は、ことごとくに、

「有徳な天皇である」

と申し上げた。

秋八月の辛卯《かのとのう》の朔戊申《つちのえさる》（十八日）に、吉野宮に行幸された。庚戌《かのえいぬ》（二十日）に、河上の小野に行幸された。虞人《やまのつかさ》に命じて、獣を追い出させた。御自分で射ようとされて、待ち伏せておられた。虻《あぶ》が急に飛んできて、天皇の臂《うで》を嚙《く》った。そのとき、とつぜん蜻蛉《あきず》が飛んできて、虻を喰って飛び去った。天皇は、そのこころばえをお褒めになって、群臣に詔して、

「私のために蜻蛉を讃《ほ》めて歌をよめ」

と仰せられた。群臣は、あえて歌をよもうとする者がなかった。天皇は、そこで、口ずさまれて、

倭の　峰群《をむら》の嶺《たけ》に　猪鹿《しし》伏すと　誰か　この事　大前に奏《まを》す〔一本は、「大前に奏す」というところを、「大君に奏す」というようにかえている〕大君は　そこを聞かして　玉纏《たままき》の胡床《あごら》に立たし〔一本は、「立たし」というところを、「坐《い》し」というようにかえている〕倭《し》文纏《つまき》の　胡床に立たし　猪鹿待つと　我《わ》がいませば　さ猪《ゐ》待つと　我が立たせば　手腓《たくふら》に　虻《あむ》かきつき　その虻を　蜻蛉《あきづ》はや囓《く》ひ　昆《は》ふ虫も　大君にまつらふ　汝《な》が形《かた》は　置かむ　蜻蛉嶋倭《あきづしまやまと》〔一本は、「昆《は》ふ虫も」というところより以下を、「かくのごと　名に負はむとそらみつ　倭の国を　蜻蛉嶋といふ」というようにかえている〕（倭の山々の頂上に、猪《し》鹿《し》が伏していると、誰が天皇の御前に申し上げるだろうか。天皇はそれをお聞きになり、美しい玉を巻いた胡床に腰をおかけになり、日本古来の美しい倭文《しつ》の布を巻いた胡床におかけになり、「その猪鹿を待つと私が構えていると、猪を待つと私が立っていると、手のこむらに、虻が食いつく。しかしその虻を蜻蛉がさっと食う。つまり、昆虫までも私に仕えているわけだ。だからおまえの記念のものをば残して置こう。蜻蛉島倭という名をつけて」）

と仰せられた。そうして蜻蛉を讃めて、その地を名づけて蜻蛉野《あきずのおの》とした。

五年の春二月に、天皇は、葛城山に狩猟をされた。不意に霊鳥が飛んできた。その大きさは、雀《すずめ》ほどであった。尾が長くて、地に引きずっていた。そして鳴きながら、

「努力努力《ゆめゆめ》（油断してはいけない）」

と言った。にわかに、追われていきり立った猪が、草むらの中から突然出てきて人を追い

かけた。猟徒《かりびと》は、樹に登って大いに恐れた。天皇は、舎人に詔して、

「いきり立っている猪も、人に逢えばしずまろう。待ちうけて射て、刺しとどめろ」

と仰せられた。舎人は、性格が臆病だったので、樹に登って顔色をかえて、おそれおののいた。いきり立った猪は、まっすぐ天皇のところに来て、食いつこうとした。天皇は、弓をもって刺しとどめ、御脚をあげて、踏み殺された。そうして、狩猟が終わって、舎人を斬ろうとされた。舎人は、殺されるに臨んで、歌を作って、

やすみしし　我が大君の　遊ばしし　猪《しし》の　怒声《うたき》畏《かしこ》み　我が逃げ縁《のぼ》りし　在丘《ありを》の上《うへ》の
榛《はり》が枝《えだ》　あせを(4)（わが大君の狩りをなさった猪のうなり声をおそれて、私の逃げのぼった、
峰の上の榛の木の枝よ。ああ）

と言った。皇后は、これをお聞きになり、悲しまれて、心にかけられて、諫《いさ》められた。天皇は詔して、

「皇后は、天皇の肩をもたないで、舎人を心にかける」

と仰せられた。皇后はお答えして、

「国の人は、みな陛下をおさしして、狩猟をなさって、獣をお好みになると申すでしょう。どちらかといえば、よくないことではございませんか。いま陛下が、いきり立った猪のために舎人をお斬りになれば、陛下は、たとえていえば、豺狼《おおかみ》と異なりません」

と申し上げた。天皇は、皇后と御車でお帰りになった。天皇は、

「万歳《よろずよ》」

と仰せられながら、

「楽しいことではないか。人はみな禽獣を狩る。私は狩りをして善言を得て帰る」

とお語りになった。

百済の軍君

夏四月に、百済の加須利君《かすりのきし》〔蓋鹵王《こうろおう》である〕は、ことづてに、池津媛が焼き殺されたということを聞いて〔適稽女郎《ちゃくけいえはしと》である〕、協議して、

「以前に女人をたてまつって采女《うねめ》とした。ところが、礼を失してしまい、わが国の名をけがした。今後、女をたてまつってはならない」

と言った。そして、弟の軍君《こにきし》〔昆支《こにき》である〕に告げて、

「おまえは、日本に行って天皇にお仕えしろ」

と言った。軍君は、

「上君《きみ》の御命令にたがうことはできません。なにとぞ、君《きみ》の婦《みめ》を賜わって、そうして後にお遣わしください」

と答えた。加須利君は、ただちに、妊娠した婦を軍君にめあわせて、

「私の身籠った婦は、もう臨月になっている。もし途中でお産をすれば、生まれた子を婦

と同じ船に乗せて、行き着いたところがどこであろうと、そこからすみやかに国に送るようにしてほしい」

と言った。かくして、たがいに別れの言葉をかわし、朝廷に奉遣した。

六月の丙戌《ひのえいぬ》の朔に、身籠った婦が、はたして加須利君の言ったように、筑紫の各羅嶋《かからのしま》（現在の佐賀県唐津市鎮西町の加唐島か）で子を生んだ。そこで、この子を名づけて嶋君《せまきし》といった。ここに、軍君は、ただちに婦と同じ船で、嶋君を国に送った。これが武寧王《むねいおう》である。百済人は、この嶋をよんで主嶋《にりむせま》といった。

秋七月に、軍君は京《みやこ》に入った。やがて五人の子どもが生れた。

〔『百済新撰』によれば、辛丑《かのとのうし》(5)の年に、蓋鹵王が、弟の昆支君を遣わして、大倭に参向させ、天王にお仕えさせた。そして兄王の好《よし》みを修めたとある。〕

六年の春二月の壬子《みずのえね》の朔乙卯《きのとのう》（四日）に、天皇は泊瀬の小野に遊ばれた。山野の景観を御覧になって、感慨をもよおされ、お歌をよまれて、

隠国《こもりく》の　泊瀬の山は　出で立ちの　よろしき山　走《わし》り出《で》の　よろしき山の　隠国の　泊瀬の山は　あやにうら麗《ぐは》し　あやにうら麗し（泊瀬の山は、家から出たところにすぐ見えるみごとな山だ。家から走り出たところにすぐ見える美しい山で、泊瀬の山はなんとも美しい。なんとも言えず美しい）

と仰せられた。そこで、小野を名づけて、道小野《みちのおの》といった。

少子部蜾蠃

三月の辛巳《かのとのみ》の朔丁亥《ひのとのい》（七日）に、天皇は、后妃にみずから桑を摘ませて、蚕を飼わせることをお勧めになろうとお思いになった。そこで、蜾蠃《すがる》〔蜾蠃は、人の名である。これを須我屢《すがる》という〕に命じて、国内の蚕を集めさせた。そのとき、蜾蠃は、誤って嬰児《わかご》を集めて、天皇に奉った。天皇は、ひどくお笑いになって、嬰児を蜾蠃に賜わって、

「おまえが、自分で養え」

と仰せられた。蜾蠃は、そこで嬰児を宮墻のほとりで養育した。そして姓《かばね》を賜わって、少子部連《ちいさこべのむらじ》とした。

夏四月に、呉国が、使を遣わして貢献した。

七年の秋七月の甲戌《きのえいぬ》の朔丙子《ひのえね》（三日）に、天皇は、少子部連蜾蠃に詔して、

「私は、三諸岳《みもろのおか》の神のお姿を見たいと思う〔ある説では、この山の神は大物主神というといわれ、ある説では、菟田の墨坂神であるともいう〕。おまえは、力が人にまさっている。みずから行ってとらえてこい」

と仰せられた。蜾蠃は、お答えして、

「行ってとらえてまいりましょう」

と申し上げた。そうして、三諸岳に登り、大蛇をとらえて、天皇にお見せした。天皇は、

斎戒なさらなかった。大蛇は、雷のような音をひびかせ、目をかがやかせた。天皇は、かしこまられて、目をおおって御覧にならずに、殿中に隠れられた。天皇は、大蛇を岳にお放ちになった。そこで、蜾蠃は、名を改め賜わって雷《いかずち》といった。

吉備臣

八月に、官者《とねり》の吉備弓削部虚空《きびのゆげべのおおぞら》が、とつぜん家に帰った。吉備下道臣前津屋《さきつや》〔ある本に、国造吉備臣山《やま》というとある〕が、虚空を留めて使役した。何ヵ月たっても京都にのぼることを許さなかった。天皇は、身毛君大夫《むけのきみますらお》を遣わして、お召しになった。虚空は、召されてきて、

「前津屋は、小女をもって天皇の人とし、大女をもって自分の人として、競い闘わせました。幼女が勝つのを見て、即座に刀を抜いて殺しました。また小さい雄鶏を天皇の鶏と呼び、毛を抜き、翼を剪《き》り、大きな雄鶏を自分の鶏と呼んで、鈴や金の距《あこえ》（けづめ）を着けて、競い闘わせました。毛のすり切れた鶏の勝つのを見て、また刀を抜いて殺しました」

と申し上げた。天皇は、この話をお聞きになって、物部の兵士三十人を遣わして、前津屋とその同族七十人を誅殺させた。

この年に、吉備上道臣田狭《たさ》が、殿の側に侍して、稚媛《わかひめ》をさかんに朋友に褒めて、

「天下の美人で、私の妻に及ぶ者はない。上品さが際立っており、すべての良さを備えて

いる。あかるく輝き、にこやかで、種々の容貌を備えている。化粧も必要とせず、蘭沢《らんたく》（よいにおいの化粧油）もつける必要がない。久しい世にも、たぐいまれであろう。いまどき、ちょっといない美人である」と言った。天皇は、耳をお傾けになって、はるかにお聞きになられ、心の中でおよろこびになった。そして、みずから稚媛をお求めになって、女御となさろうとお思いになった。田狭を、任那国司《みまなのくにのみこともち》に任命された。しばらくして、天皇は、稚媛をお召しになった。田狭臣は、稚媛を娶って、兄君《えきみ》・弟君《おときみ》を生んだ。〔別本によれば、田狭臣の妻の名は、毛媛《けひめ》という、葛城襲津彦《かずらきのそつびこ》の子玉田宿禰の女であり、天皇は、容姿が美しいとお聞きになって、夫を殺してみずからお召しになったという〕田狭は、すでに任地に赴いていて、天皇が、自分の妻をお召しになったということを聞き、援助を求めて、新羅に入ろうと思った。当時、新羅は、中国《みかど》（日本）に朝貢していなかった。

今来の才伎

天皇は、田狭臣の子の弟君と吉備海部直赤尾《きびのあまのあたいあかお》とに詔して、

「おまえたちは、出かけて行って新羅を討て」

と仰せられた。そのとき、西漢才伎歓因知利《かわちのあやのてひとかんいんちり》が、天皇のお側にあって、進み出て奏して、

「私よりも、巧みな者が、韓国にはたくさんおります。召されてお使いになってくださ

い」

と申し上げた。天皇は、群臣に詔して、

「それなら、歓因知利を、弟君らに付き添わせて、道を百済に取り、あわせて勅書を下して、巧みな者をたてまつらせよ」

と仰せられた。ここで、弟君は、御命令をうけたまわって、衆を率いて、百済に行き、その国に入った。国神《くにつかみ》が、老女になって、不意に路に現われた。弟君は、老女に新羅の国の遠近を尋ねた。老女は、答えて、

「さらに一日（一月か）行った後に到着するであろう」

と言った。弟君は、おのずから路の遠いことを思って、新羅を討たないで帰った。百済のたてまつった今来《いまき》の才伎《てひと》（新来の工人）を大嶋の中に集め、順風を待っているということにかこつけ、久しく留まって月がたった。任那国司の田狭臣は、弟君が新羅を討たないで帰ることをよろこんで、ひそかに人を百済に遣わし、弟君に戒めて、

「おまえの頸《くび》が牢固であるという、どのような確信があって、他人を討とうとするのか。伝え聞くところによれば、天皇は、私の妻を召されて、児息《こども》〔児息は、すでに上文に見える〕までもったという。いま、おそらく禍いが身に及ぶことは、爪先で立つ時間のように束《つか》の間《ま》のことであろう。私の児であるおまえは、百済にまたがってたてこもり、日本に通じるな。私も、任那にたてこもって、また日本に通じることはせぬ」

と言った。弟君の妻である樟媛《くすひめ》は、国家に対する愛情が深く、君臣の義を重んじ、心のまめやかなことは、照りかがやく太陽にも越え、心のまっすぐなことは青松よりもまさっていた。そこでこの謀叛を憎んで、ひそかに夫を殺して、寝室の内に隠し埋め、海部直赤尾とともに百済の献じた手末《たなすえ》の才伎《てひと》（手先を使う諸種の技術を持つ工人）をつれて大嶋に在留していた。天皇は、弟君がいなくなってしまったことをお聞きになって、日鷹吉士堅磐《ひたかのきしかたしわ》固安銭《こあんぜん》〔堅磐、これを柯陀之波《かたしは》という〕を遣わして、ともに復命をおさせになった。そうして倭国の吾礪《あと》（河内国渋川郡跡部郷、現在の大阪府八尾市植松町付近か）の広津《ひろきつの》〔広津、これを比慮岐頭《ひろきつ》という〕邑《むら》に、手末の才伎をおらせた。病死する者が、多かった。そこで、天皇は、大伴大連室屋に詔して、東漢直掬《やまとのあやのあたいつか》に命じ、新漢陶部高貴《いまきのあやのすえつくりこうくい》・鞍部堅貴《くらつくりけんくい》・画部《えかき》因斯羅我《いんしらが》・錦部定安那錦《にしごりじょうあんなこむ》・訳語卯安那《おさみょうあんな》らを、上桃原《かみつももはら》・下《しもつ》桃原（桃原は大和国高市郡の地名か）・真神原《まかみのはら》（現在の奈良県高市郡明日香村飛鳥）の三ヵ所に居住させた。〔ある本には、吉備臣弟君が、百済より帰り、漢手人部《あやのてひとべ》・衣縫部《きぬぬいべ》・宍人部《ししひとべ》を献じたとある〕

高句麗軍の撃破

八年の春二月に、身狭村主青《むさのすくりあお》・檜隈民使博徳《ひのくまのたみのつかいはかとこ》を呉国に遣わした。天皇が即位されてから、この年に至るまで、新羅国は、背きいつわって、贈り物を献上しないことが、八年にもなった。しかも中国《みかど》（日本）の心を非常に恐れて、高麗《こま》（高句麗《こうくり》）と友好関係を結んだ。

そこで、高麗の王は、精兵百人を遣わして新羅を守らせた。

しばらくたってから、高麗の軍士一人が、ほんのしばらくのあいだ国に帰ったときに、新羅人を典馬《うまかい》〔典馬、これを于麻柯比《うまかひ》という〕とした。そうして、ひそかに語って、

「おまえの国は、わが国のために、もうまもなく破られてしまうだろう」〔一本によれば、「おまえの国は、まちがいなく、もうまもなくわが国の領土となるだろう」とある〕

と言った。その典馬は、これを聞いて、いつわって腹の具合が悪いふりをして、退いて、高麗の軍士からおくれ、そのまま国に逃げ帰り、軍士の語ったことを話した。そこで、新羅の王は高麗がいつわって新羅を守っていることを知って、使者を遣わして国人に告げて、

「人々は、家の内で養っている鶏の雄者《おとり》(6)を殺せ」

と言った。国人は、その意味を知って、国内にいた高麗人をことごとく殺した。ただ一人残っていた高麗人が、すきに乗じて脱出することができ、自分の国に逃げ帰って、ことの次第をつぶさに報告した。高麗の王は、ただちに軍兵を発して、筑足流城《つくそくろのさし》（現在の大邱《テグ》か）〔ある本によれば、都久斯岐城《つくしきのさし》という〕に駐屯した。そうして歌儛をして楽を奏した。そこで、新羅の王は、夜に、高麗の軍が、四方で歌儛をするのを聞いて、賊がことごとく新羅の地に侵入してきたことを知り、任那の王のもとに人を遣わして、

「高麗の王が、わが国を征伐しようとしている。いまや新羅は、吊りさげられた旒旗のように、高麗の思いのままに振りまわされている始末で、国の危殆《きたい》は、卵を積みかさねたよ

りもはなはだしい。命の長短は、はなはだ計りがたいところである。伏して日本府(7)の行軍元帥《いくさのきみ》たちに救援をお願い申し上げる」

と言った。


これによって、任那の王は、膳臣斑鳩《かしわでのおみいかるが》〔斑鳩、これを伊柯屢俄《いかるが》という〕・吉備臣小梨《おなし》・難波吉士赤目子《なにわのきしあかめこ》を推挙して、新羅に派遣し救援させた。膳臣らは、まだ新羅には至らないで、軍営を構えて止まっていた。高麗の諸将は、まだ膳臣らと対戦しないのに、みな怖れた。膳臣らは、そのときにつとめて軍をねぎらい、軍中に指令して、すみやかに攻撃する準備をさせ、急に進撃して攻勢に出た。高麗の軍とあい対峙すること十余日、夜間に、険しいところを鑿《うが》って、地下道を作り、輜重《しちょう》（軍隊の荷物）をことごとく送って、奇襲をかける兵を配置した。明け方に、高麗の軍は、膳臣らが逃走したと思い、軍をあげて追撃してきた。ただちに奇襲をかける兵を出撃させて、歩兵と騎兵がはさみ打ちして、高麗の軍を大いに撃破した。二つの国の怨みは、これよりはじまった〔二つの国というのは、高麗と新羅とである〕。膳臣らは、新羅に語って、

「おまえは、いたって弱いものをもって、いたって強いものにあたった。もし官軍（日本軍）が救わなかったら、かならずもみくちゃにされたであろう。この戦争であぶなく他国の領土になるところであった。いまより以後、けっして天朝に背いてはならない」

と言った。

九年の春二月の甲子《きのえね》の朔に、凡河内直《おおしこうちのあたい》香賜《かたぶ》と采女とを遣わして、胸方神《むなかたのかみ》を祠《まつ》らしめた。香賜は、神域に行って〔香賜、これを舸拕夫《かたぶ》という〕、ちょうど神事が行なわれようとしたときに、その采女を奸した。天皇は、これをお聞きになって、「神を祠って福を祈るには、身を慎まなければならぬ」と仰せられ、難波日鷹吉士を遣わして、香賜を殺させた。そのとき、香賜は、逃亡していた。天皇は、さらに弓削連豊穂《ゆげのむらじとよほ》を遣わして、あまねく国郡県に香賜を探し求めさせ、ついに三嶋郡の藍原《あいのはら》（摂津国島下郡安威郷、現在の茨木市太田付近）で捕え、斬り殺した。

新羅を征討

三月に、天皇は、みずから新羅を征討しようとお考えになった。神は、天皇に戒めて、「行ってはならぬ」と仰せられた。天皇は、これによって行くことをお果たしにならなかった。そこで、紀小《きのお》弓宿禰《ゆみのすくね》・蘇我韓子宿禰《そがのからこのすくね》・大伴談連《おおとものかたりのむらじ》〔談、これを箇陀利《かたり》という〕・小鹿火宿禰《おかひのすくね》らに勅して、「新羅は、もともと西方の土地におり、代々臣従してきた。朝聘《ちょうへい》を違《たが》えるようなこともなかった。貢賦も確実に行なってきた。私が、天下の王となるや、新羅は身を対馬の外《ほか》に投じ、跡を匝羅《そうら》（草羅、現在の慶尚南道梁山《ヤンサン》）の表《ほか》に竄《かく》して、高麗の貢を阻止し、百済の城《さし》を併呑した。ましてや朝聘することもなければ、貢賦を納めることもない。狼の子の心が山野にあって馴れにくいのと同様に、馴化《じゅんか》しにくく、満腹すれば去り、空腹になると寄ってくるありさまである。おまえたち四人の卿を、大将に任命して、王師《みいくさ》をもって攻伐し、つつしんで天罰を加えよ」

と仰せられた。そのとき、紀小弓宿禰は、大伴室屋大連にたのんで、自分の憂いを天皇に伝えてもらおうとして、

「私は、臆病であるけれども、つつしんで勅をうけたまわった。しかし、いま私の妻が死んだばかりであり、よく私を世話する者がおらない。あなたは、どうかこのことを、つぶさに天皇に申し上げてほしい」

と言った。そこで、大伴室屋大連は、つぶさ

四、五世紀ごろの朝鮮半島

にそのことを天皇に申し上げた。天皇は、これをお聞きになって悲しみ歎かれ、吉備上道采女大海《きびのかみつみちのうねめおおしあま》を、紀小弓宿禰に賜わって、身のまわりの世話をおさせになった。そうして天皇はみずから車をおされて、紀小弓宿禰を新羅に遣わされた。紀小弓宿禰らは、ただちに新羅に入り、さきざきの郡を行屠《ゆきほふ》った〔行屠とは、行軍しながら攻撃することである〕。新羅の王は、夜に四方の官軍の鼓声を聞いて、ことごとく喙《とく》（慶尚北道慶山《キョンサン》）の地が占領されたことを知り、数百の騎兵とともに乱れ逃げてしまった。こうして、新羅の軍を大いに打ち破った。紀小弓宿禰は、追撃して、敵将を陣中で斬った。喙の地を残らず平定したが、残兵が従わなかった。紀小弓宿禰は、さらに兵力を整えて、大伴談連らと会同した。兵力はいっそう整って、残兵と戦った。この日の夕方、大伴談連と紀岡前来目連《きのおかざきのくめのむらじ》が、ともに力闘して戦死した。談連の従者である同姓の津麻呂は、あとから軍中に入ってきて、その主人をさがし求めたが、軍中に見つけることができなかったので、

「私の主人の大伴公《おおとものきみ》は、どこにおられるのでしょうか」

と尋ねた。ある人が、

「おまえの主人たちは、すでに敵の手で殺されてしまった」

と言って、屍のところを指し示した。津麻呂は、これを聞いて、くやしがって叫び、

「主人は、すでに死んでしまった。どうして私ひとり生きていられれようか」

と言って、また敵の中に赴くと同時に死んでしまった。しばらくして、残兵が、自然に退

却した。官軍は追撃して残兵をしりぞけた。大将軍紀小弓宿禰は、病気になって薨《こう》じた。

夏五月に、紀大磐宿禰《きのおいわのすくね》は、父が薨じたことを聞いて、ただちに新羅に向かい、小鹿火宿禰が掌握していた兵馬・船官および諸小官を指揮下において、自分ひとりで勝手に振舞った。そこで、小鹿火宿禰は、深く大磐宿禰を怨んだ。そして偽って韓子宿禰に告げて、「大磐宿禰は、私に語って、『私が、さらに韓子宿禰の掌《つかさど》っている官をも掌握するのは、間近であろう』と言った。どうかあなたの掌っている官を固く守りなさい」と言った。これによって、韓子宿禰と大磐宿禰とのあいだに仲たがいが起こった。

そのとき、百済の王は、日本の諸将が、小さなことによって仲たがいを起こしていることを聞いて、人を韓子宿禰らのもとに遣わし、「国の界をお見せしたいと思う。どうぞお出かけください」と言った。そこで、韓子宿禰たちは、轡を並べて出かけた。河に至ったとき、大磐宿禰は、馬に河の水を飲ませた。そのとき、韓子宿禰は、後ろから大磐宿禰の鞍几《くらぼね》の後部の横木を射た。大磐宿禰は、驚いて後ろを振り向き、韓子宿禰を射落とした。河の中流で死んだ。この三人の臣は、以前から先を競って、秩序を乱す行ないがあり、百済の王宮に至らないで帰還してしまった。

このとき、采女大海は、小弓宿禰の喪によって、日本に帰ってきて、大伴室屋大連に憂いを告げて、

「私には、小弓宿禰を葬る場所がございません。どうぞ良い地をお与えくださいませんか」

と言った。大連は、ただちに天皇に奏上した。天皇は、大連に勅して、

「大将軍紀小弓宿禰は、竜のように首をあげ、虎のように眄《にら》んで、あまねく八方を見た。逆《そむ》く者をあまねく討って、四海を平定した。そうして身を万里の遠きにおいて苦労し、命を三韓において落とした。哀悼の意を表して、視葬者《はぶりのつかさ》を充《あ》てることにする。また大伴卿は、紀卿（紀大磐）たちと、同国近隣の人(8)であって、昔から由来のあることだ」

と仰せられた。そこで、大連は、勅を奉じて、土師連《はじのむらじ》小鳥《おとり》に墓を田身輪邑《たむわのむら》（現在の大阪府泉南郡岬町淡輪）に作らせ、小弓宿禰を葬らせた。これによって、大海は、よろこんでみずからじっとしていることができなくて、韓奴室《からのやっこむろ》・兄麻呂《えまろ》・弟麻呂《おとまろ》・御倉《みくら》・小倉《おくら》・針《はり》の六人を大連に送った。吉備上道の蚊嶋田邑《かしまだのむら》の家人部《やけひとら》が、これである。なお、小鹿火宿禰は、紀小弓宿禰の喪に従って行った。そのとき、ひとり角国《つののくに》（周防国都濃郡）に留まった。倭《やまと》子連《ごのむらじ》（連は、何姓の人であるか詳らかでない）をして、八咫鏡《やたのかがみ》を大伴大連にたてまつって、

「私は、紀卿と一緒に朝廷にお仕えするのに堪えられません。そこで、角国に在留することをお願いしたいのですが」

と請願した。そのため大連は、天皇に奏して、小鹿火宿禰を角国に居住させた。角臣らは、はじめ角国におり、角臣と名づけられたのは、これよりはじまったのである。

月夜の埴輪馬

秋七月の壬辰《みずのえたつ》の朔に、河内国より言上があって、「飛鳥戸郡《あすかべのこおり》の人である田辺史伯孫《たなべのふびとはくそん》の女は、古市郡の人である書首《ふみのおびと》加竜《かりょう》の妻である。伯孫は、その女が、子どもを産んだと聞いて、聟の家に行って祝賀し、月夜に帰途についた。蓬蔂丘《いちびこのおか》の誉田陵（応神天皇陵）のもとで〔蓬蔂、これを伊致寐姑《いちびこ》という〕、赤馬に乗った人に出逢った。その馬は、そのとき、蛇のようにうねりながら行き、竜のごとくに翔《かけ》った。急に高く跳びあがって、鴻《かり》のように驚いた。その異《あや》しい体が、峰のようになり、ただならぬ形相が、きわだってあらわれた。伯孫は、近づいて見て、心の中で、手に入れたいと思った。そこで、乗っていた葦毛の馬に鞭《むち》うって、頭をそろえ、轡を並べた。すると、赤馬が、おどりあがるさまは、塵埃のようにさっとあがっては消え、走りまわる速さは、滅没するよりももっと速かった。一方、葦毛の馬は、おくれてしまって、遅くて追いつくことができなかった。その速く走る馬に乗っていた人は、伯孫の願いを知って、とまって馬を交換し、別れの言葉をのべて去っていった。伯孫は、速く走る馬を得て、たいへんよろこび、走らせて廐に入れた。鞍をおろし馬に秣《まぐさ》をあたえて眠った。その翌朝、赤馬は、土馬《はにま》（埴輪の馬）に変わっていた。伯孫はあやしんで、誉田陵にとってかえして探してみたら、葦毛の馬が、土馬の中にいるのを見つけた。取りかえて、かわりに土馬を置いた」

と言った。

十年の秋九月の乙酉《きのとのとり》の朔戊子《つちのえね》（四日）に、身狭村主青《むさのすくりあお》らは、呉が献上した二羽の鵝《が》鳥《ちょう》を持って、筑紫に至った。この鵝鳥が水間君《みぬまのきみ》の犬に喰われて死んだ〔別本によれば、この鵝鳥は、筑紫の嶺県主泥麻呂《みねのあがたぬしねまろ》の犬のために喰われて死んだという〕。そのため、水間君は、恐れ心配して、なんとかしなければならぬと、鴻十羽と養鳥人《とりかい》とを献じて、罪を贖《あがな》うことを申しでた。天皇は、お許しになった。

冬十月の乙卯《きのとのう》の朔辛酉《かのとのとり》（七日）に、水間君が献じた養鳥人らを、軽村《かるのふれ》・磐余村《いわれのふれ》の二ヵ所に置いた。

十一年の夏五月の辛亥《かのとのい》の朔に、近江国栗太郡《くるもとのこおり》から言上があって、「白い鸕鷀《う》が、谷上浜《たなかみのはま》にいる」と言った。そこで、詔して川瀬舎人を置かせた。

秋七月に、百済国より逃亡してきた者があった。自分から名のって貴信《くいしん》といった。また、貴信は呉国の人であるともいう。磐余の呉の琴弾《ことひき》である壃手屋形麻呂《さかてのやかたまろ》らは、その子孫である。

鳥養部・猪名部

冬十月に、鳥官の禽《とり》が、菟田の人の犬に喰われて死んだ。天皇は、お怒りになって、顔

面に入れ墨して鳥養部《とりかいべ》とされた。そのとき、信濃国の直丁《つかえのよほろ》と武蔵国の直丁とが、宿直《とのい》していた。たがいに語って、

「ああ、われわれの国（信濃と武蔵）には鳥が多く、積み上げれば小さな墓ほどにもなる。朝晩食べても、なお余りがある。いま天皇は、一羽の鳥のために、人の顔面に入れ墨をした。はなはだ道理がない。悪行の主《きみ》である」

と言った。天皇は、これをお聞きになり、鳥を積ましめられた。直丁らは、すぐに用意することができなかった。そこで詔して鳥養部とした。

十二年の夏四月の丙子《ひのえね》の朔 己卯《つちのとのう》（四日）に、身狭村主青と檜隈民使博徳《ひのくまのたみのつかいはかとこ》とを、呉に遣わした。

冬十月の癸酉《みずのととり》の朔壬午《みずのえうま》（十日）に、天皇は、木工《こだくみ》の闘鶏御田《つけのみた》〔一本に猪名部御田とあるのは、おそらく誤りである〕に命じて、はじめて楼閣《たかどの》をお造らせになった。そのとき、御田は、楼に登って、四方に走るのが、飛んで行くようであった。当時、伊勢の采女がいて、楼の上を仰ぎ見て、彼が速く走りまわるのに驚いて、庭に倒れて、ささげていた饌《みけつもの》〔饌は、御膳之物《みけつもの》である〕をこぼしてしまった。天皇は、即座に、御田が、その采女を奸したと疑われて、殺そうとお思いになり、物部にお預けになった。そのとき、秦酒公《はだのさけのきみ》が近侍していて、琴の声で、天皇に悟らせ申し上げようと思い、琴を横たえて、弾いて、歌った。

神風の　伊勢の　伊勢の野の　栄枝《さかえ》を　五百経《いほふ》る析《か》きて　其《し》が尽くるまでに　大君に　堅く仕へ奉《まつ》らむと　我が命も　長くもがと　言ひし工匠《たくみ》はや　あたら工匠はや（伊勢の国の伊勢の野に生い栄えた木の枝を、たくさん打ちかいて、それが尽きるまでも、大君に堅くお仕えしようと、自分の命もどうか長くあれかしと言っていた工匠は、何と惜しいことよ）

ここに、天皇は、琴の声の意味をお悟りになって、その罪をお赦しになった。

十三年の春三月に、狭穂彦の玄孫である歯田根命《はたねのみこと》が、ひそかに采女山辺小嶋子《やまのべのこしまこ》を奸した。天皇は、これをお聞きになって、歯田根命を物部目大連《もののべのめのおおむらじ》に授けて、罪を責められた。歯田根命は、馬八匹と大刀八口をもって、罪を祓《はら》い、歌をよんで、

山辺《やまのべ》の　小嶋子ゆゑに　人ねらふ　馬の八匹《やつぎ》は　惜しけくもなし（山辺の小嶋子のために、人々が狙っている馬八頭を手ばなすのは、ちっとも惜しいことはない）

と言った。目大連は、これを聞いて奏上した。天皇は、歯田根命に命じて、資財を人の目につくように餌香市《えかのいち》のほとりにあった橘《たちばな》の樹の根もとに置かしめた。その結果、餌香の長野邑を物部目大連に賜わった。

秋八月に、播磨国の御井隈《みいくま》の人文石小麻呂《あやしのおまろ》は、力があり心が強暴で、その行動は横暴であり、暴虐であった。道路の途中で略奪し、通行人を通らせなかった。また商人の船を襲って、積荷をことごとく奪い取ってしまった。加えて国法に違反して、租賦を納めなかった。そこで、天皇は、春日小野臣大樹《かすがのおののおみおおき》を遣わして、勇敢な兵士百人を率いさせ、ともに火

炬を持って、小麻呂の宅を囲み焼かしめた。そのとき、炎の中から白い犬が、暴れ出てきて、大樹臣を追いまわした。その大きさは、馬のようであった。大樹臣は、顔色を変えないで、刀を抜いて斬り捨てた。たちまちその白い犬は文石小麻呂に変わってしまった。

秋九月に、木工の韋那部真根《いなべのまね》は、石を礩《あて》（基礎に置く台）として、斧で木材を削っていた。終日、削っていても、誤って刃を傷つけることがなかった。天皇は、その場所に行幸されて、不思議にお思いになり、問われて、

「いつも誤って石にあてることはないのか」

と仰せられた。真根は、お答えして、

「けっして誤ることはございません」

と申し上げた。そこで、天皇は采女を召し集めて、衣服を脱がせ、犢鼻《たふさぎ》（ふんどし）をさせて、人の見ているところで相撲をとらせた。そのとき、真根は、しばらく手を休めて、仰ぎ見て削った。思わず手を誤って刃を傷つけてしまった。天皇は、そこでお責めになって、

「おまえは、どこの誰だ。私を畏れず、不貞の心をもって、やたらに軽々しく答えるのは」

と仰せられた。そこで、物部にあずけて、野で殺させようとした。そのとき、仲間の工匠がいて、真根のことを歎き惜しんで、歌を作って、

あたらしき　韋那部《ゐなべ》の工匠《たくみ》　懸けし墨縄　其《し》が無《な》けば　誰か懸けむよ　あたら墨縄（もったいない、韋那部の工匠の使った墨縄よ。彼がいなかったら、誰がかけよう。もったいないあの墨縄よ）

と言った。天皇は、この歌をお聞きになって、かえって後悔されて、ひどく歎かれ、

「もう少しで人を失うところであった」

と仰せられ、赦免の使を、甲斐の黒駒に乗って刑場に馳《はし》らせ、殺すのを止めさせて赦免された。そうして徽纏《ゆわいづな》を解いた。さらに天皇は、お歌を作られて、

ぬば玉の　甲斐の黒駒　鞍着《くらき》せば　命死なまし　甲斐の黒駒（甲斐の黒駒にもし鞍をつけていたら、たぶん韋那部の工匠は死んでいただろうな。甲斐の黒駒よ）〔一本に、「命死なまし（死んでいただろうな）」というのにかえて、「い及《し》かずあらまし（間に合わなかっただろうな）」とあるという〕

と仰せられた。

十四年の春正月の丙寅《ひのえとら》の朔戊寅《つちのえとら》（十三日）に、身狭村主青らが、呉国《くれのくに》の使者とともに、呉の献上した手末《たなすえ》の才伎《てひと》である漢織《あやはとり》・呉織《くれはとり》および衣縫《きぬぬい》の兄媛・弟媛らを率いて、住吉津《すみのえのつ》に碇泊《ていはく》した。

この月に、呉の客の道を作って、磯歯津路《しはつのみち》に通じた。それを呉坂《くれさか》と名づけた。

三月に、臣連に命じて、呉の使者を迎えさせた。そして呉人を檜隈野《ひのくまの》に置いた。そこ

で呉原（現在の奈良県高市郡明日香村栗原）と名づけた。衣縫の兄媛を、大三輪神に奉り、弟媛を漢衣縫部《あやのきぬぬいべ》とした。漢織・呉織の衣縫は、飛鳥衣縫部・伊勢衣縫らの先祖である。

根使主

夏四月の甲午《きのえうま》の朔に、天皇は、呉人を接待しようとされて、群臣に対しつぎつぎにお問いになって、

「さて、賓客とともに食事する係は誰がよかろうか」

と仰せられた。群臣は、そろって、

「根使主《ねのおみ》がよろしゅうございましょう」

と申し上げた。天皇は、ただちに根使主に命じられて、賓客とともに食事する係となさった。こうして、石上《いそのかみ》の高抜原《たかぬきのはら》において呉人に食事を賜わった。そのとき、ひそかに舎人を遣わして、根使主の装飾を視察させた。舎人は、復命して、

「根使主が着けていた玉縵《たまかずら》（玉を連ねた髪飾り）は、はなはだ際立って他と異なり、もっとも美麗でありました。また衆人が言っておりますのには、前に使者を迎えたときにも、またそれを着けていたということでございます」

と申し上げた。そこで、天皇は、みずから御覧になろうとされて、臣連に命じて、装飾させるのに饗宴のときと同様にさせ、宮殿の前で引見された。皇后（草香幡梭姫皇女）は、

天を仰いでなげかれ、啼泣《ていきゅう》してお哀しみになった。天皇は、お問いになって、

「どうして泣くのか」

と仰せられた。皇后は、胡床からおりられて、お答えして、

「この玉縵は、昔、私の兄の大草香皇子《おおくさかのみこ》が、穴穂天皇《あなほのすめらみこと》（安康天皇）の勅をうけたまわって、私を陛下にたてまつったときに、私のために献上されたものでございます。そこで、疑いを根使主にかけて、不覚にも涙が落ちて哀しんでいるのでございます」

と申し上げた。天皇は、お聞きになって驚き、大いにお怒りになった。深く根使主をお責めになった。根使主は、お答えして、

「お詫び申し上げます。まことに私のあやまちでございます」

と申し上げた。詔して、

「根使主は、いまより以後、子々孫々に至るまで、群臣の列にあずからしめてはならぬ」

と仰せられた。そうして斬り捨てられようとした。根使主は、逃げ隠れて、日根（和泉国日根郡の辺）に至って、稲城《いなき》を造って迎え撃った。ついに官軍に殺されてしまった。天皇は、有司に命じて、子孫を二つに分けて、一方を大草香部の民とし、皇后に封じ、他方を茅渟県主に賜わって、負嚢者《ふくろかつぎひと》とした。そうして難波吉士日香香《なにわのきしひかか》の子孫を求めて、姓を賜わり、大草香部吉士となさった。この日香香らの話は、穴穂天皇紀（安康元年二月条）にある。事件が終わってから後に、小根使主《おねのおみ》〔小根使主は、根使主の子である〕が、夜に寝な

がら人に語って、「天皇の城は堅固でない。私の父の城は堅固である」と言った。天皇は、この言葉を伝え聞かれて、人を遣わして、根使主の宅を視察させた。まったくその言葉のとおりであった。そこで、小根使主を捕えて殺した。根使主の後孫が坂本臣となったことは、これから始まったのである。

秦の民と漢部

十五年に、秦《はだ》の民を臣連らに分散して、それぞれ思うままに駆使させ、秦造《はだのみやつこ》に委《ゆだ》ねしめなかった。そこで、秦造酒《さけ》は、それをたいへん気に病んで、天皇にお仕えしていた。天皇は、秦造酒を寵愛され、詔して秦の民を集めて、秦酒公に賜わった。そこで公は、百八十種勝《ももあまりやそのすぐり》を率いて、庸調の絹・縑《かとり》（上質の絹）を奉献して、朝廷に充積した。よって姓を賜わって禹豆麻佐《うつまさ》〔一説に、禹豆母利麻佐《うつもりまさ》という。いずれも充積の貌《かたち》である〕というのである。

十六年の秋七月に、詔して、桑の栽培に適した国県に桑を植えさせた。また秦の民を割り当て移して、庸調を献じさせた。

冬十月に、詔して、漢部《あやべ》を集めて、その伴造《とものみやつこ》の者を定めよと、仰せられた。姓《かばね》を賜わって直《あたい》といった〔一説に、賜うとは、漢使主《あやのおみ》らに姓を賜わって直といったのである、という〕。

十七年の春三月の丁丑《ひのとのうし》の朔戊寅《つちのえとら》（二日）に、土師連らに詔して、朝夕の御膳《みけつもの》を盛るべき清器を進上するようにと、仰せられた。そこで、土師連の祖である吾笥《あけ》は、摂津国《つのくに》の来狭狭村《くささのむら》（現在の大阪府豊能郡）、山背国の内村（現在の京都府八幡市内里）・俯見村《ふしみのむら》（現在の京都市伏見区）、伊勢国の藤形村（現在の三重県津市藤方）、および丹波・但馬・因播《いなば》の私有の民部《かきべ》をたてまつった。名づけて贄土師部《にえのはじべ》という。

朝日郎

十八年の秋八月の己亥《つちのとのい》の朔戊申《つちのえさる》（十日）に、物部菟代宿禰《うしろのすくね》、物部目連を遣わして、伊勢の朝日郎《あさけのいらつこ》を討たせた。朝日郎は、官軍が至ったと聞いて、ただちに伊賀の青墓で対峙し戦った。みずからよく弓を射ることを誇って、官軍に語って、

「朝日郎の相手として、誰が応戦するのか」

と言った。その放つ矢は、二重の甲《よろい》を射とおした。官軍は、みな怖れた。菟代宿禰は、あえて進撃しなかった。あい対峙すること二日一晩、ここに、物部目連が、みずから大刀を執って、筑紫の聞物部大斧手《きくのもののべおおおのて》に楯を持たせ、軍中で大声をあげさせて、ともに進撃させた。朝日郎は、これを望見して、大斧手の楯と二重の甲とを射とおした。そのうえ大斧手の身体の肉に矢が一寸ばかりささった。大斧手は、楯をかざして物部目連を隠した。目連は、そこで朝日郎を捕えて斬り殺した。そのため菟代宿禰は、戦って敵を破らなかったこ

とを恥じ、七日間も復命しなかった。天皇は、侍臣にお尋ねになって、

「菟代宿禰は、どうして復命しないのか」

と仰せられた。そのとき、讃岐田虫別《さぬきのたむしのわけ》という者がいて、進んで奏上して、

「菟代宿禰は、臆病で、二日一晩のあいだ朝日郎を捕えることができませんでした。しかるに物部目連は、筑紫の聞物部大斧手を率いて、朝日郎を捕え、斬り殺しました」

と申し上げた。天皇は、これをお聞きになってお怒りになった。ただちに菟代宿禰の所有していた猪使部《いつかいべ》を奪って、物部目連に賜わった。

十九年の春三月の丙寅《ひのえとら》の朔戊寅《つちのえとら》（十三日）に、詔して穴穂部《あなほべ》をお置きになった。

百済の都の陥落

二十年の冬に、高麗《こま》の王が、大いに軍兵を発して、百済を攻撃し滅ぼした。その際、少数の残兵がいて、倉下《へすおと》に集まっていた。兵粮《ひょうろう》は、すでになくなって、深く憂い泣いた。そこで、高麗の諸将は、王に言上して、

「百済の心情は、思いのほかにあやしいと存じます。私は、見るたびに、思わず自然に心配がつのってまいります。おそらく、また蔓延《はびこ》ることでありましょう。追いはらうことをお願いします」

と申した。王は、

「そうするのはよくない。私は、百済国が日本国の官家《みやけ》として、由来が深いということを聞いている。またその王が、日本国に行って天皇に仕えておることは、四隣の国々がみな知るところである」

と言った。そこで追いはらうことを止めた。

〔『百済記』によれば、蓋鹵王《こうろおう》の乙卯《きのとのう》の年の冬に、狛《こま》（高句麗《こうくり》）の大軍が来て、大城《こにさし》（漢城）を七日七夜攻撃し、王城が陥落して、尉礼《いれ》（百済の雅称か）を失い、国王《こきし》および大后《こにおるく》・王子《せしむ》らが、みな敵の手にかかって死んだという。」

二十一年の春三月に、天皇は、百済が高麗に破られたとお聞きになって、久麻那利《こむなり》（忠清南道公州《コンジュ》の古称の熊津か）を汶洲王《もんすおう》に賜わり、その国を救い起こされた。時の人は、みな、

「百済国は、属党がすでに亡び、倉下《へすおと》に集まって憂えていたが、実に天皇のお力によって、またその国を造った」

と言った。

〔汶洲王は、蓋鹵王の母弟である。『日本旧記』によれば、久麻那利《こむなり》を末多王《またおう》に賜わったという。たぶんこれは誤りであろう。久麻那利は、任那国の下哆呼唎県《あろしたこりのこおり》の別邑《べつゆう》である。」

二十二年の春正月の己酉《つちのとのとり》の朔に、白髪皇子《しらかのみこ》（清寧天皇）を皇太子となさった。

秋七月に、丹波国の余社郡《よざのこおり》管川《つつかわ》（現在の京都府与謝郡伊根町筒川）の人である瑞江浦嶋《みずのえのうらしまの》

子《こ》が、舟に乗って釣をしていた。そうすると大亀を得て、それがたちまち女となった。そこで、浦嶋子は、心がたかぶって妻とした。あとについて海に入り、蓬萊山《とこよのくに》に至って、仙衆《ひじり》をめぐり見て歩いた。この話は、別巻にある。

二十三年の夏四月に、百済の文斤王《もんこんおう》が薨じた。天王（天皇、原資料は大王か）は、昆支《こんき》王《おう》の五人の子の中で、第二子である末多王《またおう》が、幼年なのに聡明であるので、勅して内裏にお召しになり、親しく頭をお撫でになって、ねんごろに誡められ、その国の王となさった。そうして兵器を賜い、あわせて筑紫国の軍士五百人を遣わして、国に守り送らしめた。これが東城王《とうせいおう》である。

この年に、百済の調賦が、いつもより多かった。筑紫の安致臣《あちのおみ》・馬飼臣らが、船師《ふないくさ》を率いて高麗を撃った。

天皇の遺言

秋七月の辛丑《かのとのうし》の朔に、天皇は、御病気になられた。詔して、賞罰《まつりごと》・支度《おきて》は事の大小にかかわらず、すべて皇太子にゆだねられた。

八月の庚午《かのえうま》の朔丙子《ひのえね》（七日）に、天皇の御病気は、いよいよ重くなられた。百寮にお別れのお言葉をのべられ、ひとりひとり手をお握りになって歎かれた。大殿でお崩《かく》れになった。大伴室屋大連と東漢掬直《やまとのあやのつかのあたい》とに遺詔して、

「まさにいま、天下は一家であって、飯をかしぐ煙は万里の遠方からも立ちのぼっている。百姓はおさまり、平安で、四夷も服属している。これまた天意に、日本全土を安寧にしようとする願いがあったからである。わたしが、心を責め、己を励まして、一日一日を慎んできたのも、もちろん百姓のためであった。臣・連・伴造は、毎日、朝廷に参上し、国司・郡司は、その時々に朝廷に参集した。どうして誠意をつくして、慇懃に誡めないでいられよう。義においては君臣であるが、情においては父子を兼ねているのである。どうか、臣連の智力によって、内外の心をよろこばせ、天下を、永く安楽に保ってほしい。思いのほか病気がすすみ意識が不明になって、死の国へ行くことになった。これは人生の常であり、いまさら言うまでもないことだ。ただ、朝野の衣冠だけを、まだはっきり定めることができなかった。また教化や政刑について、まだ十分ではないところがある。これをあわせ思うとき、ただ無念である。いまだいぶ齢をとったから、夭《わかじに》ということはできない。筋力も精神も一時に竭《つ》きてしまった。このような愚痴は、もとより身のためばかりではなく、ただ百姓を平安に養おうとする気持からなのだ。そのために、こんな愚痴をこぼしたのだ。人として自分の子孫に心をかけない者があろうか。しかし、天下のためとなれば、事にあたって情を断ち切らねばならぬ。いま星川王《ほしかわのみこ》は、心に悪意をいだき、行動において、兄弟の義を欠いておる。昔の人が、『臣を知ることは、君におよぶものはなく、子を知ることは、父におよぶものはない』と言っている。もしかりに、星川王が志を得て、国家を治めたならば、かならず戮辱《りくじょく》が臣連におよび、酷毒が庶民にゆきわたるであろう。これは、そもそも悪い子孫は、百姓に嫌われ、良い子孫は、十分に大業を背負うにたえる。これは、わたしの家のことであるけれども、道理において隠しておくべきことではない。大連たちは、民部《かきべ》を多くもっており、それが国に充満している。皇太子は、やがて天皇となるべき地位にあって、仁孝がひろく聞こえている。その行業をおしはかると、わたしの志をうけつぐのに不足はない。こうして、ともに天下を治めれば、わたしが瞑目しても、けっして心残りとなることはないであろう」〔一本によれば、「星川王は、心が悪く、乱暴であることが、天下にひろく聞こえている。不幸にしてわたしが死んだ後に、きっと皇太子を害するであろう。おまえたちは民部が非常に多い。かならず、たがいに助けてほしい。けっしてあなどらせるな」とある〕

と仰せられた。

このとき、征新羅将軍吉備臣尾代が、吉備国に行って、家に立ち寄った。あとに従っていた五百人の蝦夷らが、天皇がお崩《かく》れになったと聞き、語りあって、

「わが国を統治しておられる天皇が、お崩れになった。時を失ってはならぬ」

と言って、結集し、近隣の郡を侵寇した。そこで、尾代は、家から出てきて、蝦夷と娑婆《さばの》水門《みなと》で出会って、合戦し、弓を射た。蝦夷らは、あるいはとびあがり、あるいは伏して、うまく矢を避けた。ついに射ることができなかった。そのため尾代は、弓弦を鳴らして邪

霊を払い、海浜の上で、とびあがり伏している者二隊を射殺した。二つの嚢《やなぐい》の矢が、なくなってしまった。そこで船頭をよんで矢を求めさせた。船頭は、おそれて逃げてしまった。尾代は即座に弓を立てて、弓筈《ゆみはず》を持って、歌をよんで、

道に闘《あ》ふや　尾代の子　母《あも》にこそ　聞こえずあらめ　国には　聞こえてな（出征の途中で戦闘をする　尾代の子、このわが名は母にこそは聞こえないだろうが、わが故国の人々の耳には伝わってほしい）

と言った。うたいおわって、みずから多数の人を斬った。さらに追撃して、丹波国の浦《うら》掛水門《かけのみなと》（現在の京都府京丹後市久美浜町浦明か）に至って、ことごとく攻め殺してしまった〔一本によれば、追いかけて浦掛に至り、人を遣わして、ことごとく殺させたとある〕。

（1）雄略天皇の実名「幼武」は、いままで「ワカタケ」と読まれてきたが、一九七八年九月に発見された埼玉県稲荷山古墳出土の鉄剣銘文に「獲加多支鹵大王」とあることによって、「ワカタケル」が本来の読み方であることがわかった。同銘文には乎獲居直《おわけのあたい》の上祖の意富比垝《おほひこ》から八代にわたる系譜が記され、代々、「杖刀人の首」となって奉仕してきたことがみえる。またこの銘文は辛亥の年（四七一年）に記され、銘文を彫らせた当の乎獲居直が、獲加多支鹵大王（雄略天皇）が斯鬼の宮に在った時に、「天下を左治し、この百練の利刀を作らしめた」とある。

（2）己巳の年を四二九年とすれば、倭王讃（仁徳天皇か）の時代またはその直後の時代に相当し、倭王武（雄略天皇）の時代とはならない。また四八九年とすると、百済では末多王（四七九～五

〇一）の時代になって、蓋鹵王が立ったことと矛盾する。

（3）虹と蛇は、ともにナブサともいわれたように、両者が同じものとみられていた時代があった。虹が起こったところを掘ったら、神鏡が出てきたとあるのは、蛇と剣との因縁がきわめて深いことから、もとは剣を得た説話であったのが、鏡に変えられたのではないかとする説がある。

（4）『古事記』では、この歌を雄略天皇自身が猪を怖れて榛の木に逃げのぼったときのものとしている。歌の内容から見ると、命が助かった舎人が、榛の木があってよかったと、榛の木を讃えて歌った歌にちがいなく、ここでいうような刑に臨む舎人の歌とするのは疑問である。

（5）蓋鹵王在位（四五五～四七五）中の辛丑の年は、四六一年にあたる。『宋書』によると、四六二年に倭王興（安康天皇）が遣使したとあるので、この史実は、安康天皇の時代のことと考えられている。

（6）高麗人を鶏に擬《なぞら》えているのは、高句麗の軍人が頭に鳥の羽を挿んでいたという事実や、あるいは鶏を意味する新羅語 tark が、高句麗の軍隊・軍人を意味する高句麗語 tar, tak に通じていたからであるといわれている。

（7）『日本書紀』における「日本府」という語の初見であるが、もちろん当時は日本という国号もなく、任那を統治する政庁も置かれていなかったから、たとえばヤマトノミコトモチと呼ばれていた任那派遣の官ないしは軍があったにすぎないと考えられている。

（8）大伴氏と紀氏の勢力圏が、大和ではなく、紀伊と和泉で隣接していたことが、これによってうかがわれる。

日本書紀巻第十五

白髪武広国押稚日本根子天皇　清寧天皇
弘計天皇　顕宗天皇
億計天皇　仁賢天皇

白髪武広国押稚日本根子天皇《しらかのたけひろくにおしわかやまとねこのすめらみこと》　清寧天皇《せいねい》

星川皇子の叛

白髪武広国押稚日本根子天皇は、大泊瀬幼武天皇《おおはつせわかたけのすめらみこと》（雄略天皇）の第三子である。母を葛城韓媛《かずらきのからひめ》と申し上げた。天皇は生れつき髪がお白かった。成人なさってから人民を愛せられた。大泊瀬天皇は、諸皇子の中で、とくにその霊妙さに引きつけられていた。二十二年に、皇太子にお立ちになった。

二十三年の八月に、大泊瀬天皇がお崩《かく》れになった。吉備稚媛《きびのわかひめ》は、ひそかに幼子の星川皇子に、

「天皇の位につこうとするならば、まず大蔵の官(1)を取りなさい」

と言った。長子の磐城《いわき》皇子は、母が、その幼子に教えたことを聴いて、

「皇太子は、私の弟ではあるけれども、どうして皇太子を欺くことができようか。そのようなことをしてはならない」

と（星川皇子に）言った。星川皇子は、言うことを聴かずに、あっさりと母の意向にしたがい、大蔵の官を取ってしまった。外門（大蔵の出入の門）を閉めて、攻撃に備えた。権勢をほしいままにし、官物を費やしてしまった。そこで、大伴室屋大連《おおとものむろやのおおむらじ》は、東漢掬《やまとのあやのつかの》直《あたい》に、

「大泊瀬天皇の遺詔(2)どおりのことが、いま到来しようとしている。遺詔にしたがって、皇太子にお仕えしなければならぬ」

と言った。即座に、軍隊を派遣して大蔵を包囲させた。外から固めて逃げられないようにして、火をつけて焼き殺した。このとき、吉備稚媛および磐城皇子の異父兄である兄君《えきみ》と城丘前来目《きのおかさきのくめ》［名は伝わらない］とは、星川皇子にしたがっていて、焼き殺されてしまった。河内三野県主小根《かわちのみののあがたぬしおね》は、怖ろしくなって、火をかいくぐって逃げ出してきた。草香部吉士《くさかべのきし》漢彦《あやひこ》の脚を抱きながら、生命を助けてくれるように大伴室屋大連に願い出てほしいと言い、

「あの、県主小根が、星川皇子に仕えておりましたことは事実ですけれども、皇太子さまにお背きいたしたことは、いっさいございません。どうか大きなお恵みをほどこされまして、あいつの生命をお救いください」

と申し上げてもらった。漢彦は、そこであれこれと大伴大連に申し立てたので、死刑に処せられなかった。そこで、小根は漢彦を通じて大連に、

「大伴大連さま、わが君は、大きなお恵みをほどこされまして、死ぬのがせまっていた私の生命を、生きながらえさせていただき、太陽の輝きを見ることができました」

と申し上げた。そして、大連に難波《なにわ》の来目邑の大井戸《おおいへ》（所在地未詳）の田十町を贈った。また漢彦に田地を与えて、その恩に報《むく》いた。

この月に、吉備上道臣《きびのかみつみちのおみ》らは、朝廷で乱が起こったと聞いて、稚媛の生んだ星川皇子を救おうと思い、船師《ふないくさ》四十艘を率いて、海を渡りはじめた。しかし、焼き殺されたことを聞いて、海路、帰って行った。天皇（白髪皇子）は、使者を派遣して、上道臣らを責め、その管掌下にあった山部《やまべ》を奪い取った。

冬十月の己巳《つちのとのみ》の朔壬申《みずのえさる》（四日）に、大伴室屋大連は、臣《おみ》や連《むらじ》たちを率いて、璽《しるし》（鏡・剣）を皇太子に奉った。

天皇即位

元年の春正月の戊戌《つちのえいぬ》の朔壬子《みずのえね》（十五日）に、有司《つかさ》に命じて、壇場《たかみくら》を磐余《いわれ》の甕栗《みかくり》（所在未詳）に設けて天皇の位におつきになった。ここに宮を定めた。葛城韓媛《かずらきのからひめ》を尊んで、皇太夫人とした。大伴室屋大連を大連とし、平群真鳥大臣《へぐりのまとりのおおおみ》を大臣としたことは、ともに前のとおりであった。臣・連・伴造《とものみやつこ》たちは、それぞれの官職や位にしたがって仕えた。

冬十月の癸巳《みずのとのみ》の朔辛丑《かのとのうし》（九日）に、大泊瀬《おおはつせ》天皇（雄略天皇）を丹比高鷲原陵《たじひのたかわしのはらのみささぎ》に葬り申し上げた。この時に、隼人《はやひと》は昼夜、陵のほとりで大声で哀しみ叫び、食物を与えたけれども食べなかった。彼らは七日目に死んだ。有司は彼らの墓を陵の北に造って、儀礼にしたがって葬った。この年は、太歳庚申《かのえさる》である。

億計・弘計の発見

二年の春二月に、天皇は子どもがいないことを残念に思われて、大伴室屋大連を諸国に遣わして、白髪部舎人《しらかべのとねり》・白髪部膳夫《かしわで》・白髪部靫負《ゆけい》を置いた。それは、遺跡を残して、後世に知らしめたいと願われてのことであった。

冬十一月に、大嘗《おおにえ》を供奉する料を徴収するために、播磨国《はりまのくに》に遣わした役人である山部連《やまべのむらじ》の先祖の伊予来目部小楯《いよのくめべのおだて》が、赤石郡《あかしのこおり》（明石郡）の縮見《しじみ》（現在の兵庫県三木市志染町付近）

の屯倉《みやけ》の首《おびと》である忍海部造《おしぬみべのみやつこ》細目《ほそめ》の新築の家において、市辺押磐皇子《いちのべのおしわのみこ》の子、億計《おけ》と弘計《おけ》とを見つけだした。敬って二人をあわせ抱きあげ、君としてあがめ奉ろうとした。養育申し上げるのに、はなはだしく気をつかい、自分の物をさし上げた。そして粗末な宮を作り、仮りにお住まわせ申し上げた。早馬を仕立てて奏上した。天皇はおどろき嘆息されて、しばらく心を痛ませられながら、「めでたいことだ。悦ばしいことだ。天は大きな恵みを垂れたまい、賜うに二人の幼児をもってせられた」と仰せられた。

この月に、小楯《おだて》に節刀を授け、側近の舎人《とねり》を率いさせて、赤石に行ってお迎え申し上げさせられた。このことは、弘計天皇（顕宗天皇）の紀にある。

三年の春正月の丙辰《ひのえたつ》の朔に、小楯らは、億計・弘計を奉じて、摂津国に至った。臣・連に節刀を持たせ、王の青蓋車《みくるま》(3)を使って、宮中にお迎え申し上げた。

夏四月の乙酉《きのとのとり》の朔辛卯《かのとのう》（七日）に、億計王を皇太子とし、弘計王を皇子とした。

風俗の巡視と海外の使者

秋七月に、飯豊皇女《いいどよのひめみこ》は、角刺宮《つのさしのみや》で、初めて夫と男女の交わりをなさった。皇女は他の人に、

「わずかばかり、女の道を知りました。なにも変わったことはありませんでした。もうけっして男と交わることを願いません」〔ここに夫があると言うのは、いまだ詳らかではない〕と言われた。

九月の壬子《みずのえね》の朔癸丑《みずのとのうし》（二日）に、臣・連を遣わして、風俗を巡視させた。

冬十月の壬午《みずのえうま》の朔乙酉《きのとのとり》（四日）に、詔して、

「犬や馬や賞翫《しょうがん》の物を献上してはならない」

と仰せられた。

十一月の辛亥《かのとのい》の朔戊辰《つちのえたつ》（十八日）に、臣・連を召して、大庭《おおば》で宴を催し、綿《わた》・帛《きぬ》を賜わった。皆取りたいものを取り、力を尽くして、退出した。

この月に、海外の国々は、それぞれ使者を派遣して、調《みつき》をたてまつった。

四年の春正月の庚戌《かのえいぬ》の朔丙辰《ひのえたつ》（七日）に、海外の国々の使者のために朝堂《みかど》で宴を催し、物を賜わるのに差があった。

夏閏《うるう》五月に、大いに飲食する宴が、五日におよんだ。

秋八月の丁未《ひのとのひつじ》の朔癸丑《みずのとのうし》（七日）に、天皇は、みずから囚徒を取り調べられた。この日に、蝦夷《えみし》・隼人《はやひと》が、ともに内附した。

九月の丙子《ひのえね》の朔に、天皇は、射殿におお出ましになり、百寮と海外の使者に詔して射させられた。物を賜わるのに差があった。

五年の春正月の甲戌《きのえいぬ》の朔 己 丑《つちのとのうし》（十六日）に、天皇は、宮でお崩《かく》れになった。時に御年は若干（4）であった。

冬十一月の庚午《かのえうま》の朔 戊 寅《つちのえとら》（九日）に、河内坂門原 陵《かわちのさかとのはらのみささぎ》に葬り申し上げた。

（1）朝廷の財庫を掌る官。『新撰姓氏録』山城諸蕃、秦忌寸条に雄略天皇朝に大蔵を設置したことが見え、「諸《もろもろ》の秦氏を役し、八丈の大蔵を宮の側に構え、其の貢物を納む。……是の時に始めて大蔵の官員を置き、酒を以て長官と為す」とある。また『古語拾遺』長谷朝倉朝条に「更に大蔵を立てて」云々とみえる。『新撰姓氏録』左京神別、大貞連条の「大椋《おおくら》の官」も同じ。

（2）雄略天皇紀（五三六ページ以下）に見える。

（3）青色の被《おお》いのある車で、古代中国では皇子の専用車。

（4）『神皇正統記』に三十九歳、『水鏡』に四十一歳、『皇代記』に四十二歳とあり、『古事記』には崩年の記載はない。

弘計天皇《おけのすめらみこと》　顕宗《けんぞう》天皇

弘計・億計兄弟の苦難

弘計天皇〔またの名は、来目稚子《くめのわくご》〕は、大兄《おおえの》去《い》来《ざ》穂《ほ》別天皇《わけのすめらみこと》（履中天皇）の御孫であり、市辺押磐皇子の御子である。母を荑媛《はえひめ》と申し上げた〔荑、これを波曳《はえ》という。譜第(1)には、市辺押磐皇子は、蟻臣《ありのおみ》の女、荑媛を娶《め》し、三男・二女を生み、その一を居夏姫《いなつひめ》といい、その二を億《お》計王《けのみこ》といい、またの名は、嶋稚子《しまのわくご》、あるいは大石尊《おおしのみこと》といい、その三を弘計王《おけのみこ》といい、またの名は、来目稚子《くめのわくご》、その四を飯豊女王《いいどよのひめみこ》といい、またの名は忍海部女王《おしぬみべのひめみこ》、その五を橘王《たちばなのみこ》と申し上げたという。ある本では、飯豊女王を億計王の上に列叙してある。蟻臣は、葦田宿禰の子である〕。天皇は、長らく辺境の地に居られて、百姓の憂え苦しんでいる様子をつぶさにご存じになっておられた。いつも百姓が虐《しいた》げられているのを御覧になっては、ご自身の身体を溝に投げ入れられたように苦しまれた。徳を及ぼし恵みを施され、政令はきちんと行われた。貧しい者を救恤《きゅうじゅつ》し、寡婦を養育なさったため、天下では親しみ、心を天皇に寄せたのであった。

穴穂天皇《あなほのすめらみこと》（安康天皇）の三年の十月に、天皇の父、市辺押磐皇子と帳内《とねり》の佐伯部仲子《さえきべのなかちこ》が、蚊屋野《かやの》において、大泊瀬天皇《おおはつせのすめらみこと》のために殺されてしまった。そして二人を同じ墓穴に埋めた。そこで、天皇（弘計王）と億計王とは、父が射殺されたことをお聞きになられて、恐れおののき、ともに逃げ出し、人目を避けておられた。帳内の日下部連使主《くさかべのむらじおみ》〔使主《おみ》は、日下部連の名である。使主、これを於瀰《おみ》という〕と吾田彦《あたひこ》〔吾田彦は、使主の子である〕とは、ひそかに天皇と億計王とを奉じて、丹波国《たにはのくに》の余社郡《よざのこおり》に避難おさせ申し上げた。使主は、名字を改めて、田疾来《たとく》といった。それでも誅殺されることを恐れて、ここから播磨の縮見《しじみの》山《やま》の石室《いわや》（兵庫県三木市志染町窟屋の窟屋山の麓にある石室か）に逃げ入って、首をくくって自殺してしまった。天皇は、なおも使主が行った所をお知りにならずに、兄の億計王をお誘いになって、播磨国の赤石郡に向かい、ともに名を改められて丹波小子《たにはのわらわ》と仰せられた。到着してから縮見の屯倉《みやけ》の首《おびと》に仕えられた〔縮見の屯倉の首は、忍海部造細目《おしぬみべのみやつこほそめ》であった〕。吾田彦は、ここに至るまで、お側を離れないで、ずうっとお仕えしていた。

二王子、身分をあかす

白髪天皇の二年の冬十一月に、播磨国司で山部連《やまべのむらじ》の先祖である伊予来目部小楯《いよのくめべのおだて》は、赤石郡において、親しく新嘗の供物を整え献じた〔一本によると、郡県を巡行して、田租を徴収していたという〕。たまたま縮見《しじみ》の屯倉の首が、新築の祝いをして、夜をあかし翌日の昼まで宴を催しているところに出くわした。そしてそのとき、天皇（弘計王）は、兄の億計

王に語って、

「ここに乱を避けて、年数がたった。名をあきらかにし、高貴の者であることをはっきりさせるのは、まさに今夜しかありません」

と仰せられた。億計王は、心痛し嘆息して、

「そのことを自分から言い出して殺されるか、身をまっとうして災厄を免れるか、どちらをとるか」

と言われた。天皇は、

「わたしは、去来穂別天皇（履中天皇）の孫なのだ。それなのに苦しみながら人に仕え、牛や馬を飼っている。名をあきらかにして殺される方がましです」

と仰せられた。そして億計王と抱きあって涙を流し、泣くのをおさえることができなかった。億計王は、

「それなら、弟以外に、誰も大義を高らかに宣《の》べて明らかならしめることのできる人はいない」

と言われた。天皇は、固辞して、

「わたしには才がなく、どうして大業を宣揚することなどできましょうか」

と仰せられた。億計王は、

「弟は才があり、利口である。ここには、弟よりもすぐれた人物はいない」

と言われた。こうして譲り合いをすることが、再三くり返された。結局、天皇は、自分から言い出すことを認めさせられて、ともに家の外に行って、自分は末席に坐られた。屯倉の首は、竈《かまど》の傍に居るように命じて、あっちこっちに燭《ひ》をともさせた。夜がふけ酒宴は酣《たけなわ》となり、順序にしたがって儛《ま》いがおわると、屯倉の首は、小楯に話しかけて、

「わたしは、この燭をともした者を見ると、人を貴び、自分を賎しめ、人を先に立てて、自分を後にまわしている。恭敬の念をもって撙節《そんせつ》し（規則に従い）、へりくだり譲り合って礼節をはっきりさせている〔撙は、「趍《はしる》」と同じで、「相従《あいしたがう》」であり、「止《とどまる》」である〕。君子と申すべきでありましょう」

と言った。そこで、小楯は、絃《こと》を弾いて、燭をともした者に命じて、

「立ちあがって儛《ま》いなさい」

と言った。そうすると、兄弟は譲り合って、しばらく席を立たなかった。小楯は、せき立てて、

「どうして、ぐずぐずしているのだ。早く立ちあがって儛いなさい」

と言った。億計王は、立ちあがって儛いおわった。天皇が、つぎに立ちあがって、自分から衣服を整えて、室寿《むろほぎ》(2)して、

築《つ》き立《た》つる　稚室葛根《わかむろかづね》、　築き立つる　柱は、　此の家長《いへのきみ》の　御心《みこころ》の鎮《しづまり》なり。　取り挙ぐる　棟梁《むねうつはり》は、　此の家長の　御心の林なり。　取り置ける　椽橑《はへき》は、　此の家長の　御

心の斉《ととのほり》なり。取り置ける　蘆萑《えつり》は、此の家長の　御心の平らかなるなり〔蘆萑、これを哀都利《えつり》という。萑は、音、之潤の反《かえし》である〕。取り結《ゆ》へる　縄葛《つなかづら》は、此の家長の　御寿《みいのち》の堅《かたまり》なり。取り葺《ふ》ける　草葉《かや》は、此の家長の　御富《みとみ》の余《あまり》なり。出雲《いづも》は新墾《にひばり》、新墾の　十握稲《とつかしね》を、浅甕《あさらけ》に　醸《か》める酒《おほみき》、美《うまら》にを　飲喫《やら》ふるかわ〔美飲喫哉、これを于《う》魔羅儞烏野羅甫屢柯倭《まらにをやらふるかわ》という〕。吾《わ》が子等《こども》〔子は、男子の通称である〕。脚日木《あしひき》の　此の傍《かた》山《やま》に、　牡鹿《さをしか》の角《つの》〔牡鹿、これを左烏子加《さをしか》という〕、挙《ささ》げて　吾が儛《まひ》すれば、旨酒《うまさけ》　餌香《ゑか》の市《いち》に　直以《あたひも》て買《か》はぬ。手掌《たなそこ》も憀亮《やらら》に〔手掌憀亮、これを陀那則挙謀耶羅羅儞《たなそこもやららに》という〕、拍《う》ち上《あ》げ賜《たま》ひつ、　吾が常世等《とこよたち》。（築き固めて立てた、新しい室を結びつける葛の根や、築き固めて立てた柱は、この家の主人の、お心を鎮めるものです。しっかりあげた棟木や梁《はり》は、この家の主人の、お心を美しくさせるものです。しっかり据えた垂木《たるき》は、この家の主人の、お心を整えるものです。しっかり置いた栈《さん》は、この家の主人の、お心を平らかにするものです。しっかり結《ゆ》わえた縄や葛は、この家の主人の、ご寿命を固めるものです。しっかり葺いた萱《かや》は、この家の主人の、富の豊かさをあらわすものです。出雲は新しい開墾地、その新しい開墾地に良く稔った丈の長い稲を、浅い甕《かめ》に醸《か》んで作ったお酒を、おいしく飲もうではないか。わが友だちよ。この山の傍で、牡鹿の角《つの》をささげて、私が儛を舞うと、このおいしい酒は、餌香《えか》の市でも、いくら値段をつけても買える代物《しろもの》ではない。手をうつ音もさわやかに、このお酒をいただいた。わが永久の友だちよ）

この寿詞がおわると、歌のふしにあわせて、歌をうたわれた。

稲蓆《いなむしろ》　川副楊《かはそひやなぎ》　水行けば　靡《なび》き起き立ち　その根は失《う》せず（川添いの柳の樹は、水の流れにつれて、靡いたり、起き立ったりしているが、その根はけっして無くなることはない）

小楯は、

「趣がある歌だ。できればいま一つ聞かしてくれまいか」

と言った。天皇は、そこで殊儛《たつづのまい》(3)〔殊儛を古くは立出儛《たつづのまい》といった。立出、これを陀豆豆《たつづ》という。儛いのかたちは、あるいは起ち、あるいは坐ったままで儛うのである〕をなさった。そして強い調子で、

倭《やまと》は　そそ茅原《ちはら》、浅茅原《あさちはら》　弟日《おとひ》、僕《やつこ》らま（倭は、そよそよと茅が音を立てる原である。その浅茅の原の〔大和の国の〕弟王である、私は）

と仰せられた。

そのため、小楯は、はなはだ不審に思い、さらに唱えさせた。天皇は、一段と強い調子で仰せられた。

石《いそ》の上《かみ》　振る神椙《かむすぎ》〔椙、これを須擬《すぎ》という〕、本伐《もとき》り　末截《すゑおしはら》ひ〔伐本截末、これを謨登岐《もとき》利須衛於茲波羅比《りすゑおしはらひ》という〕、市辺宮《いちのへのみや》に　天下治《あめのしたしら》しし、天万国万押磐尊《あめよろづくによろづおしはのみこと》の御裔《みあなすゑ》、僕《やつこ》らま（石上の布留の神杉を、本枝を伐《き》り、枝の先をはらいおとして造った市辺宮で、天下をお治めになった、天万国万押磐尊の御子であるぞ、私は）

小楯は、たいへん驚いて、席を離れて、痛み入りながら何回も拝礼した。承服してお仕えし、物をお供えして、一族を率いて謹んでご奉仕申し上げた。そして、郡《こおり》の民を残らず徴発して宮をお造りした。日ならずして、仮りにお住ませ申し上げた。ただちに京都《みやこ》に参上して、二人の王をお迎えになるように要請した。白髪天皇《しらかのすめらみこと》（清寧天皇）は、聞《きこ》しめされ、お喜びになり、かつ嘆息なさって、

「自分には子どもがない。二人の王を跡継ぎにしよう」

と仰せられて、大臣・大連と、宮中でご相談になった。そこで、播磨国司の来目部小楯《くめべのおだて》に節刀を持たせて、側近の舎人を率いさせ、赤石《あかし》に派遣して二人の王をお迎えさせた。

皇位の譲り合い

白髪天皇の三年の春正月に、天皇（顕宗天皇）は、億計王に従って、摂津国にお着きになった。臣・連に節刀を持たせ、王の青蓋車《みくるま》を使って、宮中にお迎え申し上げた。

夏四月に、億計王を皇太子にお立てになり、天皇（顕宗天皇）を皇子となさった。

五年の春正月に、白髪天皇がお崩れになった。

この月に、皇太子の億計王と天皇とは、皇位をお譲り合いになられた。久しいあいだ皇位にどなたもつかれない状態になった。そのため、天皇の姉君の飯豊青皇女《いいどよのあおのひめみこ》が、忍海角刺宮《おしぬみのつのさしのみや》で、朝政をお執りになった。ご自身で忍海飯豊青尊とお称えになられた。当時の

歌を作るのに長じた人は、歌を作って、歌った。

倭辺《やまとへ》に　見が欲しものは　忍海《おしぬみ》の　この高城《たかき》なる　角刺《つのさし》の宮《みや》（大和の辺りで見ようと思うものは、忍海の地のこの高城である角刺の宮です）

冬十一月に、飯豊青尊がお亡くなりになった。葛城埴口丘陵《かずらきのはにくちのおかのみささぎ》に葬り申し上げた。

十二月に、百官がすべて参集した。皇太子の億計は、天皇の神璽を取って、天皇の御座にお置きになった。何回も拝礼して諸臣の座に着座されて、

「この天子の位は、功労がある者がつくべきところである。高貴な身分をあきらかにして迎えられることになったのは、すべて弟の取り計らいによるものだ」

と言われた。そして天下を天皇（顕宗天皇）にお譲りになった。天皇は顧みて、位が弟に譲られることになるので、あえて位におつきにならなかった。また白髪天皇が、まず位を兄に伝えようとお望みになって、皇太子にお立てになられたのを尊重されて、始めから終わりまでずっと固辞なさって、

「太陽や月が昇っても、なお火をともしておくと、その火の光は、かえってわずらわしいものとなろう。恵みの雨が降っても、なお田畑に水を与えるのは、ただ疲れるだけであろう。人の弟であることを貴ぶわけは、兄に仕えて、兄が難儀を逃げ脱れるように取り計らい、兄の徳を輝かせ、紛争を解決して、自身は表に立たないことにある。もし、表に立つとこならば、弟として恭敬するという大義を損なうことになる。弘計としては、表に立つとこ

ろにいるに忍びない。兄が弟を愛し、弟が兄を敬うのは、万古不易の人倫のおきてである。これを古老から聞いた。どうして、自分独りで軽々しくふるまえるだろうか」

と仰せられた。皇太子の億計は、

「白髪天皇は、自分が兄であるがために、天下の事を奉じて、まずわたしに任せられようとした。わたしは、それを恥ずかしく思っている。思えば、大王は、はじめに上手《うま》く逃れる道をたてられた。それを聞いた人は嘆息した。帝の子孫であることをあきらかにした時に、見る者は恐懼して涙を流した。心配にたえなかった百官は、天をいただく慶びを感じた。哀しんでいた人民は、悦んで地を履む恩にめぐり会った。これによって、よく四方を固めて、永く万世に国を栄えさせるであろう。その功績は、天地の万物を創造した神に近く、その清明な計りごとは、世に照り映えている。なんと偉大なことであろうか。なんと遠大なことであろうか。ここに何とも言いあらわすことができない。したがって、兄であっても、どうして先に位につくことができようか。功績がないのに位につけば、咎《とが》めと後悔が、かならずやって来るであろう。わたしは、天皇が久しく空位のままであってはならぬと聞いている。天命は、譲り拒んではならない。大王は国家を計《はからい》とし、百姓を心《こころ》となさりなさい」

と言われた。言葉を述べるうちに興奮してこられ、涙をお流しになった。天皇は、そこで、どうしても位につくまいと思っていらっしゃったが、兄のご意志に逆らってはならぬと、お聴きとどけになった。しかしながら、御座におつきにならなかった。世の人は、その十分に真情をもってお譲りなさったことを美しいことと して、

「なんと素晴しいことであろう。兄弟が打ち解けて、天下が徳に帰した。親族が睦まじいときは、人民が慈愛の気持を奮い立たせるであろう」

と言った。

弘計王の即位承諾

元年の春正月の己巳《つちのとのみ》の朔に、大臣《おおおみ》と大連《おおむらじ》たちは、奏して、

「皇太子の億計は、聖徳が明らかにさかんであらせられ、天下をお譲り申し上げげた。陛下は正統であらせられる。皇統を奉じて、天下の主《あるじ》とおなりになり、祖先の無窮の功業をお承《う》けつぎになられて、上《かみ》は、天の心に向かい、下《しも》は、民の望みをかなえられよ。しかるに、位におつきになるのをご承諾にならない。そのために、朝鮮の諸国の群僚は、遠近を問わず、すべて失望することになりかねない。天命が陛下に委ねられ、皇太子は、心をこめてお譲りになった。聖徳は、いよいよ盛んであり、幸福は、はなはだ明らかである。若くして勤労を重ね、へりくだって恭しく、慈しみと従順をこととしてこられた。兄のご命令を奉じて、大業をお受けつぎください」

と申し上げた。詔をお出しになって、

「承諾する」

と仰せられた。ただちに、公卿《まえつきみたち》百寮《つかさつかさ》を近飛鳥八釣宮《ちかつあすかのやつりのみや》に召して、天皇の位におつきになった。百官の陪位者たちは、みなお忻《よろこ》び申し上げた。〔ある本には、弘計天皇（顕宗天皇）の宮は、二ヵ所あって、その一つの宮は小郊《おの》に、その二の宮は池野にあったという。またある本には、甕栗《みかくり》に宮をつくったという〕

この月に、難波小野王《なにわのおののみこ》を皇后にお立てになった。天下に大赦令をお出しになった。〔難波小野王は、雄朝津間《おあさづま》稚子宿禰《わくごのすくね》天皇（允恭天皇）の曽孫で、磐城王の孫にあたり、丘稚子王《おかのわくごのみこ》の女《むすめ》である〕

二月の戊戌《つちのえいぬ》の朔壬寅《みずのえとら》（五日）に、詔して、

「先王（市辺押磐皇子）は、災難にお遇《あ》いになり、荒野に命を終えられた。朕《われ》は、幼年であって、逃げてみずから隠れた。是非にもと求め迎えられて、天皇の位につくことになった。ひろく先王の御骨《みかばね》を求めたけれども、どうしてもその所在を知っている者がおらなかった」

と仰せられた。詔をお出しになってから、皇太子の億計と、涙を流して、憤り落胆し、自分でおさえることがおできにならなかった。

老女の功

この月に、老人たちを召しだして、天皇は、みずからひとりひとりにお問いになった。一人の老女がいて、進み出て、

「置目《おきめ》が、（先王の）御骨の埋めてある場所を知っております。そこで、ご案内申し上げたいと存じます」

と申し出た〔置目は、その老女の名で、近江国の狭狭城山君《ささきのやまのきみ》の祖先である倭帒宿禰《やまとふくろのすくね》の妹であり、名を置目といった。そのことは下文に見える〕。そこで、天皇と皇太子の億計とは、老女をお連れになって、近江国の来田絮《くたわた》の蚊屋野《かやの》の中にお出かけになり、掘り出してご覧になると、はたして老女の言うとおりであった。穴に面して、哀しまれてお泣きになり、真心こもったお言葉をおかけになり、さらにお心を乱された。昔から今までに、このような痛ましいことはなかった。仲子《なかちこ》の屍は、（先王の）御骨とまじってしまって、見わけることのできる者がなかった。ところが、磐坂皇子《いわさかのみこ》（市辺押磐皇子）の乳母が、奏上して、

「仲子は、上の歯が抜け落ちていたから、それで見わけがつくにちがいありません」

と申し上げた。そこで、乳母の奏上にしたがって、頭蓋骨は判別することができたけれども、ついに手足や胴体その他の骨は見わけがつけられなかった。そのために、やはり蚊屋野の中に、二つの陵を造り、たがいに似かよわせて、そっくりのものとした。葬儀も同じ

ようにした。老女の置目に詔して、宮の傍の近い所に居住させ、尊び敬い、お恵みになられて、暮しに困ることのないようにお計らいになった。

この月に、詔して、

「老女は、さまよい落ちぶれて体も弱り、歩行もはなはだ困難である。縄を張りわたして、それに摑《つか》まって出入りするようにせよ。縄の端には鐸《ぬりて》をつけて、取次ぎの人に手間をかけてはならぬ。参上する時には鐸を鳴らすようにせよ。朕《われ》は、おまえがやって来たことを知るであろう」

と仰せられた。そこで、老女は、詔を奉じて、鐸を鳴らして歩いた。天皇は、はるかに鐸の音をお聞きになって、歌をおうたいになった。

浅茅原《あさぢはら》　小确《をそね》を過ぎ　百伝《ももづた》ふ　鐸《ぬて》ゆらくもよ　置目来らしも（浅茅の原、痩せ地を遠く駅鈴の音が伝わって行くように、鐸の音がする。置目がやって来るらしい）

三月の上巳《かみのみのひ》（三日）に、後苑《みその》にお出かけになって、曲水《めぐりみず》の宴[4]を催された。

夏四月の丁酉《ひのとのとり》の朔丁未《ひのとのひつじ》（十一日）に、詔して、

「だいたい人主《みかど》が人民を勧め励ます方法は、官を授けることであり、国家を興隆させる方法は、勲功に対して賞を与えることである。そもそも前播磨国司の来目部小楯《くめべのおだて》〔またの名は、磐楯《いわたて》〕が、求め迎えて、朕を推挙したのである。その功績は大きい。望みのものがあれば遠慮なく申せ」

と仰せられた。小楯は、かしこまって、
「山官《やまのつかさ》を従来から願っておりました」
と申し上げた。そこで、山官に任じて、あらためて姓《かばね》を山部連《やまべのむらじ》の氏《うじ》と賜わった。吉備臣《きびのおみ》を副官とし、山守部《やまもりべ》を民とした。誉れを褒めて、功績を明らかにし、恵みをほどこして、厚意に答えられた。寵愛は殊にすぐれ、富は、まことに並ぶ者がなかった。

五月に、狭狭城山君韓帒宿禰《ささきのやまのきみからふくろのすくね》は、事を謀って皇子の押磐（市辺押磐皇子）を殺したてまつった罪に連座し、死刑になるにさいして、願いの言葉は、きわめて哀れであった。天皇は、死刑にするのにお耐えになれず、陵戸《みささぎのへ》(5)とし、あわせて山を守らしめた。官籍を削って賤民とし、山部連《やまべのむらじ》に隷属せしめられた。そして、倭帒宿禰《やまとふくろのすくね》は、妹の置目《おきめ》の功績によって、もとどおり本姓である狭狭城山君《ささきのやまのきみ》の氏を賜わった。

六月に、避暑殿《すずしきとの》にお出かけになり、奏楽をお催しになった。群臣をお集めになって、酒食をおもてなしになられた。この年は、太歳乙丑《きのとのうし》である。

復讎の思い

二年の春三月の上巳《かみのみのひ》（三日）に、後苑《みその》にお出ましになり、曲水《めぐりみず》の宴をお催しになった。このころ、このんで公卿大夫《まえつきみたち》・臣《おみ》・連《むらじ》・国造《くにのみやつこ》・伴造《とものみやつこ》を集めて宴をお催しになり、群臣たちは、しきりに万歳を称えた。

秋八月の己未《つちのとのひつじ》の朔に、天皇は、皇太子の億計に語られて、「私の父である先王は、罪もないのに、大泊瀬天皇《おおはつせのすめらみこと》（雄略天皇）に射殺され、骨を郊外に棄てられて、今に至るまで、まだ（骨を）獲《え》ることができないでいる。憤りと歎きが心の中にみちている。臥しては泣き、歩んでは大声で叫び、讎恥《はじ》を濯《すす》ごうと考えている。私は、『父の讎《あだ》は、ともに天を戴《いただ》かず。兄弟の讎は、兵《つわもの》を反《かえ》さず。交遊《とも》の讎は、国を同じくせず(6)』と聞いている。そもそも、匹夫の子は、父母の仇に報いるのに、苫《とま》のむしろに寝て、干《たて》を枕にして仕官もせず、同じところにも住まず、いろいろな市場や公《おおやけ》の場所で仇に遇《あ》えば、武器を取りに引き返すこともしないで、即座に闘うのである。ましてや、私は天子になってから、ここに二年にもなる。その（雄略天皇の）陵を壊して、骨を摧《くだ》いて、投げ散らしてしまいたいと思っている。いま、それを実行して仇に報いたならば、親孝行なことではないか」

と仰せられた。皇太子の億計は、嘆いてお答えすることができなかった。そこで諫めて、「それは間違っている。大泊瀬天皇は、万機《ばんき》を正統に受けつがれて、天下に照臨なさったのである。華夷が欣び仰いだのは、天皇の力によるのである。私の父の先王は、天皇（履中天皇）の子であるにもかかわらず、思うとおりにならないで天皇の位につかれなかった。このように見れば、（天皇であった大泊瀬と先王とは）身分がちがうのである。それなのに先王を思い慕って、（大泊瀬天皇の）陵墓《みささぎ》を破壊すれば、誰を人主《きみ》として、天の霊にお仕えすることになるのか。これが陵墓を壊してはならない第一の理由である。また天皇と億計とは、さきに白髪《しらか》天皇の厚い恩恵と、格別な慈愛をいただかなかったら、どうして天皇の位につくことができたであろうか。大泊瀬天皇は、白髪天皇の父なのである。億計は、多くの賢い老人から聞いたことがある。賢い老人は、『言《こと》として訓《むく》いざるは無《な》く、徳《いきおい》として報《こた》えざるは無し。恩《めぐみ》有りて報《こた》えざるは、俗《ひと》を敗ること深し(7)』と言った。陛下は、国をお治めになって、徳の行ないは、ひろく天下に知れわたっている。それなのに、陵を壊し、ひるがえって、それを天下に見せれば、国を統治し、人民を撫育することができなくなるであろうと、億計は恐れる。これが陵墓を壊してはならない第二の理由である」

と言われた。天皇は、

「その通りだ」

と仰せられて、陵墓を壊すための労役を中止させられた。

九月に、置目《おきめ》は、老いに苦しんで、国に帰りたいと願って、

「気力が衰えすぎて、老い耄《ぼ》れ、気抜けして疲れはてました。たとい縄にすがっても、進み歩くことができなくなりました。できれば、郷里に帰りまして、余生を送りたいのですが」

と申し上げた。天皇は、これをお聞きになり、心痛なさって、物《もの》千段を賜わった。あらかじめ別離しなければならないことを悲しんで、二度と会えないことをお嘆きになった。そ

して歌を賜わって、

置目もよ　近江の置目　明日《あす》よりは　み山隠《がく》りて　見えずかもあらむ（置目よ、近江の国の置目よ。明日からは、山に隠れて見えなくなるであろうなあ）

と仰せられた。

冬十月の戊午《つちのえうま》の朔　癸亥《みずのとのい》（六日）に、群臣のために宴をお催しになった。このころ、天下は、平安であって、人民は徭役に徴発されることがなかった。穀物は、しばしば豊かに稔って、百姓は富み栄えた。稲一斛は銀銭一文に相当し、馬は野原一面にはびこった。

任那・高句麗との通交

三年の春二月の丁巳《ひのとのみ》の朔に、阿閉臣事代《あへのおみことしろ》は、命を受けて、任那《みまな》に使した。その時、月神《つきのかみ》が、人にのりうつって、

「わが祖である高皇産霊《たかみむすひのみこと》は、あらかじめ天地を創造した功労がある。人民の土地を、わが月神にたてまつれ。もし要請どおりに、われに献ずれば、福慶があろう」

と言った。事代は、そのために、京に帰って、その事を詳しく奏上した。歌荒樔田《うたあらすだ》を月神にたてまつった〔歌荒樔田は、山背国の葛野郡にある〕。壱伎県主《いきのあがたぬし》の先祖である押見宿禰《おしみのすくね》が、祠《まつ》りに奉仕した。

三月の上巳《かみのみのひ》（三日）に、後苑《みその》にお出かけになって、曲水《めぐりみず》の宴をお催しになった。

夏四月の丙辰《ひのえたつ》の朔庚申《かのえさる》（五日）に、日神《ひのかみ》が、人にのりうつって、阿閉臣事代に語って、

「磐余《いわれ》の田を、わが祖である高皇産霊に献上せよ」

と言った。事代は、ただちに奏上した。神の乞いのとおりに、田十四町を献じた。対馬《つしま》の下県直《しもつあがたのあたい》が祠りに奉仕した。戊辰《つちのえたつ》（十三日）に、福草部《さきくさべ》を置いた。庚辰《かのえたつ》（二十五日）に、天皇は、八釣宮《やつりのみや》でお崩れになった。

この歳、紀生磐宿禰《きのおいわのすくね》は、任那を股にかけて、高麗《こま》（高句麗）と通交した。西方で、三韓の王となろうとして、官府を整え修めて、みずから神聖《かみ》と称した。任那の佐魯《さる》と那奇他甲背《なかたこうはい》らが、計略を用いて、百済の適莫爾解《ちゃくまくにげ》を爾林《にりむ》で殺した〔爾林は、高麗の地である〕。帯山城《しとろもろのさし》（今の全羅北道井邑《チョンウプ》市泰仁《テイン》の地）を築いて、東道《やまとじ》を防ぎ守った。粮食を運ぶ港をおさえて、軍隊が飢えに苦しむようにさせた。百済の王は、大いに怒って、領軍である古《こ》爾解《にげ》や内頭《ないとう》である莫古解《まくこげ》らを遣わして、軍隊を率いさせ、帯山《しとろもろ》に赴かせて攻撃させた。そこで、生磐宿禰《おいわのすくね》は、軍を進めて逆襲した。勢いはますます壮《さか》んで、向かうところの軍をみな打ち破った。一人が百人の敵に当たった。しばらくして、兵は尽き、力を失った。事が成就できないことを知って、任那から帰ってきた。そのために、百済国は、佐魯《さる》や那奇《なか》他甲背《たこうはい》ら三百余人を殺した。

(1)「かばねついでのふみ」と訓じ、帝紀の類か。
(2)新築にあたり、家内の安全と長久を祈って、唱える呪言。
(3)立ち進む舞の意。本注には儛いのかたちを「あるいは起ち、あるいは坐ったままで儛う」と説明する。
(4)三月三日の曲水の宴のことが、ここにはじめて出てくる。以下、二年、三年の条にもみえるが、当時、この宴が催されていたか、あきらかではない。
(5)先皇の陵を守る役。
(6)『芸文類聚』に「礼記に曰く」として「父母の讎は、ともに天を戴かず、兄弟の讎は、兵を反《かえ》さず、交遊の讎は、国を同じくせず」とあるので、ここでの文は、それによって作文したもの。父（母）の仇とは、父（母）が子にとって天にあたるので、敵が自分の天（父・母）を殺したので、ともに天を戴かないし、また兄弟の仇とは、敵に偶然めぐり遭っても、兵器を取りに引き返さないし、さらに友達の仇とは、ともに同じ場所に住まないという意。
(7)『芸文類聚』に「毛詩に曰く」として「言として酬いざるは無く、徳として報《こた》えざるは無し」とあり、また同書に「晏子《あんし》に曰く」として「民を賊《やぶ》ること深し」とあるので、ここの文は、それらによって作文したもの。

億計天皇《おけのすめらみこと》　仁賢《にんけん》天皇

億計天皇の即位

億計天皇は、諱《ただのみな》は大脚《おおし》〔またの名は、大為《おおす》である。他の各天皇には諱字を記さないのに、この天皇にだけ諱を書くのは、旧本によったものである〕。字《あざな》は嶋郎《しまのいらつこ》であり、弘計天皇（顕宗天皇）の同母兄である。幼少のころから聡明であり、才は俊敏で知識が豊かであった。壮年におよんで恵み深く、謙虚で温和であり、慈愛の情にお厚かった。穴穂天皇《あなほのすめらみこと》（安康天皇）がお崩《かく》れになったとき、難を丹波国の余社郡《よざのこおり》に避けておられた。白髪天皇《しらかのすめらみこと》（清寧天皇）の元年の冬十一月(1)に、播磨国司の山部連《やまべのむらじ》小楯《おだて》が、京に詣《いた》ってお迎え申し上げることを求めた。白髪天皇は、ひきつづいて小楯を遣わし、節《せつ》（君命を受けたしるしの旗）を持たせて、側近の舎人《とねり》を率いて、赤石に至り、（億計天皇を）お迎え申し上げた。

二年の夏四月(2)に、億計天皇を皇太子にお立てになった〔このことは、弘計天皇の紀に詳しく書かれている〕。

五年に、白髪天皇がお崩れになった。天皇（仁賢天皇）は、天下を弘計天皇にお譲りになった。皇太子であられたことは、前のとおりであった〔このことは、弘計天皇の紀に詳しく書かれている」。

三年の夏四月に、弘計天皇がお崩《かく》れになった。

元年の春正月の辛巳《かのとのみ》の朔乙酉《きのとのとり》（五日）に、皇太子は、石上広高宮《いそのかみのひろたかのみや》で天皇の位におつきになった〔ある本には、億計天皇の宮は、二ヵ所にあって、その一つの宮は川村に、その二の宮は縮見《しじみ》の高野にあり、その宮殿の柱は、今に至るまで、まだ朽ちないで残っているという〕。

二月の辛亥《かのとのい》の朔壬子《みずのえね》（二日）に、以前からの妃である春日大娘皇女《かすがのおおいらつめのひめみこ》を皇后にお立てになった〔春日大娘皇女は、大泊瀬天皇（雄略天皇）が、和珥臣深目《わにのおみふかめ》の女《むすめ》である童女君《おみなぎみ》を娶《め》してお生みになったお方である〕。一男と六女とをお産みになられた。その一を高橋大娘《たかはしのおおいらつめの》皇女《ひめみこ》と申し、その二を朝嬬皇女《あさづまのひめみこ》と申し、その三を手白香皇女《たしらかのひめみこ》と申し、その四を樟氷皇女《くすびのひめみこ》と申し、その五を橘皇女《たちばなのひめみこ》と申し、その六を小泊瀬稚鷦鷯天皇《おはつせのわかさざき》（武烈天皇）と申し上げた。天皇の位におつきになってから、泊瀬《はつせ》の列城《なみき》に都を置かれた。その七を真稚皇女《まわかのひめみこ》と申し上げた〔一本には、樟氷皇女を第三にあげ、手白香皇女を第四に列ね、列叙が異なっている〕。つぎに和珥臣日爪《わにのおみひつめ》の女である糠君娘《あらきみのいらつめ》が、一女をお生みになった。これを春日山田皇女《かすがのやまだのひめみこ》と申し上げた〔一本には、和珥臣日触《わにのおみひふれ》の女である大糠娘《おおあらのいらつめ》が一女をお生みになり、これを山田大娘皇女と申し、またの名を赤見皇女《あかみのひめみこ》といったとある。文はやや異なるけれども、その実は一つである〕。

冬十月の丁未《ひのとのひつじ》の朔己酉《つちのとのとり》（三日）に、弘計天皇を傍丘磐杯丘陵《かたおかのいわつきのおかのみささぎ》に葬り申し上げた。

この歳は、太歳戊辰《つちのえたつ》である。

日鷹吉士、高句麗に使す

二年の秋九月に、難波小野皇后《なにわのおののきさき》（顕宗天皇皇后）は、以前から億計に対して敬意をはらわなかったことを恐れて、自殺された。

〔弘計天皇の時に、皇太子の億計は、宴席に侍しておられた。瓜を取ってお食べになられようとしたら、刀子《かたな》がなかった。弘計天皇は、みずから刀子をお執りになって、その夫人の小野《おの》にお命じになって、お渡しなさろうとした。夫人は皇太子の前に行って、立ったまま刀子を瓜の皿に置いた。この日に、また酒を酌んで、立ったまま皇太子を呼ばれた。こうした敬意のないふるまいによって、誅せられることを恐れて自殺されたのである。〕

三年の春二月の己巳《つちのとのみ》の朔に、石上部舎人《いそのかみべのとねり》を置いた。

四年の夏五月に、的臣蚊嶋《いくはのおみかしま》と穂瓮君《ほへのきみ》〔瓮、これを倍《へ》という〕とは、罪を犯して、ともに獄に下って死んだ。

五年の春二月の丁亥《ひのとのい》の朔辛卯《かのとのう》（五日）に、ひろく国郡に散亡していた佐伯部《さえきべ》を求めた。佐伯部仲子《さえきべのなかちこ》の子孫を佐伯造《さえきのみやつこ》とした〔佐伯部仲子のことは、弘計天皇の紀に見える〕。

六年の秋九月の己酉《つちのとのとり》の朔壬子《みずのえね》（四日）に、日鷹吉士《ひたかのきし》を遣わし、高麗《こま》に行かせて巧手者《てひと》を召した。

この秋に、日鷹吉士が使者として派遣されたあとで、女性が、難波の港にいて、泣きながら、

「母《おも》にも兄、吾《あれ》にも兄、弱草《わかくさ》の吾夫《あがつま》㠯怜矣《はや》（わたしの母にとっても兄であり、わたしにとっても兄である、やさしいわたしの夫は、ああ遠方に行ってしまった）」〔於母亦兄、於吾亦兄、これを於慕尼慕是《おもにもせ》、阿例尼慕是《あれにもせ》といい、吾夫㠯怜矣、これを阿我図摩播耶《あがつまはや》という。弱草とは、むかし弱草を夫婦にたとえたので、ここでは弱草を夫とする〕と言った。泣く声は、はなはだ哀しく聞こえ、人に断腸の思いをさせた。菱城邑《ひしきのむら》の人である鹿父《かかそ》〔鹿父は、人名である。俗に父を呼んで柯曽《かそ》とする〕が、これを聞いて、女性の面前で、

「どうして泣き悲しむことが、こんなにはなはだしいのか」

と言った。女性は答えて、

「秋葱《あきき》の転双《いやふた》〔双は、二重になっていることである〕納《ごもり》、思惟《おも》ふべし（悲しみが二重になっていることを、思ってみてください）」

と言った。鹿父は、

「分かった」

と言った。すなわち女性が言う意味を知ったのであった。同伴者がいたが、彼はその意味が分からないで、

「どういうわけで、分かったのか」

と尋ねた。それに答えて、言った。

「難波玉作部鯽魚女《なにわのたますりべのふなめ》〔鯽魚女、これを浮儺謎《ふなめ》という〕は、韓白水郎暵《からまのはたけ》〔韓白水郎暵は、これを柯羅摩能波陀該《からまのはたけ》という。暵は、麦《むぎ》を耕《つく》る田である〕に嫁して、哭女《なくめ》を生んだ。哭女〔哭女、これを儺倶謎《なくめ》という〕は、住道《すむち》（今の大阪市東住吉区矢田住道町付近）の人である山杵《やまき》に嫁して、飽田女《あくため》を生んだ。韓白水郎暵とその女《むすめ》である哭女とは、ともに先年、すでに死んでいる。住道の人である山杵は、前に玉作部鯽魚女を犯して、麁寸《あらき》を生んでいた。麁寸は、飽田女を娶った。

さて、麁寸《あらき》は、日鷹吉士に従って、高麗に出発した。そのために、その妻である飽田女は、不安で夫を恋い慕い、失望し心痛のあまり、泣く声が、きわめてせつなかったから、他人は断腸の思いをさせられたのであった」

〔玉作部鯽魚女と韓白水郎暵とは、夫婦となって哭女を生んだ。住道の人である山杵は、哭女を娶って、飽田女を生んだ。山杵の妻の父である韓白水郎暵と、その妻哭女とは、先年、ともに死んだ。住道の人である山杵は、前に妻の母である玉作部鯽魚女を犯して、麁寸を生んだ。麁寸は飽田女を娶ったのである。ある本には、玉作部鯽魚女は、前夫の韓白水郎暵と結婚して、哭女を生んだ。また後夫の住道の人、山杵と結ばれて、麁寸を生んだ。すなわち哭女と麁寸とは、異父兄弟であったから、哭女の女《むすめ》の飽田女は、麁寸を呼んで、「母にとっても兄《せ》（夫）」といったのである。哭女は、山杵に嫁いで、飽田女を生んだ。山杵は、また鯽魚女を犯して、麁寸を生んだ。すなわち飽田女と麁寸とは、異母兄弟であったから、飽田女は、夫の麁寸を呼んで「わたしにとっても兄」と言ったのである。昔は兄弟長幼を問題にしないで、女は男を兄《せ》と呼び、男は女を妹《いも》といったのである。そこで「母にとっても兄であり、私にとっても兄（夫）」といっただけであるという。」

この歳、日鷹吉士《ひたかのきし》が高麗より帰ってきて、工匠《てひと》の須流枳《するき》・奴流枳《ぬるき》らを献上した。いま大倭国《やまとのくに》の山辺郡の額田邑《ぬかたのむら》（今の大和郡山市額田部北町・寺町・南町付近）にいる熟皮高麗《かわおしのこま》は、その子孫である。

七年の春正月の丁未《ひのとのひつじ》の朔 己酉《つちのとのとり》（三日）に、小泊瀬稚鷦鷯尊《おはつせのわかさざきのみこと》を皇太子にお立てになった。

八年の冬十月に、百姓は、
「このごろは、国中は事が起こらず、官吏はその職をまっとうし、天下は仁徳に帰し、人民は生業《なりわい》に安んじております」
と申し上げた。

この歳、五穀は豊かに稔り、蚕や麦は立派な出来であった。国内は平穏であって、戸口《ここう》は、ますますふえ広がった。

十一年の秋八月の庚戌《かのえいぬ》の朔丁巳《ひのとのみ》（八日）に、天皇は正寝《おおとの》でお崩れになった。

冬十月の己酉《つちのとのとり》の朔癸丑《みずのとのうし》（五日）に、埴生坂本陵《はにうのさかもとのみささぎ》に葬り申し上げた。

（1）清寧紀・顕宗紀では二年冬十一月（五四四ページおよび五四九ページ参照）。

（2）清寧紀・顕宗紀では三年夏四月（五四五ページおよび五五四ページ参照）。

日本書紀巻第十六

小泊瀬稚鷦鷯天皇《おはつせのわかさざきのすめらみこと》　武烈天皇《ぶれつ》

平群真鳥の専擅

小泊瀬稚鷦鷯天皇は、億計《おけ》天皇（仁賢天皇）の太子である。母を春日大娘皇后《かすがのおおいらつめのきさき》と申し上げた。億計天皇の七年に、皇太子にお立ちになられた。長じて罪人を罰し、理非を判定することをお好みになった。法令にお通じになり、日の暮れるまで、政治をお執りになって、世に知られずにいる無実の罪は、かならずお見抜きになり、それをおはらしになった。訴訟の審理は、まことに当を得ておられた。また、しきりに多くの悪業をなさって、ひとつも善業を行なわれなかった。およそさまざまな酷刑を、親しくご覧にならないということはなかった。国内の人民は、みな震い怖れていた。

十一年の八月に、億計天皇がお崩《かく》れになった。大臣《おおおみ》の平群真鳥臣《へぐりのまとりのおみ》は、国政を擅《ほしいまま》にして、日本に王として臨もうとしていた。偽って太子のために宮を造営するように見せかけ、竣工すると、即座に自分が住みこんだ。すべてに驕《おご》り侮《あなど》って、まったく臣としての節度がなかった。ここに、太子は、物部麁鹿火大連《もののべのあらかひのおおむらじ》の女《むすめ》である影媛《かげひめ》をお召し入れになろうとして、仲人を遣わして、影媛の家に向かわせ、会おうという約束をなさった。影媛は、以前に真鳥大臣《まとりのおおおみ》の男である鮪《しび》〔鮪、これを茲寐《しび》という〕に犯されていた。太子との約束を破ることを恐れて、ご返事に、

「わたしは、海石榴市《つばきいち》の巷《ちまた》でお待ち申し上げたく存じます」

と申し上げた。そこで、太子は約束の場所にお出かけになろうとした。近侍の舎人《とねり》を遣わし、平群大臣の家に行かせて、太子の命令であるとして、官馬《つかさうま》を求めさせた。大臣は、冗談にでたらめを言って、

「官馬は誰のために飼うのでもありません。すべて貴方のご命令のままに進上いたします」

と申し上げた。が、いつまでたっても進上しなかった。太子はお心のうちでは、けしからぬことだと思われたが、耐えしのんで、顔に表わされなかった。それから、約束の場所に出かけられ、歌場《うたがき》の人の中にお立ちになり〔歌場、これを宇多我岐《うたがき》という〕、影媛の袖《そで》をつかまえて、立ち止まったり、ゆっくり歩いたりして、お誘いになった。しばらくすると、鮪臣《しびのおみ》がやって来て、太子と影媛との間に割り込んできた。そのため、太子は影媛の袖をお放しになり、後ろを振り向いて、前に歩き、鮪《しび》の面前に立ちはだかり、歌って仰せられ

た。

潮瀬《しほせ》の　波折《なをり》を見れば　遊び来る　鮪《しび》が鰭手《はたで》に　妻立てり見ゆ（潮の流れている早瀬の波の、高い打ち返しを見ると、泳いでくる鮪の傍に、わたしの女が立っているのが見える）〔一本には、潮瀬を水門《みなと》に作っている〕

鮪は、答歌して言った。

臣《おみ》の子の　八重《やへ》の韓垣《からかき》　ゆるせとや御子（臣の子［鮪］の幾重もの立派な韓垣に、勝手に入らせてくれというのですか、太子よ）

太子は歌って仰せられた。

大太刀《おほたち》を　垂れ佩《は》き立ちて　抜かずとも　末果《すゑ》たしても　会はむとぞ思ふ（私は大きな太刀を腰に垂らして立っているが、それを抜かないでも、将来は、ことをなし遂げて女と会おうと思う）

鮪臣《しびのおみ》は、答歌して言った。

大君の　八重《やへ》の組垣《くみかき》　懸《か》かめども　汝《な》を編ましじみ　懸かぬ組垣（大君の幾重もの立派な組垣を造りたいだろうが、おまえには編めないだろうから、組垣は造れはしないよ）

太子は歌って仰せられた。

臣の子の　八節《やふ》の柴垣《しばかき》　下動《したとよ》み　地《なゐ》が震《よ》り来《こ》ば　破《や》れむ柴垣《しばかき》（臣の子［鮪］の編み目の多い立派な柴垣でも、地下が鳴動し、地震がくれは、破れてしまう柴垣だよ）〔一本には、八節の柴垣を八重韓垣《やへからかき》に作っている」

太子は、影媛《かげひめ》に歌をお贈りになって、

琴頭《ことがみ》に　来居《きゐ》る影媛《かげひめ》　玉《たま》ならば　吾《あ》が欲《ほ》る玉の鰒白珠《あはびしらたま》（琴の音にひかれて琴の頭《かしら》に影となり、依りつくという、それにふさわしい影媛よ。玉にたとえるならば、私の欲しい玉である鰒の真珠のようだ）

と仰せられた。

鮪臣は、影媛のために代わって答歌して言った。

大君の　御帯《みおび》の倭文服《しつはた》　結び垂れ　誰《たれ》やし人も　相《あひ》思はなくに（大君の御帯の倭文織《しつおり》の布を結び垂れ、その垂れの言葉のとおり誰か他の人などに、私は思いを寄せてはおりません）

太子は、はじめて鮪が、以前に影媛を得ていたことをお知りになった。父子の無礼な有様をすっかりお覚《さと》りになられて、顔を赤くほてらせ、大いにお怒りになった。この夜、さっそく大伴金村連《おおとものかなむらのむらじ》の家にお出かけになり、軍隊を集めて計略をお練りになった。大伴連は数千の兵を率いて、路をさえぎって、鮪臣を乃楽山《ならやま》（今の奈良市北郊の丘陵）で殺した〔一本には、鮪は、影媛の家に居て、その夜に殺されたとある〕。このとき、影媛は、鮪が殺される所に追って行って、その殺し終えるのを見てしまった。驚き恐れて、心を動揺させ、悲しみの涙が目にあふれた。最後に歌を作って、

石《いそ》の上　布留《ふる》を過ぎて　薦枕《こもまくら》　高橋《たかはし》過ぎ　物多《ものさは》に　大宅《おほやけ》過ぎ　春日《はるひ》　春日《かすが》を過ぎ　妻《つま》

隠《ごも》る　小佐保《をさほ》を過ぎ　玉笥《たまけ》には　飯《いひ》さへ盛《も》り　玉盌《たまもひ》に　水さへ盛り　泣き沾《そぼ》ち行くも　影媛あはれ（石上の布留を過ぎて、高橋を過ぎて、大宅を過ぎて、春日を過ぎて、小佐保を過ぎて、「死んだ人に供えるための」美しい食器に飯まで盛り、美しい椀に水まで盛って、泣き濡れて行く、影媛は哀れである）

と言った。

こうして、影媛は、埋葬をすっかり終えて、家に帰ろうとするにあたって、悲しみむせんで、

「なんと残念なことでしょう。今日、私の愛する夫を失ってしまったことは」

と言った。そうして、泣き叫び、心も晴れないで、歌って言った。

あをによし　乃楽《なら》の谷《はさま》に　鹿《しし》じもの　水漬《みづ》く辺隠《へごも》り　水灌《みなそそ》く　鮪《しび》の若子《わくご》を　漁《あさ》り出《づ》な猪《い》の子（奈良山の谷間で、鹿のように水びたしの所で死に、水をあびている鮪の若殿を、あさらないでおくれ、猪よ）

冬十一月の戊寅《つちのえとら》の朔《ついたち》戊子《つちのえね》（十一日）に、大伴金村連が、太子に申し上げた。

「真鳥の賊をお撃ちなさいませ。ご命令があれば討伐いたします」

太子は、

「天下が乱れようとしている。世にすぐれた英雄でなければ、成功はおぼつかないだろう。これを安定できる者は、おまえしかおらないだろう」

と仰せられ、即座に、一緒になって戦略を定めた。こうして、大伴大連（金村）は、兵を率いて、自身は将軍となって、大臣（真鳥）の家を包囲した。火を放って焼き、指揮する所は、雲のように靡《なび》いた。真鳥大臣は、事が成就しないのを恨んで、免れがたい立場にあることを覚《さと》った。計画は、行き詰まって、望みが絶えた。ひろく塩を指して悪いことが起こるよう神に祈った。しかし殺されてしまい、殺戮《さつりく》は、その子弟にまで及んだ。悪いことが起こるよう神に祈ったときに、角鹿《つぬが》（敦賀）の海《うみ》の塩だけ忘れて、祈らなかった。そのため、角鹿の塩は、天皇の食物とし、他の海の塩は、天皇の忌《い》むところとなった。

十二月に、大伴金村連は、賊を平定し終えて、政《まつりごと》を太子にお返し申し上げた。尊号をたてまつろうと要請して、

「いま、億計天皇の子は、ただ陛下だけしかおられません。人民が帰するところも、けっして、また二つはございません。また天の霊威による被護をいただいて、賊を伐《う》ち平らげました。すぐれた計略と、勇敢な判断は、天皇の威光と天皇の位とを盛んなものにいたしました。日本には、かならず君主がおられます。日本に君主となられるお方は、陛下であらせられなければ誰がなられるでしょうか。伏して願います。陛下は、お仰ぎなさって、天地の神々にお答えなされ、大きな天命を宣《の》べ弘《ひろ》め、日本に照り輝かせていただきたい。大いに銀郷《たからのくに》（朝鮮）をお受けになられよ」

と申し上げた。そこで、太子は、有司に命じて、壇場《たかみくら》を泊瀬列城《はつせのなみき》に設けられて、天皇の位

におつきになった。そして都をお定めになった。この日に、大伴金村連を大連《おおむらじ》とした。

武烈天皇の暴虐

元年の春三月の丁丑《ひのとのうし》の朔戊寅《つちのえとら》（二日）に、春日娘子《かすがのいらつめ》を皇后にお立てになった〔娘子《いらつめ》の父は、いまだ詳らかではない〕。この年は、太歳己卯《つちのとのう》である。

二年の秋九月に、妊婦の腹を割いて、その胎児をご覧になった。

三年の冬十月に、人のなま爪を抜いて、暑預《いも》を掘らせた。

十一月に、大伴室屋大連に詔して、

「信濃国の男丁を徴発して、城《き》の像《かたち》を水派邑《みまたのむら》に作れ」

と仰せられた。そこで城上《きのへ》（大和国広瀬郡城戸郷か。今の奈良県北葛城郡広陵町）といった。

この月に、百済の意多郎《おたろう》が死亡した。高田丘の上に葬った。

四年の夏四月に、人の頭髪を抜いて、樹の尖端に昇らせ、樹の本《もと》を斬り倒して、昇っている者を落とし殺すのを楽しみとされた。

この歳、百済の末多王《またおう》は、無道であって、百姓に暴虐を働いていた。国人は、ついに王を排除して、嶋王《せまきし》(1)を王に立てた。これが武寧王《むねいおう》である。

〔『百済新撰』によると、末多王は、無道であって、百姓に暴虐を働いていた。国人は、ともに王を除き、武寧王を立てた。諱は斯麻王《しまきし》という。これは琨支王子《こんきせしむ》の子である。つまり末多王の異母兄である。琨支は倭《やまと》に参った。時に、筑紫嶋《つくしのしま》に至って、斯麻王を生んだ。嶋より送還した。京に至らないうちに嶋で産まれたので、(斯麻と) 名づけたのである。いま、各羅《かから》の海中に主嶋《にりむせま》がある。王《こきし》が産まれた嶋である。そこで、百済人は、号して主嶋《にりむせま》としたという。いま考えると、嶋王は、蓋鹵《こうろ》王の子である。末多王は、琨支王の子である。これを異母兄というのは、いまだ詳らかではない。」

五年の夏六月に、人を塘《いけ》の樋に伏せ入らせ、外に流れ出てくるところを、三刃《みつは》の矛《ほこ》で刺し殺すことを楽しみとされた。

六年の秋九月の乙巳《きのとのみ》の朔に、詔して、

「国政を伝えるかなめは、子を (皇太子に) 立てることを第一とする。朕《われ》には天皇の位をつぐ者がおらない。何によって名を伝えたらよいのか。さしあたり、天皇の旧例によって、小泊瀬舎人《おはつせのとねり》を置き、御代の号として、万世に忘れないようにせよ」

と仰せられた。

冬十月に、百済国は、麻那君《まなきし》を遣わして、調《みつき》を進上した。天皇は、百済が何年も貢物を献上しなかったと思われて、使者を抑留して帰還させなかった。

七年の春二月に、人を樹に昇らせて、弓で射落として見くだして笑われた。

夏四月に、百済の王《こきし》は、斯我君《しがきし》を遣わして、調《みつき》を進上した。別に表を上《たてまつ》って、

「さきに調を献《たてまつ》った使者の麻那《まな》は、百済国の主《にりむ》の骨族ではない。そこで、謹んで斯我《しが》を

遣わして、朝廷に仕え奉らせる」と申し上げた。やがて子が出来て、法師君《ほうしきし》といった。これが倭君《やまとのきみ》の先祖である。

八年の春三月に、女を裸にして、平たい板の上に坐らせ、馬を前に牽《ひ》き出し、交接させた。女の陰部を見て、潤っている者は殺し、濡れていない者は、没して官婢とした。これを楽しみとされた。そのころ、池を掘り、庭園を作って、鳥獣をたくさん飼った。そして、狩を好んで、犬を走らせ、馬と競走させた。出廷や退廷の時間もまちまちで、大風が吹こうと、激しい雨が降ろうとお構いなかった。贅沢にあけくれ、百姓が寒さのためこごえることを意に介さず、美食をして天下の飢えを顧みなかった。さかんに小人や俳優に淫靡《いんび》な音楽を奏させ、奇怪な遊びごとを設けて、みだらな音楽を好き放題に行なった。昼夜をわかたず、いつも宮人と酒に酔いしれ、錦繡《にしきぬいもの》を席としていた。綾《あや》と白絹を着ている者が多かった。

冬十二月の壬辰《みずのえたつ》の朔己亥《つちのとのい》（八日）に、天皇は、列城宮《なみきのみや》でお崩《かく》れになった。

（1）雄略天皇紀に嶋君とあり、その誕生のことが記されている（五一〇ページ）。一九七一年に百済の武寧王陵から武寧王とその妃の墓誌（買地券）が発掘され、武寧王の誌石の銘文には、「寧東大将軍百済斯麻王年六十二歳癸卯年五月丙戌朔七日壬辰崩」云々とあって、崩年の癸卯の年は『三国史記』と一致する。『日本書紀』の紀年では、上に見える「是歳」、すなわち武烈天皇四年は、壬午の年で五〇二年になるので一致しない。癸卯の年は、『日本書紀』の紀年では継体天皇十七年に相当する。ただし『三国史記』が武寧王の諱を斯摩とする（『三国遺事』も同じ）のに対し、銘文に斯麻王とあるのは、この記事に「諱は斯麻王」と見えるのと一致していて注目される。

解題

『日本書紀』巻第一と巻第二とは、ふつう神代紀とよばれている神話の部分である。巻第一（神代上）は、天地開闢《かいびゃく》、伊奘諾《いざなき》・伊奘冉《いざなみ》二尊の国生み、神生み、大日孁貴《おおひるめのむち》（天照大神）、月神、素戔嗚尊《すさのおのみこと》の誕生、天真名井《あまのまない》のうけい、天照大神の天石窟《あまのいわや》隠れ、素戔嗚尊の出雲《いずも》降《くだ》りと八岐《やまたの》大蛇《おろち》退治、その子大己貴神《おおあなむちのかみ》の国作りの物語から成り、巻第二（神代下）は葦原中国《あしはらのなかつくに》の平定、皇孫瓊瓊杵尊《ににぎのみこと》の降臨と日向《ひむか》における木花之開耶姫《このはなのさくやびめ》、その子火闌降命《ほのすそりのみこと》と彦火火出見尊《ひこほほでみのみこと》の海《うみ》幸《さち》・山幸《やまさち》の物語、鸕鷀草葺不合尊《うがやふきあえずのみこと》の誕生、その子神日本磐余彦尊《かむやまといわれびこのみこと》の誕生から成り立っている。この上・下巻が計十一段に分かれ、各段落ごとに、一書とよぶ異伝が、多い所では十種以上も掲げられている。これらの説話は、『古事記』上巻の部分と対応しているが、神話はこの両書のほかに、『風土記』『古語拾遺』その他にもいくらか異伝がある。

「日本神話」は、冒頭の天地剖判《ぼうはん》など、世界（宇宙）の起源を説く部分や、自然現象を神格（擬人）化した、いわゆる自然神話的な要素もあるが、その著しい特色は、天皇がその国土・

人民を統治する由来と、正当性とを、歴史を遡及《そきゅう》して祖先神を設定することによって、その窮極を太陽を神格化した天照大神の神霊に求め、この神と、その観念上の分身たる伊奘諾・伊奘冉二尊や、さらに遡《さかのぼ》って高皇産霊《たかみむすひ》・神皇産霊尊《かむみむすひのみこと》・天御中主尊《あまのみなかぬしのみこと》などに、国土も自然を神格化した神々も、すべて系譜上統合一元化するという、高度の政治的理念と構成にある。そしてその点では、『日本書紀』本文およびどの一書よりも、『古事記』の方が理念的にも、組織的にも透徹している。これに対し、『日本書紀』の方は、特に本文においてその全体像が簡略である。

この「日本神話」には、その最後の完成（記紀）に至るまでに、おのずから沿革・発展の歴史があるはずである。その最初の、すなわち旧辞とよばれるものの成立時期については、人文の発達と皇権の確立という点から五世紀以後に求める見解が正しい。しかし、それはおそらく粗笨《そほん》な骨組にすぎず、これが、七世紀末、天武朝に大幅に改訂・肉づけされて、現に記紀に見るような豊富な内容の神話を形成したものと考えられる。

つぎに「日本神話」はいわゆる広義の神話文化圏としては、満蒙・朝鮮半島北部などを含む北方諸族に共通する始祖伝説や、北アジアの即位儀礼というような北方系要素と、中国大陸中南部から東南アジアにかけての隠れた太陽と鶏のような南方系要素との、南北双方の影響下にあると言えるが、他方、天地剖判の記述は直接中国の古典によっているし、八岐大蛇退治の属するペルセウス・アンドロメダ型神話は同じく中国古代小説にも見られる。また海幸・山幸の物語は、浦島子伝説とともに竜宮伝説と同類で、その竜宮伝説は仏教経典にも見られる。これらの点を考えると、記紀神話の構想について、朝廷の知識人が受けた直接の影響としては、漢籍・仏典などの渡来書が特に重視されなければならない。古代の農民や漁民の間に存在していたかもしれない片々たる説話とはほとんど無縁に、高度の政治的理念に基づき、漢籍・仏典などの豊富な知識を素材として駆使し、一元的に構想を拡充して成立したものが「日本神話」である。

巻第三神武天皇紀の主題をなす東征説話は、『古事記』のそれと大同小異であるが、古来この説話の成立をめぐって多くの論議が戦わされてきた。これを史実とするもの、なんらかの史実の反映とみるもの、逆にある史実を投影させた創作とみるものなどであるが、津田左右吉《つだそうきち》の説、すなわち、日の神の子孫としての天神の御子を、「日」の神霊性から、その語呂合せを利用して「日」の語をふくむ日向に降ったことにし、ついで神武天皇が日向から大和に向かったとすることによって、一つには日向三代を神の代と人の代との緩衝帯とすることに成功し、また逆にその設定によって必然的に東遷の物語が生まれたとする虚構説に荷担すべきであろう。

神話の構想と不可分の関係を有するこの説話の最初の骨組がいつ成立したかは難しい問題であるが、その説話としての肉づけの完成はやはり『古事記』にあるとみられる。『書紀』のそれは、『古事記』に比べれば、金色の霊鵄《とび》などの話をのぞき、概してオリジナリティに欠けている。その代りに、『文選《もんぜん》』の賦その他、しきりに中国古典の章句をかりて文を修飾している点などが特色となっている。

巻第四綏靖天皇紀から開化天皇紀までの記述は、天皇についての系譜的・記事的記載（父母・立太子・宮名・皇后・皇子女・崩年・山陵名）を主とし、説話は綏靖紀の、庶兄手研耳命《たぎしみみのみこと》の邪心と、神八井耳命《かむやいみみのみこと》と神渟名川耳命《かむぬなかわみみのみこと》（綏靖天皇）の兄弟がこれに対抗し、とくに神渟名川耳命の勇気ある行為によって首尾よく手研耳命を殺したという物語（この話は『古事記』と大同小異で、記は神武巻の末尾におく）だけである。

この八代の部分も『古事記』とあまり変わらないが、この八代の天皇の国風諡号《こくふうしごう》の語彙《ごい》のあるもの（たとえば日本足彦とか国押とか大日本根子―第七代孝霊天皇の諡号の大日本根子彦太瓊天皇、第八代孝元天皇の諡号の大日本根子彦国牽天皇―とか稚日本根子―第九代開化天皇の諡号の稚日本根子彦大日日天皇―とか）が、第十二代景行（大足彦忍代別《おおたらしひこおしろわけ》天皇）から第十四代仲哀（足仲《たらしなかつ》彦《ひこ》天皇）、神功《じんぐう》（気長足姫《おきながたらしひめ》尊）とともに比較的近代の、たとえば安閑天皇＝ヒロクニオシタケカナヒ、宣化天皇＝タケオヒロクニオシタテ、欽明天皇＝アメクニオシハラキヒロニワ、舒明天皇＝オキナガタラシヒヒロヌカ、皇極天皇＝アメトヨタカライカシヒタラシヒメ、持統天皇＝オオヤマトネコアメノヒロノヒメなどの国風諡号のそれと近似する部分がある点などから、従来それらが比較的近代に創作された可能性が指摘されている。

しかしこの八代に限らず、天皇号一般について、もっと徹底した洞察と検討を加えれば、記紀の記載するさらに多くの天皇号についても、そのそれぞれの全体または一部についてその作為性が自然に推察されるので、その点で、この八代のみに創作の疑いをかけるだけでは不公平である。また天皇号に限らず、系譜関係もまた歴史的事実でなく、創作であろうことが容易に察せられる（たとえば、第二代綏靖天皇・第三代安寧天皇の生母の媛蹈鞴五十鈴媛命《ひめたたらいすずひめのみこと》は事代主神の女であるという）としても、その作為・非作為のふるい分け、及び作為について、その理由の解明は、記紀の両者をあわせて今後にまたねばならない。（川副）

巻第五の崇神紀から巻第十六の武烈紀までの諸巻は、それ以前の巻、すなわち第二代綏靖天皇から第九代開化天皇にいたる巻第四の記載とは性格を異にしていて、その記述内容は、まことに豊かである。

これらの巻は、いうまでもなく六世紀につくられた皇室の系図である帝紀のみならず、宮廷の物語である旧辞を材料にしてまとめられており、その物語は、きわめて生彩に富んだものが多い。さらに、これらの巻には、『魏志《ぎし》』倭人伝《わじんでん》（神功皇后摂政三十九・四十・四十三年条）、『晋書《しんじょ》』起居注《ききょちゅう》（神功皇后摂政六十六年条）を引用するのをはじめ、物語風の叙述を採用していたと思われる『百済記《くだらき》』（神功皇后摂政四十七・六十二年、応神天皇八・二十五年、雄略天皇二十年条)、および干支《かんし》紀年をもととした編年体風の史書であったと考えられる『百済新撰《くだらしんせん》』(雄略天皇二・五年、武烈天皇四年条)など、外国の文献を引用しているのが注目される。

それは、『日本書紀』の編纂者が、本書の年立てにあたって、神武天皇の即位年を辛酉《しんゆう》革命説にのっとって定めたのとあわせて、神功皇后時代の年紀を、邪馬台国の女王卑弥呼の生存年代によって、おおまかに定め、かつ倭人伝の記事を適宜えらんで、各年紀を定めたもののようであり、また百済の史書をも紀年構成の基準としたらしいことを示している。

もちろん記述内容の豊富さや、本書が採用した紀年の比定が、そのまま史実を示すものではないが、これらの巻が注目されるのは、第十代の崇神天皇以降、実在のたしかめられる天皇が比較的に多くなり、その事績を、なんらかの形で物語に反映させている部分がないとはいえないからである。史実と虚構の織りなす世界が、これらの巻に示されているといってよいであろう。

崇神天皇が、ハックニシラススメラミコトとよばれているのは、『日本書紀』が、この天皇を、国土の最初の統治者としてあつかっていたことをしめし、また、崇神天皇の名であるミマキイリビコイニエというのも、それ以前の天皇が、オオヤマトヒコスキトモ(懿徳)・ヤマトタラシヒコクニオシヒト(孝安)・オオヤマトネコヒコフトニ(孝霊)・オオヤマトネコヒコクニクル(孝元)・ワカヤマトネコヒコオオビビ(開化)などというように、実名とは考えられない称号であらわされ、後世につくられた疑いが濃いのとは異なって、実際に存在していた名前であるらしいことから、実在の可能性の強い最初の天皇とみなされるのである。最近の研究では、崇神天皇は、二七〇～二九〇年ごろ、すなわち三世紀末の人物と推定されている。

　それでは崇神天皇は、どのような事績を残した人として、崇神紀では物語られているであろうか。崇神紀によれば、天皇は、磯城《しき》（奈良県磯城郡）の瑞籬宮《みずかきのみや》で世を治めたが、国内に疾病が流行し、人民の大半が死亡するというありさまであったという。そこで天皇は、天神地祇をまつって謝罪し、疾病の蔓延《まんえん》をふせごうとしたが、ある夜、大物主神《おおものぬしのかみ》が夢枕に立って、大田田根子《おおたたねこ》を神主として、自分をまつるように伝えたので、それを実行すると疾病の流行はやんで国内は平穏となり、五穀が稔って百姓が豊かになったという。また天照大神を倭の笠《かさ》縫邑《ぬいのむら》にまつったことや、大国魂神《おおくにたまのかみ》をまつったことなど、祭祀に関する話が、同紀には非常に多い。さらに崇神天皇が、大彦命《おおびこのみこと》を北陸に、武渟川別《たけぬなかわわけ》を東海に、吉備津彦《きびつひこ》を西道に、丹《たに》波道主命《はのちぬしのみこと》を丹波に遣わした話は、よく知られている。

　このように、崇神紀では大物主神などをまつった話と、いわゆる四道将軍派遣の物語が、大きな比重をしめている。要するに、崇神天皇は、大和の三輪山の大物主神をまつって、大和朝廷の基礎をかため、あわせて畿内周辺の国々の統一にとりかかった人として語られているのである。おそらくその根拠地は、大和の磯城地方、すなわち奈良平野の東南の山麓《さんろく》で、三輪山をかこむ一帯であり、ここを中心として、西は丹波をふくむ周辺の国々を支配する政権を樹立したのであろう。

つぎの垂仁天皇は、崇神天皇がミマキイリビコという名であったのと類似して、イクメイリビコという名を称しており、イリビコという呼称を共有していることからみて、実在した天皇であると考えられている。垂仁紀では、崇神紀の末尾にみえる任那《みまな》の朝貢記事をうけて、任那・新羅《しらぎ》関係の伝承記事を最初におき、崇神天皇の名ミマキによって任那の国名がつけられたとする著名な説話を挿入している。垂仁紀は、天皇の后の同母兄である狭穂彦王《さほびこのみこ》の謀反をめぐる后の苦悩の物語と、もの言わぬ皇子誉津別王《ほむつわけのみこ》の可憐な物語が中心をなすが、天照大神を伊勢にまつったこと、屯倉《みやけ》を来目邑《くめのむら》に設けたこと、大和や河内に多くの池溝を掘らせたことなど注目すべき記事がある。

景行紀は、天皇の熊襲《くまそ》征討と、日本武尊《やまとたけるのみこと》の熊襲・蝦夷《えみし》征討の伝承が中心をなし、また成務・仲哀紀につづく神功紀は、新羅征討の物語が主要なテーマとなっており、事実性のうすい物語で彩られている。これらの伝承や物語の背景には、なんらかの史実の投影のあったことはみとめられるにしても、成務をはじめ、日本武尊・仲哀・神功などは、後世につくられた物語上の人物とみなしてよい。したがって、本書が伝えている崇神・垂仁・景行・成務・仲哀・応神の皇統とはちがって、伝承の分析によって浮かびあがってくる本来の天皇系譜は、崇神・垂仁・景行・五百城入彦《いおきのいりびこ》・品陀真若《ほむたまわか》・仲姫《なかつひめ》であったようであり、最後の仲姫を応神天皇が娶《めと》ったのであるから、応神が外から入って皇統を継承したとみる考え方も十分成立する。そうすると、応神天皇は、四世紀中葉から五世紀初頭における対朝鮮経営の中で出現した新しい王朝の始祖であるという推論も、無下にはしりぞけられない。そういう立場から、応神紀以下の記事を読みなおしてみるのも興味があろう。

応神紀以下の記載をみるとき、もうひとつ逸してならぬのは、中国の史書である『宋書《そうじょ》』などに記されている讃・珍・済《せい》・興《こう》・武の五代の倭王のことである。最初に見える倭王讃は、応神とも仁徳とも履中ともいわれているが、珍を反正、済を允恭、興を安康、武を雄略の諸天皇に比定するのが定説である。一部には異説もあるが、いずれにしても仁徳以下の歴代天皇の在位した事実や、おおよその年代および天皇の系譜が、いわゆるこの倭の五王の存在によってたしかめられるのであり、また雄略天皇に比定される倭王武の上表文をもとにして、応神紀以下の記事をふりかえってみることも興味深いであろう。なお雄略紀から武烈紀までは、これまでの紀よりも、著しく漢文的潤色が施されており、そうした部分に史実を求めることは不可能であることに注意する必要がある。（佐伯）

本書は『日本書紀（ⅠⅡⅢ）』（二〇〇三年八月〜十月、中公クラシックス）を二分冊したものです。

中公文庫

日本書紀《にほんしょき》（上《じょう》）

2020年6月25日　初版発行
2022年12月20日　再版発行

監　訳　井上《いのうえ》 光貞《みつさだ》
訳　者　川副《かわそえ》 武胤《たけたね》
　　　　佐伯《さえき》 有清《ありきよ》

発行者　安部 順一

発行所　中央公論新社
〒100-8152　東京都千代田区大手町1-7-1
電話　販売 03-5299-1730　編集 03-5299-1890
URL https://www.chuko.co.jp/

DTP　平面惑星
印　刷　三晃印刷
製　本　小泉製本

Published by CHUOKORON-SHINSHA, INC.
Printed in Japan　ISBN978-4-12-206893-3 C1121

中公文庫既刊より

各書目の下段の数字はISBNコードです。978-4-12が省略してあります。

S-2-1
日本の歴史1 神話から歴史へ　井上光貞
謎にみちた日本民族の生成を神話学・歴史学・考古学など諸学の成果によって解明し、日本の歴史の夜明けを描く。巻末に森浩一「四十年のちのあとがき」を付す。
204547-7

S-2-2
日本の歴史2 古代国家の成立　直木孝次郎
聖徳太子から天智・天武天皇をへて持統女帝にいたる波瀾と激動の百年。ここに強力な古代国家が形成される。素朴雄渾な万葉の時代を活写する。〈解説〉直木孝次郎
204387-9

S-2-3
日本の歴史3 奈良の都　青木和夫
古代国家の到達した一つの展望台。律令制度はほぼ整い、国富は集中されて華麗な奈良の都が出現する。大仏開眼、古事記が誕生した絢爛たる時代。〈解説〉丸山裕美子
204401-2

S-2-4
日本の歴史4 平安京　北山茂夫
坂上田村麻呂の蝦夷平定後、平安京の建設が始まる。律令国家没落の傾斜は深まり、将門の乱をへて摂関藤原氏の全盛時代へと移る経過をさぐる。〈解説〉佐藤宗諄
204411-1

S-2-5
日本の歴史5 王朝の貴族　土田直鎮
「望月の欠けたることなき」栄華の絶頂をきわめた藤原道長の生涯を辿りながら、平安貴族の姿を浮彫りにし、摂関時代独特の社会を明らかにする。〈解説〉倉本一宏
204425-8

S-2-6
日本の歴史6 武士の登場　竹内理三
平安末期、東西の辺地から登場した武士たちは、都の貴族にかわって平氏政権をうちたてる。驕れる清盛死してやがて壇ノ浦合戦に至る波瀾の時代。〈解説〉入間田宣夫
204438-8

S-2-7
日本の歴史7 鎌倉幕府　石井進
源頼朝、鎌倉幕府を開く。まったく新しい武家政権の誕生である。守護地頭の新制度、堅い結束と目まぐるしい離反抗争等、鎌倉武士の息吹を伝える。〈解説〉五味文彦
204455-5

S-2-8
日本の歴史8　蒙古襲来
黒田　俊雄
蒙古襲来をからくも避けた中世日本は、その余波にゆさぶられ、新体制をめざす公家・武家・農民の三つ巴の活動に覆われ、来るべき動乱を予告する。〈解説〉海津一朗
204466-1

S-2-9
日本の歴史9　南北朝の動乱
佐藤　進一
建武の新政ののち、日本全国を捲きこんだ動乱の六十年を詳細にたどる。足利尊氏・直義、南朝三党の争いきわまり、義満の国内統一が山となる。〈解説〉森　茂暁
204481-4

S-2-10
日本の歴史10　下剋上の時代
永原　慶二
足利幕府の力弱く、暗殺、一揆、叛乱、飢饉がうち続き、ついに応仁の乱に突入する。下剋上の風潮地をおおい、乱世のきわみといえる時代の姿。〈解説〉永原慶二
204495-1

S-2-11
日本の歴史11　戦国大名
杉　山　博
全国に割拠し、非情なまでの権謀術数を用いて互いに攻め合い殺し合う戦国の武将。われこそは天下に号令せんと角逐する人々を生き生きと描く。〈解説〉稲葉継陽
204508-8

S-2-12
日本の歴史12　天下一統《いっとう》
林屋辰三郎
最初に天下統一をなしとげた織田信長、さらに大きな規模でそれを継いだ豊臣秀吉。二人の覇者が生きた安土桃山時代の絢爛たる様相を描く。〈解説〉川嶋將生
204522-4

S-2-13
日本の歴史13　江戸開府
辻　達　也
関ヶ原の戦いに勝って江戸に幕府を開いた家康は、巧妙な大名統制策をとって長期政権の基を築き、三百年の支配体制を固めてゆく。〈解説〉根岸茂夫
204574-3

S-2-14
日本の歴史14　鎖国
岩生　成一
ポルトガル船の渡来によって世界史に登場したジパング。南蛮貿易や海外の日本人町は発展してゆくが、切支丹の禁圧とともに鎖国への道をたどる。〈解説〉池内　敏
204589-7

S-2-15
日本の歴史15　大名と百姓
佐々木潤之介
「百姓は生かさず殺さず」といわれた農民の生活と、幕藩体制ができあがってゆく過程を、各地のさまざまな事件や、大名との関係を通して明らかにする。〈解説〉青木美智男
204604-7

各書目の下段の数字はISBNコードです。978－4－12が省略してあります。

S-2-16
日本の歴史16 元禄時代
児玉幸多
江戸幕府の体制が固まり、もっとも平穏な日々がつづく。町々は活気をおび、江戸八百八町を中心とする華やかな元禄文化が花開く。〈解説〉大石　学
204619-1

S-2-17
日本の歴史17 町人の実力
奈良本辰也
江戸開府後百年、幕府は改革を迫られる時期を迎えた。士農工商とはいえその裏には次第に勢力を伸ばしてきた町人の力が無視できぬ存在となっていた。〈解説〉杉森哲也
204628-3

S-2-18
日本の歴史18 幕藩制の苦悶
北島正元
酸鼻を極めた天明の大飢饉を皮切りに、農村・都市を通じての動揺は一段と激しくなる。幕府も諸藩も必死だが、崩れゆく封建制は如何ともできない。〈解説〉藤田　覚
204638-2

S-2-19
日本の歴史19 開国と攘夷
小西四郎
ペリー来航の圧力の前に風雲急を告げる幕末。開国とともに、激しくゆれる幕藩体制。尊王か佐幕か、抗争渦まく変革期の人間群像をいきいきと描く。〈解説〉保谷　徹
204645-0

S-2-20
日本の歴史20 明治維新
井上　清
息づまるような緊迫の連続のうちに維新の大事業が生彩あふれる人間群像によって着々と進行する。明治政府ここに成り、近代日本の夜明けを迎える。〈解説〉松尾正人
204674-0

S-2-21
日本の歴史21 近代国家の出発
色川大吉
明治とともに一大躍進がはじまる。この偉大な建設の時代を全力で生きた先人たちの苦悩と行動を、中央・地方を問わず民衆の最基底部から見つめる。〈解説〉江井秀雄
204692-4

S-2-22
日本の歴史22 大日本帝国の試煉
隅谷三喜男
日清・日露、二つの戦争に勝って世界を驚かせ、列強の仲間入りをした大日本帝国は、その胎内に様々な矛盾をはらみつつ明治の幕を閉じる。〈解説〉尾高煌之助
204703-7

S-2-23
日本の歴史23 大正デモクラシー
今井清一
第一次世界大戦の戦争景気で未曾有の繁栄を迎え、太平ムードが世の中をおおう。大正時代の独特な姿を硬軟さまざまの面から掘りさげる。〈解説〉大門正克
204717-4

S-2-24
日本の歴史24 ファシズムへの道
大内 力
昭和は金融恐慌で幕をあけた。不況は深まり階級闘争は激化する。満州事変に始まる日本の大陸進出は着々歩を固め、軍部はますます強大になってゆく。〈解説〉柴垣和夫
204729-7

S-2-25
日本の歴史25 太平洋戦争
林 茂
総力戦の名のもとに、すべての日本人が戦争にかりたてられ、国土は戦火に焼かれた。その厳しい戦争体験を詳しく描きふれつつ戦争の原因を追究する。〈解説〉佐々木隆
204742-6

S-2-26
日本の歴史26 よみがえる日本
蠟山政道
戦後三十年の歩みを大きな構想のもとにダイナミックにとらえ、その上にたって日本民族の復興、再建への努力と国家自主性への道を明らかにする。〈解説〉猪木武徳
204748-8

あ-1-7
日本史の黒幕
会田雄次
小松左京
山崎正和
歴史にあらわれた人間の表と裏を探ろうという座談会。黒幕・閨閥・浪人・悪党・スパイなどをめぐり、碩学三人が、独自の視点からせまる。〈解説〉井上章一
206786-8

お-41-5
古事記の研究
折口信夫
昭和九年と十年に行った講義「古事記の研究」(一・二)と「万葉人の生活」を収録。「古事記研究の初歩」と自身が呼ぶ講義の初文庫化。〈解説〉三浦佑之
206778-3

し-20-6
初期万葉論
白川 静
それまでの通説を一新した、碩学の独創的万葉論。人麻呂の挽歌を中心に古代日本人のものの見方、神への祈りが、鮮やかに立ち現れる。待望の文庫化。
204095-3

し-20-7
後期万葉論
白川 静
『初期万葉論』に続く、中国古代文学の碩学の独創的万葉論。人麻呂以降の万葉歌の諸相と精神の軌跡を描き、文学の動的な展開を浮かび上がらせる。
204129-5

つ-30-1
持統天皇と藤原不比等
土橋 寛
天武嫡系の皇子による皇位継承を望む持統天皇は、藤原不比等との間に協力体制を組む。結ばれた盟約の内容を探り、その後の展開を追う。〈解説〉木本好信
206386-0

各書目の下段の数字はISBNコードです。978－4－12が省略してあります。

は-19-4
日本史のしくみ　変革と情報の史観
林屋辰三郎
梅棹忠夫 編
山崎正和
編者に上田正昭、司馬遼太郎、原田伴彦、村井康彦を加えた多彩な執筆陣が「変革」を縦軸、「情報」を横軸に日本史を捉え直した記念碑的著作の待望の新装版。
206700-4

ま-12-29
古代史疑　増補新版
松本清張
邪馬台国をめぐる論争点を詳述し、独創的推理によって大胆な仮説を提示した清張古代史の記念碑的著作。当時随一の研究者との貴重なシンポジウムを初収録。
206364-8

ま-17-12
日本史を読む
丸谷才一
山崎正和
37冊の本を起点に、古代から近代までの流れを語り合う。想像力を駆使して大胆な仮説をたてる、談論風発、実に面白い刺戟的な日本および日本人論。
203771-7

ま-48-1
人はなぜ戦うのか　考古学からみた戦争
松木武彦
弥生時代、日本列島中央部でも本格的な集団間闘争が広がった。発掘資料をもとに人びとの戦いの様相を探り、さらに戦争発動のメカニズムをも明らかにする。
206458-4

S-16-4
中国文明の歴史4　分裂の時代　魏晋南北朝
森鹿三 責任編集
北方民族と漢族の対立抗争で、三国時代・五胡十六国・南北朝と政権は四分五裂。一方、仏教が西方から招来、ヒミコの使者が洛陽訪問。〈解説〉氣賀澤保規
203655-0

S-16-5
中国文明の歴史5　隋唐世界帝国
外山軍治 責任編集
分裂を隋が統一し唐が世界帝国の建設を受けつぐ。東西の交流が行われ東アジア文化圏が成立。日本は律令制により国家体制を整備。〈解説〉愛宕　元
203672-7

S-14-1
マンガ日本の古典1　古事記
石ノ森章太郎
イザナキ・イザナミの国生み、天の石屋戸、八俣の大蛇、因幡の素兎、海幸彦と山幸彦――。昔話としてなじみの深い神話、寓話をビジュアルに再現する。
203450-1

S-27-1
新装版　マンガ日本の歴史1　秦・漢帝国と邪馬台国
石ノ森章太郎
旧石器時代から高度成長時代まで。巨匠・石ノ森章太郎のライフワーク『マンガ日本の歴史』がついに新装版で刊行開始！　始まりは古代史のヒロイン卑弥呼から。
206943-5